Finance
经济管理类课程教材
金融系列

项目融资

（第二版）

任淮秀　主编

中国人民大学出版社
·北京·

出版说明

改革开放以来，中国的金融走上了高速发展的快车道，获得了前所未有的发展，有关院校都开设了金融课程，以便培养我国急需的人才。

一套高质量的教材是提高教学质量的前提之一。教材规定了教学内容，是教师授课取材之源，是学生求知和复习之本，没有优秀的教材，就无法提高教学质量。中国人民大学出版社推出“经济管理类课程教材·金融系列”，旨在推动国内金融人才培养工作的发展。

组织编写这套教材时，我们遵照以下原则：

1. 教材实行本土化。为了更快地与国际接轨，许多人主张采用“拿来主义”原则，直接引进国外的教材。实践证明，我国与发达国家相比，国情不同，文化背景不同，思维方式不同，语言表述方式不同，广大的专家教授一致认为：我们培养的是中国金融人才，是为中国的金融服务的，教材还是本土化为宜。在了解我国现况之后，再学习国外的知识。把中国的背景知识与国际接轨才是我们最需要的。该套教材均为本土原创作品。

2. 精选作者，保证教材质量。金融与国家的政策联系紧密，应用性强，培养的学生既要懂理论又要会应用，既要与国际接轨，又要考虑中国的国情。该套教材涵纳全国“政产学研”方面的作者，从源头上保证了这套书的质量。

3. 要始终保持教材的“精”与“新”。现代金融日新月异，课程设置不断变化。该套教材根据形势的发展，不断推出新课程教材，并不断修订、完善。

4. 形式多种多样，方便教材使用者。书中每章都设有“本章小结”、“本章要点”、“本章关键术语”、“本章思考题”和“本章练习题”等栏目。此外，各书还有配套的“学习指导书”，方便读者学习和使用。

总之，这套系列教材紧密结合当前国内外金融研究的最新成果与金融政策发展的实际情况，全面讲述金融基本理论和基本知识。我们相信“经济管理类课程教材·金融系列”的推出，能够为读者掌握现代金融知识，培养人才起到应有的作用。

中国人民大学出版社

第二版前言

近年来，中国经济高速增长，令世人瞩目。据统计，2002 年我国国内生产总值刚刚突破 10 万亿元，2011 年这一数字已逾 47 万亿元。在此基础上，党的十八大报告进一步提出了到 2020 年实现全面建成小康社会的宏伟目标。而城镇化也被放在了更为重要的位置，成为我国经济发展和结构转型的重要一环。大量的项目建设及巨大的资金投入伴随着城镇化的稳步推进。在此过程中，项目融资将发挥更为重要的作用。

在这种背景下，为了更好地反映近年来项目融资领域的发展和变化，使本书中的内容更适应未来经济发展的需要，我们对《项目融资》进行了修订。这次修订的突出特点是：在形式上，各章新增了“学习目标”，还有一些补充知识和内容则以专栏形式出现；及时更新了相关的法律法规、政策文件以及数据，特别是适当增加了相关法规的介绍，这在各章均有体现；对部分章节结构进行了重新设计，使之更科学、合理。具体来看，各章节的主要修订内容如下：

第二章增加了“项目投资收益分析”一节，使之与“项目的风险分析”相呼应，从而在内容上更加完整。将第四章标题改为“项目的融资模式”，同时第四章还增加了不同融资模式比较的内容，以便读者了解不同项目融资模式的特点和区别。第五章将原来的“债务资金”、“商业银行贷款”、“国际辛迪加银团贷款”合并为“债务资金及其主要种类”一节，同时增加了“信托资金”一节。第六章将“项目担保人和担保文件”一节的内容融入第一节“担保概述”中。第七章在第三节关于风险评估的部分增加了对压力测试方法的介绍。近几年，该方法在实务中经常用到。第八章“项目融资典型案例”精简为两节，第一节“国外项目融资典型案例”介绍了马来西亚南北高速公路项目融资、欧洲迪士尼乐园项目融资等案例；第二节为“国内项目融资典型案例”，增加了近几年国内发生的典型项目融资案例，比如国家体育场“鸟巢”项目、北京地铁四号线项目。

全书修订工作由主编任淮秀教授主持，并设计了修订框架和原则，具体分工如下：汪诚编写第一章、第二章、第七章；戈岐明编写第三章、第五章、第六章；许洋编写第四章、第八章、第九章。全书由任淮秀总纂定稿。

本书适于作为高等院校经济、管理学科本科生的教材或教学参考书，也可供从事相关行业的经济管理人员阅读和参考。由于时间紧迫和水平有限，书中不足之处，恳请读者批评指正。

编　者

目　录

第一章

绪 论

学习目标

◇了解项目融资的起源及发展历程；

◇理解项目融资的定义、种类、基本原则及适用范围；

◇理解项目融资与传统融资的不同及其独有特点；

◇对项目融资的框架结构及运作程序进行初步了解，为学习本书打下基础。

在当今活跃的国际资本运作市场中，存在着多种资本运作方式，项目融资（project financing）是其中最为重要的一种。它适用于各种规模的项目，其投资决策都是建立在高度专业化和程序化的基础之上，投资银行、律师和会计师事务所等中介机构都起着极为重要的作用。当前，中国经济正处于快速发展的过程中，基础项目的开发与建设已成为经济发展的重要方式。项目融资作为重要的融资方式被广泛应用于实践中。

第一节 项目融资简介

一、项目融资的起源

项目融资源于西方发达国家，这与其作为石油资源开发的重要金融手段有着密切的联系。首先，项目融资应用在资源项目，而后应用在基础设施项目。目前，它已发展成一种为资源开发项目、大型工程项目筹集大量资金的卓有成效且日趋成熟的融资手段。最早的项目融资可以追溯到13世纪英国的德文郡白银矿（the Devon Silver Mines）项目。1299年英国王室从当时英格兰的一家商业银行Frescobaldi借入了一笔贷款，贷款协议中规定Frescobaldi拥有银矿一年的经营权。Frescobaldi可以取走这一年中所有开采的矿产，但它必须支付矿山开发的所有费用，而且英国王室不对矿山的产量和质量做任何保证。这种贷款安排就是如今所说的“产品支付贷款”的原型。

随后，按照抵押物的不同来划分，可以说项目融资大致经历了“产品抵押贷款”、“预期产品抵押贷款”和“以项目收入为偿还来源的贷款”三个阶段。

项目融资的第一个阶段：“产品抵押贷款”阶段。它是作为石油资源开发的金融手段出现的。1929年华尔街股票市场的暴跌，使得20世纪20年代以繁荣而自豪的美国经济瞬间步入了混乱、黑暗的30年代。突如其来的经济大萧条使美国的石油产业蒙受了很大的冲击，中小企业相继倒闭，美国银行界对石油企业信心不足，石油企业很难得到贷款。考虑到石油商品耐储存、能经受价格变动的影响，银行采用了以石油企业拥有的地上储油罐里的石油为抵押物进行贷款的方式。这一新型的金融方式，相对于以借款人自身的资产和信用为担保的传统贷款方式而言，戏剧性地将贷款人的风险评估对象从借款人转移到现存的产品，可以说是项目贷款的思想萌芽和最初形式。

项目融资的第二个阶段：“预期产品抵押贷款”阶段。第二次世界大战结束至20世纪60年代期间，随着石油储量评估和生产技术可靠性的不断提升，人们认识到，贷款抵押商品不一定局限于开采后的地上商品，埋藏在地下的石油也可以作为抵押品。在一些美国银行为石油天然气项目安排的融资活动中，出现了买方将购入的矿区作为抵押从银行借入资金的贷款方式，这实际上就是项目贷款。其具体做法是：石油企业为了购买拟开采的矿区，以该矿区将来生产出的部分或全部石油（或者直接以矿区）为担保物，向银行借入资金。抵押的范围从现存的产品扩展到了尚未成为产品的资源。

项目融资的第三个阶段：“以项目收入为偿还来源的贷款”阶段。从注重实物资源在项目贷款偿还中的作用发展为以货币收益作为还款来源的项目贷款，是以20世纪70年代在英国北海油田开发中所使用的有限追索项目贷款作为标志的。在整个70年代至80年代能源工业的繁荣时期，项目贷款被许多国家和项目所采用，发展成为大型能源项目融资的一个主要手段。

20世纪80年代初期到中期，受世界性经济危机的影响，项目融资经历了一个低潮时期，而后随着世界经济的复苏和若干代表性项目的完成而重新活跃起来。80年代中期至今，项目融资贷款方的风险意识和管理要求因国际经济环境的发展变化而呈上升趋势，风险管理模式也从以往的重视风险评估、资金封闭运作流程设计和合同条款设计，逐步发展为全过程风险控制。例如，出现了分享股权贷款（participating share loan），贷款人以低于市场水平的利率放贷，进而获得该项目的部分股权，借此介入和监督项目的日常管理；同时，贷款协议也包含有利于贷款人的定价规定，以便通过控制价格来确保收益。在风险管理模式创新发展的同时，项目融资出现了证券化趋势，开项目融资证券化先河的是著名的雷曼兄弟公司。该公司于1992年作为牵头行，在国际资本市场上为美国加利福尼亚能源公司的一个项目公开发售了5.6亿美元债券进行融资，此后的许多大型项目都采用了证券化融资方式。实际上，从直接投资和银行贷款的上升期逐步转变为国际证券投资的繁荣期也是国际融资的一个变化趋势。

中国的项目融资实践是从借入世界银行项目贷款开始的。商业性项目贷款作为一种重要的国际金融工具，在20世纪80年代中期引入我国，并在一些大型的投资项目中得到成功的运用。我国金融界结合银团贷款方式在国际上筹措的首笔项目贷款发生于1986年1月，中国银行作为牵头行向北京香格里拉饭店项目贷款4 500万美元，参加银行有11家。同年，深圳沙角火力发电厂项目是我国第一单采取 BOT 融资模式筹集资金兴建的基础设施建设项目。1995 年，我国第一例 BOT 试点项目（即广西来宾电厂 B 厂项目）获得成功，并被评为当年世界十大 BOT 项目之一。另外，我国在项目融资创新方面也做出了一些贡献，ABS、TOT 等模式先后都在业界引起了不小的震动。目前，各类模式的项目融资在我国的运用已相当普遍，涉及的项目分布在能源、石化、基础设施建设、房地产等各个行业。

二、项目融资的定义

项目融资的定义有很多种，按照 P. K. 内维特（P. K. Nevitt）所著的 *Project Financing*（1995 年第 6 版）一书中的定义，项目融资是“为一个特定经济实体所安排的融资，其贷款人在最初考虑安排贷款时，满足于使用该经济实体的现金流量和收益作为偿还贷款的资金来源，并且满足于使用该经济实体的资产作为贷款的安全保障”，或者说是“贷款人在保证对资产有抵押权的同时，主要通过关注该经济实体自身的现金流和盈利能力，考察其是否具备还款能力”。另外，按照 1981 年 3 月美国财会标准手册 FASB（第四十七号）的表述，项目融资是指“对需要大规模资金的项目金融活动，借款人原则上将项目本身拥有的资金及其收益作为还款资金来源，而且将其项目资产作为抵押条件来处理。该项目事业主体的一般性信用能力通常不被作为重要因素来考虑”。

国内对于项目融资也给出了一些类似的定义。1997 年 4 月，在国家计划委员会与国家外汇管理局共同发布的《境外进行项目融资管理办法》中把我国当时使用的项目融资定义为：以境内建设项目的名义在境外筹措资金，并以项目自身预期的收入资金流量、自身的资产与权益来承担债务偿还责任的融资方式，也是“无追索”或“有限追索”的融资方式。采用这种方式，既要求境内机构不能以建设项目以外的资产、权益和收入进行抵押或质押，也要求境内机构不能提供任何形式的融资担保。但是，随着项目融资近些年（尤其是 2005 年后）在国内的迅速发展，目前市场上的项目融资更多的是国内贷款人（如银行、信托公司、租赁公司等）为国内大项目（如基础设施建设、工厂建设、房地产建设等）安排的融资。2009 年，中国银行业监督管理委员会颁布了《项目融资业务指引》（银监发［2009］71 号）①，对项目融资进行了如下定义：

> 项目融资，是指符合以下特征的贷款：
>
> （一）贷款用途通常是用于建造一个或一组大型生产装置、基础设施、房地产项目或其他项目，包括对在建或已建项目的再融资；
>
> （二）借款人通常是为建设、经营该项目或为该项目融资而专门组建的企事业法人，包括主要从事该项目建设、经营或融资的既有企事业法人；
>
> （三）还款资金来源主要依赖该项目产生的销售收入、补贴收入或其他收入，一般不具备其他还款来源。

这里需要特别注意的是区分“项目融资”和“为项目融资”这两个不同的概念。“为项目融资”是一个广义的概念，是指为建设、收购或整合一个项目所进行的融资活动，包括在

① 《项目融资业务指引》约束的对象主要是银行业金融机构，但信托公司、租赁公司等金融机构也参照该办法管理其项目融资业务，全文见本章附录。

股权市场上的融资活动（如发股票），也包括在债务市场上的融资活动（如发债券或银行贷款等）。“项目融资”是指一种特定的融资方式，它以一个特定的经济实体（项目）为融资对象，以项目的收益和现金流量为偿债来源，以项目资产为安全保障。项目融资的一个重要特征是：融资不是主要依赖于项目发起人的信用或所涉及的有形资产。在项目融资中，提供优先债务（如银行贷款）的参与方的收益在相当大的程度上依赖于项目本身的效益，因此它们将自身利益与项目的可行性以及潜在不利因素对项目影响的敏感性紧密联系起来。

一个成功的项目融资方案的标志是它在各参与方之间实现了令人满意和有效的项目收益及风险分配。项目发起人和优先债权人承受的风险可能大于或小于原材料、设备供货商，承包商，项目产品或服务的买方和最终用户，保险商和政府代理机构（包括出口信贷机构）所承受的风险。任何一方所愿意接受的风险程度都取决于预期的回报。因此，不同的参与方对承担风险索要的报酬大不相同。

三、项目融资的种类

项目融资的方式有两种：一种是无追索权（no resource）的项目融资，另一种是有限追索权（limited resource）的项目融资。

无追索权的项目融资，也称纯粹的项目融资，即贷款的还本付息完全依赖于项目的经营效益。但是，需要理解这里的无追索权并不是指完全没有追索形式。通常说来，贷款人为保障自身的利益，必须从该项目拥有的资产中取得物权担保。如果该项目由于种种原因未能建成或经营失败，同时其抵押的资产或收益不足以清偿全部的贷款时，贷款银行无权向该项目的发起人追索。

无追索权有三层含义：

第一，贷款人无权要求项目发起人（借款人）以其他资产偿还债务。

第二，项目融资的基础是项目自身的盈利能力，其中包括现金流偿债能力，贷款人在项目融资前期可行性研究阶段应充分考证这一点。

第三，这种无追索权的项目融资形式对贷款人来说风险很大，除要求更高的报酬外，贷款人还可以要求第三方担保人的加入，也就是下面所说的“有限追索权”融资。

有限追索权的项目融资，即除了以贷款项目的经营收益作为还款来源和取得物权担保外，贷款银行还要求由项目实体以外的第三方提供担保。贷款行有权向第三方担保人追索，但担保人承担债务的责任，以他们各自提供的担保金额为限，所以称为有限追索权的项目融资。实践中，绝大部分项目的融资是“有限形式”的追索，因为这更符合满足各方利益及风险的原则。贷款人既重视项目正常经营时的盈利能力，以确保其按时按量偿债，又需要项目发起方及相关第三方提供一定形式的担保，以防项目出现不可预料的风险。

有限追索权也有三层含义：

第一，贷款人在项目建设期内，有权对项目发起人进行完全追索，但建设期后，债务可能转变为无追索权形式。

第二，担保人的责任在金额上具有局限性，以他们各自提供的担保金额为限。

第三，贷款人一般只能追索到项目实体，对项目发起人的追索权可能需要其他特殊合同或条款的约定。

关于项目融资追索权实现的法律形式，我们将在稍后章节进行讨论。

四、项目融资的特点和功能

（一）项目融资的特点

项目融资的特点可以归纳为以下几方面：

（1）一般项目融资的一次性融资金额巨大，因此贷款和担保文件很复杂，并且经常需要对融资结构进行创新。

（2）因为项目建设期和回收期长、不确定因素多，所以贷款人需要对项目的技术和经济效益、项目发起人和经营者的实力进行评估，并对正在建设或运营的项目本身进行监控。

（3）项目一般具有良好的经济效益和社会效益。

（4）在一定程度上依赖于项目的资产和现金流量，贷款人对项目的发起人（在一些例子中，即借款人）没有完全的追索权。

（5）贷款人因承担项目风险（经常是政治风险）而要求较高的资金回报和费用。

（二）项目融资与其他有限追索权融资的区别

对于传统的融资方式来说，如贷款，债权人在关注项目投资前景的同时，更关注项目借款人的资信及现实资产，追索权具有完全性；而对于项目融资方式来说，如前所述，是就项目论项目，除债权人与签约方另有特别约定外，不能追索项目以外的任何形式的资产，也就是项目融资完全依赖项目资产本身的价值和未来的盈利能力。

我们也可以从使用的担保结构来比较项目融资和其他有限追索权融资的不同。

例如，有时对用来购买或开发房地产项目的贷款结构进行设计，使贷款方仅对出售特定的房地产所得和项目自身收益有追索权，而对借款人没有追索权。这样的贷款将用房地产和租金收益权作为担保。

另一个案例是：长期航运协议或船舶使用协议通常是船舶项目融资的基础，唯一的担保是把船舶本身作抵押并将航运收益权转让给贷款人。

在项目融资中，担保常采用项目有形资产抵押以及项目现金流量转让的方式。但是，与一般的有限追索权融资不同，项目融资还要求考虑项目技术的可行性和经济效益的可靠性。在技术测试中，可能涉及比建造船舶和房地产建设更复杂的技术，因此项目的竣工风险很大。在经济效益测算中，项目有形资产的价值可能远远小于项目先期使用的资金，因此准确测算项目的经济效益是至关重要的。

此外，必须解决在贷款人和项目其他参与方之间的风险分担问题。随着项目的进展，从一个阶段到另一个阶段，风险分担可能会不同。

（三）项目融资的功能

对于借款人而言，由于对贷款的论证非常复杂，牵涉各个方面，所以项目融资的成本高于一般的融资方式。尽管如此，项目融资仍有其独特的魅力和好处。对项目的发起人和运营方来说，项目所带来的利益足以弥补其额外的成本。由于项目融资在风险分担、规避政治风险、避免财务恶化、突破借款限额和享受税收减免等方面具有独特功能，所以它已成为许多项目筹集资金的首选方式。

1. 风险分担功能

当项目贷款人完全或部分丧失对借款人和发起人的追索权时，贷款人必须全部或部分承担在项目不能产生足够现金流量情况下的风险。当借款人的实力相对于项目规模较小时，风险分担就变得十分重要。如果项目失败，应不至于造成借款人或项目发起人破产。

2. 规避政治风险功能

对海外进行大量投资的投资者希望由提供贷款的贷款人承担一定的政治风险，如价格控制、税收、进出口壁垒、市场竞争、国家征用或国有化等。事实上，当有来自各国的贷款人（特别是项目母国的贷款人）提供资金时，这些政治风险会大大降低。

3. 避免财务恶化功能

与项目融资特别是无追索权融资相比，一般的借款可能对借款人或项目发起人的资产负债表有不利影响。但在项目融资的情况下，项目发起人在无货亦付款（take-or-pay）合同、收费（tolling）合同、项目产量（throughput）合同中承担的责任（甚至是担保责任），并不总是显示在资产负债表中，从而能使资产负债表保持一个良好的状态。①

4. 突破借款限额功能

当项目发起人的公司章程或已存在的信贷协议规定了其借款限额时，该项目发起人也许希望使用一种法律上不视为借款的项目融资方式，比如通过预先购买合同、受托人借款（trustee borrowing）或产品支付（production payment）合同等突破借款限额。

5. 享受税收优惠待遇功能

一些国家对资本性投资和新成立公司所采取的税收减让政策使项目发起人愿意采用项目融资的方式。为了享受税收减让的好处，必须在项目所在国成立项目公司。通常的做法是：项目公司本身作为借款人，而且项目公司中的所有项目资产被孤立起来。这种融资结构的好处来自税收方面。例如在英国，对工厂和机器设备的资本性投资的减税政策鼓励人们在项目融资中使用融资租赁。

五、项目融资的基本原则和适用范围

（一）项目融资的基本原则

一个成功的项目融资一般必须遵循以下几项原则：

（1）项目由一个与发起人分离的独立实体所有。

（2）项目个体的营业活动范围有严格限制。

（3）项目个体拥有独立营运的各项权力。

（4）贷款人拥有项目所有资产和权利的第一顺位求偿权。

（5）贷款人充分了解并接受项目的风险或项目风险已被适当分担。

（二）项目融资的适用范围

项目融资主要用于需要巨额资金、投资风险大而传统融资方式又难以满足，但一旦成功

---

① 关于这一点，随着国际会计准则的变更，此项规定已被逐步取消，为项目筹措的贷款金额通常必须在项目发起人的合并资产负债表上列出。

后现金流量稳定的工程项目，如天然气、煤炭、石油等自然资源的开发，以及运输、电力、农林、电子、公用事业等大型工程建设项目。自然资源开发、基础设施等大型工程建设项目的建设周期长、投资量大，同时收益稳定，受市场变化影响较小，因此较适合采用项目融资模式。项目融资用于基础设施时，投资人能够通过向设施（或服务）的使用人收费而获得投资回报。当然，政府在利用私人资本的同时，还需保持出于公共利益保障所需的宏观控制。基础设施的投资建设、经营管理，尤其是收费权的取得，一般需要经过政府授予特许。项目融资一经与政府特许相结合，便转化为所谓的 BOT 模式了。在发展中国家的经济建设中，尤其是东南亚新兴工业化国家中，项目融资的应用非常广泛。

需要注意的是，虽然从理论上说，项目融资由于涉及各方利益较多、时间跨度长以及交易成本较高等特点，更适于大型建设投资项目，但随着市场环境的变化、相关参与者风险控制能力的提高以及交易手段的丰富，项目融资的规模越来越小，更多的企业开始使用项目融资的方式筹措资金。这对于普遍提升企业的经营效率是有好处的，但对于贷款人来说，也是对其专业能力的挑战。

六、项目融资的参与者

由于项目融资的结构要比传统融资方式复杂得多，所以参与项目融资并发挥不同作用的利益主体也比传统方式多。概括起来，项目融资的参与者主要包括以下几个方面：项目的发起人，项目的直接主办人（项目实体），项目的债务资金提供者，原料或设备供应商，产品需求方，项目承包商，财务顾问，政府机构，保险公司，保证人等。

1. 项目的发起人

项目的发起人是项目的实际投资者。项目投资者通过项目的投资活动和经营活动获取投资利润及其他利益。在有限追索权的项目融资结构中，项目投资者除了拥有项目公司的全部或部分股权，并提供一部分股本资金外，还需要以直接担保或间接担保的形式为项目公司提供一定的信用支持。项目投资者可以是单独一家公司，也可以是由多家公司（如承包商、供应商、项目产品的购买方或使用方）组成的投资财团；可以是私人公司，也可以是政府机构或者是两者的混合体。

2. 项目的直接主办人

项目的直接主办人是指直接参与项目投资和项目管理，直接承担项目债务责任和项目风险的法律实体。项目融资中一个普遍的做法是成立一个单独的项目公司作为项目的直接主办人。项目公司可以是一个真正的实体，即实际拥有项目管理所必需的生产技术、管理、人员条件，也可以只是一个法律上拥有项目资产的公司，实际的项目运作委托给富有生产管理经验的专业管理公司负责。项目直接主办人的身份、注册地址和法定形式取决于许多因素，例如当地政府的法律框架可能规定了外国投资的方式，比如根本不允许外来实体在当地经营，或者必须在所在国建立有本国企业参加的合资企业或新企业。

3. 项目的债务资金提供者

商业银行、非银行金融机构（如租赁公司、财务公司、一些投资基金等）、各国政府的出口信贷机构和一些相关的经营实体（如工程承包商、原料供应商等）是项目融资债务资金的主要提供者。

（1）商业银行。商业银行是项目融资最主要的资金来源，其他来源往往也是从商业银行融资。许多大规模的项目需要银团融资。选择组团银行是一项十分重要的工作，应该尽量组成一个由许多国家银行组成的银团，从而避免所在国政府对项目的征用或干涉，因为所在国政府可能不愿意因此破坏与这些国家的经济关系。银团可能包括一些所在国的银行，特别是当不允许外国银行取得项目资产担保权益时，可以安排按比例分担协议，使所在国银行取得的资产担保权益能够对所有贷款人有效。

项目融资计划可能分为不同层次的贷款：一些是担保的，一些是未担保的；一些是短期的，一些是长期的；部分融资可能是附属贷款，在还款顺序上从属于其他贷款人或债权人的债权。商业银行可能作为担保银行参加银团。例如，当可能从多边金融机构获得优惠贷款，或有出口信贷机构参加时，一些或所有的商业银行可能同意以优惠贷款的贷款人为受益人出具担保或开立信用证。对在有限追索权基础上获得优惠贷款的项目发起人来说，由于优惠贷款的贷款人风险被转移给商业银行，其好处将远远大于在担保费用和管理费上的付出。在商业银行看来，这种安排的优点在于：它们不需要与出口信贷的贷款人分享项目的担保资产（即项目公司用项目资产作反担保来换取商业银行担保），也不会在加速还款或强制实施对担保品的权利时受后者的干涉。因此，出具担保而承受额外风险是值得的，特别是当优惠贷款的贷款人要求在任何情况下对担保资产享有优先权时。

（2）各国政府的出口信贷机构。这些出口信贷机构一般以贷款和提供保证书两种形式为项目融资。

（3）国际金融机构。它包括世界银行，特别是其下属的国际金融公司以及亚洲开发银行、非洲开发银行、美洲开发银行、欧洲投资银行等地区性开发银行。

（4）公共基金机构。它包括人寿保险公司、退休养老基金和慈善基金。在美国，公共基金机构不但在过去提供了巨额长期固定利率资金，还可以向境外提供一定数额的贷款。过去50年间，国际大型项目融资中一个最重要的发展就是公共机构资本市场向大型项目打开了大门。在我国，随着住房制度和社会保障制度的深化改革，逐步建立起来的住房、养老、退休、失业、医疗公积金将是一笔数额庞大的基金，条件成熟时也可用于项目融资。

（5）商业金融公司。大型商业金融公司将是项目融资的重要来源，与商业银行和保险公司相比，金融公司没有存款户和投保人的资金来源，其资金从债务市场借来，然后再加上一定利差贷放出去。因此，从金融公司借用的资金成本都比较高。某些大商业银行成立了专门的借贷部或子公司，从事长期投资贷放业务。

（6）租赁公司。基础设施建设往往需要大批施工安装设备。项目发起方或承包商若自行购置，不但要占用很大一笔资金，而且在购置之后还要缴纳税款。用租赁的方式为项目所需的设备筹资，就可能转化为项目融资。租赁公司不仅能为项目设备融资，还可以以多种方式进行项目融资。租赁公司有的是独立经营，有的是附属于大银行或大金融公司。

（7）投资管理公司和风险资金贷放单位。当投资管理公司可以通过认股证、购股权、转换权或其他类似权利享有风险投资权益时，就会以风险资金的形式发放贷款。投资管理公司一般仅提供数额有限的贷款。投资管理公司有的从属于大银行，有的则独立经营。

（8）信托投资公司。信托投资公司是一种以受托人身份代人理财的金融机构，它与银行信贷、保险并称现代金融业的三大支柱。我国信托投资公司的主要业务包括经营资金和财产委托、代理资产保管、金融租赁、经济咨询、证券发行以及投资等。根据国务院关于进一步清理整顿金融性公司的要求，我国信托投资公司的业务范围主要限于信托、投资和其他代理业务，少数信托投资公司经中国人民银行批准，可以兼营租赁、证券业务和发行一年以内的专项信托受益债券，用于有特定对象的贷款和投资，但不准办理银行存款业务。在项目融资中，信托公司常常以信托计划受托人的方式出现，从市场募集信托资金，然后为项目发放信托贷款。在有些案例中，信托投资公司也作为项目融资的第三方（财务顾问等）出现。

(9) 原料供应商。急于为自己的产品或副产品寻找销路的供应商，有时愿意为使用其产品的建设项目提供资金或保证书。

(10) 新产品的购买者或服务的接受者。需要某种产品或服务的公司愿意为生产此种产品或提供此种服务的建设项目提供帮助。一般来说，它们采取长期无货亦付款合同或产量合同的形式。无货亦付款合同或产量合同相当于保证书，可以用做从其他金融机构获得贷款的保证书。

(11) 承包商。不少承包商都热衷于项目融资，他们可以以固定价合同的形式支持项目的长期融资。承包商接受固定价合同相当于为项目的施工提供担保。有时，承包商还愿意将其应得的一部分酬金投入项目作为股本。由于承包商在与贷款单位、项目发起方和各级政府机构打交道方面很有经验，因此他们可以在如何进行项目融资方面向业主提供宝贵的建议。

(12) 设备经营商。为了促进自己设备的销售，许多设备经营商和制造商都有多种融资计划。这种类型的融资近年来越来越多，已成为项目融资的一个重要资金来源。

(13) 项目发起方。项目发起方除了为项目注入股本作为项目实体的自有资金外，还可以以项目从属贷款的形式注入资金。所谓从属贷款，从为项目筹集资金的角度来说，就是项目发起方为了提高项目主要贷款者的信心，促使他们出资或放松贷款条件而为项目提供的资金。因此，从属贷款是一种吸引主要贷款的种子资金，可以改善项目的流动资金状况。项目发起方为项目提供从属贷款可以享受利息和税收方面的好处。在某些情况下，项目发起方提供的贷款或预付款用于支付项目超支部分或其他项目发起方已承诺的不可预见费用。

4. 财务顾问

由于项目融资的专业性很强，各种关系、法律规定和手续非常复杂，所以项目发起人一般都设法获取财务顾问的支持。国际上能够从事这类业务的专业人才数量有限，而且往往将他们办理过的项目融资业务记录作为内部秘密不对外公开。另外，项目融资本身的工作量也大，项目发起方的专业知识、经验和精力一般都有限，难以胜任项目融资财务方面的工作，更何况项目发起方还有许多其他工作要做。因此，许多大项目都聘请财务顾问负责处理项目融资的具体事务。财务顾问应熟悉项目所在国的情况，能够就项目结构和当地情况提供参考意见，并且具有向贷款方推销项目所需的专业知识和关系。聘请财务顾问当然要花钱，但一般付给财务顾问的佣金要比由于他们的参与而获得的收益少得多。财务顾问都积极地促使项目顺利完成，因为只有项目获得成功，他们才能取得咨询酬金。财务顾问的主要任务是进行可行性研究，规划资金来源，安排具体的融资策略以及监督和管理贷款协议。可以充当财务顾问的主要有商业银行、投资银行、大承包商、大金融公司和咨询公司。在选择财务顾问时，要考虑他们的声誉、在金融市场上的地位、有无本行业的知识、过去同项目发起方的关系、专业知识、对项目所在国风险的熟悉程度以及同负责本项目的官员的关系。此外，还要考虑该金融机构是否有能力向项目提供一部分或全部资金。

5. 保证人

项目融资虽然是部分追索权或无追索权的贷款方式，但项目融资的风险并非全由贷款方承担。国际上成功的项目融资大多要求与项目有关且有财务能力的某些当事人出具保证书或做出承诺，以便分散贷款方的风险。项目融资没有任何神秘之处，它实际上是通过周密的金融安排，将与项目有利益关系的各个方面的承诺和各种形式的保证书结合起来，不使任何一方承担项目的全部风险。对这些承诺统一考虑和审查之后，让项目的主要贷款人放心满意，就可以形成一种让各方均能接受的债务结构，达到项目融资的目的。有关方面提供的保证书必须是可承兑的银行信用。保证书是项目融资的生命线，因为项目公司的资产负债比一般都很低，保证书可以把财务风险转移到一个或多个对项目有兴趣但又不想直接参与经营或直接提供资金的第三方。保证人主要有两大类：业主保证人和第三方保证人。当项目公司是某个公司的子公司时，项目公司的母公司是项目建成后的业主。贷款方一般都要求业主提供保证书。当项目公司无母公司，或母公司及发起方其他成员不想充当保证人时，可以请它们以外的第三方充当保证人。可以充当保证人的主要有五类：原料或设备供应商、销售商、项目建成后的产品或服务的用户、承包商和对项目感兴趣的政府机构。当这些组织能够直接或间接地从项目中受益时，它们就愿意充当第三方保证人。

6. 专家

被项目发起人或财务顾问选中的具有国际声望的技术专家，将负责准备或至少检查项目的可行性报告。专家通常继续参加对项目的监控，并且在项目发起人和贷款人对项目文件规定的竣工测试有争议时充当仲裁人。

7. 律师

大规模项目融资所涉及的项目文件十分复杂，再加上参与方来自不同国家，使得律师的作用变得必不可少。按照律师的建议，项目发起人将把项目所在国法规、税收等体系作为项目初步可行性评估的一个部分。如果项目资产将作为担保品，那么所有有关国家（包括贷款人、借款人和项目发起人的国家，项目所在国）当地律师的意见就是贷款的先决条件。贷款人的法律顾问通常负责协调律师的意见。明智的做法是在项目的早期就征求律师的意见，从而保证形成正确的融资方案，落实担保品的安排，并且保证期望的税收利益或其他好处得以实现。

8. 项目所在国政府

在许多情况下，即使是在 BOT 基础设施项目中，所在国政府都不会作为借款人或项目公司的所有人直接参与项目融资。但是，所在国政府可能通过一个代理人获得项目的投资利益、成为项目产品的购买者或项目所提供服务的使用者。在 BOT 项目融资中，项目将在特许期结束时转让给所在国政府。尽管所在国政府不直接参与项目，但它却起着关键的作用。例如，给予有关的批准或运营特许，给予项目优惠待遇（如税收方面的优惠或保证外汇来源）。

9. 保险公司

必要的保险是项目融资的一个重要方面。项目的一个重要安全保证是用保险权益作为担保，特别是在借款人或项目发起人追索权有限的情况下。项目的巨大规模和遭受各种各样损失的可能性使得项目与保险代理人和承保商之间建立起紧密联系，从而保证正确地确认和抵消风险。

项目融资参与方的基本关系如图 1—1 所示。

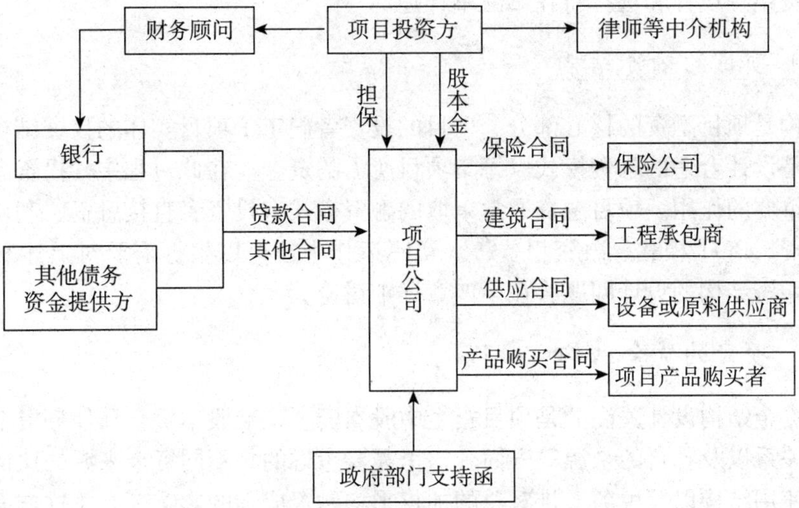

图 1—1 项目融资参与方的基本关系

第二节 项目融资的框架结构和合同关系

一、项目融资的四大模块

项目融资成功的关键是在各参与方之间实现令人满意和有效的项目利润分配与风险分担。为此，必须合理安排好项目融资的每一个环节，其中最重要的是安排好项目融资的四个主要结构：项目的投资结构、项目的融资结构、项目的资金结构和项目的信用保证结构。对借款人和一个或多个发起人的限制因素，将会对项目的投资结构和融资结构产生影响：一是按照当地法律确定的公司章程或类似的纲领性文件；二是现有融资文件中存在的适用于分支结构的限制性约定（如平等条款、借款限额、消极保证条款等）；三是借款人和发起人之间的合资章程或与政府机构之间的特许权合同中的条款（包括先买权、消极保证等）。

（一）项目的投资结构

项目的投资结构是指项目资产的所有权结构，它表示项目的投资者对项目资产权益的法律拥有形式和项目投资者之间的法律合作关系。在不同的项目投资结构中，投资者对其资产的拥有形式，对项目产品、项目现金流量的控制程度，以及投资者在项目中所承担的债务责任和所涉及的税务结构会有很大的差异。这些差异对其他三个结构的设计也会产生影响。因此，为了做好整个项目融资的结构安排，首先就是在项目所在国法律法规的许可范围内设计符合投资者投融资需求的项目投资结构。目前，国际上项目融资中设立的项目投资结构主要形式有契约型结构、股份有限公司、合伙制结构、有限责任公司和信托基金结构等。有关项目实体的投资结构设计和选择将在第三章详述。

（二）项目的融资结构

融资结构是项目融资的核心部分。项目的投资者确定了项目实体的投资结构后，一项重要的工作就是设计合适的融资模式以筹集项目所需的资金。在此过程中，投资者所聘请的财务顾问将起重要的作用。项目融资通常采取的融资模式有投资者直接融资、利用“设施使用协议”型融资、BOT 模式、融资租赁等。实际运作中还可以根据需要对上述几种模式进行组合。有关融资结构的设计问题将在第四章详细讨论。

（三）项目的资金结构

项目的资金结构设计关注的是项目资金中股本资金、准股本资金和债务资金的形式，相互间的比例关系以及各自的来源等方面。这里需要考虑的是不同资金来源的比例关系、项目资金的合理使用结构以及税务安排对总的加权平均融资成本的影响。有关这方面的情况将在第五章详细阐述。

（四）项目的信用保证结构

由于项目融资的风险较大，因此各个贷款人都要求贷款的安全性能得到保证。对于贷款人而言，项目融资的安全性来自三个方面：保险公司对项目贷款的保险、项目本身的经济强度、项目之外的各种直接或间接的担保。这些担保既可以由项目的发起人提供，也可以由项目的直接或间接利益相关者提供。这些担保既可以是直接的财务担保，如不可预见费用担保、成本超支担保、完工担保，也可以是间接的非财务担保，如长期购买项目产品协议、以某种定价为基础的长期供货协议、技术服务协议等。所有这些担保形式的组合构成了项目的信用保证体系。项目贷款保险及项目本身的经济强度和信用保证结构是相辅相成、互相补充的。项目经济强度高时，另两个方面就相对简单、条件宽松；反之，就相对复杂、条件严格。有关这方面的情况将在第六章详述。

二、项目融资的合同文件体系

项目融资由于参与方众多、各种关系复杂，所以为了保证各参与方的利益、规定各方的职责，需要签订一系列合同、协议、备忘录等。概括起来，这些合同文件主要有项目基本文件、融资方面的文件、担保/抵押文件及其辅助文件、专家报告及法律意见书等。

（一）项目基本文件

这些文件是项目的基础，有些文件在申请融资之前就存在，主要包括：

（1）各项政府特许、批准文件。

（2）关于土地所有权（包括获得必要的地表和浅海的所有权）的文件。

（3）项目发起人之间的合资文件。

（4）股东协议。

（5）项目公司的组织文件。

(6) 项目管理文件和技术顾问合同。

(7) 项目建设文件和分包合同。

(8) 承包商和分包商的履约保函及预付款保函。

(9) 其他保证因素，如销售合同规定的责任。

(10) 项目的各种保险文件。

(11) 供货合同或者是通常的商务合同，或者是供货或付款（supply or pay）合同或收费合同。

(12) 销售合同或者是通常的商务合同，或者是无货亦付款（take or pay）合同或提货并付款（take and pay）合同。

(13) 使用合同。

(14) 技术和运营许可证。

(15) 计划部门和环境部门的批准书。

(16) 基本设施供应合同——电力、燃气、水。

(17) 精炼合同（当产品需精炼后才能售往市场时），运输合同。

(18) 项目发起人的其他融资合同。

(二) 融资方面的文件

融资方面的文件主要包括：

(1) 基本融资协议（写明贷款条件、保护条款等）。

(2) 担保文件。

(3) 项目贷款人和担保权益托管人之间的信托、协调或共同贷款人协议。

(4) 担保、安慰信和其他支持文件。

(5) 融资文件，当借款不是筹资的唯一或第一来源时，应包括发行债券、商业票据、股票承销报价文件等。

(6) 互换、期权、封顶和利率区间等可能涉及一个或几个贷款人，或者涉及第三方的附加融资文件。

(三) 担保/抵押文件及其辅助文件

第六章将详细阐述项目融资涉及的担保问题。这里简单列举一些项目融资中担保所涉及的文件：

(1) 按揭或对土地、建筑物和其他固定资产设押文件。

(2) 对动产、账面债务和产品的固定设押或浮动设押文件。

(3) 项目文件规定的权益转让，如建设合同、承包商和供货商的履约保函、许可证和合资合同。

(4) 项目保险和经纪人的保证的转让。

(5) 销售合同、无货亦付款合同、使用或收费合同、项目生产收益和经营收入的转让。

(6) 用代管账户（escrow-account）来控制现金流量（必要时提留项目的现金流量）。

(7) 长期供货合同的转让，包括供货或付款合同和能源、原材料的供应合同。

(8) 项目公司股票的质押，包括对股息设押。

（9）项目发起人的支持：还款担保、竣工保函、运营资本合同、现金差额补偿协议、保证书和安慰信。

（10）项目发起人的间接支持：无货亦付款合同、使用合同和供货或付款合同、无条件运输合同、持续供货合同。

（11）由一个或多个项目发起人签订的项目经营管理合同。

（12）所在国政府的支持文件：许可证、批准、特许、免于没收保函、外汇供应保证。

（13）保险：商业保险单、出口信贷保函、多边机构担保文件。

（四）专家报告及法律意见书

专家报告及法律意见书主要包括：

（1）工程师关于项目技术可行性的报告。

（2）环境顾问关于项目对环境的可能影响和适用法律的报告。

（3）保险专家关于项目保险是否足够的报告。

（4）会计师关于项目发起人财务状况和项目公司股东结构的报告。

（5）所在国的法律顾问和向贷款人提供担保或支持的各方当地法律顾问的法律意见书。

第三节　项目融资的运作程序

项目融资从运作程序上可以划分为计划阶段和实施阶段。计划阶段就是融资前期阶段，主要包括投资决策分析、确定项目投资结构、初步融资计划、融资的各个结构设计；实施阶段主要包括融资计划的谈判、执行、管理以及融资结果评估。

一、项目融资的计划阶段

从项目的投资决策算起，到选择项目融资的方式以筹集资金，项目融资的计划阶段主要是为项目融资做好各方面的准备，通常包括投资决策分析、确定项目投资结构、初步融资计划、设计项目融资结构和资金结构。

（一）投资决策分析

对于任何一个投资项目，在决策者下决心之前，都需要经过相当周密的投资决策分析，这些分析包括对宏观经济形势的判断、工业部门的发展以及项目在工业部门中竞争性的分析、项目的可行性研究等标准内容。其中，比较重要的一项是经济可行性研究，因为项目融资是以项目的资产和收益为依托的。在项目的经济可行性研究中，又有四个主要方面：数据收集和对项目在经济及融资方面的分析；对提出的经济和融资方案的审查；对资金来源的融资预测；资金应用、现金流、利润及亏损报告、项目评估计算、融资比率、敏感性分析和收益/费用分析。

（二）确定项目投资结构

一旦做出投资决策，接下来的一个重要工作就是确定项目实体的投资结构，这与将要选择的融资结构和资金来源有着密切的关系。同时，在很多情况下，项目投资决策也与项目能否融资以及如何融资紧密地联系在一起。投资者在决定项目实体投资结构时需要考虑的因素很多，主要包括项目的产权形式、产品分配形式、决策程序、债务责任、现金流量控制、税务结构和会计处理等方面的内容。投资结构的选择将影响项目融资结构和资金来源的选择，反过来，项目融资结构的设计在多数情况下也会对投资结构的安排做出调整。

（三）初步融资计划

在这个阶段，项目投资者将决定采用何种融资方式为项目开发筹集资金。是否采用项目融资，取决于投资者对债务责任分担的要求、贷款资金数量的要求、时间的要求、融资费用的要求以及诸如债务会计处理等方面要求的综合评价。如果决定采用项目融资作为筹资手段，投资者就需要选择和聘请融资顾问，开始研究和设计项目的融资结构。有时，项目的投资者无法明确判断采取何种融资方式，在这种情况下，投资者可以聘请融资顾问对项目的融资能力以及可能的融资方案做出分析和比较，在获得一定的信息反馈后，再做出项目的融资方案决策。一般来说，初步融资计划包括：①建立融资准则，包括资本和运营费用、收入、采购计划、花费和投资进度、货币要求等；②确定资金来源，包括资本结构，即债务和股本比率、资金来源、初步期限和条件；③开展初步融资计划；④计划融资实施程序，包括怎样从贷款方得到许诺和担保的策略及方法、谈判的进度、文件准备、项目备忘录、协议和融资应用等。

（四）设计项目融资结构和资金结构

设计项目融资结构的一个重要步骤是完成对项目风险的分析和评估。项目融资结构的基础是由项目本身的经济强度以及与之相关的各个利益主体与项目的契约关系和信用保证所构成的。因此，能否采用以及如何设计项目融资结构的关键之一，就是要求项目融资顾问和项目投资者一起，对于与项目有关的风险因素进行全面的分析和判断，确定项目的债务承受能力和风险，设计出切实可行的融资方案。项目融资结构以及相应的资金结构的设计和选择，必须全面反映投资者的融资战略要求和考虑。

二、项目融资的实施阶段

这是真正进行项目融资的阶段，包括项目融资的实施、项目融资的管理和项目融资结果的评估。

（一）项目融资的实施

在初步确定了项目融资的方案之后，融资顾问将有选择地向商业银行或其他一些金融机构发出参加项目融资的建议书，组织贷款银团，着手起草项目融资的有关文件。这一阶段会经过多次反复，在与银行的谈判中，不仅会对有关的法律文件做出修改，在很多情况下还会涉及融资结构或资金来源的调整问题，有时甚至会对项目的投资结构及相应的法律文件做出修改，以满足贷款银团的要求。在这一阶段，融资顾问、法律顾问和税务顾问的作用是十分重要的。强有力的融资顾问和法律顾问可以加强项目投资者的谈判地位，保护投资者的利益，并在谈判陷入僵局时，能及时、灵活地找出适当的变通办法，绕过难点解决问题。该阶段主要包括：①确定初步融资许诺，包括向贷款方提出建议、所提建议应与项目要求和采购程序相协调；②最后完成初步融资计划，包括对融资的详细预测、外汇安排、对建议和许诺的分析及选择；③最后完成融资，包括对资金来源的最后承诺，协调融资和采购计划、项目文件、贷款协议、货币、外汇要求等，明确资金和取款步骤以及专门的融资来源。

（二）项目融资的管理

在正式签署项目融资的法律文件之后，融资的组织安排工作就结束了，项目融资将进入管理阶段。在项目融资中，贷款银团将通过经理人（一般由项目融资顾问担任）经常性地监督项目的进展，并根据融资文件的规定，参与部分项目的决策程序，管理和控制项目的贷款资金投入及部分现金流量。贷款银团的参与可以按项目的进展划分为三个阶段：项目的建设期、试生产期和正常运行期。在项目的建设期，贷款银团经理人将经常性地监督项目的建设进展，根据资金预算和建设日程表安排贷款的提取。如果融资协议包括多种货币贷款的选择，银团经理人可以为项目投资者提供各种资金安排上的策略性建议。在项目的试生产期，银团经理人监督项目试生产情况，将实际的项目生产成本数据和技术指标与其融资文件的规定指标进行比较，确认项目是否达到了融资文件规定的商业完工标准。在项目的正常运行期，项目投资者所提供的完工担保将被解除，贷款的偿还将主要依赖于项目本身的现金流量，贷款银团经理人将按照融资文件的规定管理全部或一部分项目的现金流量，以确保债务的偿还。除此之外，贷款银团经理人还会参与一部分项目的生产经营决策，在项目的重大决策问题上（例如，新增资本支出、减产、停产和资产处理等）有一定的发言权。由于项目融资的债务偿还与该项目所处的金融环境和市场环境密切相关，所以帮助项目投资者加强对项目风险的控制和管理，就成为贷款银团经理人在项目正常运行阶段的一项重要工作。

（三）项目融资结果的评估

1. 贷款方的要求

在评估项目融资目的时，贷款方需要在以下方面得到满足，即在假设条件下对现金流动进行合适的敏感性分析后，证明项目是可行的；在融资计划中，为防止发生意外事件，必须规定适当的条款，以保证项目有足够的现金在特许期限内满足它的现金费用，包括债务服务，并要考虑一定的余度，以应付不可预见事件的发生。

2. 资本投资者的融资要求

对于投资，私营部门关心的问题大多类似于贷款者关心的问题。然而，对投资者来说，他们最关心的是项目投资能否收回，投资者将从下列角度来评价项目的现金流动：①投资回报率（ROI），是指项目年净收益与总投资额的比率。如果 ROI 高，这个项目就被认为是可行的，即可投资的。②内部收益率（IRR），是指项目特许期限内所有现金流入和现金流出的现值相等的折现率。理想的 IRR 应比当时的银行利率高，这种情况下的项目被认为是有吸引力的。③净现值（NPV），是指项目特许期限内所有现金流入和现金流出的现值之差。只要 NPV 是正的，这个项目就被认为是可行的和有利润的。

关于以上各种评估方法，将在第二章详细说明。

项目融资运作程序示意图如图 1—2 所示。

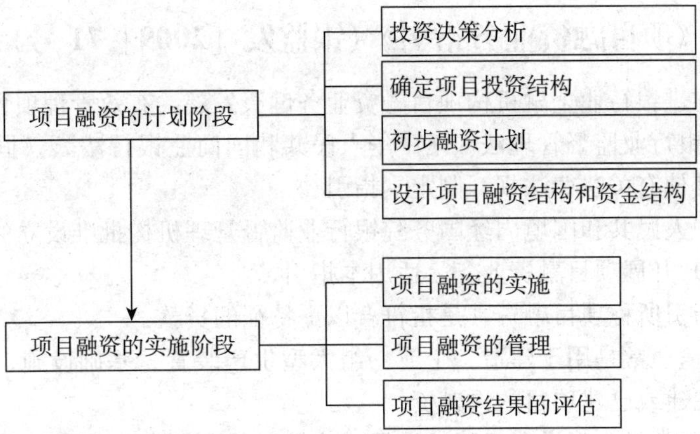

图 1—2 项目融资运作程序示意图

【本章小结】

项目融资作为一种以项目的资产和未来收益为偿还贷款的资金来源及安全保障的融资方式，正越来越多地被应用于大型项目的融资实践中。本章是项目融资的基础和前提，主要为以后各章的阐述做铺垫。首先，本章介绍了项目融资的起源、定义、特点、功能、适用范围和参与者结构等；然后，简要介绍了项目融资的框架结构和合同体系；最后，说明了项目融资的一般运作程序，以使读者对项目融资有一个大概的了解。

【本章关键术语】

项目融资	投资结构	融资结构	资金结构	信用保证结构
有限追索	项目公司	投资回报率	内部收益率	净现值

【本章思考题】

1. 如何理解项目融资的概念？它与其他有限追索权融资的区别是什么？
2. 项目融资的基本特点是什么？
3. 项目融资的主要参与者有哪些？相互之间有什么关系？
4. 项目融资的主体结构有哪些方面？
5. 项目融资可以分为哪几个阶段？各个阶段的主要工作是什么？
6. 项目融资适用于哪些项目？其主要合同文件有哪些？

附录　《项目融资业务指引》(银监发［2009］71号)

第一条　为促进银行业金融机构项目融资业务健康发展，有效管理项目融资风险，依据《中华人民共和国银行业监督管理法》、《中华人民共和国商业银行法》、《固定资产贷款管理暂行办法》以及其他有关法律法规，制定本指引。

第二条　中华人民共和国境内经国务院银行业监督管理机构批准设立的银行业金融机构（以下简称贷款人）开展项目融资业务，适用本指引。

第三条　本指引所称项目融资，是指符合以下特征的贷款：

（一）贷款用途通常是用于建造一个或一组大型生产装置、基础设施、房地产项目或其他项目，包括对在建或已建项目的再融资。

（二）借款人通常是为建设、经营该项目或为该项目融资而专门组建的企事业法人，包括主要从事该项目建设、经营或融资的既有企事业法人。

（三）还款资金来源主要依赖该项目产生的销售收入、补贴收入或其他收入，一般不具备其他还款来源。

第四条　贷款人从事项目融资业务，应当具备对所从事项目的风险识别和管理能力，配备业务开展所需要的专业人员，建立完善的操作流程和风险管理机制。

贷款人可以根据需要，委托或者要求借款人委托具备相关资质的独立中介机构为项目提供法律、税务、保险、技术、环保和监理等方面的专业意见或服务。

第五条　贷款人提供项目融资的项目，应当符合国家产业、土地、环保和投资管理等相关政策。

第六条　贷款人从事项目融资业务，应当充分识别和评估融资项目中存在的建设期风险和经营期风险，包括政策风险、筹资风险、完工风险、产品市场风险、超支风险、原材料风险、营运风险、汇率风险、环保风险和其他相关风险。

第七条　贷款人从事项目融资业务，应当以偿债能力分析为核心，重点从项目技术可行性、财务可行性和还款来源可靠性等方面评估项目风险，充分考虑政策变化、市场波动等不确定因素对项目的影响，审慎预测项目的未来收益和现金流。

第八条　贷款人应当按照国家关于固定资产投资项目资本金制度的有关规定，综合考虑项目风险水平和自身风险承受能力等因素，合理确定贷款金额。

第九条　贷款人应当根据项目预测现金流和投资回收期等因素，合理确定贷款期限和还款计划。

第十条　贷款人应当按照中国人民银行关于利率管理的有关规定，根据风险收益匹配原则，综合考虑项目风险、风险缓释措施等因素，合理确定贷款利率。

贷款人可以根据项目融资在不同阶段的风险特征和水平，采用不同的贷款利率。

第十一条　贷款人应当要求将符合抵质押条件的项目资产和/或项目预期收益等权利为贷款设定担保，并可以根据需要，将项目发起人持有的项目公司股权为贷款设定质押担保。

贷款人应当要求成为项目所投保商业保险的第一顺位保险金请求权人，或采取其他措施有效控制保险赔款权益。

第十二条　贷款人应当采取措施有效降低和分散融资项目在建设期和经营期的各类风险。

贷款人应当以要求借款人或者通过借款人要求项目相关方签订总承包合同、投保商业保险、建立完工保证金、提供完工担保和履约保函等方式，最大限度降低建设期风险。

贷款人可以以要求借款人签订长期供销合同、使用金融衍生工具或者发起人提供资金缺口担保等方式，有效分散经营期风险。

第十三条 贷款人可以通过为项目提供财务顾问服务，为项目设计综合金融服务方案，组合运用各种融资工具，拓宽项目资金来源渠道，有效分散风险。

第十四条 贷款人应当按照《固定资产贷款管理暂行办法》的有关规定，恰当设计账户管理、贷款资金支付、借款人承诺、财务指标控制、重大违约事项等项目融资合同条款，促进项目正常建设和运营，有效控制项目融资风险。

第十五条 贷款人应当根据项目的实际进度和资金需求，按照合同约定的条件发放贷款资金。贷款发放前，贷款人应当确认与拟发放贷款同比例的项目资本金足额到位，并与贷款配套使用。

第十六条 贷款人应当按照《固定资产贷款管理暂行办法》关于贷款发放与支付的有关规定，对贷款资金的支付实施管理和控制，必要时可以与借款人在借款合同中约定专门的贷款发放账户。

采用贷款人受托支付方式的，贷款人在必要时可以要求借款人、独立中介机构和承包商等共同检查设备建造或者工程建设进度，并根据出具的、符合合同约定条件的共同签证单，进行贷款支付。

第十七条 贷款人应当与借款人约定专门的项目收入账户，并要求所有项目收入进入约定账户，并按照事先约定的条件和方式对外支付。

贷款人应当对项目收入账户进行动态监测，当账户资金流动出现异常时，应当及时查明原因并采取相应措施。

第十八条 在贷款存续期间，贷款人应当持续监测项目的建设和经营情况，根据贷款担保、市场环境、宏观经济变动等因素，定期对项目风险进行评价，并建立贷款质量监控制度和风险预警体系。出现可能影响贷款安全情形的，应当及时采取相应措施。

第十九条 多家银行业金融机构参与同一项目融资的，原则上应当采用银团贷款方式。

第二十条 对文化创意、新技术开发等项目发放的符合项目融资特征的贷款，参照本指引执行。

第二十一条 本指引由中国银行业监督管理委员会负责解释。

第二十二条 本指引自发布之日起三个月后施行。

2009 年 7 月 18 日

第二章

项目可行性研究

学习目标

◇理解项目可行性研究的定义及其作用；
◇了解项目可行性研究的依据和要求；
◇掌握项目可行性研究的主要内容及研究步骤；
◇掌握项目可行性研究的具体分析方法。

第一节　项目可行性研究概述

项目可行性研究是指对项目的主要内容和配套条件，如市场需求、资源供应、建设规模、工艺路线、设备选型、环境影响、资金筹措、盈利能力等，从技术、经济、工程等方面进行调查研究和分析比较，并对项目建成以后可能取得的财务、经济效益及社会环境影响进行预测，从而提出该项目是否值得投资和如何进行建设等方面的咨询意见，以便为项目决策提供依据的一种综合性的系统分析方法。项目可行性研究应具有预见性、公正性、可靠性、科学性的特点。项目可行性研究阶段在时间上对应于项目全过程中的规划阶段，在逻辑上对应于项目全过程中的问题提出、建立评价指标体系以及项目分析三个阶段。项目可行性研究是项目立项阶段最重要的核心工作，具有相当大的信息量和工作量，是项目决策的主要依据。根据项目的大小与不同类型，项目可行性研究内容由浅入深，包括项目机会研究、初步可行性研究、详细可行性研究和项目评估决策等几个部分。

一、项目可行性研究的依据和要求

（一）项目可行性研究的依据

一个拟建项目的可行性研究必须在国家有关规划、政策、法规的指导下完成，同时，还必须有相应的各种技术资料作为参考。进行可行性研究工作的主要依据包括：①国家经济和社会发展的长期规划，部门与地区规划，经济建设的指导方针、任务、产业政策、投资政策和技术、经济政策以及国家和地方法规等；②经过批准的项目建议书和在项目建议书批准后签订的意向性协议等；③由国家批准的资源报告，国土开发整治规划、区域规划和工业基地规划，对于交通运输项目建设要有有关的江河流域规划与路网规划等；④国家进出口贸易政策和关税政策；⑤当地拟建厂址的自然、经济、社会等基础资料；⑥有关国家、地区和行业的工程技术及经济方面的法令、法规、标准定额资料等；⑦由国家颁布的建设项目可行性研究及经济评价的有关规定；⑧包含各种市场信息的市场调研报告。

（二）项目可行性研究的一般要求

项目可行性研究工作对于整个项目建设过程乃至整个国民经济都具有非常重要的意义。为了保证项目可行性研究工作的科学性、客观性和公正性，有效地防止产生错误和遗漏，在项目可行性研究中有以下三个基本要求：(1) 必须站在公正客观的立场上进行调查研究，做好基础资料的收集工作。对于收集的基础资料，要按照客观实际情况进行论证评价，如实反映客观经济规律，并从客观数据出发，通过科学分析，得出项目是否可行的结论。(2) 项目可行性研究报告的内容及深度必须达到国家规定的标准，基本内容要完整，应尽可能多地占有数据资料，避免粗制滥造，搞形式主义。在做法上要掌握好以下四个要点：①先论证，后决策；②处理好项目建议书、可行性研究、评估这三个阶段的关系，任何一个阶段发现不可行都应当停止研究；③要将调查研究贯彻始终，一定要掌握切实可靠的资料，以保证资料选取的全面性、重要性、客观性和连续性；④多方案比较，择优选取。对于涉外项目，或者在加入 WTO 等外在因素的压力下必须与国外接轨的项目，项目可行性研究的内容及深度还应尽可能与国际惯例接轨。(3) 为保证项目可行性研究的工作质量，应保证咨询设计单位有足够的工作周期，防止以各种理由不负责任和草率行事。

二、项目可行性研究的主要内容

一般来说，项目可行性研究均应设专章论述投资必要性、技术可行性、财务可行性、组织可行性和风险分析的内容。对于工业项目，项目可行性研究应设多个章节对原材料供应方案、厂址选择、工艺方案、设备选型、土建工程、总图布置、辅助工程、安全生产、节能措施等与技术可行性有关的各方面内容进行研究。对于非工业项目，项目可行性研究应重视项目的经济和社会评价，重点评价项目的可持续性和经济、社会、环境影响。

各类投资项目可行性研究的内容及侧重点因行业特点不同而异，但一般应包括以下内容。

1. 投资必要性

投资必要性主要是根据市场调查及预测的结果，以及有关的产业政策等因素，论证项目投资建设的必要性。在投资必要性的论证上：一是要做好投资环境的分析，对构成投资环境的各种要素进行全面的分析论证；二是要做好市场研究，包括市场供求预测、竞争力分析、价格分析、市场细分、定位及营销策略论证等。

2. 技术可行性

项目融资以项目资产和现金流为还款依据，所以项目融资首先要确定的是项目在技术上的可行性。技术可行性主要是从项目实施的技术角度，合理设计技术方案，并进行比较和评价。对于不同的行业，技术可行性的研究内容及深度差异很大。对于工业项目，可行性研究的技术论证应达到能够比较明确地提出设备清单的深度；对于各种非工业项目，技术方案的论证也应达到目前工程方案初步设计的深度，以便与国际惯例接轨。为了得到令人满意的技术可行性评估，银行通常依靠独立的专家（如采矿工程师、油田工程师或建筑顾问）来完成技术可行性研究。一般来说，为了减少风险，项目最好使用成熟的技术。

专家的作用是非常关键的。例如，在道路、桥梁和隧道的建设中，专家将检查设计和建造计划、交通流量预报和交通支线状况。在电站建设中，关键是电站的设计和运行方案，必须检查试运行程序、竣工标准、必要的输电线路和电网能力；预测燃料的供应、用电计划和电网要求。多数大银行拥有自己的技术专家，他们大多是具有在工业界工作经历的工程师。尽管在保护贷款人的利益方面，银行自己的技术专家起很重要的作用，但大部分贷款人还是要求有独立的工程师参与项目的评估和控制过程。

3. 财务可行性

财务可行性主要是从项目及投资者的角度，设计合理的财务方案；从企业理财的角度进行资本预算，评价项目的财务盈利能力，进行投资决策；从融资主体（企业）的角度，评价股东的投资收益、现金流量计划及债务清偿能力。

4. 组织可行性

组织可行性主要是制订合理的项目实施进度计划，设计合理的组织机构，配备经验丰富的管理人员，建立良好的协作关系，制订合适的培训计划等，以保证项目顺利执行。

5. 经济可行性

经济可行性主要是从资源配置的角度衡量项目的价值，评价项目在实现区域经济发展目标、有效配置经济资源、增加供应、创造就业、改善环境、提高生活水平等方面的效益。

6. 社会价值可行性

按照世界银行等国际金融组织的要求，在项目可行性研究阶段应进行项目的社会评价，分析项目为实现国家和地区的社会发展目标所做的贡献及其影响，以及项目与社会的相互适应性。社会价值可行性的主要内容涉及人口、就业、移民安置、公平分配、文化历史、妇女、民族宗教、居民生活水平和质量、社会基础设施等，评价的重点是项目周围的社区，同时还应考虑项目对技术进步、节约时间、促进地区和部门发展、改善经济布局和产业结构等的影响。评价指标包括就业效果、收入分配效益、资源节约指标、公平分配、扶贫效果、妇女参与、机构发展和持续性等。目前，在我国的投资项目前期咨询论证中，还没有将社会评价纳入可行性研究的程序和范围。为了与国际惯例接轨，应考虑在项目可行性研究中加强社会评价工作。

7. 环境影响评价

项目可行性研究应对项目可能产生的环境影响进行全面、综合、系统、实际的评价，这种评价对分析项目的社会、经济、技术和财务上的可行性十分重要。环境影响分析包括项目对周围地区的影响，特别是对当地人群、植物群和动物群的影响。环境影响因素分析应以项目所在国的法规、三废排放标准为基础进行影响因素的识别和分析，在环境背景调查的基础上，分析项目的实施对当地环境的影响。环境影响评价的主要目的是：①就项目对自然及人类居住地所造成的环境影响后果进行全面、综合的分析；②研究和了解项目的各个方案新增的环境影响范围及程度；③把环境保护法规的要求纳入项目可行性研究中；④确定减轻消极的环境影响和增加有利影响的措施；⑤对各种需要进一步研究的环境问题进行分析；⑥对各种环境影响进行必要的定性和定量分析研究，确定项目方案在环境方面的主要优缺点。

8. 风险因素及对策

风险因素及对策主要是对项目的市场风险、技术风险、财务风险、组织风险、法律风险、经济及社会风险等风险因素进行评价，制定规避风险的对策，为项目全过程的风险管理提供依据。上述项目可行性研究的内容，适应不同行业、各种类型的投资项目。

三、项目可行性研究的步骤

在联合国工业发展组织（UNIDO）编写的《工业可行性研究编制手册》中，将可行性研究工作分为四个阶段，即项目机会研究（项目建议书）、项目初步可行性研究、项目详细可行性研究及项目评估和决策。由于基础资料占有的程度和研究深度与可靠程度不同，以上四个阶段的研究性质、工作目标、工作要求及作用、工作时间与费用各不相同。一般来说，各阶段的研究内容由浅入深，项目投资和成本估算的精度要求由粗到细，研究工作量由小到大，研究的目标和作用逐步提高，因而研究工作的时间和费用也逐渐增加。这种循序渐进的工作程序，既符合对项目调查研究的客观规律，又能节省人力、财力、时间，因而其效果是明显的。在任何一个阶段，只要得出不可行的结论，就不必进行下一步的研究；如认为可行时，则要转入下一阶段的工作。这种广义的可行性研究工作，又可根据项目的规模、性质、要求和复杂程度的不同，进行适当的调整。例如，对于小规模且工艺技术成熟或不太复杂的项目，就可直接做可行性研究；对于有些项目，经过初步可行性研究，若认为有把握，就可据以做出投资决策。

（一）项目机会研究

项目机会研究依其性质而言，是相当粗糙的，更多地依靠总的估计数而不是详尽的分析；它通常不是通过设备供应商等的报价单，而是通过类似的现有项目来获得成本数据。是否必须进行一般机会研究或具体项目机会研究，或是否两者都必须进行，要取决于调查的现实条件。

1. 一般机会研究

一般机会研究主要是鉴别投资机会，形成投资意向，提供可供选择的项目发展方向和投资领域。一般机会研究通常由国家机构和公共机构来完成，目的是指明具体的投资建议。这类研究有三种：①地区研究，谋求鉴别在某一特定地区（如省、市或一个港口的腹地贸易区内）的各种机会；②分部门研究，谋求鉴别在诸如食品加工、电子计算机等某一特定产业部门内的各种机会；③以资源为基础的研究，谋求鉴别利用自然、农业、工业产品的各种机会，如以森林为基础的工业、石化工业等。

2. 具体项目机会研究

这项研究主要用于筛选项目，提出项目建议。具体项目机会研究比一般机会研究更深入、更具体，包括市场研究、外部环境分析、优势分析、论证结论，并以项目建议书的形式出具给项目相关者。这项研究工作的承担者一般是项目的受益者或项目未来的投资者。具体项目机会研究比一般机会研究更为普遍，可定义为：将项目设想转变为概略的投资建议（即我国的项目建议书）。其研究目的是要促使投资者做出反应，因此它必须包括某些基本的资料，此时仅列举可能具有国内制造潜力的产品就不够了，虽然它可以作为起点，但必须做到：第一，对所鉴别的产品是有选择的；第二，汇编与各种产品有关的数据，以便国内外的潜在投资者能够考虑这些可能性是否具有足够的吸引力以进入下一个项目发展阶段。有关各种产品生产的基本政策和程序的资料，可以作为这些数据的补充。这样可以得出概括的投资简介，足以达到促使投资者做出反应的目的。

3. 方案策划

方案策划是指根据项目的目标与功能要求进行总体规划与设计。作为项目可行性研究的前提与实施的依据，主要包括：①功能与目标分析，有总目标、分目标、技术指标、经济指标、环境指标等指标；②总体方案设想，有概念创新、方案设想等内容；③总体方案规划，有布局、规模、指标等内容；④各部分功能设计，有子系统功能、联系等内容；⑤方案选择与确定，有技术、经济、环境、风险、周期比较以及确定一两个方案进行进一步研究与论证等内容。

（二）项目初步可行性研究

一般来说，投资者必须在更为详细的研究报告中详尽阐述项目设想。然而，系统地提出能够就项目做出明确决定的技术和经济上的可行性研究报告是件既费钱又费时的工作。所以，在拨款进行这种研究之前，必须在项目初步可行性研究报告中对项目设想进行初步的估计。

这一阶段主要对项目进行初步的论证和估计，分析前途、关键技术或管理与制度问题，以及相关的研究与工作确定，并回答项目的必要性、时间周期、资源需求、资金筹措、利益、合理性、风险性等问题。它主要包括：①市场与生产能力，有市场预测、经营渠道、价格、销量等内容；②资源投入量分析，有建设与运行过程的资源需求；③选址，有地点选择、场地选择等内容；④项目总设计，有规划、工艺、设备、土建、技术、进度、投资额、成本等内容；⑤收益估算，有经济性、技术性、环境结论等内容。

如果就投资可能性进行了项目机会研究，那么项目的初步可行性研究阶段往往可以省去。如果关于部门或资源的机会研究包括足够的项目数据，可继续进入项目可行性研究阶段或终止这一研究，有时也可越过项目初步可行性研究阶段。然而，如果项目的经济效益使人产生疑问，就要进行项目初步可行性研究来确定项目是否可行，除非项目初步可行性研究的某一方面已通过详尽的市场研究或对一些功能研究进行了深入的调查。投资者可以通过捷径来决定投资支出和生产成本的次要组成部分，但不能决定其主要组成部分。投资者必须把估计的项目主要投资支出和生产成本作为项目初步可行性研究的一部分，但并不一定只以确定的报价单为估计依据。

（三）项目详细可行性研究

项目详细可行性研究是为项目的投资决策提供技术、经济上的基础，它应该对有关某产品生产的关键因素连同进行生产的各种备选方法一并做出规定或予以分析。这种研究应该提出这样一个项目：它位于选定地点，具备规定的生产能力，使用规定的原料，投入有关的某一种或几种技术，具有明确的投资费用和生产成本，并从销售收益中得到规定的投资收益。

项目详细可行性研究应做到在决策前对项目有关的工程、技术、经济、环境、政策等方面的条件和情况做详尽、系统、全面的调查、研究与分析，对各种可能的建设方案和技术与工程方案进行充分的比较论证，对项目完成后的经济效益、国民经济和社会效益进行预测和评价，是项目评估和决策的依据。它的主要内容包括：①总论，有背景、必要性、依据和范围需求预测等内容；②项目规模，有国内外需求、能力、竞争力、技术经济分析等内容；③资源情况，有原材料、设施、燃料、人员、技术、装备等内容；④项目实施条件与地点选择，有地理地形，气象水文，地质，交通运输，通信，水、电、气，地点选择与比较等内容；⑤设计方案，有范围、方法、进度、工作量等内容；⑥组织建设方案，主要有机构设置、人员招募与培训等内容；⑦投资估算与资金筹措方案；⑧社会及经济效果评价；⑨环境评价，有环境保护、环境影响等内容。

（四）项目评估和决策

项目评估和决策是由投资决策部门组织或授权给有关专家，根据政策、法规、方法、参数和条例等因素，从项目的国民经济、社会角度出发，对项目的必要性、条件、市场、技术、环境、效益等进行全面评价，判断其是否可行，审查可行性研究报告的可靠性、真实性和客观性，为审批项目提供决策依据。其内容包括：

（1）全面审核报告中反映的各项情况是否属实。

（2）分析项目可行性研究中各项指标计算是否正确，包括各种参数、基础数据、定额费率的选择。

（3）综合分析项目的财务效益和社会经济效益。

（4）分析项目方针性研究的可靠性、真实性和客观性，对项目做出取舍的最终投资决策。

（5）写出项目评估报告。

项目的评估依据有项目建议书、批准文件、可行性研究报告、申请报告、初审意见、有关协议文件等内容；项目的评估程序主要有成立评估小组、资料审查分析、调查分析、论证、编写评估报告、讨论修订、专家论证会、出具评估报告等步骤。

项目可行性研究各阶段工作的目的和要求见表2—1。

表2—1　　项目可行性研究各阶段工作的目的和要求

研究阶段	项目机会研究	项目初步可行性研究	项目详细可行性研究	项目评估和决策
研究性质	项目设想	项目初选	项目准备	项目评估
研究目的和内容	鉴别投资方向，寻求投资机会，选择项目，提出项目投资建议	对项目做初步评价，进行专题辅助研究，广泛分析、筛选方案，确定项目初步可行性	对项目进行深入细致的技术经济论证，重点对项目的技术方案和经济效益进行分析评价和多方案比较，提出结论性意见	综合分析各种效益，对可行性研究报告进行全面审核和评估，分析、判断可行性研究的可靠性和真实性
研究要求	编制项目建议书	编制初步可行性研究报告	编制可行性研究报告	提出项目评估报告
研究作用	为初步选择投资项目提供依据，批准后列入建设前期工作计划	判断是否有必要进行下一步项目详细可行性研究，进一步判明建议项目的生命力	作为项目投资决策的基础和重要依据	为投资决策者提供最后的决策依据，决定项目取舍和选择最佳投资方案

资料来源：周惠珍：《投资项目评估》，大连，东北财经大学出版社，1999。

第二节　项目投资收益分析

在项目融资中，项目发起人对于是否要投资项目的决策主要受以下几方面因素的影响：第一，投资该项目是否最终可以带来满足其需求的足够投资收益，又称经济可行；第二，项目投资期内的现金流量情况是否可以满足项目主体在各类情况下都不会出现资金断裂问题，又称财务可行；第三，可能出现的风险及相关风险评估的结果。本章的第二节、第三节、第四节分别就这三个问题展开讨论，并介绍了一些常用的数量分析方法。需要注意的是，数量分析所依赖的数据必须是前期项目调研、分析基础上得来的较为准确、理性的数据。例如，总投资、成本的估算必须符合实际情况，各类假设前提必须建立在符合当地法律的基础上等等。在此基础上，数量分析的结果才具有参考价值，可以作为一份合格的项目可行性分析报告的核心内容。

收益是投资的前提，一个项目的发起人在做投资决策时会非常重视项目是否能为其带来理想的收益。在不同行业的不同项目中，影响投资收益的要素也不尽相同。例如，房地产项目中影响投资收益的要素可能是开发地块所处的地理位置、楼面均价、市场人气甚至拆迁成本等等，矿产开发项目中影响投资收益的要素主要包括矿的储量、矿山的开发难度、污染治理难度等等。在这里，本教材无法一一说明，仅就一些分析投资收益的基本方法进行介绍，所有方法的核心在于：收益一定要足够覆盖各类成本的总和。

一、投资收益率

估算一笔投资的价值，最基本的方法是估算其投资收益率（return on investment）。基本计算公式如下：

$$总投资收益率=\frac{净利润}{总投资额}\times 100\%$$

或者

$$总投资收益率=\frac{总投资收入-总投资成本}{总投资成本}\times 100\%$$

由此推出：

$$投资收益率=\frac{总投资收益率}{总投资年限}$$

投资收益率作为一个指标，能反映出投资的盈利能力。特别是当企业面临若干投资机会时，投资收益率是非常合适的横向比较工具，可以作为选择投资机会的依据，有利于优化资源配置。投资收益率的计算方法简单，剔除了由于投资额不同而导致的利润差异化问题。与此同时，投资收益率也有其局限性，即没有考虑资金的时间价值，不能正确反映建设期长短、投资方式不同以及回收额差异等条件对项目的影响，分子、分母计算口径的可比性较差，无法直接利用净现金流量信息。因此，我们常常会用更为精确的净现值法（net present value，*NPV*）估算投资的价值。

二、净现值法

使用净现值法，需要估算拟投资项目的未来现金流情况，要做到这一点，首先要考虑的是货币的时间价值，下面做简要介绍。

（一）概念

在商品经济中，货币的时间价值是客观存在的。例如，将资金存入银行可以获得利息，将资金运用于公司的经营活动可以获得利润，将资金用于对外投资也可以获得投资收益，这种由于资金运用实现的利息、利润或投资收益表现为货币的时间价值。由此可见，货币的时间价值是指货币经过一定时间的投资和再投资所增加的价值，也称资金的时间价值。

（二）计算

为了计算货币时间价值量，一般是用“现值”和“终值”两个概念表示不同时期的货币时间价值。现值，也称本金，是指资金现在的价值。终值，也称本利和，是指资金经过若干时期后包括本金和时间价值在内的未来价值。通常有单利终值与现值、复利终值与现值、年金终值与现值。一般的投资核算都是采用复利法来计算的。复利，就是不仅本金要计算利息，本金所生的利息在下期也要加入本金一起计算利息，即通常所说的“利滚利”。在复利的计算中，设定以下符号：

F ——复利终值

i ——利率

P ——复利现值

n ——期数

复利终值是指一定数量的本金在一定的利率下，按照复利方法计算出的若干时期以后的本金和利息。n 年后复利终值的计算公式为：

$$F=P\times(1+i)^n \tag{2—1}$$

复利现值是指未来一定时间的特定资金按复利计算的现在价值，即为取得未来一定本利和而现在需要的本金。由终值求现值称为折现，折算时使用的利率称为折现率。复利现值的计算公式为：

$$P=\frac{F}{(1+i)^n} \tag{2—2}$$

理解了货币时间价值的概念及计算方式后，我们再看一下净现值的计算公式：

$$NPV=\sum_{t=0}^{N}(CI-CO)_t(1+i_c)^{-t} \tag{2—3}$$

式中，$(CI-CO)_t$ 为第 t 期的净现金流量；i_c 为基准收益率，也称贴现率；N 为项目的投资期限。

理解这个公式需要注意几点：

首先，净现值是指投资期限内各期现金流按基准收益率贴现后的价值。

其次，当净现值为负数时，说明该投资入不敷出，将会损害企业的利益；净现值为正数时，说明该投资可以获得收益，将会增加企业的利益。

再次，即便一笔投资估算出的净现值为正数，也不说明这就是一笔好的投资，可能有其他净现值更高的投资机会，因此比较净现值时应当确立一个市场标杆，或者有若干个可比较的案例，结果才更为客观、准确。

最后，由于净现值法的估值基础是未来各期净现金量的估算以及基准收益率的确定，因此对于现金流量的分析方法将在后文详细说明，而针对基准收益率的问题，我们将引入下一个要点——内部收益率（*IRR*）。

三、内部收益率

本质上，*NPV* 与 *IRR* 有相同之处。内部收益率的计算原理是：当 *NPV* 等于零、未来各期现金流确定时计算出来的贴现率就是拟投资项目的内部收益率。内部收益率的计算方法分为两种，分别对应两种不同的现金流情况：

（1）当拟投资项目未来的现金流为年金形式（即每期等值）时，可以利用年金现值系数计算得出，计算公式为：

$$(P/A,\ IRR,\ n)=1/NCF \tag{2—4}$$

式中，年金现值系数可以通过查年金现值系数表得出。

（2）当拟投资项目未来的现金流为常规形式（即每期不等值）时，计算方法如下：

1）在计算净现值的基础上，如果净现值是正值，就要采用更高的折现率来测算，直到测算的净现值趋近零。

2）再继续提高折现率，直到测算出一个净现值为负值。如果负值过大，就降低折现率后再测算。

3）根据接近于零的相邻正、负两个净现值的折现率，用线性插值法求得内部收益率。

在获得 *IRR* 后，其决策原则是：

如果机会成本 *K* 大于 *IRR*，则投资人应将资金投向其他项目，而不是该项目；如果 *K* 小于或等于 *IRR*，则该项目就会产生等于或者高于同风险水平下投资其他项目获得的回报率，因而值得投资。

需要注意的是，机会成本对于每个项目投资人来说是不同的，这是一个较为主观的数据，既包括了客观因素，如通货膨胀、政策风险等，也体现了项目投资人对于投资价值的判断。通常说来，我们认为项目投资人对拟投资项目的预期投资收益率是其机会成本。

另外，内部收益率法的优点是能把项目寿命期内的收益与其投资总额联系起来，并得出项目的收益率，以便将它与行业基准投资收益率对比，从而确定这个项目是否值得建设。使用借款进行建设，在借款条件（主要是利率）还不很明确时，内部收益率法可以避开借款条件，先求得内部收益率，作为可接受借款利率的高限，这对于项目发起人来说很有意义。内部收益率的缺点是其为比率，不是绝对值。一个内部收益率较低的方案，可能由于其规模较大而有较大的净现值，因而更值得建设。所以，在各个方案进行比较时，必须将内部收益率与净现值结合起来考虑。

第三节 项目现金流量分析

对于项目融资来说，贷款人在最初安排贷款时，可用该项目经济实体的现金流量和收益作为偿还贷款的资金来源，并使用该经济实体的资产作为贷款的安全保障。所以，项目的经济强度将是贷款人最关注的方面。项目的经济强度是指在安排最初投资时，如果项目可行性研究中的假设条件符合未来的实际情况，项目是否能够生产出足够的现金流量，能否支付生产经营费用、偿还债务并为投资者提供理想的收益，以及在项目运营的最后或者最坏的情况下，项目本身的价值能否作为投资保障。项目的经济强度表现在项目的获利能力、安全性、抗风险能力和变现能力上。通常说来，项目的经济强度要从两个方面测量：①项目未来可用于收回投资或偿还贷款的净现金流量；②项目本身的资产价值。

项目的现金流量主要看：①资金的使用；②业务收入。这两个方面的问题涉及项目的获利机制和价值驱动因素，以及公司或项目的战略安排，然后才表现为现金流量。

对项目进行经济评估时，首先应划清项目的投入与产出的内容，并用共同的衡量尺度——货币来计量。根据项目的产品方案、建设规模、工艺技术方案等的要求，对项目投资可能产生的现金流量进行估算：①项目投资估算，包括设备购置、安装、土建工程及其他工程费用，生产前的各种资本支出和流动资产投资；②产品销售收入或项目提供的服务营业收入预测；③项目在运营期内各种运营和维护费用预测。根据估算及预测结果，得出投资方案的现金流量。

一个工程项目在某一时间内支出的费用称为现金流出，而在此时间内所取得的收入称为现金流入。现金流出和现金流入统称现金流量。例如，在工程项目建设期内，工程开发规划设计、征用土地、购置设备、土建施工、设备安装及其他建设费用等固定资产投资和流动资金等均属现金流出。在试生产时期，试车所需的工具、夹具、原材料和燃料动力，以及职工培训费等为现金流出；试生产产品的销售收入为现金流入；正常生产期内主要的现金流入是销售收入，主要的现金流出是经营成本和销售税金。到项目寿命期的最后一年，应回收固定资产残值和流动资金作为现金流入。

现金流量只计算现金收支，不计算非现金收支（如折旧、应收及应付账款等），只考虑现金，不考虑借款利息，并要求如实记录现金收支实际发生的时间。因为在项目评估时，把工程项目看成一个独立的“系统”，现金流量就反映了货币在某一个时期进入或离开这个系统的实际情况。因此，按项目产品所缴纳的税金，就是实际纳税时这个系统的现金流出；而固定资产的年折旧，则是系统内部的现金转移，不是系统的现金流量。

净现金流量是项目在一定时期内（如一年或整个寿命期内）现金流入和现金流出的差额。年净现金流量就是一年内各项现金流入与现金流出的代数和。通常说来，现金流入取正号，现金流出取负号，各年的净现金流量有正有负。

第一，项目在建设期内的年度净现金流量。

净现金流量＝基建投资－流动资金投资　　(2—5)

由于建设期内只有现金流出（投资），而没有现金流入，因此年净现金流量为负值。

第二，项目生产初期的年度净现金流量。

$$净现金流量=销售收入-经营成本-销售税金-流动资金增加额 \quad (2—6)$$

在投入生产初期，产量尚未达到设计生产能力，因而企业只能获得一部分销售收入。同时，在此时期尚需继续投入流动资金增加额、生产经营成本与销售税金。因此，在大多数情况下，局部销售收入还不能全部抵偿当年的现金流出，继续出现负的净现金流量，而只有当销售收入大于当年支出的经营成本、销售税金和流动资金增加额时，才能出现正的净现金流量。

第三，项目在正常生产年份的净现金流量。

$$净现金流量=销售收入-经营成本-销售税金 \quad (2—7)$$

在正常生产时期，产量已达到全部设计生产能力，也不需要支付任何建设投资（只有在特殊情况下才追加投资），并且在贷款清偿前只需支出经营成本和销售税金。因此，企业在此时期的净现金流量应为正值，即为企业盈利时期；如果出现负值，则说明该企业入不敷出，即为亏损，那么该项目是不可行的。

第四，在项目整个寿命期内任意一年的净现金流量。

$$\begin{aligned}净现金=&年销售收入-年经营成本-年销售税金-年固定资产投资费用\\&-年流动资金+回收的固定资产残值+流动资金回收\end{aligned} \quad (2—8)$$

需要说明的是，上式中的年经营成本不含基本折旧和流动资金利息，也不含摊销费和维检费；回收的固定资产残值和流动资金回收一般是在项目寿命期终了年份（即最后一年）发生。

累计净现金流量应是当年的净现金流量与前一年累计净现金流量之和，因而项目寿命期最后一年的累计净现金流量应与项目总的净现金流量的数值一致。根据项目逐年累计的净现金流量，可以绘制累计财务现金流量图和计算静态投资效果指标。

第四节　项目的风险分析

对于一个项目来说，风险管理的目标是使项目获得成功，为项目的实施创造一个平静、稳定的环境，降低项目成本，避免损失和浪费，最大限度地减少或排除外部的干扰，使项目顺利投产且效益稳定。在项目决策阶段应考虑的风险包括投资环境风险、地质风险、设计和技术风险、资源风险、市场风险、原材料风险、布局安全风险、工程建设风险、人力资源风险、资金风险、汇率风险和不可抗力风险等。在财务评价中，应分析各种风险因素对财务评价指标的影响，进行不确定性和风险分析，包括盈亏平衡分析、敏感性分析、概率分析和决策树分析等。对风险因素应按照一定的方法进行识别，分析风险因素对项目目标的影响，进行风险等级分类，评估风险的影响结果，并根据不同类型风险的具体特点，提出具有针对性的风险规避对策。

一、按照项目风险的阶段性划分

按项目风险的阶段性，可分为项目建设开发阶段风险、项目试生产阶段风险、项目生产经营阶段风险。

（一）项目建设开发阶段风险

项目正式开工前有一个较长的预开发阶段，是由投资者承担的，不包括在项目融资风险之中，真正的项目建设开发阶段风险是从项目正式动工建设开始计算的。项目一般需经较长时间的计划与建设。从设备预订、合同谈判到项目实际开始，需要投入资金购买原材料和设备等，风险就开始逐步增加。由于这一阶段需要用大量资金购买工程用地、设备，且贷款利息也开始计算成本，因此项目风险接近于最大，需要有强有力的信用支持来保证项目的顺利完成。

这一时期主要有两种风险：①项目竣工的延迟和随之而来的现金流量的延迟；②建设项目所需资金的增加。

1. 项目竣工延迟风险

项目竣工的延迟可能导致项目建设费用和伴随的偿还贷款、支付利息的费用增加。这种延迟可能影响到项目收入的定期流量，这些项目收入用来偿还贷款，支付利息和运营、维修费用。此外，项目竣工的延迟可能导致项目合同中规定的或由于项目合同的终止而带来的应付的损害赔偿金。

2. 建设费用增加风险

在项目融资中，参与人承受的最大风险是项目的建设费用超出项目贷款的资金、其他借款来源和产权。费用超支的风险有可能导致在建设期间偿还贷款、支付利息费用的增加，以及缺乏工程建设竣工时所需的足够资金。即使有人提供资金，项目所有人也没有能力支付完成工程建设所需的额外贷款及其利息。

解决这一风险的途径有以下几种：项目发起人提供关于竣工或支持的保证；承包方、运营商和燃料供应商分别履行建设合同、运营合同和燃料供应合同以及每个合同下应该偿还的损害赔偿；东道国政府按照担保或支持合同提供金融支持；保险公司、再保险公司履行它们所签发的保险单和票据下的义务。

（二）项目试生产阶段风险

这是一个风险仍然很高的阶段，若不能生产出合格的产品，就可认为对项目的现金流量分析和预测是不正确的。项目的借贷方并不把项目的建成视为项目的结束，他们关注融资计划是否完成、基建是否超过预算、项目产品或服务是否与预算相符以及能否产生足够的现金支付债务与运营费用。项目的借贷方只有看到项目运作了一段时间并保证项目产品或服务以固定的价格、充足的需求、按融资时假设的标准运作才会放心。这一起始阶段一般会有几个月或几年。这里引入了“商业完工”的概念，即在指定的时间内按一定技术指标生产出了合格的产量、质量和消耗定额的产品，使得项目能产生稳定的现金流量。

（三）项目生产经营阶段风险

这是一个标志性的阶段。从现在起，项目进入正常运转。正常情况下销售产品或服务产生的现金足以支付债务、运营成本，并为发起人和投资者提供回报。但是，因为技术失败、法律改变、未投保所造成的损失，原材料的存量及价格的改变，产品的价格或对产品需求的改变以及在项目运行中的疏忽，都可能使项目产生风险。

正因为这三个阶段有着不同的风险水平，项目经常在不同的风险阶段有不同的借贷方，投资人对风险的好恶程度与承受能力决定了他们对项目融资计划中不同阶段的参与态度。

二、按照项目风险的表现形式划分

按项目风险的表现形式，可分为信用风险、完工风险、生产风险、市场风险、金融风险、政治风险和环境保护风险。

（一）信用风险

有限追索的项目融资是靠有效的信用保证结构支撑的，各个信用保证结构的参与者能否按照法律条文在需要时履行其职责，提供其应承担的信用保证，就是项目的信用风险。这一风险贯穿于整个项目的各个过程之中。

（二）完工风险

这是项目融资的主要风险之一，具体包括：项目建设延期、项目建设成本超支、项目迟迟达不到“设计”规定的技术经济指标，在极端情况下，项目被迫停工、放弃。无论是在发展中国家还是在发达的工业国家，项目建设期出现完工风险的概率都是比较高的。项目的“商业标准”是贷款银行检验项目是否达到完工条件的标准，具体包括：①完工和运行标准；②技术完工标准；③现金流量完工标准；④其他形式的完工标准。常用的几种完工保证形式有：①无条件完工保证；②债务承购保证；③单纯的技术完工保证；④完工保证基金；⑤最佳努力承诺。

（三）生产风险

项目的生产风险是在项目试生产阶段和生产运行阶段存在的技术、资源储量、能源和原材料供应、生产经营、劳动力状况等风险因素的总称，是项目融资的另一个主要风险。生产风险的主要表现形式有技术风险、资源风险、能源和原材料供应风险、经营管理风险。

1. 技术风险

贷款银行为避免更大风险，选择项目时应考虑生产技术的成熟度，使其能够经受市场的考验和挑战。

2. 资源风险

对于依赖某种自然资源的生产项目，一个先决条件是要求项目可供开采的已证实资源总储量与项目融资期内所计划采用或消耗的资源量之比要保持在风险警戒线之下。

3. 能源和原材料供应风险

由于能源和原材料成本在整个生产成本中所占的比重很大，因此其价格波动和供应可靠性成为影响项目经济强度的一个主要因素。长期的能源和原材料供应将是减少项目能源和原材料供应风险的一种有效办法。由于能源和原材料供应价格指数化对各方面都有一定好处，因此特别受到项目融资者的欢迎。

4. 经营管理风险

经营管理风险主要是用来评价项目投资者对于所开发项目的经营管理能力，而这种能力是决定项目的质量控制、成本控制和生产效率的一个重要因素。经营管理风险包括三个方面：①项目经理是否有同一领域的工作经验和资信；②项目经理是否为项目投资者之一；③除项目经理的直接投资外，是否还具有利润成本或成本控制奖励等激励机制。

（四）市场风险

市场风险包含价格和市场销售量两个要素，大多数产品都有这两种风险。降低市场风险需要从两个方面入手：①要求项目有长期产品销售协议；②长期产品销售协议的期限要求与融资期限一致，一般采取浮动定价（公式定价）和固定定价方式。

（五）金融风险

金融风险主要表现为利率风险和汇率风险。

（六）政治风险

投资者与所投项目不在同一个国家或贷款银行与贷款项目不在同一个国家，都有可能面临由于项目所在国的政治条件发生变化而导致项目失败、项目信用结构改变、项目债务偿还能力改变等风险，这类风险统称项目的政治风险。政治风险可分成两类：①国家风险，即项目所在国政府由于某种政治原因或外交政策上的原因，对项目实行征用、没收，或者对项目产品实行禁运、联合抵制，终止债务偿还的潜在可能性；②国家政治、经济、法律的稳定性风险，即项目所在国在外汇管理、法律制度、税收、劳资制度、劳资关系、环境保护、资源主权等与项目有关的敏感问题方面的立法是否健全，管理是否完善，是否经常变动。降低政治风险的办法之一是政治风险保险，包括纯商业性质的保险和政府机构的保险。

（七）环境保护风险

由于在项目融资中，投资者比贷款银行更了解项目的技术条件和生产条件，所以一般环境保护风险由投资者承担，包括对所造成的环境污染的罚款、改正错误所需的资本投入、环境评价费用、保护费用以及其他一些成本。

三、按照项目的投入要素划分

按照项目的投入要素，可分为人员风险、时间风险、资金风险、技术风险和其他风险。

（一）人员风险

人员风险包括人员来源的可靠性、技术熟练程度、流动性；生产效率；工作关系、劳动保护立法及实施；管理素质、技术水平、市场销售能力；质量控制；对市场信息的敏感性及反应的灵活程度；公司内部政策、工作关系协调等。

（二）时间风险

时间风险包括生产计划及执行；决策程序、时间；原材料运输；原材料短缺的可能性；在建期购买项目土地、设备延期的可能性，工程建设延期的可能性；达到设计生产水平的时间；单位生产效率。

（三）资金风险

资金风险包括产品销售价格及变化；汇率变化；通货膨胀因素、项目产品购买者/项目设备使用者的信用；年度项目资本开支预算；现金流量；保险；原材料及人工成本；融资成本及变化；税收及可利用的税务优惠；管理费用和项目生产运行成本；土地价值；项目破产以及有关破产的法律规定。

（四）技术风险

技术风险包括综合项目技术评价（选择成熟技术是减少项目融资风险的一个原则）；设备可靠性及生产效率；产品的设计或生产标准。

（五）其他风险

其他风险包括产品需求、产品替代可能性、市场竞争能力；投资环境（立法、外交政治环境、外汇管制）；环境保护立法；项目的投资结构和融资结构；知识产权；自然环境；其他不可抗力因素。

四、按照项目风险的可控制性划分

按照项目风险的可控制性，可分为项目的核心风险、项目的环境风险（项目的金融风险、部分项目的市场风险、项目的政治风险）。

（一）项目的核心风险

这是指与项目建设和生产经营管理直接有关的风险，也称可控制风险，包括：①完工风险；②生产风险；③技术风险；④部分市场风险。

（二）项目的环境风险

这是指项目的生产经营由于受到超出企业控制范围的经济环境变化影响而遭受损失的风险，也称不可控制风险，包括：①项目的金融风险；②部分项目的市场风险；③项目的政治风险。

【本章小结】

项目融资以项目本身的还贷能力为基础筹措资金，投资人和贷款银行对项目的最初评价是通过对项目的分析，结合对项目外部宏观经济环境和项目自身税务结构安排、融资结构设计、项目发起方资信实力、项目管理者经验和素质等各种因素的分析，确定项目的投资收益是否符合项目发起方的需求、现金流量是否足以按时偿还债务。本章主要介绍了项目的可行性研究方法，特别是对项目的现金流量特点进行了深入的分析，最后对项目可能遭遇的风险做了一般性阐述。

【本章关键术语】

项目可行性研究　　项目现金流量　　项目经济强度　　货币的时间价值

【本章思考题】

1. 项目可行性研究的依据和要求有哪些?
2. 项目可行性研究涉及哪些方面的内容?
3. 如何实施项目可行性研究?
4. 项目初步可行性研究和项目详细可行性研究的区别是什么?
5. 为什么要进行项目现金流量分析?
6. 从项目进程的顺序看，项目各阶段的风险可能有哪些?
7. 从风险的可控制性看，项目风险有哪些?

附录　联合国工业发展组织《工业可行性研究编制手册》关于工业项目可行性研究报告的内容

第一章　实施纲要

一项可行性研究在对各种方案进行比较之后，应该对项目所有的基本问题做出明确的结论。为了叙述方便，把这些结论和建议归纳在“实施纲要”中，这个纲要应该包括可行性研究的所有关键性问题。

第二章　项目的背景和历史

为保证可行性研究的成功，必须清楚地了解项目的设想如何适合于本国经济情况的基本结构及其全面的和工业的发展情况。对产品要详细地加以叙述，对发起人要连同他们对项目感兴趣的理由一并加以审定。

说明：项目发起人的姓名和地址

项目方向：面向市场或面向原料

市场方向：国内或出口

支持该项目的经济政策和工业政策

项目背景

第三章　市场和工厂生产能力

包括：需求和市场研究，销售和推销，生产规划，车间生产能力。

第四章　材料投入物

本章论述了制造特定产品所需的材料和投入物的选择及说明，并叙述了供应规划的确定和材料成本的计算。

第五章　建厂地区和厂址

包括：建厂地区，厂址和当地条件，环境影响。

第六章　工程设计

包括：项目布置和自然范围，工艺及设备，土建工程。

第七章　工厂组织和管理费用

包括：工厂组织机构，管理费用。

第八章　人　工

当确定了工厂生产能力和使用的工艺流程之后，必须规定出考虑中的项目所需的各管理级别的人员；生产和其他有关活动应在项目的不同阶段连同各级的培训需要一并进行估计。

第九章　项目建设

包括：工厂建设和设备安装的进度安排，试车和投产安排。

第十章　财务和经济估价

包括：总投资支出，项目资金筹措，生产成本，商务盈利率，国民经济估价。

第三章

项目实体的投资结构

学习目标

◇了解项目投资结构设计应考虑的主要因素；
◇掌握公司型投资结构的优势及劣势；
◇掌握普通合伙制投资结构的优势及劣势以及有限合伙制投资结构的特点；
◇掌握契约型投资结构的优势及劣势；
◇了解贷款银行对项目融资投资结构的影响；
◇掌握项目投资结构的关键协议。

所谓项目实体投资结构的设计，是指在项目所在国法律、法规、会计、税务等外在客观因素的制约条件下，寻求一种能够最大限度地实现其投资目标的项目资产投资结构，它表示了项目的投资者对项目资产权益的法律拥有形式和项目投资者之间的法律合作关系。在国际上，普遍采用的投资结构有三种基本的法律形式：公司型投资结构、合伙制投资结构、契约型投资结构。

针对一个具体的项目，选择哪一种投资结构作为基础方案，怎样确定投资结构才能优化结构，可以说并没有统一的标准。项目的投资者在面对多种方案的取舍时，除了需要考虑一种投资结构所具备的其他结构无法取代的优势之外，更重要的是，需要根据项目的特点和出资各方的发展战略、利益追求、融资方式、资金来源以及其他限制条件，对选定的基础方案加以修正或重新设计，以满足各方投资目标的要求。西方银行界流行着一种说法：认为设计投资结构基本上是没有限制的，所受到的限制仅仅来自项目投资者的想象能力、耐心以及律师事务所的计算机文字处理系统处理法律文件数量的能力。虽然这种说法过于夸张，但是也从一个侧面反映出项目投资结构设计的多样性和灵活性。然而，任何事物都有其必须遵循的基本规则，项目投资结构的设计也不例外。

第一节 项目投资结构设计应考虑的要点

项目发起人在项目融资中需要考虑的关键问题之一是确定是否应该建立一个法律上独立的项目融资实体以及这个实体的投资结构应该如何设计。恰当的投资结构设计需要考虑各种各样的法律、会计、税收以及监管因素等，具体包括：①投资者数目及各自的商业目的；②投资者的财务处理要求；③投资者的税收考虑；④投资者的债务追索风险考虑；⑤项目资产拥有和产品利润分配情况；⑥项目投资的变动要求；⑦项目现金流的特点和控制要求。

一、投资者数目及各自的商业目的

本书所研究的项目融资问题既包括为单一投资者全资拥有的项目所安排的融资，也包括为多个投资者组成的合资结构所安排的融资，因而这里所讨论的项目投资结构问题也需要包括这两个方面。在大多数情况下，一个有实力、有经验的公司总是希望能够百分之百地拥有项目的股权，完全控制项目的生产、原材料供应和最终产品的销售。然而，近年来有一个值得重视的发展趋势，即越来越多的项目是由具有互利的目标、能力和资源的多个投资者组成的合资集团所开发、拥有和控制的。这种趋势突出表现在采用项目融资方式的项目结构中，出现这种趋势的原因可以大致归纳为以下四点：

（1）风险分散考虑。对于基础设施项目和资源性项目，一般的规律是资金占用量大，投资回收期较长，受政治性因素或国际市场周期性波动影响大，超出了一个公司的财务、管理或者风险的承受能力，采用合资结构，项目的风险可以由所有的项目参与者共同承担。

（2）不同背景投资者之间的协同互补效应。例如，在项目中，有的投资者可为项目提供长期稳定的市场，有的投资者拥有资源，有的投资者可以提供技术和管理技能。又如，到一个不熟悉的国家去投资，如果有一个了解当地情况的公司作为合作伙伴，无疑将会提高成功的机会。

（3）降低融资成本。投资者之间不同优势的结合，有可能在安排项目融资时获得较为有利的贷款条件。例如，有的投资者可以利用项目前期的税务好处来降低融资成本；有的投资者具备较好的生产、管理和财务资信，可以构成对项目融资有力的信用支持。

（4）通过合理的投资结构设计来充分利用各合资方国内的有关优惠政策。尽管各国税法规定的内容不尽相同，但可以通过在合资企业中做出某种安排，使其中一个或几个投资方充分利用项目可能带来的税收优惠，而后以某种形式将这些优惠和利益与其他投资方分享，提高投资者实际的投资收益。

另外，投资者数目对项目投资结构的影响还表现在对有限责任公司和股份有限公司的选择上。我国 2005 年修订的《中华人民共和国公司法》规定，有限责任公司由五十个以下股东出资设立，股东最少为一人，即一人有限责任公司或国有独资公司。设立股份有限公司，应当有两人以上二百人以下为发起人，其中需有半数以上的发起人在中国境内有住所。

投资者的商业目标部分决定了投资者在投资结构中所起的作用和对投资结构的要求。一般投资者的参与目的都是为了积极参与项目经营管理，管理范围可以包括项目的销售、生产管理和原材料供应等业务活动中的全部或者某个方面。另外，投资者对财务处理、税务优惠等目的的不同要求也会影响投资结构的选择。

二、投资者的财务处理要求

各种基本投资结构在财务处理上也是有所区别的，主要表现为两个方面：一是财务资料的公开披露程度；二是财务报表的合并问题。如果投资者不愿意将项目资料公之于众，可能会对采取公开募集方式的股份有限公司的投资结构持谨慎态度。这是因为，按照各国的证券法规，都要求公开募股的股份有限公司必须满足信息公开披露原则。财务报表的合并问题也是投资者十分关注的。这是因为，如果采用不同的投资结构，或者虽然投资结构相同，但采用不同的投资比例，最后在投资者的财务报表上所反映出来的结果可能会不一样，这就会给投资者的资产负债状况带来不同的影响。

例如，对契约型投资结构而言，不管投资比例大小，该项投资的全部资产负债和损益状况都必须在投资者的公司财务报表中全面反映出来。对于有限责任公司的投资结构而言，情况就比较复杂一些，大致可以分为三种情况进行不同的账务处理：①如果投资者在一个项目公司中的持股比例超过50%，此时，投资者被认为拥有被投资公司的控制权，该项目公司的资产负债表需要全面合并到投资者自身公司的财务报表中去，以达到全面真实反映该投资者财务状况的目的。②如果投资者在一个项目公司中的持股比例为20%～50%，此时，投资者对公司没有控制权，不存在合并财务报表的问题，但由于持股比例较大，对公司的决策可以有很大的影响，因此应在投资者的公司财务报表中按投资比例反映该项投资的实际盈亏情况。③如果投资者在一个项目公司中的持股比例低于20%，则对公司决策的影响有限，所以只要求在投资者的公司财务报表中反映出实际投资成本，而不需要反映任何被投资公司的财务状况。因此，投资者应根据实际要求，在设计项目投资结构时，设计出对自己有利的税务结构。假如投资者不希望将新项目的融资安排反映在自身的财务报表上，同时又不失去对项目的实际控制权，就需要小心处理投资者在项目公司中的投资比例。反之，如果投资者在一个项目中所占的比例较小，但希望将其投资合并到自身的资产负债表中，以增强公司的形象，则可适当选择合伙制投资结构等。

三、投资者的税收考虑

在一定条件下，不同公司之间的税收可以合并后统一纳税，这就为投资者设计投资结构提供了一种有益的启示，即通过设计一种合理的投资结构，利用一个公司的税务亏损去冲抵另一个公司的盈利，从而降低总的应缴税额，提高总体的综合投资效益。因此，如何充分利用税务优惠就成为项目融资中选择投资结构的重要影响因素，尤其是在项目的开发建设阶段。

在公司型投资结构中，项目公司是纳税主体，其应纳税收入或亏损以公司为单位计算。如果盈利，公司需要缴纳所得税；如果亏损，公司可以按照规定将亏损结转到以后若干年冲抵未来的收入，但不能冲抵投资者的其他经营收入。在一定的条件下，不同公司之间的税收也可以合并后统一纳税。对于公司间的税务合并问题，每个国家的税法都有具体明确的规定。例如，大多数国家规定，只有同一投资者百分之百持股的公司之间才能合并纳税，但也有一些国家规定，只要 2/3 或者 3/4 以上投资者相互持股，公司之间的税务责任就可以合并。

从税务角度看，合伙制投资结构的收入是根据所有合伙人的共同收入来确定的，因此合伙制投资结构的应纳税收入也是按照合伙制投资结构的总收入水平计算的。但是，合伙制投资结构本身既不是纳税主体，也没有任何税务亏损结转问题，具体的收入（或亏损）数字按投资比例分配到每个合伙人名下，以单一的合伙人作为纳税主体。合伙人可以将分配到自己名下的收入（或亏损）与其他收入合并确定最终的所得税缴纳义务。在税务结构处理上的这种灵活性是合伙制投资结构在项目投资中被长期应用的一个主要原因。

在契约型投资结构中，项目资产由投资者分别直接拥有，项目的产品也是由投资者直接拥有，销售收入直接归投资者所有。此时，投资者可以自行决定其纳税收入问题，这就为冲抵税务亏损提供了可能。因此，投资者可根据投资和融资的需要，设计符合自己要求的税务结构。

四、投资者的债务追索风险考虑

项目融资的有限追索性是其重要的特征。采用项目融资，投资者的目的之一是将债务责任限制在项目之内，其中包括对银行贷款的主要责任、项目经营过程中的其他债务和一些未知风险因素。因此，许多项目投资者在设计项目投资结构时，都会考虑如何实现风险和债务的有限追索性。但是，各个发起人会有不同的背景和不同的要求，因而他们会根据具体的情况设计出一种最符合其要求的项目风险和债务责任承担形式。如果项目发起人愿意承担间接的风险和责任，多偏好公司型投资结构，并成立一个项目公司。在这种投资结构中，项目融资是以项目公司的资产和项目未来的现金流量为基础进行的，投资者的风险只包括已投入的股本资金和一些承诺性的担保责任。如果投资者有能力且愿意承担更多的风险和责任，以期获得更大的投资回报，则可能选择契约型投资结构。在这种投资结构中，投资者承担的是一种直接的债务责任，故投资风险大，因为投资者是以其直接拥有的项目资产来安排融资的。

五、项目资产拥有和产品利润分配情况

在不同的投资结构之间，投资者对项目资产的拥有和产品分配形式可以有很大的差别。例如，在契约型投资结构中，项目资产是由投资者直接拥有的，各个投资者分别承担其在项目中的投资费用和生产费用，产品的分配也就必然具有较大的灵活性，投资者既可以在市场上单独销售自己投资份额的产品，也可以联合起来以项目作为一个整体共同销售产品。而在公司型投资结构中，项目资产是由一个中介法人实体（项目公司）拥有，投资者拥有的只是项目公司的一部分股权，而不是项目资产的一个部分，项目的产品也必然是由项目公司统一拥有和销售。合伙制投资结构的项目资产拥有和产品分配形式较为复杂。

项目资产的拥有形式对融资安排有直接的影响。投资者对项目资产的直接拥有形式可以分为两种结构：一种结构是投资者拥有项目全部公用资产的一个比例，另一种结构是不同的投资者拥有不同的项目资产。这两种结构下的项目融资安排也有区别：前一种结构的实际应

用较为普遍，对于项目融资的安排也有一套比较成熟的做法；后一种结构在税务安排上的灵活性较大，但是大大增加了项目的管理难度和项目融资的复杂性。因此，投资者可以根据自己的商业目的进行选择。当然，如果一些投资者本身资信较高，能够筹集到较优惠的贷款，则契约型投资结构更受青睐。

不同的投资结构对利润的提取形式有不同的规定。例如，在有限责任公司投资结构中，由项目公司统一对外销售、统一结算、统一纳税，在弥补了项目的经常性支出和资本性支出后，利润在投资者之间进行分配。而在契约型投资结构中，项目产品是直接分配给各投资者支配的。所以，一方面，不同背景的投资者对投资结构的选择不同，如大型跨国公司拥有较广泛的销售渠道和市场知名度，很容易将产品变现、赚取利润，因而偏向于选择契约型投资结构，而中小型公司参与项目融资时往往选择公司型投资结构。另一方面，不同类型的项目也对项目投资结构有重要的影响。例如，在资源性开发项目中，多数投资者愿意直接获得项目产品，一般采取契约型投资结构；而在基础设施项目中，投资者一般是为了增加公司利润，所以公司型投资结构为主要的投资形式。

六、项目投资的变动要求

项目投资的变动包括原有投资的转让退出和新资本的进入两个方面。这两个方面的不同要求会促使投资者选择不同的项目投资结构。

（一）投资的可转让性

投资者在一个项目中的投资权益能否转让、转让程序以及转让时的难易程度是评价投资结构有效性的一个考虑因素，其结果对于项目融资的安排也会产生一定的影响。作为一个投资者，在项目经营期间，出于战略或者经济上的原因，可能需要出售项目资产或权益时，其转让程序、转让成本等问题是很重要的制约因素。一般的规律是：项目投资结构越简单，则投资的转让问题越简单。

（二）补充资本注入的灵活性要求

项目融资的另一个明显特点就是较高的债务股本比例。当项目经营出现困难时，可能会要求注入一定的补充资本。另外，由于项目的投资等级不同，也会有不同的注入补充资本金的要求。如果投资项目具有较高的经济强度，则要求注入补充资本的可能性不大；反之，在设计项目投资结构时，就要格外重视这一问题。因此，当有可能经常要求注入补充资本时，一般倾向于选择公司型投资结构，这样在增资扩股时比较便利。如果项目出现财务困境的概率较小时，则偏向选择契约型投资结构。

七、项目现金流的特点和控制要求

（一）不同项目现金流对投资结构的设计影响

资源型项目和基础设施项目的特点是初始投入资金量大，生产过程中的资本再投入量大，但项目建成后的利润占项目总收入的比例相对较高，项目产品种类较少，市场较为简单。对于这一类项目，采用项目资产由投资者直接拥有并能将项目的现金流量直接分配给投资者的投资结构，有利于项目融资的安排。相比之下，多数制造业和加工业项目的初始投入资金占用量相对较少，生产过程中的资本再投入量相对较少，但利润占项目总收入的比例相对较低，并且项目产品往往种类繁多、市场复杂。对于这一类项目，选择建立一个项目公司作为中介的投资结构来管理项目的生产和销售，并以该公司为主体安排项目融资相对有利。

（二）项目现金流量的控制要求对投资结构的影响

项目进入正常生产运行期后所形成的经营收入，在扣除生产成本、经营管理费用以及资本再投入之后的净现金流量，需要用来偿还银行债务和为投资者提供相应的投资收益。银行和股东对项目资金的控制会有各自的要求。对于契约型投资结构来说，项目的现金流量由投资者直接掌握，在扣除了项目生产的共同成本和资本再投入之后，通常投资者可以自由支配现金流量，进而为安排项目融资的贷款银行直接控制这部分现金流量提供了可能。对于公司型投资结构来说，项目公司将控制项目的现金流量，并按照公司董事会或管理委员会的决定对其进行分配，包括资本再投入、偿还债务以及利润分配。如果投资者准备为其股本资金部分安排融资，就需要采用更为灵活的投资结构安排，尽可能直接和有规律地从项目公司获得现金流量的分配。例如，以从属性股东贷款、可转换债券等现金投入方式替代普通股本资金投入，可以减少依赖于红利分配的不稳定性和不确定性。

以上几个方面只是简单地讨论了在设计项目的投资结构时需要考虑的基本因素，在实际工作中，确定项目投资结构的过程是一个在长期目标和短期目标之间，在不同投资者之间进行利益平衡和风险平衡的过程。在具体设计一个项目的投资结构时可能会更为复杂，这需要针对具体项目进行分析。下面几节就项目融资中经常采用的几种投资结构逐一进行分析。

第二节　公司型投资结构

公司型投资结构包括股份有限公司和有限责任公司两种形式。项目融资中的公司型投资结构一般采取有限责任公司的形式。另外，有限责任公司中股份的转让比股份有限公司困难，这对于要求保证股东相对稳定的项目融资来说有很大的吸引力。本书所指的公司型投资结构一般是指有限责任公司形式。

有限责任公司投资结构是一个按照《中华人民共和国公司法》（以下简称《公司法》）成立的、与其投资者完全分离的独立法律实体。作为一个独立的法人，公司拥有独立的法人财产权，拥有一切项目资产和处置资产的权利；也就是说，由合作各方共同组成有限责任公司，共同经营、共负盈亏、共担风险，并按照股份分配利润。公司承担一切有关的债权债务，在法律上具有起诉权，也有被起诉的可能。另外，除了公司被解散的情况外，公司对这些资产和权益有着永久性继承权，而不受其股东变化的影响。投资者通过持股拥有公司，并通过选举任命董事会成员对公司的日常运作进行管理。由于公司型投资结构相对简单明了，因而国际上大多数制造业、加工业项目都采用公司型投资结构，并且在 20 世纪 60 年代以前有很大比例的资源开发项目也采用公司型投资结构。

一、公司型投资结构的优势

(一) 非公司负债型融资安排

根据一些国家的会计制度，成立项目公司进行融资可以避免将有限追索的融资安排作为债务列入项目发起人的资产负债表上，实现非公司负债型融资安排，从而降低项目发起人的债务比率。

(二) 公司股东承担有限责任

投资者的责任是有限的，即仅限于其对公司投入的股本金额，这就是所谓的“风险隔离”，它使投资者的投资风险大大降低。这是项目发起人选择公司型投资结构的重要影响因素，可以此将项目的融资风险和经营风险大部分限制在项目公司，项目公司对偿还贷款承担直接责任，实现对项目投资者的有限债务追索。

(三) 股东之间关系简单

《公司法》中对股东之间的关系有明确的规定，其中最重要的一点是股东之间不存在任何的信托、担保或连带责任。

(四) 投资转让比较容易

公司股份代表着投资者在一个公司中的投资权益。投资者只要转让其股份就达到了转让资产的目的，这比转让项目资产本身容易得多，而且转让后不影响公司的继续存在。

(五) 融资安排比较灵活

从贷款人的角度，公司型投资结构便于其在项目资产上设定抵押担保权益：一方面，可以通过发行新股筹集新资金，吸收新的投资者；另一方面，也较容易取得银行的项目贷款，因为银行可以通过取得项目资产的抵押权和担保权来降低借款人的违约风险。由于以上特点，国际上大多数制造业项目、加工工业项目乃至资源性开发项目都采用有限责任公司投资结构。

(六) 项目的管理和协调容易

组织项目公司便于把项目资产的所有权集中在项目公司，而不是分散在各个发起人所拥有的公司，从而便于管理。项目公司可以拥有项目管理所必需的生产技术、管理、人员条件，也可以将项目的运营与管理委托给具有经验的管理公司。

专栏 3—1

中国公司法的历史沿革

我国的公司立法始于清末。1904 年 1 月，由法律专家伍廷芳主笔的《大清公司律》获得批准，这是我国历史上第一部公司法。这部公司法基本仿照日本公司法，规定各种类型的公司都要按律组织，并在商部注册。中华民国成立后，1904 年《大清公司律》仍然维持其效力。1914 年 1 月，北洋政府以大总统批令形式颁布了《公司条例》。南京国民政府于 1927 年成立后，立法院采用民商合一体例编制统一的民法典，对法典不能包容的部分另外制定单行法，于 1929 年 12 月颁布了《中华民国公司法》，1931 年 7 月 1 日实行。抗战结束后，国民政府对《中华民国公司法》进行修正，修正后的《中华民国公司法》于 1946 年 4 月 12 日公布施行。

中华人民共和国成立后，原政务院于 1950 年、1951 年先后颁布了《私营企业暂行条例》和《私营企业暂行条例实施办法》，规定了无限公司、有限公司、两合公司、股份有限公司和股份两合公司五种公司形式。

改革开放以来，我国颁布了许多关于企业的法律法规。1979 年通过的《中华人民共和国中外合资经营企业法》第四条明确规定，合营企业的形式为有限责任公司。国务院于 1988 年发布的《中华人民共和国私营企业暂行条例》第六条也明确规定有限责任公司是私营企业的一种法定形式。1993 年 12 月 29 日，第八届全国人民代表大会常务委员会第五次会议通过了《中华人民共和国公司法》，该法于 1994 年 7 月 1 日起正式实施。1999 年 12 月 25 日，第九届全国人民代表大会常务委员会第十三次会议对《中华人民共和国公司法》进行了第一次修改，这次修改涉及两个方面：一是增加了国有独资公司设立监事会的规定；二是增加了支持高新技术股份有限公司发展的规定。2004 年 8 月 28 日，第十届全国人民代表大会常务委员会第十一次会议对《中华人民共和国公司法》进行了第二次修改。2005 年 10 月 27 日，第十届全国人民代表大会常务委员会第十八次会议对《中华人民共和国公司法》进行了第三次修改。

资料来源：韩斌:《论旧中国公司法的发展》，载《法学》，1997（12）；全国人大网（http：//www.npc.gov.cn/），法律法规数据库。

二、公司型投资结构的劣势

（一）投资者对项目的现金流量缺乏直接控制

这对于希望利用项目的现金流量自行安排融资的投资者就成为一个不利的因素。

（二）财务处理不便

投资者不能利用项目公司的亏损去冲抵发起人的利润。如果任何一个项目发起人都不能完全控制项目公司，则项目公司不是任何一个项目发起人的“子公司”。那么，该项目公司的财务报表就不需要与任何一个投资者的财务报表合并。这对于盈利丰厚并希望利润被冲减，进而获取税收好处的投资者而言，对他们的积极性是一种很大的打击。

（三）税务劣势

项目开发前期的亏损或优惠只能保留在公司中，并在一定年限内使用，这就可能出现以下情况：如果项目公司在几年内不盈利，税务亏损就有完全损失的可能性，也就降低了项目的综合投资效益。此外，在这种投资结构中，还存在着“双重征税”的现象，即项目公司有盈利时要缴纳公司所得税，而项目发起人取得股东红利后还要缴纳一次公司所得税或个人所得税，这就在无形中降低了项目的综合投资回报率。

三、公司型投资结构的创新

由于公司型投资结构存在着以上优缺点，国外许多公司在法律许可的范围内会对其基本结构加以改进，并创造出多种复杂的有限责任公司投资结构，以达到充分利用其优势、避开其劣势的目的，即争取尽快、尽早地利用项目的税务亏损（即以亏损减抵收益后纳税）或优惠，从而提高项目投资的综合经济效益。其中，一种流行的做法就是在项目公司中做出某种安排，使得其中一个或几个发起人可以充分利用项目投资前期的税务亏损或优惠，同时又将其取得的部分收益以某种形式与其他发起人分享。

第三节 合伙制投资结构

合伙制投资结构是至少两个以上合伙人之间，以获取利润为目的，共同从事某项商业活动而建立起来的一种法律关系。合伙制投资结构不是一个独立的法律实体，其合伙人可以是自然人，也可以是公司法人。合伙制投资结构通过合伙人之间的法律合约建立起来。在我国，申请设立合伙企业，应当向企业登记机关提交登记申请书、合伙协议书、合伙人身份证明等文件。目前，在大多数国家中均有完整的法律来规范合伙制投资结构的组成及其行为。合伙制投资结构包括普通合伙制投资结构和有限合伙制投资结构两种类型。

一、普通合伙制投资结构

普通合伙制投资结构中的合伙人称为普通合伙人。普通合伙制投资结构的一个显著特点是所有的合伙人对于普通合伙制投资结构的经营、普通合伙制投资结构的债务以及其他经济责任和民事责任负有连带的无限责任。由于这一原因，在大多数国家中普通合伙制投资结构一般用于组成一些专业化的工作组合（例如，会计师事务所、律师事务所），以及用做一些小型项目开发的投资结构，很少在大型项目和项目融资中采用。

（一）普通合伙制投资结构的优势

由于普通合伙制投资结构不是一个与其成员相分离的法律实体，与公司型投资结构相比较，普通合伙制投资结构具有以下几方面的特点。

1. 资产拥有和债务连带方面

公司型投资结构的资产是由公司而不是其股东所拥有的，而普通合伙制投资结构的资产则是由合伙人拥有的；公司型投资结构的股东对债务不承担直接责任，而普通合伙制投资结构的合伙人对项目承担直接连带责任。

2. 投资人对项目的管理权方面

公司型投资结构不是任一股东都能履行公司的管理权，一般由公司董事会及其聘任的经理人员履行管理责任；但在普通合伙制投资结构中，每个合伙人均可以要求以所有合伙人的名义去执行权利，每个合伙人都有权参与经营管理，并且各合伙人都承担着无限连带责任。

3. 会计处理和税务安排方面

普通合伙制投资结构最主要的优点表现在税务安排的灵活性上。与公司型投资结构不同，普通合伙制投资结构本身不是一个纳税主体。普通合伙制投资结构在一个财政年度内的净收入或亏损全部按投资比例直接转移给合伙人，合伙人单独申报自己在普通合伙制投资结构中的收入、扣减和税务责任，而且从普通合伙制投资结构中获取的收益（或亏损）允许与合伙人其他来源的收入进行税务合并，从而有利于合伙人较灵活地做出自己的税务安排。

（二）普通合伙制投资结构的劣势

1. 权益转让不容易

公司型投资结构股份的转让，除有专门规定之外，无须得到其他股东的同意；但是，普通合伙制投资结构的法律权益转让必须要得到其他合伙人的同意。

2. 无限连带责任

一旦项目出现问题，或者某合伙人由于种种原因无力承担应负的责任，其他合伙人就面临着要承担超出其在普通合伙制投资结构中所占投资比例的责任的风险。这一问题严重限制了普通合伙制投资结构在项目融资中的广泛采用。为了克服这一缺陷，国外有些公司在使用普通合伙制投资结构时加入了一些减少合伙人风险的措施，其中的一种做法是投资者并不直接进入普通合伙制投资结构，而是专门成立一个项目公司，并通过这个项目公司投资到普通合伙制投资结构中；另一种做法是为采用普通合伙制投资结构的项目安排有限追索的项目融资。以上两种做法的实质是一样的，目的都是把投资者与合伙制结构的风险分离，减少投资者（第一种做法）或合伙人（第二种做法）其他资产被追索的风险。

3. 合伙人的道德风险

普通合伙制投资结构的另一个潜在问题是，按照普通合伙制投资结构的法律规定，每个合伙人都被认为是合伙制的代理，因而至少在表面上或形式上拥有代表普通合伙制投资结构签订任何法律协议的权力。虽然合伙人之间可以通过协议形式限制某一个合伙人的授权或者规定在没有全体合伙人或大多数合伙人同意的前提下任何合伙人都不能代表所有合伙人签署任何重大商业合同，但这类合伙人之间的协议有可能被认为对于第三方是无效的，除非第三方在签订合同之前就已明确知道该合伙人缺乏授权。

4. 融资安排方面

公司型投资结构可以为融资安排提供浮动担保，但在多数国家中，普通合伙制投资结构不能提供此类担保。另外，普通合伙制投资结构的融资安排相对复杂。由于普通合伙制投资结构在法律上并不拥有项目的资产，所以普通合伙制投资结构安排的融资需要每一个合伙人同意将项目中属于自己的一部分资产权益拿出来作为抵押或担保，并共同承担融资安排中的责任和风险。为普通合伙制投资结构安排融资的另一个潜在复杂问题是，如果贷款银行由于执行抵押或担保权利，进而控制了普通合伙制投资结构的财务活动，有可能导致贷款银行在法律上也被视为一个普通的合伙人，从而被要求承担普通合伙制投资结构所有的经济和法律责任。

二、有限合伙制投资结构

有限合伙制投资结构是在普通合伙制投资结构基础上发展起来的一种合伙制投资结构。有限合伙制投资结构需要包括至少一个普通合伙人和至少一个有限合伙人。在有限合伙制投资结构中，普通合伙人负责项目的组织、经营、管理工作，并承担对合伙制投资结构债务的无限责任；而有限合伙人不参与也不能参与项目的日常经营管理（这是区别一个合伙人是否能被定义为有限合伙人的主要标准），对合伙制投资结构的债务责任也被限制在有限合伙人已投入和承诺投入合伙制项目中的资本数量，其主要责任是提供一定的资金，有人称之为“被动项目投资者”。

有限合伙制投资结构是通过有限合伙制协议组织起来的，在协议中对合伙各方的资本投入、项目管理、风险分担、利润及亏损的分配比例和原则均需有具体的规定。有限合伙制投资结构具备普通合伙制投资结构在税务安排上的优点，而且在一定程度上又避免了普通合伙制投资结构的责任连带问题，是项目融资中经常采用的一种投资结构。在采用有限合伙制投资结构作为投资结构的项目中，普通合伙人一般是在该项目领域具有技术管理特长并且准备利用这些特长从事项目开发的公司。由于资金、风险、投资成本等多种因素的需求，普通合伙人愿意组织一个有限合伙制的投资结构，吸收对项目的税务、现金流量和承担风险程度有不同要求的较广泛的投资者参与项目，共同分担项目的投资风险和分享项目的投资利润。

经常采用有限合伙制投资结构的项目有两种类型：一类是资本密集、回收期长但风险较低的公用设施和基础设施项目，如电站、公路等。在这类项目中，有限合伙人可以充分利用项目前期的税务亏损和投资优惠冲抵其他的收入，提前回收一部分投资资金；另一类是投资风险大、税务优惠多，同时又具有良好勘探前景的资源类地质勘探项目，如石油、天然气和一些矿产资源的开发。许多国家对于资源类项目的前期勘探费用支出都给予优惠的税收政策（费用支出当年可从收入中扣减 100%～150%）。对于这类项目，通常是由项目的主要发起人作为普通合伙人，邀请一些其他的投资者作为有限合伙人，为项目提供前期勘探的高风险资金，而普通合伙人则承担全部或大部分项目建设开发的投资费用以及项目前期勘探、建设和生产阶段的管理工作。在这种结构安排下，有限合伙人由于在勘探阶段投入的全部费用可以当年抵税，从而获得相当比例的投资回报，并且项目又具有一定的发展前景，所以对许多盈利较高而又不具备在这一领域专门发展所需能力的公司具有很大的投资吸引力。这是在工业国家中许多公司愿意对勘探前景较好的项目进行风险投资的原因。作为普通合伙人，由于他们是在勘探工作结束并确认为有开发价值之后才投入项目的建设开发资金，虽然税务结构上不如有限合伙人，但他们所承担的资金风险也相对小得多，而且普通合伙人是项目的主要发起人，可以在项目的开发中获得更大的利益。

总体来说，合伙制投资结构在法律上要比公司型投资结构复杂，有关的法律在不同国家之间的差异也很大。在采用有限合伙制作为项目投资结构时，尤其需要注意项目所在国对有限合伙制投资结构的税务规定和对有限合伙人的定义，防止由于结构设计考虑不周而可能出现的两种极端情况：①如果结构安排不好，有限合伙制有可能被作为公司结构处理，失去了采用合伙制投资结构的意义；②如果对于“参与管理”的界定不清楚，有限合伙人有可能被认为是“参与管理”而变为普通合伙人，从而增大了有限合伙人在项目中的风险。

专栏 3—2

我国合伙企业的发展与立法

从整体上说，旧中国的经济是自给自足的小商品经济，合伙企业虽然存在但发展不够充分。新中国成立初期，由于刚刚从旧的经济体制中脱胎而来，经济中具有一定的市场成分，企业划分标准中含有一定的出资方式等因素，因而合伙企业在当时的企业形态中占有一定的地位，特别是实行公私合营，使合伙企业得到一定程度的发展。据 1956 年国家统计局的统计资料，在当时的企业类型中，公司形式占 8.2%，独资企业形式占 38%，合伙企业占到 53.8%。20 世纪 50 年代中期以后，由于三大改造政策的实施，私营企业逐步改变为不同形式的国有企业和集体企业，企业划分方式也被所有制性质和行业、地域等标准所代替，以出资方式划分的企业形式，包括合伙企业便失去其存在的基础，从此退出经济领域。

20 世纪 80 年代初，由于改革开放政策的逐步实施，我国经济中又相继出现了个体和私营经济，个体或私营投资者为了集中资金、技术和管理等条件，共同从事经营活动，便自发组织起来，进行合伙经营，从而使合伙这种古老的经营形式在我国经济中得以恢复。实行社会主义市场经济体制以来，国家对企业划分方式进行改革，将合伙企业作为与公司制企业并存的一种企业组织制度加以确认，并赋予一定的法律地位，从而为合伙企业的发展注入新的增长素，使这种企业形式得到进一步发展。

改革开放以后，我国较早的合伙立法主要是《中华人民共和国民法通则》。该法曾分个人合伙与联营两方面对合伙做了规定。此后，根据私营性的合伙企业发展，国务院在制定私营企业条例时，将其作为私营企业的一种形式加以规范。1994 年，根据建立和完善社会主义市场经济法律制度的要求，国家开始制定《中华人民共和国合伙企业法》（以下简称《合伙企业法》）（由全国人民代表大会财政经济委员会负责起草），经过近三年的反复调研和广泛征求意见，并经全国人民代表大会常务委员会两次审议，该法于 1997 年 2 月经八届全国人民代表大会常务委员会审议通过，于同年 8 月 1 日起施行。

全国人民代表大会常务委员会于 2006 年 8 月 27 日正式通过《合伙企业法》的修正案，自 2007 年 6 月 1 日起施行。修改后的《合伙企业法》共六章一百零九条，分别规定了总则、普通合伙企业、有限合伙企业、合伙企业的解散与清算、法律责任以及附则。修改的内容主要包括如下几个方面：①增加有限合伙的规定；②增加特殊的普通合伙企业规定；③明确法人可以参与合伙；④增加合伙企业破产的规定；⑤增加外商投资合伙企业适用的规定。

资料来源：参见朱少平：《〈合伙企业法〉修订若干问题》，载《中国注册会计师》，2007（5）。

第四节　契约型投资结构

契约型投资结构是指项目发起人为实现共同的目的，根据合作经营协议而结合在一起的一种投资结构，是一种大量采用并被广泛接受的投资结构。在项目融资中，这种投资结构主要集中在石油、天然气开发，采矿，初级矿产加工，钢铁及有色金属等领域。这种投资结构从严格的法律意义上说，不是一种法人实体，只是项目发起人之间所建立的一种契约合作关系。选择这种投资结构的原因可能是因为在这些领域仅由一个投资者来开发并融资，其能力有限，所以联合其他投资者共同融资，共同解决技术和管理问题，并共同承担风险，但又不失去对投资项目的控制。或者说，投资者具有进行项目开发所需的所有条件，如技术、经验及融资能力，但缺少当地政府授予的经营合同。此时，它就可能与当地的经营者联合起来共同投资。

从表面上看，契约型投资结构与合伙制投资结构有一定的相似之处，然而这两种投资结构在本质上是有区别的。契约型投资结构与合伙制投资结构的主要区别表现在两个方面：一是契约型投资结构不是以"获取利润"为目的而建立起来的，合资协议规定，每一个投资者从合资项目中将获得相应份额的产品，而不是相应份额的利润；二是在契约型投资结构中，投资者并不是"共同从事"一项商业活动，合资协议规定，每一个投资者都有权独立做出与其投资比例相对应的项目投资、原材料供应、产品处置等重大商业决策。显而易见，从以上两点可以看出，契约型投资结构更适于作为产品可分割项目的投资结构。

一、契约型投资结构的优势

（一）资产拥有方面

该投资结构是通过一个投资者之间的合资协议建立起来的，每一个投资者直接拥有项目全部资产的一个不可分割的部分，直接拥有并有权独自处理与其投资比例相符的项目最终产品。相应地，投资者只承担与其投资比例相符的相应责任，投资者之间没有任何连带责任或共同责任。

（二）项目管理方面

契约型投资结构是由根据联合经营协议（the joint operating agreements，JOA）成立的项目管理委员会（the operating committee）进行管理的。该委员会由每一个投资者的代表组成，每个代表都代表本公司的利益在项目管理委员会进行投票，每个合资者都有权独立做出与其投资比例相对应的项目投资、原材料供应、产品处置等重大商业决策。项目的日常管理由项目管理委员会指定的项目经理负责：项目经理可以由其中一个投资者担任，也可以由一个合资的项目管理公司担任；在一些情况下，还可以由一个独立的项目管理公司担任。有关项目管理委员会的组成、决策方式与程序，以及项目经理的任命、责任、权利和义务，需要通过合资协议或者单独的管理协议加以明确规定。

（三）税务安排方面

由于契约型投资结构不是一个法人实体，所以项目本身不必缴纳所得税，其经营业绩可以完全合并到各个投资者自身的财务报表中去。无论在契约型投资结构中投资比例的大小，投资者在项目中的投资活动和经营活动都将全部、直接地反映在投资者的公司财务报表中，其税务安排也将由每一个投资者独立完成。比合伙制投资结构更进一步，契约型投资结构中的投资者可以完全独立地设计自己在项目中的税务结构。因此，如果项目投资者本身具有很好的经营业绩，新的投资项目就可以采用契约型投资结构，以吸收项目建设期和试生产期的税务亏损及各种投资优惠，用于冲抵公司应纳税所得，从而降低项目的综合投资成本。

（四）融资安排方面

由于项目投资者在该投资结构中直接拥有项目的资产，直接掌握项目的产品，直接控制项目的现金流量，并且可以独立设计项目的税务结构，这就为投资者提供了一个相对独立的融资活动空间。每一个投资者均可以按照自身的发展战略和财务状况来安排项目融资。

（五）法律规范方面

与其他几种投资结构不同，大多数国家迄今为止没有专门的法律来规范契约型投资结构的组成和行为，这就为投资者提供了较大的空间，可按照投资战略、财务、融资、产品分配和现金流量控制等方面的目标设计项目的投资结构和合资协议。在常规的合同法规范下，合资协议将具有充分的法律效力。

二、契约型投资结构的劣势

（一）投资转让复杂

契约型投资结构中的投资转让是投资者在项目中直接拥有的资产和合约权益的转让。与股份转让或其他资产形式转让（如信托基金中的信托单位）相比，程序比较复杂，与此相关的费用也比较高，对直接拥有资产的精确定义也相对复杂。

（二）结构设计与合伙制投资结构类同

契约型投资结构在一些方面的特点与合伙制投资结构相似，因而在结构设计上要注意防止投资结构被认为是合伙制投资结构而不是契约型投资结构。一些国家曾有将契约型投资结构作为合伙制投资结构处理的法院判决案例。因此，注意两者的本质区别是非常重要的。

（三）合资协议比较复杂

由于缺乏现成的法律规范契约型投资结构的行为，参加此种投资结构的投资者的权益基本上依赖于合资协议加以保护，因而必须在合资协议中对所有的决策和管理程序按照问题的重要性清楚地加以规定。对于投资比例较小的投资者，特别要保护他们在合资结构中的利益和权利，要保证这些投资者在重大问题上的发言权和决策权。

第五节　加入贷款银行影响因素后的项目融资投资结构选择

以上几节的讨论说明了在不同的投资结构之间，无论是在资产拥有形式、产品分配、现金流量控制、债务责任等方面，还是在投资的税务结构、会计处理、资产转让等方面，均存在较大的差异。这些差异也是贷款银行在安排融资时非常关注的。在设计项目融资投资结构时，投资者除了考虑自身的因素和要求外，还会考虑贷款银行的利益，以便获得贷款银行的支持，顺利完成项目。对于项目融资，贷款银行考虑资产抵押和信用保证时，除了通常的含义之外，还包含了一些新的特定内容。

一、对项目现金流量的控制

由于项目融资中贷款的偿还主要来源于项目的现金流量，所以贷款银行要求对项目的资金使用在某种程度上加以控制，这种控制包括：在融资期间，贷款资金的使用需要得到银行批准，项目的经营收入必须进入指定的专门银行账户，并且在融资协议中详细规定该账户资金的用途、使用范围、使用手续以及使用的优先序列。典型的资金使用优先序列是：生产成本；项目资本再投入（用来保证项目正常生产运行）；债务本金偿还；项目扩建及发展资金；投资者的利润分配。

二、贷款的分割

如果项目采用的是公司型投资结构，项目公司拥有百分之百的资产，进而在安排项目融资时要求把项目全部现金流量作为一个整体抵押给贷款银行，以此作为融资保证。从贷款银行的角度看，项目的贷款是完整的，不需要在投资者之间进行分割，有利于银行对项目现金流量、项目决策权和资产处置权进行全面的监督和控制。然而，在一个契约型投资结构中，由于没有项目公司作为中介，相互独立和平行的贷款必须直接提供给每个项目的投资者，并且是由每个投资者使用自己所有的那部分项目资产以及相应的现金流量作为融资的抵押保证。即使是由同一个贷款银团安排整个项目的融资，并且在项目开始时所有投资者的债务/资产比例和现金流量状况相同，但随着时间的推移，这些情况也有可能发生变化。例如，如果合资项目的产品由投资者分别销售，由于销售价格的差异，各个投资者之间的现金流量就可能出现差别。又如，有的投资者可能愿意提前还款或加速还款；有的投资者愿意参与项目的进一步扩建，而其他投资者又不愿意等等。这样发展的结果必然是，在项目的一定阶段，各个投资者之间的财务状况和项目现金流量状况出现很大差别，项目融资所依赖的项目经济强度在各个投资者之间也会发生很大变化。一旦项目出现危机（如市场崩溃），一部分投资者可能迅速还清债务（或者已根本没有债务），而另一部分投资者可能还负有很重的债务。从贷款银行的角度看，契约型投资结构增加了项目的不确定性和不稳定性，增大了银行对项目监控的难度。对于投资者，这些问题首先表现为融资结构的相对复杂化，但有时也表现为融资成本的增加。

三、对项目决策程序的控制和对项目资产的控制

在项目融资中，贷款银行通常要求在一定程度上介入项目的管理，对投资者在项目中的决策权加以控制。贷款银行关心的问题主要是涉及资金方面的决策，如年度资本预算和生产预算、项目扩建规划、项目减产停产等，目的是保证融资项目不会做出任何有损于贷款银行

利益的决定。

从贷款银行的角度来说，对项目资产的控制包括正常生产经营过程中项目资产的使用和处置，以及借款人出现违约时项目资产的使用和处置两个方面。对于公司型投资结构，由于项目的资产和权益作为一个整体在贷款银行的控制之下，所以贷款银行对项目的决策会有较大的影响力，即使是项目出现违约的情况，贷款银行也可以较容易地将项目公司接管，继续经营或者出售。对于契约型投资结构，贷款银行对项目资产控制权的大小通常与投资者在项目中的投资比例联系在一起。如果一个投资者在项目中所占的比例较小，那么他在项目决策过程中的发言权必然较少，贷款银行对项目资产的控制权也会相应受到影响，因为从理论上说，尽管贷款银行对该投资者的项目资产可以具有绝对的控制权，但该投资者拥有的资产只是全部项目资产中一个不可分割的部分，所以项目资产的处置实际上要受到在项目中占有较大比例的投资者的制约。违约出现时，贷款银行可以取得并出售违约方的项目资产和相应权益，但是项目的管理权和其他一些重要权益有可能与违约方的资产权益分离，并且对于某些项目部分资产的出售可能会比整个项目的转让困难得多。基于这些原因，一些银行更愿意接受公司型投资结构，认为在这种投资结构下对项目资产的控制和转让风险相对较小。由于上述问题的存在，一般的银行在实际工作中有时更偏爱公司型投资结构，因为从表面上看，这种结构在处理这些问题时相对简单明了。然而，采用公司型投资结构或契约型投资结构对于项目融资并没有本质上的区别，其区别仅仅在于采用契约型投资结构时项目融资的安排可能要复杂一些，安排相应融资所花费的时间和成本也可能要多一些。但是，从投资者的角度来看，契约型投资结构也具备许多优点和长处，尤其是对于项目投资比例较小但又希望独立安排融资的投资者，这些优点和长处是其他投资结构无法替代的。孰优孰劣，这就要求一个公司在做投资决策时，根据本章所讨论的各种结构的优缺点，自行加以分析和权衡。

四、对债务追索权的考虑

作为公司型投资结构的基础，有限责任公司的股东责任被限制在已投入和已承诺投入公司的股本资金上。除了投资者做出的其他一些附加承诺（如项目完工担保）外，贷款银行对债务的追索权只能局限于项目公司的资产和现金流量，而无法追索到项目的投资者。相反，如果在契约型投资结构中的投资者直接安排融资，贷款银行就有可能追索到投资者除项目资产和项目现金流量之外的其他资产和权益。与此同时，投资者为了安排有限追索的项目融资，要求贷款银行共同承担一定的项目风险，把债务的追索权局限在投资者所拥有的项目资产及现金流量上，此时就需要采取一些限制投资者风险的专门措施。例如，在融资协议中加入限制贷款银行追索的条款，或者在契约型投资结构和投资者之间设立一个由投资者持股的中介公司，并以该公司的名义进入项目，从而把项目风险与投资者隔离开来。

专栏 3—3

商业银行的风险控制措施影响项目的运行和决策

商业银行往往通过对贷款合同相关条款的设计以及加强内部管理等措施，降低自己的项目融资风险。这些措施在一定程度上影响了项目的运行和决策。例如，对于房地产项目融资，常见的措施有如下几个方面：

(1) 设定适当的抵押率。根据项目风险大小确定，一般在50%以上。抵押物一般为项目公司拥有的房产、在建工程、土地使用权等。为规避抵押不充分的风险，要求企业出具承诺，当在建工程具备抵押条件后应及时办理在建工程抵押。

(2) 确保贷款发放前各种保证、抵押手续办理齐备，无瑕疵。严格按照商业银行内部管理规定办理抵押登记手续及发放贷款。

(3) 确保项目贷款资金用途真实、合规。贷款使用时，采取项目资金封闭运行管理，与借款人签订项目开发资金封闭管理协议。要求企业在贷款银行开立资金监管账户，加强房屋销售回笼阶段的资金管理，所有预售收入必须全部回笼到在贷款银行开立的账户，进行全封闭运作。商业银行应指定具体的部门负责对开发资金使用的监管，按项目开发进度支付工程款，金额大于一定数额的工程款，采取受托支付的方式。

(4) 确保银行的信贷资产安全。在房屋销售回笼的中后期设立还款保证金账户，该账户只进不出，保证金在确保支付工程款的前提下按照销售回款的一定比例提取。当保证金余额达到还款要求时及时扣款，确保银行贷款按时收回。

(5) 加强贷后管理，及时发现问题，防范风险。落实银行客户经理定期贷后实地检查，对项目销售情况、工程进度实施监控，走访登记部门，查询售房网，核实真实销售情况。

(6) 强化项目本身的偿债能力。要求项目公司实际控股股东出具承诺：在银行项目贷款未清偿之前不撤资，不以任何方式参与分红。

第六节　项目投资结构的关键协议

项目投资结构设计的最终目的是投资各方达成一系列协议，最大限度地减少摩擦和纠纷的发生，缓和工程建设公司、东道国政府或其他股权投资者之间的利益冲突问题，使项目顺利进行。这些协议包括项目合资协议、项目管理协议、原材料能源供应协议、市场安排协议、技术转让协议、主要管理人员的聘用协议、项目建设合同、融资文件等等。

无论项目采用哪一种投资结构、其结构是复杂还是简单，有一些带有共性的关键性问题是所有的合资项目都会面对的，并且需要针对项目的投资结构、投资者的性质和战略目标、项目的生产管理和市场安排、项目的融资方式等一系列问题，通过投资者之间的谈判协商加以解决。这些问题的处理结果也会直接影响到贷款银行对项目的信心以及项目融资安排的成效。根据这些问题形成的主要协议条款有以下几个方面。

一、合资项目的经营范围条款

一个合资结构的建立是为了开发一个特定的项目，这个项目需要在合资协议上清楚地加以定义和说明。同时，在合资协议中，投资者之间的经济、法律关系也必须清楚地加以规定。特别是对于契约型投资结构，由于存在混淆契约型投资结构和合伙制投资结构性质的潜在不确定性因素，所以很重要的一点是要在合资协议中清楚地说明项目的性质，即每一个投资者的独立商业活动是怎样共同存在于一个合资项目中以及每一个投资者在项目中所承担的责任。另外，在合资协议中应明确规定，合资项目经营范围的任何延伸或者收购任何新的项目，都必须得到全部投资者的一致同意，并且任何投资者在项目以外均不得从事与合资项目竞争的商业活动。这是保护少数投资者的关键性措施。

二、初始资本注入形式条款

初始资本注入可以有多种形式。初始资本的注入形式也就是各投资者如何在项目投资中承担为项目提供一定财务支持的责任。在有些情况下，以资本金形式注入，在另一些情况下，是以某一实物作为股本资金投入的，尤其是当项目中存在当地股东时更为普遍，比如由当地股东提供项目所需的房地产等作为股本资金投入。因此，初始资本的注入形式必须在合资协议中有明确的反映。

无论以何种形式注入股本，其评估价值都必须得到其他股东的认可，因为股本注入者将会依据其股本价值取得相应的投资回报，而股本价值的估价是比较困难的。特别是在发展中国家，市场自由竞争机制不太完善，或者存在一些交易障碍，很难真实评估有关房地产等实物的价值。因此，有必要在合资协议中确定下来，以防投资者之间产生纠纷。

三、项目的管理和控制条款

合资协议中明确规定了相应的项目管理机制，其中包括重大问题的决策和日常的生产管理两个方面。例如，在有限责任公司结构中，重大问题的决策权在董事会；在契约型投资结构中，重大问题的决策权在项目管理委员会。因此，合资协议应明确规定会议召开的时间、地点、频率、会议主席的选举、会议代表（或董事）的任命及取消、会议代表（或董事）的投票权以及重大问题的决策程序等主要内容。

关于项目重大问题的决策程序，一般的做法是将决策问题按照重要程度区别处理：最重要的问题，如修改合资协议、改变项目的经营范围、出售项目资产、停产、年度资本开支和经营预算等，要求得到百分之百的投资者同意；相对重要的问题，如一定金额以上的费用支出、重大项目合同等，要求得到绝大多数投资者同意（2/3 或 3/4 多数同意）；一般性问题要求得到简单多数同意。通常说来，在项目管理委员会或公司董事会之下需要任命一位项目经理来负责合资项目的日常生产经营活动。在契约型投资结构中，一般由一个独立的项目管理公司承担项目经理的职责，并通过管理协议来规范项目管理公司的行为和权限。项目管理公司可以是合资结构中一个具有生产技术和管理技能的投资者的子公司，也可以是投资者的合资公司，甚至可以是与投资者完全无关的具有一定专业技能的管理公司。在有限责任公司结构中，上述职能一般由项目经理来完成。

四、项目预算的审批程序条款

项目的资本预算和年度经营预算及其执行情况是保证合资项目按照预定计划工作，从而实现预期投资收益的重要一环。因此，在合资协议中需要对预算审批制定严格的程序。项目预算一般由项目经理负责制定，在一个财政年度开始之前，提交项目管理委员会（或合资公司董事会）审批。预算审批程序在合资结构中一般分为三个层次、两个阶段。首先，根据项目支出的性质将预算资金分为重大资本支出、日常性资本支出和生产费用支出三个层次。其次，在第一阶段，管理委员会审批项目年度预算，并授权项目经理在预算批准范围内负责日常性资本支出和生产费用支出。但是，在项目进行过程中，对于超出一定金额的重大资本支出，尽管管理委员会在审定项目预算时已原则批准，但项目经理在实际支出之前也需要再次报告管理委员会审批，即第二阶段审批，以确保项目的资金使用完全符合投资者的利益。同时，为了保护少数投资者的利益，项目预算的审批通常要求得到百分之百或者绝大多数投资者的同意才能通过。

五、不确定性的资本补充条款

在项目融资中，当银行对债务/股本比率规定一个严格的标准时，则对资本的补充就显得非常重要，以便维持规定的债务/股本比例。在项目融资的早期，银行在决定贷款以前，往往会要求所有股东（如果是有限责任公司投资结构的话）都足额提供股本资本。目前，银行一般只要求在保持原来的债务/股本比率基础上，分阶段进行股本投入，甚至可以在项目开发阶段结束时再注入股本资金。这种做法有利于提高项目投资的回报率。

如果要在项目开始之后才注入股本资金，则需要任一股东相信其他股东的资信，这就要在合资协议中明确说明。例如，当需要进一步提供股本注入时，其他股东是否还存在或是否还有足够的资金来注入股本。如果对其中任一股东的资信存在不确定性，则必须提供一定形式的信用强化手段，最典型的形式就是由股东的银行出具银行保函或备用信用证。

六、优先购买权条款

优先认股权是在合资企业中保护投资者权益的一种方法。如果合资结构中某一合作方想向第三方出售其在合资结构中的权益（股份或资产），则该合作方有义务将其首先向合资结构中现有的投资者出售，即合资结构的投资者有优先认购权，其认购价格应相当于向第三方出售的价格或者是经评估的公平价格。在一个合资项目中，投资者的资信度和相互信任是保证项目成功的重要因素之一。所以，为了阻止不受现有投资者信任的人参与该项目，或者为了阻止某个投资者以低于市场价值的价格出售项目权益（股份或资产），几乎所有的合资协议中都规定现有投资者拥有项目权益的优先购买权。

在处理项目的优先购买权时，一般可以选择三种办法：一是由卖方在市场上寻找有意购买者，谈妥价格之后首先征求现有投资者的意愿，现有投资者可在规定时间内决定是否以此价格收购。由于在与潜在购买者的谈判过程中要涉及许多项目的保密资料，因此合资协议中一般规定在提供这些信息之前必须得到现有投资者的同意。二是在合资协议中事先规定一个项目资产或股份出售的价格公式。如果现有投资者不愿意按照此公式算出的价格购买，则卖方可以按不低于此价格的售价将项目资产或股份出售给第三方。三是聘用独立的项目价值评估人（一般为注册会计师事务所）对准备出售的项目资产或股份做出价值评估，以此作为是否执行项目优先购买权的标准。

所以，从以上条款可以看出，规定项目的优先购买权会产生一个明显的缺陷，就是使得项目资产或股份的转让变得相对困难和复杂，项目转让成本相对较高。外来投资者除非愿意支付较高的价格，否则是很难进入该项目的。

七、违约行为的处理方法条款

违约行为是指合资结构中某一投资者未能履行合资协议所规定的义务。一个投资者的违约行为有可能立即给非违约方乃至整个项目带来重大损失，因此，为了防止项目中违约事件的发生，在合资协议中（特别是对于契约型投资结构），有时会对财务状况相对较弱的投资者的行为也要做出一些限制和规定。这些规定包括：要求该投资者定期通报财务情况，要求该投资者在项目中保留一定的流动资金，对该投资者的利润分配政策做出一定的限制等。即使是这样，仍然可能出现违约情况，所以在合资协议中需要对违约事件的处理做出明确的规定，并对违约行为的补救措施提出多种可供选择的方法，以最大限度地减少一方违约对其他投资者或整个项目的损失。

可供选择的处理违约事件的主要方法有以下几种。

（一）违约方权益的稀释

一旦违约事件发生，违约方在项目中的权益比例将被降低。同时规定，当违约方在项目中的比例降到一个特定界限以下，有可能影响项目的正常运行时，则规定该违约方不具有项目的决策权，以保证项目的重大决策仍能遵循百分之百的投资者通过的原则。

（二）违约方权益的没收

直接规定当违约事件发生时，由非违约方没收违约方在项目中的资产或股份。

（三）运用交叉担保条款处理违约方责任

在契约型投资结构中，为了保证项目的正常运行，一般签有交叉担保契约。当违约事件发生时，非违约方可以直接支付违约方未支付的资本或生产费用，这部分支出将作为违约方的债务，由违约方对非违约方进行偿还，而且一般规定违约方要支付高出银行利率很多的利息作为一种处罚；或者，由非违约方销售违约方在项目中所拥有的产品，用销售收入充抵违约方未支付的费用。

（四）非违约方强制收购

赋予非违约方收购违约方在项目中所拥有的项目资产或股份的权利。收购价格可以按照公平市场原则或者以较低的价格收购，以体现一定的惩罚性质。

【本章小结】

设计项目的投资结构是成功进行项目融资的第一步。可以说，一个在法律上结构严谨的投资结构是项目融资得以实现的前提条件。设计项目投资结构时需要综合考虑法律、会计、税务及各方利益等方方面面的影响因素。国际上较为普遍采用的投资结构有三种基本的法律形式：公司型投资结构、合伙制投资结构、契约型投资结构。本章详细介绍了影响项目投资结构的基本因素及在项目融资中经常采用的几种投资结构，并且阐明了项目投资结构的一些重要法律条款。

【本章关键术语】

项目投资结构　公司型投资结构　合伙制投资结构　有限合伙制投资结构　契约型投资结构

【本章思考题】

1. 进行项目投资结构设计时需要考虑的主要问题有哪些？

2. 公司型投资结构的优缺点有哪些？实践中有哪些创新？

3. 普通合伙制投资结构的优缺点有哪些？实践中为什么又发展出了有限合伙制投资结构？

4. 契约型投资结构的特点有哪些？

5. 贷款银行介入项目融资时主要考虑哪些方面？其对项目投资结构会产生什么影响？

6. 项目投资结构设计最终形成的主要协议条款有哪些？

第四章

项目的融资模式

学习目标

◇掌握项目融资模式设计的基本原则和问题；
◇掌握项目融资模式的主要类型；
◇掌握不同项目融资模式的适用范围和运作方式；
◇了解几种重要的项目融资模式之间的区别。

项目融资的模式选择是项目融资中最为核心的部分，是对项目融资各要素的具体组合和构造。具体说来，就是指项目如何通过融资方式的安排来实现出资人对项目发起者的有限追索权和合理分散项目风险。在具体实践中，根据项目类型的不同，可以选择不同的项目融资模式。不同的项目融资模式在适用范围和运作方式上存在很大的区别，因此，根据不同项目各自的特点和条件进行项目融资模式的选择是项目融资取得成功的关键所在。

第一节　项目融资模式设计

设计项目融资的融资模式，是一个较为复杂的系统工程，涉及项目投资者、借款人、贷款人、项目公司等各方的利益。在项目融资的实践中，必须遵循一定的基本原则，并根据项目特点因地制宜地安排融资模式。通常说来，项目融资模式的设计应当与项目投资结构的设计同步进行，并在项目投资结构确定后进一步细化。

一、项目融资模式设计的基本原则

项目融资模式设计首要的、基本的原则有两项，即实现有限追索和分担项目风险。

（一）有限追索的实现

实现项目融资人对项目投资者（借款人）的有限追索，是设计项目融资模式必须遵循的一项最基本的原则。

一般意义上的追索是指债务人未能按期偿还债务时，债权人要求债务人以抵押资产以外的其他资产偿还债务的行为。具体到项目融资中，项目的抵押资产通常包括项目资产、项目现金流量及相关方所承诺的其他义务（如担保）。项目融资的有限追索原则是指项目贷款人仅在某个特定时间段或在约定范围内，才能对项目投资者（借款人）进行追索；如果超过上述时间和范围，则无论出现何种债务清偿，贷款人都不能对借款人除抵押资产之外任何形式的资产进行追索。

有限追索是项目融资区别于传统企业融资的一个显著特点。在无追索的项目融资（也称纯粹的项目融资）情形下，贷款的还本付息完全依靠项目的经营效益。同时，贷款银行为保障自身的利益，必须从该项目拥有的资产中取得物权担保。如果项目最终未能建成或经营失败，其资产或收益不足以清偿全部的贷款时，贷款人无权向该项目的主办人追索。在有追索的项目融资情形下，除了以贷款项目的经营收益作为还款来源和取得物权担保外，贷款银行还要求由项目实体以外的第三方提供担保。贷款银行有权向第三方担保人追索，但担保人承担债务的责任，以他们各自提供的担保金额为限。所以，无论采取哪种形式的项目融资，追索责任都是有限的。

贷款人对一个项目的评价，包括项目所处行业的风险系数、投资规模、投资结构、项目开发阶段、项目经济强度、市场安排以及项目投资者的组成、财务状况、生产技术管理、市场销售能力等因素。为了实现融资人对借款人的有限追索，针对上述因素不同程度的差异性，应当有不尽相同的融资模式安排。上述因素的差异和项目融资结构的设计，共同决定了项目融资追索的形式和追索的程度。

设计一个行之有效的项目融资模式，应当是在为融资人提供较强收益预期的同时，尽可能限制项目融资人对项目投资人的追索责任。对此，主要考虑以下两方面的问题：一是在正常情况下，项目的经济强度是否足以支持债务偿还。项目本身经济强度越高，在正常情况下收益足以偿还债务，则越能对追索条件和追索程度进行较严格的限制，直至实现无追索的纯粹项目融资。二是在投资者以外，能否找到强有力的外部信用支持。如果能找到强有力的外部信用支持，如寻求信用卓著的第三方担保人（如政府机构），无疑对限制融资人的追索权也是相当有用的筹码。

至于项目投资者和第三方担保人（如果要求提供）在融资中需要承担的责任和义务以及需要提供的担保的性质、金额和时间等条件，可以通过与借款人双边或多边谈判来决定。

（二）项目风险的分担

保证项目投资者不承担项目的全部风险责任是项目融资模式设计的另一项基本原则。如何实现项目风险在投资者、贷款人和其他利益相关者之间的合理有效划分，是实施这一原则的关键。

前文曾提及，项目在建设开发、试生产、生产经营等阶段都有各种性质的风险。如果项目的所有风险完全由项目投资者承担，则会大大削弱项目投资的吸引力，甚至无人愿意投资，这无疑违背了项目融资的初衷。对于银行而言，承担任何一项融资的全部风险都是与其经营原则相悖的，项目融资也不例外。对于其他项目利益相关者而言，让他们来承担项目的全部风险也是不现实的。因此，唯一可行的方法应当是，通过合理的融资结构设计，对于不同阶段中与项目有关的各种风险因素，通过某种形式在项目投资者、贷款人及其他利益相关者之间进行合理分配。在将借款人的实力与项目的规模相比较时，风险分担变得十分重要——如果项目失败，不至于造成借款人或项目投资者破产，从而消除其后顾之忧。

在项目开发建设时期，项目现金流是有出无进的，如果项目建设延期或建设成本超出预算，都会给还贷造成很大困难，给贷款人造成很大损失，所以贷款人一般不愿意承担这段时期的风险，通常是由项目投资者（有时包括项目的工程承包人）全部承担。但是，在项目建成投产以后，投资者所承担的风险责任就应当被限制在一个特定的范围内，而项目贷款人在完全或部分丧失对借款人和投资者的追索权时，必须全部或部分承担在项目不能产生足够现金流量情况下的风险。由于采用项目融资的项目一般都是基础设施项目、公用设施项目或者原材料型工业项目，它们的产品或服务一般都是国民经济发展所急需的，因而面对的市场比较稳定，由于购买者（多为政府机构）迫切需要项目产品（服务），通常愿意与项目投资者签订“生产支付”性质的长期购买合同。此时，投资者（或项目以外第三方）在建成投产后只需以购买项目全部或绝大部分产品的方式承担项目的市场风险，而贷款人则可能需要同样承担项目的一部分经营风险。此时，即使项目投资者（或者项目以外的第三方产品购买者）以长期协议的形式承购了全部的项目产品，对于贷款银行来说仍然存在潜在的风险：一是可能出现产品市场价格过低，从而导致项目现金流量不足的问题；二是可能出现项目产品购买者不愿意或者无力继续执行产品销售协议，从而造成项目的市场销售问题。因此，除非贷款银行可以从项目投资者处获得其他的信用保证支持，否则项目融资结构一经确定，贷款银行就必须承担这些潜在问题所造成的风险。

值得一提的是，项目风险的分担也离不开投资结构的支持。例如在合资项目中，项目主要投资者引入一些小股东来保证一部分项目产品市场的方法，可以更好地分担市场风险。

（三）融资成本的降低

在大部分情况下，项目融资所需的资金数额十分巨大，而且资本的密集程度很高、建设周期较长，因而在项目运作期间，资金的时间成本是很可观的，严重时会影响到整个项目建设的质量和效率。所以，在项目融资的结构设计和模式选择的过程中，如何降低项目融资的成本是一个十分重要的问题。在具体选择和实施项目融资模式时，应该尽量从以下几点来考虑：首先，优化项目投资结构的设计，增强项目资金来源的安全性，以此来降低项目融资的风险并取得相对较为低廉的债务资金成本。其次，合理选择项目的融资渠道和资金来源，完善资金结构和融资渠道的配置及联系。最后，要加大杠杆资金的利用率，充分发挥财务杠杆的巨大作用，提高资金的使用效率。此外，还要充分利用各种税收优惠。目前，许多国家为了刺激经济发展，都制定和推出了一系列的投资鼓励政策，其中很多都是税收优惠方面的。这一点在项目融资中很重要，有的融资模式甚至是专门为了充分利用税务结构而设计的，比如下文将要介绍的杠杆租赁融资模式。

二、项目融资模式设计的普遍问题

项目融资模式的设计，除了要遵循以上两方面的基本原则外，通常还会遇到一些具有普遍性的问题，必须予以周密考虑和妥善解决。

（一）投资者的完全融资期望

项目投资者注入一定的股本资金以支持项目的开发，是对任何一个项目（当然也包括采用项目融资安排资金的项目）进行投资的基本要求。但是，在项目融资中，这种股本资金的投入可以比传统的公司融资更为灵活，这就为通过项目融资模式的设计争取实现投资者对项目较少的股本投入提供了条件。如何使投资者以最少的资金投入获得对项目最大限度的控制和占有，是设计项目融资模式必须加以考虑的问题。

通常说来，项目投资者会希望项目所需的全部资金能够做到百分之百的完全融资。对此，在进行项目融资结构设计时，可以考虑在认购项目公司股本或以提供一定出资金额的方式提供股本金的传统出资方式之外，以担保存款、信用证担保等非传统出资方式代替实际的股本资金投入，从而满足投资者的完全融资期望。值得注意的是，在完全融资或近似完全融资的情况下，设计融资结构时必须充分考虑如何最大限度地控制现金流量，保证现金流量既能满足债务融资部分的清偿要求，又能满足股本融资部分的权益要求。

（二）投资者的表外融资要求

如果融资是非公司负债型的（公司资产负债表外的），则借款人能够在不影响其信用地位的情况下实现融资。通过对项目融资投资结构和融资结构的设计，可以帮助投资者（借款人）将贷款安排成一种非公司负债型融资（资产负债表外融资），也就是项目的债务不表现在项目投资者（即实际借款人）的公司资产负债表中的一种融资形式。实现资产负债表外融资的可能性，是很多投资者选择项目融资方式进行融资的重要原因。因此，如何实现投资者的表外融资，也就成了设计项目融资模式时需要考虑的问题。

虽然通过项目投资结构的设计，在一定程度上也能实现不将所投资项目的资产负债与投资者自身的资产负债表合并，但在大多数情况下，这种安排只对合资项目中共同安排融资的一方投资者有效。幸运的是，通过巧妙的融资模式设计，仍能实现投资者的表外融资要求。例如，按照国际通行的会计制度，贷款必须反映在债务人的资产负债表上或在资产负债表的注释中说明，资产负债表上的较高负债率会使其他贷款机构在今后贷款给该公司时感觉承受了较大的风险，因而会加大融资难度和融资成本。然而，商业交易无须计入资产负债表中。因此，在设计项目融资模式时，可以把某项贷款或贷款担保设计成一种“商业交易”的形式（如“远期购买”融资模式）并进行相应处理，就能既实现融资安排，又达到不把这种贷款列入投资者资产负债表的目的，从而实现了资产负债表外融资。这样一来，贷款人对于项目的债务追索权主要被限制在项目公司的资产和现金流中，融资被安排成一种无须计入项目投资者资产负债表的贷款形式，即使项目发起方做出一些承诺和担保，也不会影响其资产负债表上债务与权益的比例，从而不会影响其信用状况和再融资能力。因此，项目投资者的其他融资和经营活动不受该项目贷款的影响及限制。

（三）项目融资与市场安排的结合

长期的市场安排是保证项目现金流量、实现项目融资有限追索的一个信用保证基础，失去这个基础，项目融资几乎无法组织起来。对于项目投资者来说（尤其是在非公司型投资结构中），以合理的市场价格从投资项目中取得部分产品是其参与该项目投资的一个主要动机。在贷款银行看来，低于公平价格的市场安排意味着将要承担更大的市场风险；对项目投资者而言，高于公平价格的市场安排则意味着全部或部分地失去了项目融资的意义。这样一来，能否确定以及如何确定项目产品的公平市场价格，就成为借贷双方谈判的一个焦点。因此，在设计项目融资模式时，就不得不考虑项目融资与市场安排如何结合的问题。

在国际上，项目融资历经多年的发展，积累了大量协调项目融资与市场安排关系的方法和手段，可资借鉴。例如，以无货亦付款、提货并付款等长期市场合约或政府特许权合约进行直接的市场安排。又如，以“产品支付”、“产品贷款”等形式，将融资与项目产品相结合，实现结构性的市场安排。

（四）近期融资与远期融资的协调

一般情况下，大型工程的融资期限为7～10年，最长的甚至达到20年左右，属于中长期贷款。在进行项目投资时，有的投资者愿意接受长期的融资安排，而有的投资者更多地考虑近期的融资需要，在时机成熟时可能又会提出再融资的要求。而不同的项目融资结构，在再融资时的难易程度和操作安排也是不一样的。因此，在进行项目融资模式设计时，通常要考虑如何尽可能地协调好近期融资与远期融资的关系。

在项目融资中，经常会遇到“再融资问题”。这是因为许多投资者选用项目融资方式可能是一种谨慎的策略，动机是他们对某个投资环境或投资领域不熟悉，对项目的风险及未来发展没有十足的把握；或者可能是一种过渡性措施，动机是对财务、会计或税务等方面的特殊考虑，因此其融资战略只是一种短期战略。如果在项目运行中，上述动机的决定因素变化不大，他们就会长期保持这样的项目融资结构；一旦决定因素朝着有利于投资者的方向发生较大的变化，他们就会希望重新安排融资结构，放松或取消银行对投资者的种种限制，降低融资成本。为此，在设计项目融资结构时，需要明确投资者选择项目融资方式的目标以及对重新融资问题的考虑。

（五）税务筹划与融资成本

项目融资的金额较大、周期较长，如何最大限度地降低融资成本是项目投资者最为关心的问题之一。由于许多国家都对一些项目尤其是大型基建项目的投资实行税收优惠，充分合理地利用各种税收优惠，可以达到降低融资成本的目的。因此，在设计项目融资模式时，经常还会涉及如何进行税务筹划的问题。

例如，世界上大多数国家的税法都规定，税务亏损可以转到以后若干年使用以冲抵公司的所得税。当然，这种税务亏损的结转通常不是无限期的（个别国家例外），短的只有3～5年，长的也就10年左右。同时，许多国家的政府为了发展经济，制定了一系列以税务结构为基础的投资鼓励政策（如加速折旧）。对于大型工程项目投资而言，由于资本密集程度高、建设周期长，在项目前期一般会产生数量相当可观的税务亏损。特殊的项目融资模式设计，能在一定程度上吸收这些税务亏损，降低项目的资金成本。充分利用加速折旧、税务亏损结转、利息冲抵所得税、减免预提税、费用抵税等税收优惠，在项目融资中非常重要，有的融资模式甚至是专门为了充分吸收税务亏损而设计的（如杠杆租赁融资模式）。

三、项目融资模式的基本结构特征

虽然任何一个具体的项目融资方案，由于时间、地理位置、项目性质、行业特点、投资者状况及其目标要求等存在差别，会具有不同的特点，但项目融资模式一般都具有以下基本的结构特征。

（一）贷款形式

项目融资的贷款形式和传统企业的融资贷款不尽相同，更为灵活多变，但通常不外乎两种形式：

（1）以项目的现金流量为偿还债务的基础，贷款方直接为借款方提供项目贷款。这种形式和传统的企业融资贷款形式的主要区别在于，它是有限追索或无追索的。

（2）通过签订“远期购买”或“产品支付”的协议，由贷款方预先支付一定的资金（预期销售收入的现值）来“购买”项目的产品或一定的资源储量。采用这种形式，无非是为了将投资者的负债表外化。

（二）信用保证

任何一种项目融资模式都离不开结构严谨的担保体系。一般来说，项目融资模式的担保体系具有如下特征：

（1）贷款人要求对项目的资产拥有第一抵押权，对于项目的现金流量具有有效控制力。商业银行在与世界银行等多边金融机构共同对项目提供贷款时，往往愿意为后者的贷款提供担保，就是为了取得项目资产及现金流量的完全抵押控制权。

（2）贷款人要求项目投资者（借款人）将其与项目有关的一切契约性权益转让出来。例如，项目公司根据无货亦付款合同取得项目收入的权利、工程公司向项目公司提供的各种担保的权益等，都必须转让给贷款人。

（3）贷款人要求项目投资者成立一个单一业务的实体来经营项目，尽量把项目的经营活动与投资者的其他业务分开，限制该实体在项目融资安排之外筹措其他债务资金。这需要投资结构和融资结构两方面的合理安排。

（4）在项目的开发建设阶段就需要提供贷款时，贷款人要求项目投资者（或项目工程公司等）提供项目的完工担保。也就是说，投资者保证提供任何超支金额，以确保项目实现“商业完工”，否则银行就收回全部贷款，或由项目工程公司用固定价格的“交钥匙”合同加上项目工程公司的担保银行提供的履约保函来保证完工。

（5）在市场安排方面，除非对项目产品的市场状况充满信心，否则，贷款人一般会要求项目提供类似无货亦付款或者提货并付款性质的合约，以保证项目生产具有稳定的现金流量。

（三）贷款阶段

项目可以按照进程分为两个阶段：项目开发建设阶段和项目投产经营阶段。在这两个阶段，贷款人对项目的追索形式与程度、贷款的发放与回收都有区别。

1. 项目开发建设阶段

由于基础设施项目的开发建设期一般较长，这段时间内的项目现金流量是有出无进的，如果项目建设延期或建设成本超预算，都会给还贷造成很大困难，给银行造成很大损失，所以银行一般要求项目投资者（或项目工程公司等）提供完工担保，并承担完全的追索责任。

在开发建设阶段，项目贷款随工程进度逐步发放到位。在这一阶段的贷款，可以把利息累积起来等项目投产后有了现金流量再分期偿还，也可以从银行借新债还旧息。项目经审核达到“商业完工”标准后，根据各方事先在合同中规定的标准，贷款方对项目投资者的追索权可能会被撤销或降格，完全追索权可能转化为有限追索权或无追索权。项目检验完工，标志着项目投产经营阶段的开始，项目由此产生了现金流入，可以开始偿还贷款本息。

2. 项目投产经营阶段

在项目开始投产经营后，由于采用项目融资的项目一般都是基础设施项目、公用设施项目或原材料型工业项目，它们的产品或服务一般都是国民经济发展所急需的，因而面对的市场比较稳定，项目通常能够产生稳定的现金流入，收益可用于还贷；此时，贷款可能被安排成有限追索或无追索的。

在项目的投产经营阶段，贷款人在要求对项目产品的销售收入和其他收入进行控制，并将其作为信用保证的基础上，贷款还本付息的安排将与项目的预期产量、销售收入及其他收益联系起来，项目净现金流量的一个固定比例将会自动用于偿债。贷款协议中一般还会规定，在产品的需求或产量明显低于预期，或贷款者有正当的理由认为项目的前景以及项目所在国的政治、经济环境发生了恶性逆转等特殊情况下，可以增加净现金流量用于偿还贷款的比例，甚至要求控制全部的项目现金流量，并要求提供进一步的信用保证。

第二节　项目融资的基本模式

在项目融资实践中，融资模式随具体情况的变化而变化，种类繁多，但任何一种具体的项目融资模式，总离不开以下两种基本的操作形式。

一、直接安排模式

直接安排的项目融资模式是由项目投资者以其自身的名义直接安排项目融资，并且直接承担融资安排中相应的责任和义务的融资模式。从理论上说，这种模式是结构最简单的一种项目融资模式。

在项目投资者的公司财务结构不很复杂时，在投资者直接拥有项目资产并直接控制项目现金流量的投资结构中，采用投资者直接安排项目融资的模式比较适合。在绝大多数的非公司型合资结构中，都不允许以合资结构或管理公司的名义举债，所以投资者直接安排项目融资的模式几乎是为一个项目追加资本金的唯一可行方案，因而是非公司型合资结构中常用的操作模式。在公司型合资结构中，项目投资者有时也可以为其股本金投入部分直接安排融资，但由于贷款人缺乏对项目现金流量的直接控制，因而很难实现有限追索的项目融资。

在直接安排的项目融资模式中，又可以分为两种典型的操作方法。

（一）投资者统一安排融资并共同承担市场责任

在这种模式中，项目投资者直接安排融资，所有项目投资者面对同一个贷款银行（团）统一安排融资，并且通过项目公司统一代理项目产品销售，共同承担市场责任。这种融资模式的具体操作过程可归纳如下：

（1）项目投资者通过签订合资协议组成非公司型合资结构，并按照投资比例合资组建一个项目管理公司。同时，项目投资者与项目管理公司签订项目的管理协议和销售代理协议，按照协议规定，项目管理公司负责项目的建设和生产经营，并作为项目投资者的代理人负责项目的产品销售。

（2）根据合资协议规定，投资者分别在项目中投入相应比例的自有资金，并统一面向同一贷款人（银团）安排融资。但是，每个投资者要独立地与贷款人签署融资协议，筹集协议规定份额的项目建设资金和项目流动资金。

（3）在项目开发建设期间，项目管理公司代表投资者与项目工程公司签订工程建设合同，监督项目的建设，并支付项目的建设费用；在项目生产经营期间，项目管理公司负责项目的生产管理，并作为投资者的代理人销售项目产品。

（4）项目产品销售实现的收入，进入一个贷款银行监控下的账户，首先用于支付项目的生产费用和资本再投入，偿还贷款银行的到期债务，然后才能按照融资协议的规定将盈余资金返还投资者。

该模式如图 4—1 所示。

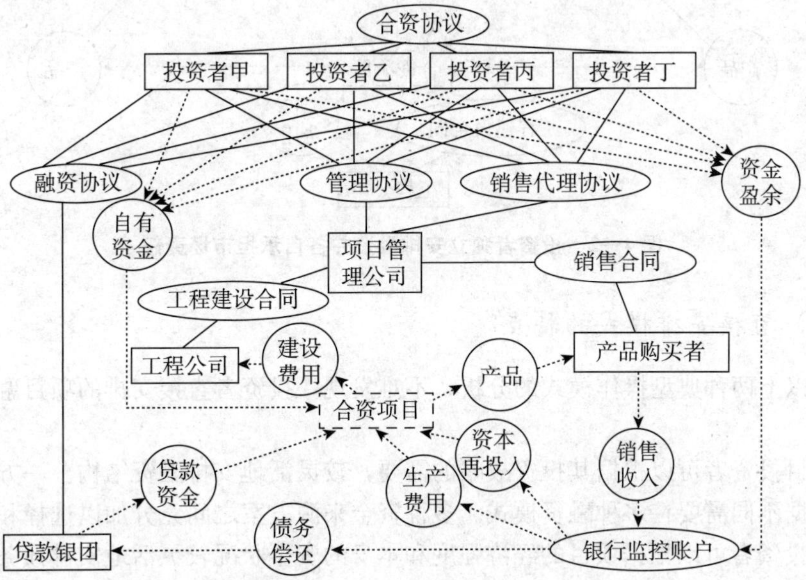

图 4—1　投资者统一安排融资并共同承担市场责任

（二）投资者独立安排融资并各自承担市场责任

在这种模式中，仍然由项目投资者直接安排融资，但各个投资者根据自己的财务状况完全独立地面向各自的贷款人安排融资，并且由项目投资者（而不是项目管理公司）负责组织相应份额的产品销售和债务偿还。其具体操作过程可归纳如下：

（1）项目投资者根据合资协议组成非公司型合资结构，并按照出资比例组建一个项目管理公司。投资者委托项目管理公司负责项目的建设和生产管理。

（2）项目管理公司代表投资者安排项目建设和生产，组织原材料供应，但不负责产品的销售，只是根据投资比例将项目产品分配给项目投资者。

（3）项目投资者按照投资比例提供项目建设资金和流动资金，并且直接向合资项目支付建设费用和生产费用。各个投资者的融资安排根据自己的财务状况自行决定。

（4）项目投资者签署无货亦付款性质的产品购买协议，并按协议规定价格购买项目产品。按照投资者与贷款人之间的现金流量管理协议，产品销售收入进入贷款人监控的账户，按照资金使用优先序列进行分配。

该模式如图4—2所示（为了简单直观地说明问题，图中以两个投资者为例）：

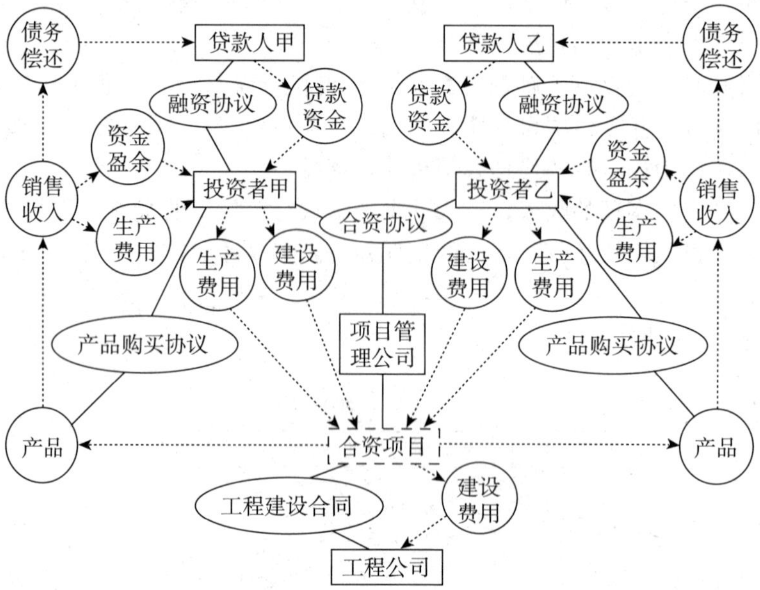

图4—2　投资者独立安排融资并各自承担市场责任

（三）直接安排模式的特点

通过对以上两种典型操作模式的分析，不难发现，投资者直接安排的项目融资模式具有以下特点：

（1）项目投资者可以根据其投资战略的需要，较灵活地安排融资结构。一方面，项目投资者可以根据不同需要在多种融资模式、多种资金来源方案之间充分加以选择和合并。另一方面，项目投资者可以根据项目的经济强度和本身的资金状况较灵活地安排债务比例。

（2）有利于投资者进行税务结构方面的安排，降低融资成本。在投资者直接安排项目融资的模式中，投资者通常能够直接拥有项目资产并控制项目现金流量的投资结构，因而可以比较充分地利用项目的税务亏损或优惠来降低融资成本。

（3）项目投资者的资信状况对融资条件影响较大，信誉卓著的投资者往往能够得到较优惠的条件。对于大多数银行来说，资信良好的投资者的企业名称本身就是一种担保。由于直接安排融资模式是直接以投资者的名义融资，即使安排的是有限追索的项目融资，资信状况良好的投资者仍然可以获得成本相对较低的贷款。

(4) 融资结构的设计比较复杂，在法律结构中实现有限追索相对困难。通常说来，投资者在信誉、财务状况、市场销售和生产管理能力等方面不太一致，致使以项目资产及现金流量作为融资担保抵押的难度较大。同时，在安排融资时，划清投资者在项目中所承担的融资责任和投资者其他业务之间的界限，在操作上也较为复杂。因此，在这种模式下对融资追索程度和范围的界定较为复杂。

(5) 不易实现融资的表外化，会对投资者的其他融资活动和经营活动产生一定影响。显而易见，通过投资者直接融资，很难将融资安排成非公司负债型的融资形式。当然，这也不是绝对的，比如有时可以对融资进行类似“商业交易”性质的处理。

二、项目公司模式

与投资者直接安排融资的模式相对应，项目融资的另一种基本模式是项目公司模式，即项目投资者通过成立单一目的的项目公司，以项目公司为融资主体来安排融资。具体说来，通过项目公司融资，也有两种基本的操作模式。

（一）作为投资载体的项目子公司模式

通过项目公司安排融资的一种模式是：在非公司型合资结构中（有时甚至在公司型合资结构中），项目投资者建立一个单一目的的项目子公司作为投资载体，并以该项目子公司的名义与其他投资者组成合资结构并安排融资。采用这种结构安排融资，对于其他投资者和合资项目本身而言，与投资者直接安排融资模式没有多大区别。其具体操作过程如下：

(1) 项目投资者成立一个全资控股的项目子公司，与其他投资者（或其项目子公司）根据合资协议组成合资结构（可以是公司型的合资结构，也可以是非公司型的合资结构），并委托项目管理公司进行项目的建设和经营管理。

(2) 在合资结构中，项目子公司作为投资者的代表，根据合资协议独立地或与其他投资者统一安排融资。项目子公司作为融资的主体，要承担债务偿还的责任（在投资者各自独立安排融资时，还要承担市场销售的责任）。

(3) 项目投资者通常要为项目子公司的融资提供一定的信用支持和保证，比如为项目子公司提供完工担保、产品购买担保或其他意向性担保。

(4) 与投资者直接安排融资一样，项目产品销售收入及其他收入产生的现金流首先进入贷款人监控的账户，按照资金使用优先序列进行分配，即在支付项目的生产费用和资本再投入并偿还贷款人的到期债务后，才能将盈余资金返还项目子公司。

这种融资模式如图 4—3 所示。

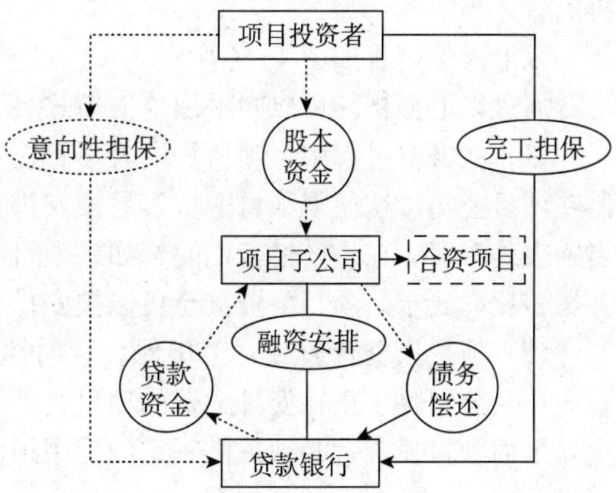

图 4—3 作为投资载体的项目子公司融资模式

通过以上分析，可以发现这种融资模式

具有以下特点：

（1）项目子公司将作为项目投资者的代表，承担项目中全部或主要的经济责任，投资者除提供必要的担保以外不承担任何直接的责任，因而对投资者而言，容易实现表外融资。

（2）由于项目子公司是项目投资者为一个具体项目专门组建的，缺乏必要的信用和经营历史（有时也缺乏资金），所以可能需要投资者提供一定的信用支持和保证。

（3）容易划清项目的债务责任，相对于投资者直接安排融资而言，融资结构要简单、清晰一些。

（4）一些国家和地区的税法对于母子公司之间的税务合并有较严格的规定，使得税务结构安排上的灵活性可能较差。

（二）作为经营主体的项目公司模式

通过项目公司安排融资的另一种最常见模式是：在公司型合伙结构中，项目投资者共同出资组建一个项目公司，该公司作为项目的经营主体，代表所有投资者拥有、经营项目并安排项目融资。在这种模式下，项目融资由项目公司直接安排，债务的主要信用保证来自项目公司拥有的现金流量、项目资产以及项目发起人和其他参与者所提供的与融资有关的担保协议及商业协议。其基本操作过程如下：

（1）项目投资者根据股权协议，注入协议规定比例的股本资金，组建一个具有独立法人地位的合资项目公司。

（2）项目公司作为独立的法人实体，负责项目的开发建设和生产经营，并拥有和控制项目，可以与工程公司、产品购买者等相关方签署一切与项目建设、生产和市场有关的合同。

（3）项目公司作为独立的生产经营者，可以使用项目资产和现金流量作为融资抵押和信用保证，通过直接与贷款人签署贷款协议来安排项目融资，获取项目的贷款资金，并承担主要的债务偿还责任。

（4）项目投资者通常要为项目公司的融资提供一定的信用担保，以承担一定程度的项目责任。例如在建设期间，项目投资者通常要提供项目完工担保。又如，在生产经营期间，项目投资者可能会提供产品购买担保。

（5）项目产品销售收入及其他收入产生的现金流量，在支付项目的生产费用和资本再投入并偿还贷款人的到期债务后，盈余的资金作为项目公司的利润，将以红利的形式返还项目投资者。

以上操作过程如图 4—4 所示。

通过以上分析，可以归纳出这一模式具有以下特点：

（1）在融资过程中，项目投资者不直接安排融资，项目的融资风险和经营风险大多被限制在项目公司。这使得项目融资容易被安排在对投资者有限追索的基础上，也容易实现投资者的表外融资。在生产经营期间，如果项目的生产经营达到预期标准，项目现金流量达到债务覆盖比率要求，项目融资甚至可以被安排成对项目投资者的无追索贷款。

（2）项目投资者通过完工担保、意向性担保等间接的信用保证形式支持项目公司的融资。项目公司除了正在安排融资的项目之外，没有任何其他资产和业务，也没有任何经营历史，因而项目投资者必须提供一定的信用担保以承担一定程度的项目责任（尤其是在项目的建设期）。

（3）项目公司统一负责项目的建设、生产、市场，并且拥有和控制项目的资产及现金流

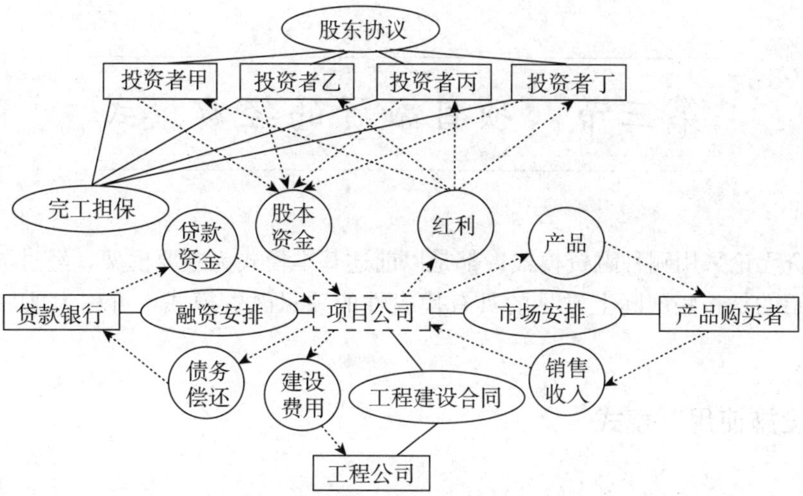

图 4—4 作为经营主体的项目公司融资模式

量。以整体的项目资产和现金流量作为融资的抵押及信用保证，在概念和融资结构上容易被贷款人接受，从而法律结构也相对简单。另外，通过项目公司共同融资也避免了投资者之间安排融资时的相互竞争。

（4）在公司型合资结构中，通过项目公司安排融资，可以充分利用大股东在管理、技术、市场和资信等方面的优势，为项目争取一些条件相对较弱的小股东根本无法得到的优惠贷款条件。

（5）这种融资模式在税务结构安排上缺乏灵活性。在公司型合资结构中，项目的税务优惠或亏损只能保留在项目公司中应用，容易形成税务优惠的浪费。

（6）债务形式在选择上缺乏灵活性，很难满足不同投资者的各种融资要求。虽然投资者可以选择普通股、优先股、从属性贷款、零息债券、可转债等形式投入项目资本，但由于项目投资者不能直接控制项目现金流量，对于在资金安排上有特殊要求的投资者就会有一定困难。

三、项目融资基本模式的变化

由于项目融资的灵活性较强，在项目融资的实践中，除以上两种基本融资模式以外，还有与两者类似或介于两者之间的一些变化模式。

利用信托基金结构为项目安排融资，其在融资结构和信用保证结构方面均与公司型合资结构中投资者通过项目公司安排融资非常类似，只是项目融资的主体不是项目公司，而是信托基金。关于其具体操作过程，这里不再赘述。

利用合伙制项目资产和现金流量直接安排项目融资，这是一种介于投资者直接安排融资和通过项目公司安排融资之间的项目融资模式。这种合伙制结构没有项目公司那样的独立法人，而且项目贷款的借款人不是项目公司，而是由独立的合伙人共同出面。项目融资安排的基本思路是：投资者以合伙制项目的资产共同安排项目融资，但债务的追索责任被限制在项目资产和项目的现金流量范围内，投资者只是提供无货亦付款性质的产品承购协议，作为项目融资的附加信用保证。采用这种结构，贷款银行将对项目的现金流量实施较为严格的控制。

第三节　项目融资的经典模式

项目融资无论采用哪种融资模式，都是以前述基本模式为主要框架，经过灵活运用的结果。下面介绍的是一些国际上常见的具有代表性的项目融资模式，可称为项目融资的经典模式。

一、“设施使用”模式

（一）概念及适用项目

它的全称是以“设施使用协议”（tolling agreement）为基础的项目融资模式，是指围绕一个工业设施或者服务性设施的使用协议安排项目融资。这种“设施使用协议”在工业项目中也称“委托加工协议”，是指在某种工业设施或服务性设施的提供者和这种设施的使用者之间达成的一种具有无货亦付款性质的协议。

利用以“设施使用协议”为基础的项目公司安排融资，主要应用于石油、天然气管道项目，发电设施，某种专门产品的运输系统以及港口、铁路设施等带有服务性质的项目。自20世纪80年代以来，由于在很长一个时期内国际原材料市场不景气，导致与原材料有关的项目投资风险过高，包括工业国家在内的公司、财团对这一领域的新项目投资都持相当谨慎的态度，因此这种融资模式被引入工业项目中。

（二）运作方式

利用“设施使用协议”安排项目融资，其成败的关键在于项目设施的使用者能否提供一个强有力的具有无货亦付款性质的承诺。这种承诺要求项目设施的使用者，在项目融资期间，不管项目设施的使用者是否真正利用了项目设施所提供的服务，都得向设施的提供者无条件地定期支付预先确定数额的项目设备使用费。在项目融资中，这种无条件承诺的合约权益将被转让给提供贷款的银行，与项目投资者提供的完工担保一同构成项目信用保证结构的主要组成部分。

下面通过一个模拟案例来说明如何利用“设施使用协议”来安排项目融资。

几个投资者准备以非公司型合资结构的形式在某国著名铁矿区投资兴建一个大型的铁矿开发项目。由于该矿区的铁矿石质地优良，因而该项目与国外一些著名钢铁公司签订了长期的铁矿石供应协议。但是，由于当地港口的运输能力不够，严重影响了项目的生产和出口。于是，铁矿开发项目的几个投资者决定对港口进行扩建，以扩大港口的出口能力。但是，铁矿开发项目的投资者或者出于本身财务能力的限制，或者出于发展战略上的考虑，不愿意单独承担港口的扩建工作。项目投资者希望铁矿石买方能够共同参与港口的扩建工作，然而买方出于各种考虑也不愿意进行直接的港口项目投资。经过谈判，铁矿项目投资者与主要铁矿石客户等各方共同商定，利用“设施使用协议”作为基础，安排项目融资来筹集扩建港口的资金。

该措施的具体操作步骤如下：

（1）签订“设施使用协议”。铁矿开发项目的投资者与作为项目铁矿石买方的国外钢铁公司谈判达成协议，由铁矿石买方联合提供一个具有无货亦付款性质的港口设施使用协议。协议规定，一旦港口扩建成功，铁矿石买方就定期向港口的投资者支付规定数额的港口使用费作为项目融资的信用保证。由于签约方是实力雄厚的钢铁公司，这个协议能够被贷款银行所接受。对于实力较小的公司，可能还需要银行的担保信用证。

（2）组建项目管理公司。铁矿开发项目投资者在取得买方的港口设施使用协议及铁矿的长期销售合约后，投资组建一个港口运输管理公司，它拥有、建设、经营整个铁矿运输港口系统。由于港口的未来吞吐量及其增长有协议保证，港口经营收入也相对稳定和有保障，所以铁矿开发项目投资者可以将新组建的港口运输管理公司的股票发行上市，公开募集当地政府、机构投资者和公众的资金作为项目的主要股本资金。

（3）公开招标选择项目工程公司。港口建设采用招标的形式进行，中标的公司必须具备一定标准的资信和经验，并且能够由银行提供履约担保。港口运输管理公司要与中标的工程公司签订“交钥匙”工程建设合同。

（4）构建项目融资的信用保证框架。铁矿项目投资者将“港口设施使用协议”转让给新组建的港口运输管理公司，港口运输管理公司以该协议和工程公司的承建合同以及银行提供的工程履约担保作为融资的主要信用保证向贷款人取得融资。

通过以上几个步骤，就组成一个以“设施使用协议”为基础的项目融资，如图 4—5 所示。

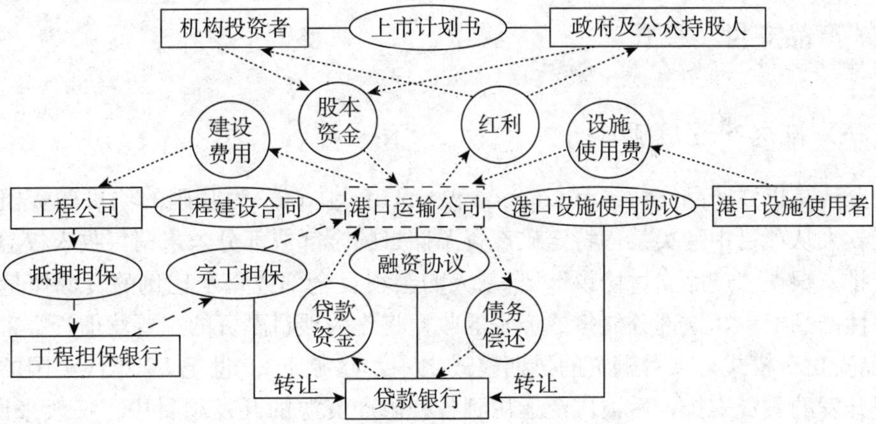

图 4—5 以“设施使用协议”为基础的项目融资模式

在上述案例中，对于作为铁矿石客户的国外钢铁公司而言，只需承诺正常使用港口设施和支付港口使用费的义务，与直接参与港口扩建投资相比节约了大量的资金，也避免了投资风险；对于铁矿项目投资者来说，在完成港口扩建工作的同时，避免了大量的资金投入，有效地将港口项目的风险分散给了与项目有关的用户、工程公司以及其他投资者；更重要的是，通过这一安排可以保证铁矿项目的长期市场。通过这一案例，也可以进一步理解市场安排在项目融资中所起的关键性作用。

在生产型工业项目中，“设施使用协议”被称为“委托加工协议”。根据“委托加工协议”，项目产品的购买方提供或组织生产所需的原材料，在利用项目的生产设施将原材料生产加工成最终产品后取走，项目产品购买者向项目设施提供者支付加工费用。围绕“委托加工协议”组织起来的项目融资与以“设施使用协议”为基础的项目融资是基本一致的。

（三）主要特点

在以“设施使用协议”作为基础安排项目融资时，需要注意以下几个特点：

（1）无货亦付款性质的设施使用协议是项目融资的关键部分。项目设施的使用费在理论上应足以支付融资期间项目的生产经营成本和债务偿还，至少需要考虑以下三个方面：一是生产运营成本和资本再投入的费用；二是融资成本，即项目融资的本金和利息的偿还；三是投资者的收益，在这方面的考虑较前两方面要灵活一些，可以根据投资者股本资金的投入数量和投入方式做出不同的结构安排。

（2）投资结构的选择比较灵活。项目投资者可以依据项目的性质，项目投资者和设施使用者的类型及融资成本、税务安排等方面的要求，灵活采用公司型合资结构、非公司型合资结构、合伙制结构或者信托基金结构。

（3）适用于资本密集型、收益较低但相对稳定的基础设施项目。对于资本密集、收益较低但相对稳定的项目，项目的投资者可以利用与项目利益有关的项目设施使用者的信用来安排融资，以节约初始投入、分散投资风险。

（4）在税务结构处理上可能存在法律障碍。在国际上，有些项目将拥有“设施使用协议”的公司的利润水平安排在盈亏平衡点上，可以达到转移利润的目的。但是，有些国家的税务制度不允许这样做，对此必须谨慎安排。

二、“产品支付”模式

（一）概念及适用项目

它的全称是以“产品支付（production payment）协议”为基础的项目融资模式，是指建立在贷款人从项目中购买某一特定矿产资源储量的全部或部分未来销售收入权益的基础上的融资安排。根据“产品支付协议”，贷款人购买项目全部或一定比例的资源储量或未来生产的资源性产品产量，这部分储量或产量的收益将作为项目融资的主要偿债资金来源。

“产品支付”模式是项目融资的早期模式之一，起源于20世纪50年代美国的石油、天然气项目开发的融资安排，后被广泛运用到各种矿产资源的开发项目中。一般来说，“产品支付”融资模式适用于资源储量已经探明，并且项目生产的现金流量能够比较准确计算出来的资源开发项目。

（二）运作方式

在通常情况下，以“产品支付协议”作为基础的项目融资模式的基本运作思路为：

（1）贷款人（有时是项目投资者）建立一个“融资的中介机构”，由该机构与项目公司签订“产品支付协议”（有时还要签订“销售代理协议”），从项目公司购买一定比例的项目资源储量或未来生产的资源性产品产量，并以此作为项目融资的基础。该“融资的中介机构”一般为信托基金机构。

（2）根据产品支付协议，融资中介机构以支付产品“购货款”的形式为项目公司融资，提供项目的建设和资本投资资金，而项目公司则承诺按照一定的价格计算公式安排产品支付。产品的定价要在产品本身价格的基础上考虑到“利息”因素。同时，融资中介机构要求以项目固定资产抵押和完工担保作为项目融资的信用保证。

(3) 融资中介机构以产品支付协议规定的产品销售收入权益为抵押，从贷款人处获得用于向项目公司支付购买协议规定比例或数量的资源性产品的资金。

(4) 在项目进入生产期后，如果签订了销售代理协议，项目公司将作为融资中介机构的代理销售其产品，销售收入直接进入融资中介机构用以偿还债务；若没有销售代理协议，则融资中介机构要在市场上直接销售产品或者销售给项目公司或其他相关公司，以销售收入偿还从贷款银行处借入的“购货款”。

在产品支付融资中，贷款人也可以直接安排融资而不利用融资中介机构。但是，利用融资中介机构有利于贷款人将一些由于直接拥有资源或产品而引起的责任和义务（如环境保护责任）限制在中介机构内，并且在信用保证结构上，利用融资中介机构比直接安排融资时简单。因此，产品支付融资在大多数情况下都会设立一个融资中介机构。

上述运作思路如图 4—6 所示。

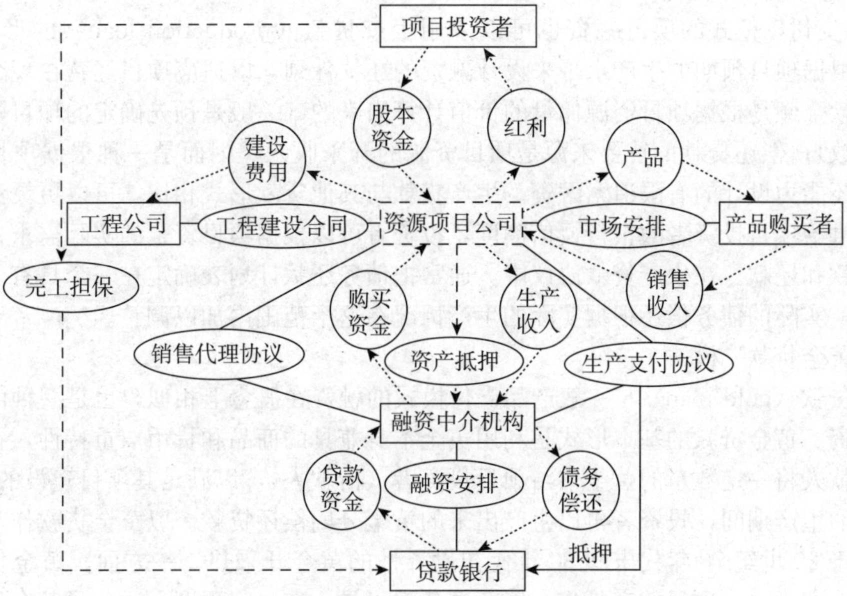

图 4—6 以“产品支付协议”为基础的项目融资模式

（三）主要特点

在运用“产品支付”模式进行项目融资时，需要注意以下几个特点：

(1) 产品支付融资是一种自我摊销的融资方式，灵活性较强。产品支付通过购买一定的项目资源安排融资，较少受到常规的债务比例或租赁比例的限制，增强了融资的灵活性。

(2) 信用保证结构比较独特，容易实现有限追索甚至无追索的形式。产品支付融资不像其他融资模式那样通过抵押或权益转让的方式实现信用保证，而是通过直接拥有项目的产品和销售收入来实现融资的信用保证。对于那些资源为国有而项目投资者只能获得资源开采权的项目，产品支付融资则以购买项目未来生产的现金流量加上资源开采权和项目资产的抵押作为信用保证。这样的信用保证结构使贷款的偿还非常有保障，从而贷款就容易被安排成无追索或有限追索的形式。

（3）产品支付融资的额度和期限受到诸多因素的限制。产品支付融资主要受限于项目的资源储量和经济生命期。项目的资源储量将影响产品支付融资的最大可能数量，而融资期限通常会短于项目的经济生命期。另外，产品支付融资的贷款人一般只为项目的建设和资本费用提供融资，而不承担项目生产费用的贷款，并且要求项目投资者提供最低生产量、最低产品质量标准等方面的担保。

（4）贷款人购买的资源储量现值的测算，是安排产品支付融资的关键。从理论上说，产品支付融资所能安排的资金数量应等于所购买的那一部分矿产资源的预期未来收益以一定利率条件贴现出来的资产现值。但在现实中，这一问题较为复杂。借贷双方通过谈判确定资源储量现值时，争论的焦点包括对项目已证实资源总量、资源价格、各年度开采计划和财务预算、通货膨胀率、汇率、利率等经济因素以及资源税和其他有关税收等一系列因素的假设。

（四）变化形式

1.“生产贷款”模式

“产品支付”模式的项目融资也可以采用生产贷款（production loan）的形式来安排。生产贷款根据项目预期的生产水平来设计融资的还款计划，以适应项目经营在现金流量上的要求；贷款金额是根据项目资源储量的价值计算出来的（一般是预先确定的项目资源价值的一个百分数）；偿还贷款的首要来源是项目资源的开采收入，因而是一种根据项目在融资期间债务偿还能力设计的有限追索融资。生产贷款与其他贷款形式相比，可以更灵活地安排成贷款人提供给项目投资者的银行授信额度，投资者可以根据项目资金的实际需求在额度范围内安排提款和还款。在生产贷款协议中，通常把债务还款计划表确定在一个具有上下限的范围内浮动，实际的债务偿还根据实际的生产情况在这个范围内加以调整。

2.“黄金贷款”模式

黄金贷款（gold loan）与一般产品支付模式的融资在概念上相似，也是一种由项目产品支持的融资。黄金贷款的基本形式是利用黄金本身兼具的商品和货币双重特性，在项目建设初期由贷款人将一定数量的黄金借给项目投资者（借款人），以满足其项目建设的资金需要，而在项目的生产期间，投资者再以生产出来的黄金分期偿还贷款。以黄金贷款作为基础的项目融资始于 20 世纪 70 年代末和 80 年代初世界性的黄金开采热。一方面，黄金贷款的利率较低；另一方面，以项目的产品作为偿还债务的工具，在一定程度上避免了黄金价格波动对项目经济强度的冲击，起到了自然保值的作用，因此对于许多金矿公司，尤其是中小规模的公司具有很大的吸引力。随着计算机技术和通信手段在国际商品交易及金融活动中的大规模应用，近年来，黄金贷款也被引入其他类型项目的融资安排中。对于铜、铝、铅、锌等有色金属项目，由于具有公认的国际定价标准（如伦敦五金交易所）和各种活跃的期货、期权等衍生工具交易手段，采用黄金贷款形式的项目融资已成为一种发展趋势。

三、“杠杆租赁”模式

（一）概念与应用范围

融资租赁（financial lease）也称金融租赁，是由出租方以融资为目的，对承租人选定的设备进行购买，然后以收取租金为条件提供给承租方使用的一种租赁交易，它具有融资和融物的双重职能，兼有商业信用和银行信用的两重性。根据出租人购置一台租赁设备时的出资比例，融资租赁又可以划分为直接租赁（direct lease）和杠杆租赁（leverage lease）。直接租赁是指出租人独自承担全部设备购置成本的租赁交易。而在项目融资中，得到普遍应用的是杠杆租赁。杠杆租赁是指在融资租赁中，出租人承担小部分设备购置成本，而银行等金融机构提供贷款来补足大部分成本的业务。

项目融资中的杠杆租赁模式，是指以杠杆租赁结构为基础，通过资产出租人融资购买项目资产，然后租赁给承租人（项目投资者）的方式来安排融资的一种融资模式。一般项目融资模式将项目的税务结构和会计处理问题放在设计项目投资结构时加以考虑和解决，而杠杆租赁模式是在融资结构设计时将项目的税务结构作为一个重要的组成部分加以考虑，因此杠杆租赁融资模式也称“结构性融资模式”。

杠杆租赁的应用范围比较广泛，既可以为一个大型项目的项目融资安排，也可以为项目的一部分建设工程安排融资，比如购置项目的某一专用大型设备。

（二）运作方式

以杠杆租赁为基础的项目融资模式操作起来比较复杂，一般要经过以下几个阶段。

1. 筹备阶段

（1）项目投资者设立项目公司。项目的投资者出资设立一个单一目的的项目公司，负责项目的日常管理，并安排杠杆租赁的融资结构，为项目投资筹集资金。

（2）确定杠杆租赁经理人。杠杆租赁经理人相当于一般项目融资结构中的融资顾问，主要由投资银行担任。杠杆租赁的经理人根据项目的特点、项目投资者的要求设计项目融资结构，与各方谈判融资结构中的股本参加者和债务参加者，安排项目的信用保证结构。

（3）选择“股本参加者”。杠杆租赁融资需要两个或两个以上的股本参加者专门组成合伙制结构的金融租赁公司。该合伙制结构是项目资产的法律持有人和出租人，其参加者一般为专业租赁公司、银行和其他金融机构，有时也包括一些工业公司。

（4）选择“债务参加者”。债务参加者一般是普通的银行和金融机构，它们将为项目提供绝大部分的资金。

2. 租赁阶段

（1）项目公司签订项目资产购置和建造合同，购买开发建设所需的厂房和设备，并在合同中说明厂房和设备的所有权都将转移给金融租赁公司。

（2）合伙制金融租赁公司作为项目资产法律上的持有者，从股本参加者和债务参加者处获得用以购买项目及资产的建设费用和流动资金。合伙制金融租赁公司提供项目建设费用或项目收购价格的20％～40％作为股本资金投入；债务参加者对股本参加者以无追索贷款的形式为项目提供60％～80％的资金。同时，金融租赁公司必须将其与项目公司签订的租赁协议和转让过来的资产抵押给贷款银行，以便贷款银行的债务享有优先取得租赁费的权利。

（3）合伙制金融租赁公司根据项目公司转让过来的资产购置合同购买相应的厂房和设备，然后把它们出租给项目公司。

（4）杠杆租赁经理人与股本参加者达成管理协议，融资安排成功后，杠杆租赁经理人负责管理融资结构的运作，收取一定的管理费用。

3. 开发建设阶段

（1）合伙制金融租赁公司与项目工程公司签订“交钥匙”工程建设合同，并支付项目的建设费用。

（2）根据租赁协议，项目公司从合伙制金融租赁公司手中取得项目资产的使用权，并代表租赁公司监督项目的开发建设。同时，项目公司开始向租赁公司支付租金，租金在数额上应该等于租赁公司购置项目资产的贷款部分所需支付的利息。

（3）项目投资者一般要为融资安排提供完工担保，承担项目的全部责任。

4. 生产经营阶段

（1）根据租赁协议，项目公司获得项目资产的使用权，在支付了相应的生产费用和租赁费用之后，取得使用项目资产生产出来的产品。然后，项目公司可根据产品承购协议将产品出售给项目的投资者或其他项目产品用户。

（2）项目投资者通常要提供一个具有无货亦付款性质的产品承购协议，作为项目公司长期的市场销售保证（有时还需要其他形式的信用担保）。此时，项目融资被安排成对项目投资者有限追索的形式。

（3）项目公司要以产品销售产生的现金流量向租赁公司补缴建设期未付清的租金，租赁公司再以其收到的租金支付银行贷款的本息。项目现金流量的分配和使用按照以下顺序进行：生产费用、项目的资本性开支、杠杆租赁经理人的管理费、债务参加者的债务偿还、股本参加者的投资收益、可作为投资者收益的盈余资金。

（4）为了监督资产承租人履行租赁合同，保护股本参加者和债务参加者的利益，通常股本参加者会委托杠杆租赁经理人监督或直接控制资产承租人的项目现金流量。

5. 租赁届满阶段

一般来说，在租赁期届满时，租赁公司的成本全部收回并且获得了相应的回报。此时，可以由项目投资者的一个相关公司将项目资产以事先商定的价格购买回去，也可以由项目公司以租赁公司代理人的身份把资产以可以接受的价格卖掉，大部分售价会被当做代销手续费由租赁公司返还项目公司。

租赁届满时，由项目投资者的一个相关公司而不是投资者本人或项目公司购买项目资产。美国有关法律规定，非真实租赁不能享受税收优惠。非真实租赁的条件是：合同规定承租人有名义价格的购买选择权；租金的一部分被明确地列为利息；租金支付到一定金额，便可取得设备的所有权；在短期内所偿付的租金占设备购买价的绝大部分。①

杠杆租赁融资的基本结构可用图 4—7 简单说明。

（三）主要特点

在采用杠杆租赁结构进行项目融资安排时，应注意其优势、劣势和操作关键。

1. 优势

与其他项目融资方式相比，杠杆租赁模式具有以下优势：

（1）融资成本较低。由于杠杆租赁融资通常能够得到税收和政策上的优惠，因而可以降低融资成本。在杠杆租赁融资结构中，出租人通常可以获得投资税务抵免、加速折旧等好处。这些税务好处可以作为补偿股本参加者的股本资金投资收益的一个重要组成部分，使项

① 参见王豫川：《金融租赁导论》，北京，北京大学出版社，1997。

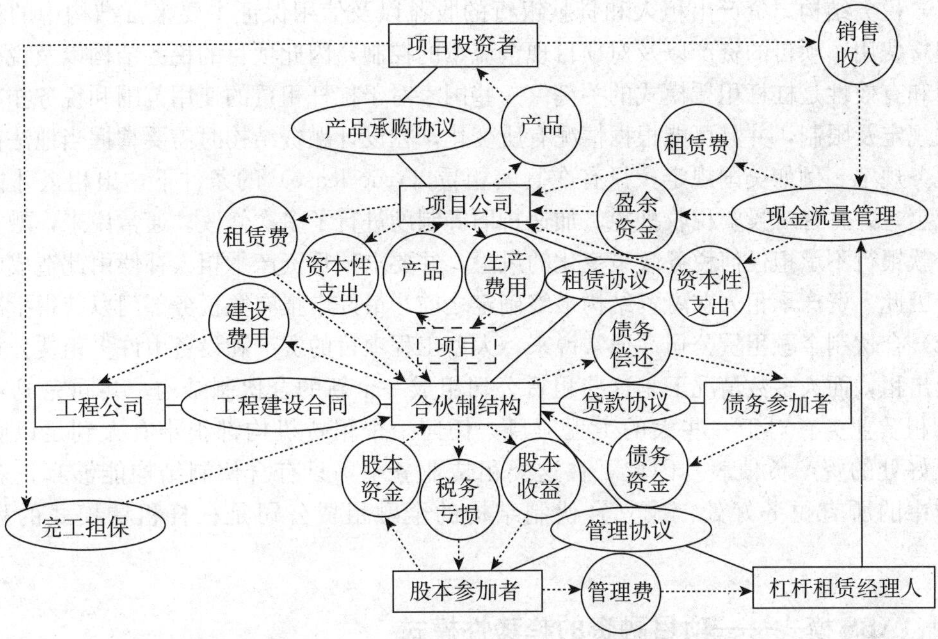

图 4—7 以杠杆租赁为基础的项目融资模式

目投资者获得较低的融资成本。另外，在一些国家，如果租赁的设备为新技术、新设备，符合政府产业政策的要求，金融租赁可享受政府的融资优惠和信用保险。比如政府对租赁公司提供低息贷款，并在承租人无法交付租金时，向租赁公司赔偿部分租金，以分担其风险和损失。这样，金融租赁公司就可以将这些优惠以较低租金的形式分配给承租人一部分。

（2）易实现完全融资。在一般项目融资中，项目发起人总要提供一定比例的股本资金，以增强贷款人提供有限追索权贷款的信心。在杠杆租赁融资模式中，由债务参加者和股本参加者所提供的资金构成了被出租项目的全部或大部分建设费用或者购买价格，因此很可能全部解决项目所需资金或设备问题，而不需要项目投资者进行任何股本投资，即实现百分之百的融资。

（3）不直接拥有但仍能控制项目资产。根据金融租赁协议，作为承租人的项目公司拥有租赁资产的使用、经营、维护和维修权等。因此，金融租赁项下的资产甚至通常被视为由项目投资者完全所有、由银行融资的资产。

2. 劣势

与其他项目融资模式相比，杠杆租赁模式的主要缺陷是融资结构、法律关系和操作管理非常复杂，这种复杂性导致了以下两方面的问题：

（1）由于杠杆租赁模式的结构相当复杂，所以将其实现也相当困难，并不是任何人都可以实施以杠杆租赁为基础的项目融资。项目资产承租人本身的资信状况是一个相当关键的评断指标。

（2）同样地，由于杠杆租赁结构的复杂性，导致不易对融资进行重新安排。因此，项目投资者在选择杠杆租赁项目融资模式时应该注意的一点是，杠杆租赁模式一经确定，重新安排融资的可能性以及重新融资的可选择余地就变得较小。

3. 操作关键

运用杠杆租赁模式时，应当注意以下两个关键问题：

（1）税务结构。资产出租人和贷款银行的收益以及信用保证主要来自结构中的税务优惠、租赁费用、项目的资产以及对项目现金流量的控制，因此项目的税务结构以及税务扣减的数量和有效性是杠杆租赁模式的关键。一些国家对于杠杆租赁的使用范围和税务扣减有很具体的规定及限制，并且可能根据情况有所变化，在设计融资结构时需要掌握当地法律和具体的税务规定。例如美国规定，只有在真实租赁（true lease）的条件下，出租人才能享受税收优惠，并且曾对投资税收抵免、加速折旧等制度进行了多次修改。通常说来，融资结构中的贷款银行不承担任何税务政策变化的风险，并要求项目资产承租人补偿由此造成的税务损失。因此，资产承租人在融资结构最终确定之前，最好申报有关税务部门以获得批准。

（2）合伙制金融租赁公司。通常说来，大型工程项目的资产和设备由许多租赁公司分别购置及出租，而大多数情况下是这些租赁公司组成一个新的合伙制结构，共同完成对某一项目的租赁业务。对于一些大的工程项目，任何一个租赁机构都很难有大到足以吸纳所有税收好处的资产负债表。因此，在这类租赁业务中，只有合伙制结构能够真正获得融资租赁中的所有税务好处，成立合伙制结构的金融租赁公司是杠杆租赁模式的另一个关键。

四、ABS 模式——项目融资的趋势性模式

（一）概念及应用范围

ABS（asset-backed securitization）模式的全称为资产支持证券化融资模式，是指以目标项目所拥有的资产为基础，以该项目资产的未来预期收益为保证，在资本市场上发行高级债券（资信评级为 AAA 级或 AA 级的债券）来筹集资金的一种项目融资方式。ABS 融资模式的目的在于，通过该模式特有的提升信用等级的方式，使原本信用等级较低的项目同样可以参与较高信用等级的证券市场，充分利用该市场中的资金安全性和流动性以及低利率的优势，降低发行证券筹集项目资金的成本。

ABS 模式最早可追溯到 20 世纪 60 年代末、70 年代初美国的住宅按揭融资。当时，美国战后出生人口步入购房年龄，对住房基金的需求很大，而长期以来支撑美国住宅抵押贷款体系的储蓄金融机构，由于通货膨胀和利率攀升的影响以及商业银行和共同基金的冲击，运营难以为继。美国政府为了解救房地产金融，决定启动并搞活住宅抵押贷款的二级市场。于是，华尔街金融机构尝试发放 MBS（mortgage-backed securities，抵押支持证券）筹资，以弥补住房基金来源的不足，这是 ABS 模式的雏形。以 MBS 模式为借鉴，Unisys 公司于 1985 年 3 月率先发行了以 192 亿美元的租赁款作为支持资产的 ABS，成为现代意义上 ABS 模式的发端。

起源于美国的 ABS 模式，在法国、德国、英国、日本等国都得到了广泛的应用和发展。迄今为止，ABS 模式已被广泛运用到汽车贷款、信用卡贷款、应收账款、房产贷款、学生贷款、设备贷款、设备租赁、保险单、公共设施和公用事业收费、自然资源等资产的证券化融资中。国外的大量实践证明，尽管 ABS 融资模式的发展历史较短，但这一创新性极强的融资模式相比传统的融资模式具有很多优点。目前，ABS 模式已成为项目融资中常用的融资模式之一，而且在未来具有更大的发展潜力。

（二）运作方式

以 ABS 模式进行项目融资，一般应包括以下几个操作阶段。

1. 准备阶段

（1）确定目标资产。从原则上说，投资项目所依附的资产只要有预期收益，即在未来一定时期内能带来现金收入，就可以成为 ABS 融资的对象。但是，如果无法保证项目资产的未来现金收入是稳定的、可靠的、低风险的和具有一定可预测性的，并且无法被权威的资信评估机构直接授予高级别资信等级，则很难通过 ABS 模式在资本市场筹集项目资金。拥有未来现金收入所有权的项目投资者或项目公司（这里称为“原始权益人”），必须对这些产生未来现金流量的资产进行估算和信用考核，根据融资目标确定用于证券化的资产数量，并进行经济和法律上的优化组合。除了考察待融资项目资产的各种经济指标外，有时还应对未来现金收益的权属问题、是否存在转让的法律障碍等法律问题进行鉴别。

（2）组建特定目的中介。组建一个合法的高资信等级的特定目的中介作为证券化融资的主体，是 ABS 模式得以成功运作的关键。特定目的中介（special purpose vehicle，SPV）也称特定目的公司（special purpose corporation，SPC），一般由信用等级为 AAA 级或 AA 级的投资银行、信托投资公司、信用担保公司、投资保险公司等金融机构组成。有时，高信用级别的原始权益人也可以设立一个以资产证券化为唯一目的的独立信托实体作为 SPV，但其经营会受到严格的法律限制。一般来说，原始权益人可能由于客观条件限制，无法取得权威资信评估机构所评定的高级别资信等级，因而在资本市场直接发债融资的难度较大或者融资成本过高；而借助于具有权威性的资信评估机构所评定的高级别资信等级的 SPV，就可以较容易地进入高档投资级证券市场发行债券，融资成本也会随之降低。为了降低资产证券化的成本，SPV 一般设在免税国家或地区（如开曼群岛），设立时往往只投入最低限度的资本。

（3）目标资产权益转让。SPV 成立之后，原始权益人与 SPV 签订转让协议，将项目中确定下来的目标资产在未来一定时期内收入现金流量的权利转让给 SPV。将未来收入现金的权利进行转让的目的是为了割断风险，即将原始权益人自身的风险与项目资产未来现金收入的风险相分离（这也体现了项目融资的本质特点）。在转让协议中应明确规定，一旦原始权益人发生破产清算，目标资产不列入清算范围（即所谓的“破产隔离”），这使得目标资产的质量与原始权益人自身的信用水平分割开来，资产支持证券的投资者就不会受到原始权益人的信用风险影响。转让协议生效后，转让双方应当通过公告或其他方式将权利转让事宜通知目标资产未来收入项下的债务人及其他有关部门。在实际操作中，为减免原始权益人可能违约所造成的损失，作为权利受让方的 SPV 或其他机构，通常还会要求作为转让方的原始权益人提供充分的担保。

2. 证券化阶段

（1）确立交易结构。取得目标资产的相关权益后，SPV 首先需要签订一系列相关协议，用以确立资产证券化的交易结构。这些协议主要包括：①与原始权益人或其指定的资产服务公司签订服务协议，原始权益人或其指定的资产服务公司作为 SPV 的服务人，负责汇集目标资产到期的现金流量并（通过托管人）代为向资产支持证券的投资者支付本息；②与托管人签订托管协议，托管人（一般是商业银行）作为服务人和投资者的中介，直接管理面向投资者的证券发行、本息支付和各种报告的提供，并对暂时未支付给投资者的应支付款项进行再投资，在必要时还可取代服务人；③与证券承销商达成证券承销协议，由证券承销商代为包销或者代销即将发行的资产支持证券；④与商业银行签订资金周转协议，在必要时，商业银行为SPV提供流动性资金。

（2）信用增级。在资产证券化交易结构确立后，SPV将请信用评级机构审查各种合同和文件的合法性及有效性，对交易结构和资产支持证券进行考核评价，给出内部信用评级结果。一般来说，这时的评级结果并不理想，较难吸引投资者。为了吸引更多的投资者、改善发行条件，SPV必须对资产支持证券进行“信用增级”，即提高资信等级。信用增级可通过内部增级和外部增级两种方式来实现。从内部进行信用增级通常的做法是提供超额抵押和建立储备基金账户，一般还要划分优先证券和次级证券，付清优先证券本息之前仅对次级证券付息，付清优先证券本息之后再对次级证券还本，从而使优先证券降低了信用风险，提高了信用等级。从外部进行信用增级主要是向信用级别很高的专业金融机构办理各种金融担保，比如提供银行信用证、申请保险公司保险、设立第三方储备基金账户等。在SPV违约时，由提供担保的金融机构代为支付到期证券的本息。

（3）证券发售。完成信用增级后，SPV应再次委托信用评级机构进行正式的发行评级，评级机构根据证券发行有关各方的信息、SPV和原始权益人资产债务的履行情况、信用增级情况、经济金融形势等因素将评级结果向投资者公布。然后，由证券承销商负责在资本市场上向投资者销售资产支持证券。如果是公募发行，证券承销商往往会以承购包销的方式从发行人处购买证券并出售给投资者；如果是私募发行，证券承销商通常只作为发行代理人，尽力为SPV寻找购买者。由于资产支持证券在信用增级后已具备了较好的信用等级，因而能以较好的发行条件售出，已发行的资产支持证券将在二级市场上流通。资产支持证券的发行必须严格遵循证券发行地的法律、规章、财会、税务等方面的要求，全面履行各种手续和出具完整真实的法律性文件。根据承销协议，证券承销商扣除一定手续费后，将销售收入返还SPV。

3. 建设与经营阶段

（1）支付建设。SPV从证券包销商那里取得资产支持证券的发行销售收入后，即按资产转让协议规定的价格向原始权益人支付购买目标资产权益的价款。此时，原始权益人达到了筹集目的，就可以用筹集到的资金，与工程公司或承包商签订工程建设协议，进行项目投资和建设。在将通过资产支持证券发行所筹集的资金用于项目建设后，该项目资产下的本次融资需求就得以满足。

（2）经营管理。项目建设完成并投入生产经营后，目标资产就开始产生一定的现金流入。原始权益人或由SPV与原始权益人指定的服务公司（即服务人）会对目标资产进行日常经营管理，负责收取、记录由目标资产产生的全部收入，并将这些款项全部存入托管人的收款专户。

（3）收益分配。托管人按事先约定，用服务人交来的收入建立一个积累基金，并根据情况对基金中暂时不需用于支付的资金进行再投资，以实现保值增值。在规定的还本付息期限内，托管人将积累基金拨入付款账户，对投资者进行还本付息。根据有关协议，从积累基金中支付了资产支持证券投资人的本息并向聘用的服务人、托管人、担保人等各类机构支付专业服务费后，若还有剩余，将全部返还原始权益人。SPV的收益来自中介服务的佣金和所购买的项目资产未来权益带来的实际现金收入与兑付ABS债券的现金支出的差额。

上述过程如图 4—8 所示。

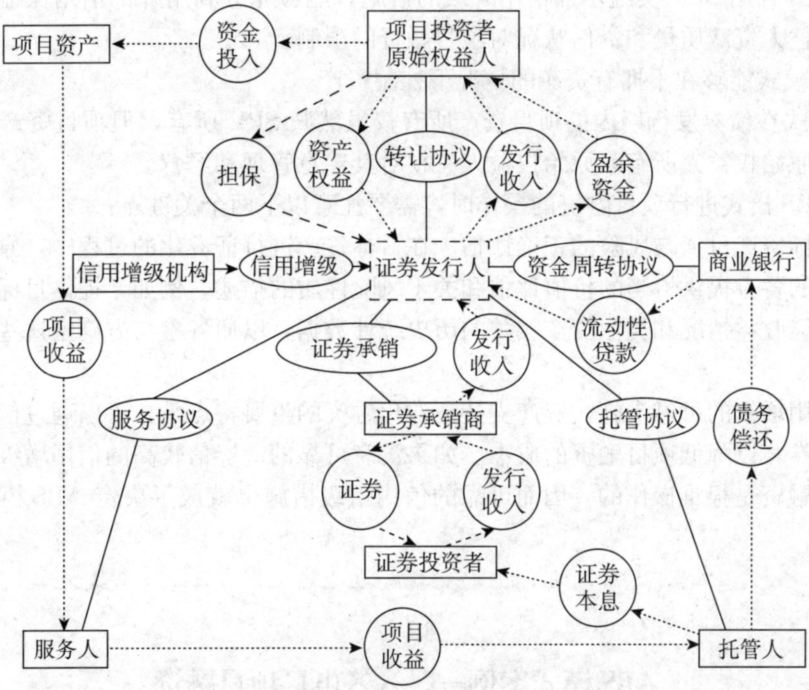

图 4—8 资产支持证券化（ABS）项目融资模式

（三）主要特点

总体来说，利用 ABS 模式进行项目融资具有以下特点：

1. ABS 模式可以大幅降低融资成本

ABS 模式通过其特有的提高信用等级的方式，使原本信用等级较低的项目照样可以进入国际高档证券市场，利用该市场信用等级高、债券安全性和流动性高、债券利率低的特点，大幅降低发行债券筹集资金的成本。

2. ABS 模式能够扩展资金渠道

通过在证券市场发行债券来筹集资金，是 ABS 模式不同于其他项目融资方式的一个显著特点。由于资本市场流动性强、资产回收比例较高、资产周转速度快，因而容量较大、资金来源渠道多，所以 ABS 模式能够大规模地筹集资金。

3. ABS 模式可以改善原始权益人的资产负债状况

证券化过程通常是将资产完全从原始权益人的资产负债表上移开，资产担保证券的本息支付依赖于担保资产所产生的现金流入，在不改变资本的前提下减少了资产的库存，使原始权益人的资产负债情况有所改善。

4. ABS 模式能够充分分散项目风险

在 ABS 模式中，清偿债券本息的资金仅与项目资产的未来现金收入有关，项目原始权益人自身的风险与项目资产未来现金收入的风险被隔断。资产支持证券对原始权益人没有追索权，因此资产的风险主要由投资者和担保机构等承担。另外，在资本市场上发行的债券是由众多的投资者购买，从而进一步分散了投资风险。

5. ABS 模式能够充分利用外部信用保证

ABS 模式利用 SPV 实施增加信用等级的措施，能够充分利用外部信用保证的支持，避免了原始权益人资产质量和资信状况对项目融资的限制。

6. ABS 模式能够在不拥有资产的情况下控制资产

ABS 模式在债券发行期内的项目资产所有权虽然归 SPV 所有，但项目资产的运营和决策权依然归原始权益人所有，原始权益人有权对其善意管理和经营。

利用 ABS 模式进行项目融资的操作时，需要注意以下两个关键点：

（1）目标资产价值与风险的正确评估。在目标资产进行证券化的过程中，原始权益人应能向感兴趣的各方提供恰当的价值评估和关于风险性质的描述。例如，提供目标资产在不同情形下的可能收益情况和类似资产相关的历史统计数据，以便各参与方确定这些资产支持证券的风险程度。

（2）信用增级的可靠措施。资产支持证券化融资的重要特点是，可以通过信用增级措施发行高档债券，以降低项目融资的成本。如果没有可靠的、资信较高的信用增级措施，资产支持证券化融资是很难操作的，因而可靠的信用增级措施也就成了决定 ABS 模式成败的最关键的因素。

专栏 4—1

ABS 模式案例——××电厂项目融资

一、××电厂融资背景

××电厂始建于 1977 年，后于 1996 年 10 月，经所在市人民政府批准改组为××电厂集团有限公司，注册资本为 28 500 万元。集团公司包括发电厂、自备电厂、水泥厂、铝业公司等 14 个全资及控股子公司，现有总资产 17 亿元，形成了以电力为龙头，集煤炭、建材、有色金属及加工、电子电器等为一体的、具有鲜明产业链特色和优势的国有大型企业集团。该企业集团在 1998 年实现销售收入 5.5 亿元，在该市所辖企业中名列前茅，具有较强的经济实力。

1995 年，××电厂计划建设一套 2×300 兆瓦火力发电机组的项目，向国家计委递交了申请并获得批准。1997 年，经过电力规划设计总院对该项目的可行性研究进行了补充审查后，此项目正式开展。该项目计划融资 286 696 万元（占总投资额的 75%），其中境内融资 86 009 万元，主要从国家开发银行获得；境外融资 24 179 万元，拟通过在境外设立 SPC 发债（即资产证券化）来实现。

二、××电厂融资模式的选择

1997 年 5 月，××电厂集团有限公司通过招标竞争的方式向美国所罗门兄弟公司、摩根士丹利公司、雷曼兄弟公司、JP 摩根公司、香港汇丰投资银行及英国 BZW 银行 6 家世界知名投资银行和商业银行发出邀请，为本项目提供融资方案建议书。××电厂集团有限公司慎重考虑，最终决定由雷曼兄弟公司作为××电厂集团有限公司的融资顾问，选择以 ABS 特设工具机构发债的方式进行项目融资。××电厂集团有限公司在选择该融资模式时是出于以下几点考虑：

（1）××电厂集团有限公司在当时难以取得合适的银团贷款。银团贷款是指由数家商业银行形成一个贷款集团向项目或企业放贷，但当时由于东南亚及东亚金融危机的影响，国际大型商业银行并不十分愿意贷款给亚洲国家的项目，而愿意放贷的多是一些欲扩大其在世界银行市场占有率的中小型银行，项目能取得的融资额一般较小。当时，在国内还没有既能成功取得银团贷款，又能采用国产设备、国内总承包商、有限追索权且没有某种国际风险的项目。此外，与发行债券相比，银团贷款对项目的要求较高，介入项目的操作较多，同时融资所需的时间也较长。

(2) 由于××电厂集团有限公司采用的是国产设备和国内总承包商，出口信贷不包括在本项目的融资考虑范围内，而且××电厂本身并不是世界银行和亚洲开发银行的贷款项目，所以难以从世界银行和亚洲开发银行取得项目贷款。

(3) 资本市场有大量的投资者，在资本市场发债具有较强的灵活性。通过在资本市场发债，可以较好地控制融资规模和利率水平，融资所需的时间可以大为减少；同时，资金的偿还期限要长于银团贷款。当时，美国、欧洲等发达国家和地区的资本市场较为发达，债券发行期限长，而且市场流动性很强，因而选择在境外发债能够有效地达到融资的目的。

(4) 当时的雷曼兄弟公司具有丰富的发债经验，而且对××电厂集团有限公司的项目有着较为深入的了解，提出的融资考虑符合实际要求。同时，雷曼兄弟公司所设计方案的成本较低、融资成功的可能性较高。基于上述项目特点和各种融资渠道以及融资顾问提出的融资方案的优劣比较，××电厂集团有限公司决定选择雷曼兄弟公司作为融资顾问，通过在美国资本市场发行债券的形式进行融资。

第四节　公共项目融资模式

前文介绍了一些有一定通用性的经典项目融资模式。鉴于在项目融资中具有公用和公益性质的公共基础设施工程建设的项目融资占有相当大的比例及比较重要的地位，下面专门介绍公共项目建设中具有代表性的项目融资模式。

一、公共项目融资概述

(一) 概念和特点

本节所涉及的公共项目融资，主要是指政府或其他公共机构（为了简便起见，下面统称政府）发起的、全部或部分由私人部门进行资本投入的公共基础设施工程建设项目的融资。至于政府以自身名义发起和投资建设的公共项目所涉及的项目融资问题，通常与一般项目的融资没有本质区别，完全可以参照上一节内容，因此不列入本节讨论的范畴。

在上述限定下，公共项目融资与一般项目融资的主要区别有以下几个方面：

1. 项目的发起人与实际投资者不同

公共项目的发起人通常是政府或其他公共机构，而项目的实际投资者往往是国内外的私人部门；一般项目的发起人往往就是项目的实际投资者。

2. 项目发起人和投资者的目标不同

政府部门拥有对项目的监督调控权，但没有直接控制权，几乎无法获得任何经营利润，其主要目标是通过项目的建设和运行获得间接的经济效益及社会效益；私人投资者直接控制经营项目，以获得直接经济效益为首要目标。

3. 项目投融资以政府让渡一定的公共项目权利为基础

政府一般通过转让管理权、转让资产权和转让特许权三种形式让私人参与公共项目的投资运作，主要包括：

（1）转让管理权是较为有限的民营化。在这种方式中，政府仍拥有传统的所有权，仅让私人参与管理，像废物收集服务和机场服务就是一种管理责任的转让。政府转让管理权的目的主要是降低服务成本。

（2）资产权转让则与此相反，是一种完全形式的民营化，由私人实体向政府支付现金来获得国家资产进行经营。例如，英国国家电力或电信系统的民营化。如果政府在这种民营化中是要创造一个自由的市场环境，那么从长远来看，监管和规则可能更为重要。

（3）处于转让管理权和转让资产权之间的则是转让特许权，这是一种“妥协化”的民营化，以政府的某种权利转让某些服务，建设或运营某项特殊设施，这被称为“公共工程特许权”。以特许权协议（concession agreement）为基础的融资是公共项目融资最主要的方式。特许是政府与民间机构的纽带：一方面，没有特许权，私人资本不可能涉足公共基础设施等政府垄断专营的领域；另一方面，没有政府特许权的赋予，私人投资者也无法筹集到支撑项目运营所必需的巨额资金。

（二）应用与发展

利用私人资本进行公共基础设施项目建设，最早可以追溯到几个世纪以前。

历史上，虽然国家的大多数公共基础设施由国家投资兴建和运营管理，但在西方国家的工业化过程中，由于私营经济的发展和壮大，在社会对公共基础设施巨大需求不断增长的情况下，私营机构也受国家委托进行了一些工程项目的建设和管理。

17 世纪，英国政府的领港公会利用私人投资建造灯塔的做法可算是现代公共项目融资的雏形。领港公会负责管理海上事务，包括建设和经营灯塔，并拥有建造灯塔和向船只收费的特权。但据考证，从 1610 年到 1675 年的 65 年间，领港公会一座灯塔也未建成过；与此同时，私人建成的灯塔至少有 10 座。私人首先向政府提出准许建造和经营灯塔的申请，申请中必须包括许多船主的签名，以证明将要建造的灯塔对他们有利并愿意支付过路费；在申请获得政府的批准以后，私人向政府租用建造灯塔必须占用的土地，在特许期内管理灯塔并向过往船只收取过路费；特许期满以后，由政府将灯塔收回并交给领港公会管理和继续收费。到 1820 年，在全部 46 座灯塔中，有 34 座是私人投资建造的。由此可见，利用私人资本投资，其效率远高于行政部门。

在法国历史上，公共当局在各种服务行业中也同私营机构发展了长期的合作关系。17 世纪初，英国的约翰舰队、荷兰的印度舰队横扫西班牙和葡萄牙的海上势力，称霸于海上。法国在 1660 年以后才开始参与海上争霸，1661—1674 年的 13 年间，法国建立了当时世界上最强大的海军舰队、军工厂和港口设施。到 1690 年，路易十四帝国已成为世界第一海上强国。法国在如此短的时间内建设出一支如此强大的海军力量，其主要经验就是动员了私营机构的力量，对军事工程设施进行了建设和运营管理。

在18世纪后期和19世纪，欧洲国家已广泛利用私营机构的力量，进行公路、铁路和运河等公共基础设施的投资开发及运营管理，尤其是在欧洲城市供水设施的建设和运营中，私营机构起了重要作用，伦敦和巴黎的供水均由私营公司承担。例如，1782年巴黎部分地区的供水设施，以租用协议的形式移交给了PERIER兄弟；又如，举世闻名的苏伊士运河，由一个法国国际财团投资并设计建造，1869年从埃及政府取得租用权后投入商业运营。同时，欧洲的殖民主义势力也不断鼓励私营机构在世界各地进行基础设施建设，比如在印度和非洲，有私营机构建造的铁路网。

19世纪后期，在北美大陆的交通运输中，也曾允许北方工业财阀投资建筑铁路和一级公路，建成后定期定点收取运营费用，投资收回并获得必要的利润后，以无偿或低于市价的价格转让给政府公共机构。后来，这一方式被逐渐推广应用于国内港口、码头、桥梁、隧道、电厂、地铁等公共工程。

在第一次世界大战前，许多基础设施建设项目（如铁路、公路、桥梁、电站、港口）也在利用私人投资，这些私人投资者为了赚取巨额利润而甘愿承担所有风险。然而，第一次世界大战至第二次世界大战后相当长的一段时间里，基础设施建设主要由政府机构来承担。这种模式给各国政府带来了沉重的负担，尤其是对那些普遍缺乏资金的发展中国家来说，在许多情况下，根本无法解决基础设施建设所需资金的筹集问题。

直到20世纪70年代末至80年代初，世界经济形势逐渐发生了变化。经济发展、人口增长、城市化等导致对交通、能源、供水等基础设施需求的急剧膨胀；经济危机和巨额赤字使政府的投资能力大为减弱；债务危机使许多国家的借贷能力锐减，从而亟待减少投资项目的预算资金。赤字和债务负担迫使这些国家在编制财政预算时实行紧缩政策，转而寻求私人企业的投资。各国逐渐重视挖掘私营机构的能力和创造性，利用私营机构的资金进行基础设施建设。在这种背景下，利用私人资本进行大型公共项目的建设和运作的方式开始在一些国家得到更为广泛的运用及推广。

进入21世纪后，随着世界经济的迅速发展，项目融资也得到了进一步的增长。尤其是发展中国家，在港口、桥梁、道路、通信网络、发电设备、机场、铁路、供水及污水处理设施等基础设施的建设方面，有着非常巨大的投融资需求。然而，许多发展中国家面对如此巨大的需求，难以提供全部的资金，其余资金必须通过私人投资进行补充。通过近年来的研究报告和相关数据能够证明，公共项目融资可以满足全球的基础设施，尤其是新兴市场的公共项目投资需求。

政府和其他公共机构让渡一定的权利，利用私人资本进行大型公共项目的建设和运作，是当今公共项目投融资的一个发展方向，不但在基础设施落后的发展中国家，而且在经济相对发达的国家，也得到了越来越广泛的运用。在各种公共项目投融资方式中，比较常见的有BOT、PFI、PPP等模式。需要说明的是，下面介绍的几种公共项目融资模式并非严格按某一标准进行的精确分类。在项目实务中，这些概念有时存在着交叉，但每一种模式又有其代表性和特殊性，这一点也是不容忽视的。

二、BOT模式

（一）概念与类型

BOT是英文“build-operate-transfer”的缩写，意为“建设—经营—移交”，是私营机构参与国家基础设施建设的一种形式。由于 BOT 运作的具体形式变化多样，其定义也不一样。根据一些具有代表性的权威组织对 BOT 的定义，典型的 BOT 实质上是一种债务与股权相混合的产权：政府与私营部门的项目公司签订协议，由项目公司对项目的设计、咨询、融资和施工实行一揽子承包；项目竣工后，在双方协定的一段特许时期内，项目公司对该项目进行运营，向用户收取服务费，以偿还债务、赚取利润、收回投资；协议期满后，项目产权无偿转让给所在国政府。

值得一提的是，BOT 既是一种融资方式，又是一种投资、建设和经营管理方式，BOT 项目融资只是利用 BOT 方式进行公共项目建设的一个关键环节，而不是全部过程。因此，本节介绍 BOT 时的侧重点是其中的融资模式。

BOT 在操作中有许多形式，根据世界银行《1994 年世界发展报告》，通常所说的 BOT 实际上至少包括以下三种基本方式：

（1）BOT，即“建设—经营—移交”，是最典型的形式，通常称为“标准 BOT”。政府给予某些公司新项目建设的特许权时，通常采取这种形式。私营机构愿意自己融资、建设某项基础设施，并在一定时期内经营该设施（但无所有权），然后将其移交给政府部门或其他公共机构。

（2）BOOT（build-own-operate-transfer）意为“建设—拥有—经营—移交”。私营机构或某国际财团融资建设基础设施项目，项目建成后，在规定的期限内拥有所有权并进行经营，期满后将项目移交给政府。

（3）BOO（build-own-operate）意为“建设—拥有—经营”。这种方式是私营机构根据政府赋予的特许权，建设并经营某项基础设施，但是并不在一定时期后将该基础设施移交给政府机构。

由于项目的地点、时间、外部条件、政府的要求及有关规定的不同，因此具体项目又可能有更多不同的形式：

（1）TOT（transfer-operate-transfer）意为“移交—经营—移交”。它是指东道国与私营机构签订特许权协议后，把已经投产运营的基础设施项目移交给私营机构经营，凭借该设施项目在未来若干年的收益，从私营机构手中一次性地融入一笔资金，用于建设新的基础设施项目。特许期满后，私营机构再把该设施无偿移交给东道国政府。

（2）BTO（build-transfer-operate）意为“建设—移交—经营”。由于某些项目（如发电厂、机场、铁路等）的公共性很强，不宜让私营机构在运营期间享有所有权，因而采取 BTO 形式，项目完工后移交所有权，其后再由项目公司进行经营维护。

（3）BT（build-transfer）意为“建设—移交”。项目在建成后就移交给政府，政府按协议向项目发起人支付项目总投资加合理的回报率。这种形式特别适合基于安全和战略的需要必须由政府直接运营的关键设施。

（4）BOL（build-operate-lease）意为“建设—经营—租赁”。也就是说，项目公司在特许期满后，仍以租赁形式继续经营项目。

（5）BLT（build-lease-transfer），也称 BRT（build-rent-transfer），意为“建设—租赁—移交”。它是指工程完工后，在一定期限内出租给第三者，以租赁分期付款方式收回工程投资和运营收益。在特定期限之后，再将所有权移交给政府机构。

（6）FBOOT（finance-build-own-operate-transfer）意为“融资—建设—拥有—经营—移交”。FBOOT 类似于 BOOT，只是多了一个融资环节，也就是只有先融通资金，政府才考虑是否授予特许经营权。

(7) DBOT（design-build-operate-transfer）意为“设计—建设—经营—移交”。这种方式是从项目的设计开始就特许给某一私营机构进行，特许期终了时，项目再完好地移交给政府。

(8) DBFO（design-build-finance-operate）意为“设计—建设—融资—经营”。从项目的设计开始就特许给某一私营机构进行，直到项目经营期收回投资，取得投资效益。但是，项目公司只有经营权，没有所有权。

(9) DBOM（design-build-operate-maintain）意为“设计—建设—经营—维护”。这一形式强调项目公司对项目按规定进行维护。

(10) BOOST（build-own-operate-subsidize-transfer）意为“建设—拥有—经营—补贴—移交”。对于一些对国计民生至关重要的，但收益性不强甚至易亏损的基础设施项目，政府还应对投资人或经营者给予必要的补贴。

(11) BOOS（build-own-operate-sale）意为“建设—拥有—经营—出售”。项目经营收回投资后，项目投资者再将项目资产出售。

(12) IOT（investment-operate-transfer）意为“投资—经营—移交”。IOT 是指私人收购现有的基础设施，然后再根据特许权协议经营，最后移交给公共机构。

此外，还有 BRO、BOD、ROO、CAO、DOT、ROMT、SLT、MOT 等形式，这里就不一一介绍了。这些变化形式说明，虽然 BOT 项目具有共同的特征，但其具体形式并没有一个固定模式。本节着重介绍 BOT 的基本方式，对 BOT 及其各种变化形式有兴趣并愿意进行深入研究的读者，可以参阅一些关于 BOT 的专门著述。

（二）产生、发展与应用范围

20 世纪 70 年代末至 80 年代初，交通、能源、供水等基础设施的需求急剧膨胀，而经济危机和巨额赤字使政府的投资能力大为减弱，债务危机使许多国家的借贷能力锐减，迫使一些国家紧缩财政预算，寻求私人投资对基础设施建设的支持。1984 年，当时的土耳其总理厄扎尔首先提出了 BOT 这一概念，想利用 BOT 方式建造一座电厂。这个想法立即引起了世界的注意，尤其是在发展中国家，如马来西亚和泰国，它们把 BOT 看成减少公共部门借款的一种方式，同时也能推动国家吸引国外直接投资。著名的英法海峡隧道项目的建设，进一步促进了 BOT 方式在世界范围内的应用。

近年来，BOT 项目在世界各国得到了蓬勃发展，不论是在发达国家还是在发展中国家，都非常看好 BOT 方式，并被当做一种各国通用的模式而广泛运用于大型项目，特别是在基础设施领域，BOT 项目向世人展示了它良好的绩效。发展中国家也通过经济改革，将大量的国际资本运用于国内基础设施建设中，对发展经济起了积极作用。随着全球经济的发展，广大发展中国家经济复苏并迅速增长，同时也面临人口增加、资源短缺、城市化和环境污染等问题的巨大压力，在能源、交通、供水、通信等基础设施项目方面的投资需求剧增，国家公共部门的投资难以满足需求，利用私人力量进行投资建设成为必然。由于 BOT 项目的最终所有权属于政府，保证了国家对基础设施项目的主权，因此 BOT 方式已成为发展中国家减少主权借款和吸引国内外资金直接投资基础设施的有效手段，具有广阔的应用前景。

由于 BOT 方式是私营机构进入国家基础设施建设领域的建设运营项目，而私营机构的目的主要是通过未来若干年的收费，取得长期稳定的收入以归还借款并获得利润，所以在国家的基础设施领域中，能通过收费获得收入的设施或服务项目等都适于采用 BOT 方式进行融资建设，具体包括：公共设施项目，如电力、电信、自来水、排污等；公共工程项目，如大坝、水库、仓库等；交通设施项目，如公路、铁路、桥梁、隧道、港口、机场等。此外，也可以运用于本应由政府投资建设的资源开发项目和工业项目。

（三）基本要素

1. BOT 融资的基础——特许权协议

BOT 项目融资的关键文件是特许权协议，该协议说明了特许权的授予者与被授予者双方的权责关系，是整个 BOT 融资的法律基础。正因为如此，BOT 项目融资也称特许权融资。

在国际 BOT 实践中，特许权是指一国政府授予国内外的项目投资者在其境内或本地区内从事某 BOT 项目的建设、经营、维护和转让的权力。特许权协议是规定和规范 BOT 项目中东道国政府与该项目私营机构之间相互权利义务关系的一种法律文件，它是 BOT 项目所有协议的核心和依据。特许权协议的实质是政府将本国或本地区那些本该由公营机构自行承担建设和经营责任的公共基础设施项目，通过授权方式特许给国内外的私营机构来建设和经营。

特许权协议的主要内容包括：

（1）特许权的范围。这是特许权协议的一条核心条款，主要是规定授权范围和特许期限，即项目投资主办者在建设、运营、维护和转让及其他事务方面的权利以及政府许可投资主办者在该项目建成后运营合同设施的期限。

（2）项目的建设要求。这主要是规定项目的主办者或承包商将如何从事 BOT 项目的建设，如项目用地、项目的设计要求、承包商的具体义务、工程施工方法和技术、工程的建设质量保证、工程进度等方面的规定。

（3）项目的融资方式。这主要是规定项目如何进行融资，包括资金来源、融资方式、利率水平、还款方式等内容。

（4）项目的经营管理。这主要是规定主办者运营、管理和维护合同设施的方式及措施等，比如由项目主办者自己经营还是委托给其他运营公司来负责经营项目。

（5）项目的收费方法。这主要是规定项目的收费水平及计费方式。该条款在实践中的谈判和确定非常困难，涉及政府对宏观综合效益的考量和主办者对微观经济利益的要求，该条款内容的合适性与正确性将关系到整个 BOT 项目能否成功。

（6）项目的移交方法。这主要是规定项目移交的范围，运营者如何对设施进行最后的检修，合同设施的风险在何时、何地进行转移，合同设施移交的方式及费用如何负担，移交的程序如何协商确定等。

（7）合同义务的转让。这主要是规定项目投资主办者不得将其在本协议项下的合同义务转让给第三者，而业主政府则可因其国内情况，比如因政府机构改革和公营机构合并等原因而将其在本协议项下的合同义务转让给法定的继承者或第三方。当然，对于政府合同义务的转让，应事先通知对方并做好相应的准备工作。

（8）其他条款。根据项目的实际需要，可能还会规定一些其他条款，比如电站 BOT 项目中可能涉及能源供应条款，规定政府将如何向项目投资主办者保证供应电站项目所需的燃煤或其他关键能源等。

2. 主要当事人

BOT 投融资方式涉及以下基本当事人：

(1) 项目发起人（政府）。BOT 项目的发起人与最终所有者是项目东道国政府或其代表机构，政府的角色在 BOT 项目中至关重要。政府既是公共基础设施的管理者，也是项目特许权的授予方。政府批准 BOT 项目，进行公开招标和评标，并授予私营机构以特许权。在特许权协议中，政府必须承担相应的义务和一定的风险，并提供一定的政策保证。如果一国的法律与 BOT 的通常规则相抵触，或者在回报率满足不了要求时，政府必须提供进一步的支持和相应的法律措施，以保证项目的可行性。政府对 BOT 项目的态度以及在 BOT 项目实施过程中给予的支持将直接影响项目的成败。从总体上看，政府是 BOT 项目的控制主体，政府决定着是否设立此项目，是否采取 BOT 方式，在谈判确定 BOT 项目协议合同时占据重要地位。它还有权在项目进行过程中对必要的环节进行监督和管理。在项目特许权到期时，它还具有无偿收回该项目的权利。

(2) 项目主办人（投资者）。BOT 项目的主办人是项目的实际投资者和主要承办者，是取得经营项目所必需的特许权的一些公司、实体或个人，是 BOT 项目融资的主体，它们一般通过组建项目公司将各当事人联系在一起。项目主办人在获得建设和经营的特许权后，进行项目的投资活动和经营活动，组织安排项目融资，承担项目风险并获得投资收益，实现投资项目的综合目标要求。由于项目是一国的基础设施项目且项目本身具有投资大、收益大、风险大的特点，所以项目主办人一般是资金、管理和技术实力雄厚，具有很高资信的机构，如跨国公司、骨干企业以及项目所在国政府指定的机构，有时也可以是许多与项目有关的公司组成的投资集团，或者是政府指定的机构与私营机构组成的混合体。

(3) 项目的贷款人（银行或银团）。BOT 项目的贷款人是项目融资中的资金提供者，即一些商业银行和非银行金融机构，有时还包括国家的出口信贷机构和世界银行或地区性开发银行。通常说来，项目的贷款人是 BOT 项目的主要出资人（BOT 项目的负债率一般高达 70%～90%）。根据贷款规模和风险大小，贷款人数目可以小到单独一家或几家商业银行，也可大到由几十家银行组成的银团。对于中小型的 BOT 项目，一般单个银行可以为其提供所需的全部资金；而大型的 BOT 项目往往使单个银行感觉力不从心，从而组成银团共同提供贷款。但是，对于一些被认为是高风险的国家，即便是比较小的贷款，为了分散政治风险，也常常需要由多家银行组成的银团提供贷款。BOT 项目贷款的条件取决于项目本身的规模和经济强度、项目经营者的经营管理能力和资金状况，在很大程度上也取决于项目发起人和所在国政府为项目提供支持和特许权协议的具体内容。

其他参与者还包括：

(1) 项目公司。BOT 项目的建设经营通常要通过项目公司直接承办，项目公司是为建设、经营某特定基础设施项目而成立的实体，是 BOT 项目的执行主体。项目公司直接参与项目投资和管理，直接承担项目债务责任和项目风险，直接与设计公司、建设公司、制造商以及经营公司接洽，负责项目的筹资、分包、建设、验收、运营以及还债和偿付利息等事项。项目公司可采用契约式合营或股权式合资经营的形式，由项目主办人与政府开发公司根据东道国的法律，按照一定的出资比例设立法人公司或企业，而究竟采取何种方式设立，在很大程度上取决于该国的法律和管理结构。

(2) 工程公司。BOT 项目的建设一般承包给工程建筑公司完成。建筑承包商通常也是项目公司的股东之一，以便保证其能成为项目的主承建商。若建筑承包商不是项目公司的股东之一，则由项目公司招标确定承建商。承建商应负责设计并保质、保量、按时地完成该建设项目。

（3）运营商。BOT 项目的运营商可能是项目公司，也可能是通过合同委托的其他经营商。独立的运营商按照约定接管竣工项目，负责对项目进行经营和维护，并对项目的使用收取费用。运营商也可能是项目公司的股东之一。

（4）保险公司。保险公司的责任是对项目运行中各个角色都不愿承担的风险进行保险，包括建筑承包商风险（如火灾等意外险）、业务中断风险、整体责任风险、政治风险等。由于这些风险不可预见性很强，造成的损失巨大，所以对保险公司的财力、信用要求就很高，一般的中小保险公司是没有能力承担此类保险责任的。

在 BOT 项目实务中，通常会涉及许多其他项目参与者，如供应商（燃料供应商、设备供应商）、产品（服务）购买商、金融顾问、信用评估机构、实际管理者、财务部门、律师和其他专业人士等等。所以，BOT 项目的具体组织体系是非常复杂的。

3. 关键环节

一般的 BOT 模式包括以下几个基本环节：

（1）建设（build）。在 BOT 中，建设就是直接投资。在通常情况下，项目主办投资者根据东道国的法律、法规，按照一定的出资比例与东道国共同组建股份公司或企业。运用 BOT 方式，在投资方面的具体形式多种多样，可以灵活选择：①允许投资者出资兴办新企业，也可以通过购买产权等方式在旧企业中占有股份，达到成立合资经营公司的目的。②可以成立股权式的合营公司，也可以成立无股权（即契约式）的经济组织，还可以成立股权加契约式的实体等。③可以构成一个独立的实体，具备法人资格，也可以不构成独立的实体，而成立一种不具备法人地位、相对独立的经济组织。④投资比例根据东道国的起点要求，由投资者自主决定，可以独资，也可以合资或合作经营。

（2）经营（operate）。在 BOT 中，经营是指企业的运转、操作和管理。经营方式可以选择以下几种：①独立经营，即由项目投资者独资经营、自负盈亏，政府不承担任何经济风险。②参与经营，即由投资者和政府共同成立股权式的合营企业，合营企业成立董事会，依照合同、章程的规定，决定重大问题，并决定任命或聘任总经理，负责日常的经营管理工作。③不参与经营，即经过合营或合作双方商定，委托或聘请第三方进行管理工作，投资方不参与经营，采用这种方式一般都是以固定的收益保障作为前提条件的。

（3）拥有（own）。在 BOT 的一些变化形式中，还可能包含“拥有”的环节，即项目投资者拥有独立的财产权，主要包括以下三种：①部分拥有。通常为合资形式，合资双方谁的投资比例高，分利就多，而风险也随之增加。②全部拥有。通常为独资形式，当外商投资比例增大到百分之百时，利润独享，独自承担风险。③不拥有（或称放弃拥有）。其实，在通常情况下，外商为了避免风险，在投资过程中并不推崇拥有，而是寻求放弃权利以换取固定的报酬来避免风险。这也是 BOT 尽管大多没有“拥有”权，却能非常流行的原因之一。

（4）移交（transfer）。特许权期满，项目公司将一个运行良好的项目移交给项目所在国政府或其代表机构。这是 BOT 投资方式与其他投资方式相区别的一个关键所在。大部分特许权协议中都规定经营期满，全部财产无条件地归政府所有，项目资产不再另行清算，即无条件的转移。在通常情况下，投资方大多早在经营期满以前，就通过固定资产折旧及分利方式收回了投资。国际 BOT 项目的特许运营期限一般为 15～20 年，有的长达 50～100 年。

（四）运作机制

一个典型的 BOT 项目融资运作要经过以下几个阶段。

1. 立项准备阶段

BOT 项目的立项阶段是 BOT 项目融资的前期准备阶段，包括以下几方面的内容：

（1）确定项目。不是所有的项目都适合以 BOT 的方式进行，因此政府需要确定项目是否可以采用 BOT 方式来建设。有时，由于新技术的采用，存在一定的风险，金融机构不愿投入资金，或由于经济效益不佳，除非政府提供一定的补偿，私营企业不愿参与。还有一些项目，由于当地法律规定的原因，只有修订法律后，项目才能实施。因此，政府必须对项目进行技术、经济及法律上的可行性研究，确定项目是否适合采用 BOT 方式进行建设。

（2）项目招投标。确定采用 BOT 方式后，政府需要成立项目委员会或全权委托一家机构代表政府运作项目。代表机构将按基本建设程序制订建设计划，准备项目招标和要约文件，提出招标的有关条件，通过意向登记和资格预审，筛选出有兴趣和有实力参与投资建设的私人企业、金融机构或财团，邀请它们参与投标。受到投标邀请的投资者，通过投资前评估，调查项目的可行性，准备基础设计，并同各自的合作伙伴及贷款银行协商，组成承揽项目的集团，按照标书文件中规定的技术参数，提出项目建设经营及贷款等详细方案和建议。

（3）方案评定。投标工作结束后，政府按照事先规定的评标标准对所得的方案和建议等进行综合分析、评价，然后在此基础上，选择在经验和能力上具备承担此项工程资质条件的承建商以及信誉较好的贷款机构，以使项目达到最优目标。对项目的评标标准和主要目标（如最终消费者支付的价格最低；公共开支最低；对整个经济而言，项目的资金费用最低等）应有一个清楚的定义并事先向投标者公布。

（4）协议谈判。在评定项目方案、确定中标者后，政府机构将同被选定的中标者就有关项目的特许权范围、承包商的权利和义务等合同内容进行谈判。如果政府与第一中标者不能达成协议，可以转向第二中标者并与其谈判，依此类推。双方谈判达成一致时，则签订以“特许权协议”为核心的所有法律文件。至此，项目立项和准备工作完成。

2. 融资建设阶段

BOT 项目融资的过程通常贯穿了项目建设和经营的全过程，一般包括以下步骤：

（1）组建项目公司。以特许权协议为核心的法律文件得到政府批准后，政府将向中标投标人发出中标通知，并向中标人授予项目，使其成为该项目的投资主办者。主办人接受项目，在规定的时间内提交履约保证金，并在特许权协议生效后组建项目公司。成立项目公司的主要目的是为了能有一个责任主体来具体承担该项目的建设与经营。BOT 项目公司成立后，该项目的融资、建设和经营管理则全权由该公司负责。

（2）安排融资。项目公司成立后，将以特许权协议为基础安排项目融资。融资是 BOT 项目实施的关键环节。BOT 项目融资的主要途径是商业银行、国际金融机构等组成的贷款银团。对发展中国家而言，国外政府机构的出口信贷也可能成为 BOT 项目贷款的重要来源，一些出口信贷机构会直接为本国的成套设备出口安排融资。有时，贷款人还会要求项目所在国政府提供一定的从属性贷款或贷款担保作为融资的附加条件。项目直接投资者和经营者在 BOT 模式中所做的融资安排没有一定的规定，可以是有限追索的项目融资，也可以是传统的公司融资。但是，在多数情况下，由于采用 BOT 模式融资的项目涉及巨额资金，又有政府的特许权协议作为支持，投资者都愿意将其融资安排成有限追索的形式。在融资安排中，一般要求项目公司将特许权协议的权益转让给贷款银团作为抵押，并且要求控制项目的现金流量，甚至贷款人还会要求公司股本所有者以其全部股票作为贷款的担保。

（3）融资实施。项目融资实施的过程也是项目建设与经营的过程。项目公司根据特许权协议或合同规定的技术和时间等要求，组织项目的设计、施工和采购等工作。在项目的建设阶段，工程承包集团以承包合同的形式（如“交钥匙”合同、工程造价总额承包合同等）建造项目。采用这种类型的工程承包合同，可以起到类似完工担保的作用，有利于安排融资。此外，项目公司和投资者本身也必须对于工程的完工向贷款人做出必要的信用保证。项目进入经营阶段之后，经营公司根据经营协议，负责项目公司投资建造的公用设施的运行、保养和维修，支付项目贷款本息并为投资财团获得投资利润。项目发起人（政府）对项目没有直接的控制权，在融资期间也无法获得任何经营利润，只能通过项目的建设和运行获得间接的经济效益和社会效益。相应地，项目发起人所承担的也只是类似无货亦付款或提货并付款性质的经济责任和一定的贷款担保责任，因而 BOT 项目融资是对其有限追索甚至无追索的。项目的建设资金、流动资金，项目的经营管理和财务安排，以及各种项目风险均由项目直接的投资者与经营者组织起来的项目公司承担。

3. 项目移交阶段

特许经营期届满时，项目投资主办者通常已经收回投资并还清贷款人的借款本息，BOT 项目融资过程也就随之中止。此时，项目公司必须按特许权协议中规定的项目质量标准和资产完好程度等，将项目的资产、经营期预留的维护基金和经营管理权全部移交给东道国政府。项目移交也是采用 BOT 方式与采用其他项目投资方式的一个关键区别。有时，项目移交的日期也可以灵活规定，如果项目公司超过了预期并提前实现其全部的股本收益，移交的日期就可提前；如果由于非股本投资者和非项目公司所能控制的因素作用，其预期的收益到期没有达到，那么特许期也可推后。移交可以是无偿的，也可以是有偿的。当然，这些灵活的办法必须在原特许权协议中有所规定，或在项目经营期间通过谈判，获得双方的认可。项目移交政府后，项目公司还可继续经营，但这时的经营只是受政府委托代为经营，项目公司本身已不再享有原特许权协议中授予的各项权力。政府是否继续委托原项目公司经营，由东道国政府自己决定。

项目移交标志着 BOT 项目的结束。

专栏 4—2

BOT 模式融资案例
B 公司××高速××段项目融资

一、借款人概况

B 公司是××集团公司中标××高速××段高速公路项目后独资组建的项目公司，注册资本 4.15 亿元（全部到位），经营范围为高速公路的建设投资、经营管理等。

二、项目背景

本项目建成后将把省内 6 条重要高速公路连接起来，有利于各地区的资源共享和优势互补，同时还有利于提高项目区域内相关高速公路的通达能力和抗自然灾害的应急能力，对于完善省高速公路网规划，构建次枢纽体系具有重要的战略意义和现实意义。

××高速××段高速公路全长 122.9 公里，其中桥梁 20.8 公里、隧道 310 米，采用双向四车道高速公路标准，路基宽 24.5 米，设计时速 80 公里/小时，评估总投资 69.58 亿元，平均造价 5 661 万元/公里。

本项目所在区域地形地貌、地质构造较简单，附近地方性筑路材料比较丰富，质量和数量均能满足设计要求，施工用水有保障，交通运输条件便利，项目建设条件良好。

三、合法性手续

本项目为经营性公路，属省高速公路网规划项目，主要合法性手续由省级政府和相关部门批准，取得顺序如下：

1. 省政府批准本项目以 BOT 方式进行建设，并授权 S 市和 Z 市政府以公开招标方式选择项目投资人。通过公开招标，选定 B 公司母公司为项目投资人。

2. S 市和 Z 市政府与 B 公司母公司签订《BOT 项目投资协议书》。

3. B 公司正式成立，作为本项目法人，专门负责本项目的建设和经营。

4. 取得省国土资源厅用地预审复函。

5. 同时取得省交通厅航务管理局通航的净空尺度和技术要求批复及省水利厅的水土保持方案批复。

6. 取得省环保局环评批复。

7. 省发改委核准批复。

四、项目融资方案

本项目总投资 69.58 亿元，筹资方案为：资本金 17.4 亿元，占比 25%，符合国家对公路项目最低资本金比例的要求；银团贷款 52.18 亿元，占比 75%。

五、项目效益评价

本项目经营收费期 28 年，经营期内可累计实现经营收入 219.8 亿元、年均收入 7.85 亿元，可实现利润总额 73.3 亿元，年均利润总额 2.62 亿元，净利润 51.3 亿元，年均净利润 1.83 亿元，年均投资利润率 3.76%，年均投资净利润率 2.63%，项目具备一定的盈利能力。

（五）功能与特点

BOT 是一种集融资、建设、经营和转让于一体的多功能投资方式。所以，BOT 融资方式是一个系统方式，它跨越独资、合资与合作之间的界限，可以运用各种各样的投资方式。BOT 的最大特点是可以以物引资，这一点特别适合发展中国家的国情。

1. BOT 的功能

（1）融资功能。BOT 项目的投资主体是私营公司，项目主体是东道国政府的基础性项目。因此，出现了带资承包方式，由私营公司及财团进行融资承包建设项目，这种功能不仅可以解决发展中国家资金短缺的问题，更重要的是可使发展中国家摆脱债务危机的困扰，分散或转移项目风险。从融资方式看，有汇集自有资金、银行贷款、出口信贷、银团联合贷款以及与有经济实力的外国公司合作承包等。

（2）建设功能。BOT 项目的建设功能是采取国际投标方式实现的，是通过多方投资完成的。因此，BOT 项目是一项系统工程。在这个大系统中，既有项目主体、咨询设计、工程实施，又有经营等组织系统，因此 BOT 项目的投资方式与国际工程承包方式密切相连。

（3）经营功能。BOT 项目的经营功能显示了国际工程承包“前伸后延”的发展趋向。

项目合同前伸到投资机会和可行性研究等阶段，后延到指导投产和运营阶段，这种经营功能是通过东道国政府给予投资项目的特许权实现的。而项目的经营管理方式涉及投资合作方式、投资回收方式以及风险承担问题。因此，BOT 项目的经营又与国际技术贸易、补偿贸易、租赁贸易等相互结合。

（4）转让功能。投资者在政府允许的期限内，通过运营收回投资、运营与维修费用、服务费、租金及一定利润的特许权之后，转让给东道国政府。其转让的条件因投资合作方式和转让内容的不同而异，转让涉及技术转让、股权转让、经营权转让和项目移交等多种转让合同。

BOT 方式的功能特点决定了私营机构和公营机构都对它感兴趣。可以说，BOT 不失为政府加快基础设施建设步伐和私营机构为大量资本求得长期稳定收益的一个好方法。

2. BOT 的特点

纵观以往项目的实施过程和实施结果，对政府来说，BOT 方式有以下一些优点：

（1）利用资金。一般情况下，基础设施建设往往严重滞后，成为经济发展的“瓶颈”，需要政府加以改善，而建设的基础设施项目需要巨额的资金，但政府又无力解决，采用 BOT 方式就可以在一定程度上缓解政府由于种种原因而不能满足基础设施建设庞大资金需求的矛盾。因此，BOT 方式是减轻政府及公共部门负担，缓解基础设施项目建设资金短缺矛盾的有效方式。

（2）风险转移。由于基础设施项目的建设运营具有长期性和不稳定的特点，在项目的整个建设运营过程中存在着一系列风险。采用 BOT 方式后，风险转移给项目的承建者和运营者，对政府来说，无疑可以避免因风险造成的损失。

（3）减轻责任。由于 BOT 项目融资的全部责任转移给项目发起人或项目承建者，不需要政府对有关项目的借款、担保、保险负连带责任，这就大大减轻了政府的债务负担，使政府不必为偿还债务而承受大的压力。因此，BOT 方式是减少政府债务，特别是减轻外债责任的一种良好形式。

（4）成本控制。无论在哪一个国家，完成国有项目建设都特别容易超支，工程结算总是需要调整概算。而采用 BOT 方式，通过将承包人的投资收益与他们履行合同的情况相联系，以防超支，有利于承包人通过有效的设计，严格控制预算，保证项目按时、按质完成。

（5）满足需求。采用 BOT 方式，可以使本来亟须建设而政府目前又无力投资建设的基础设施项目因其他资金的进入，在政府有能力建设前就提前建成并发挥作用，从而提前满足社会和公众的需求。同时，一旦项目进入实施阶段，项目的设计、建设和运营效率都比较高，这就使项目的承办者或运营者可以以更好的服务或更低的价格使社会和公众受益。

（6）学习先进技术和管理经验。由于 BOT 项目常常是由发达国家和地区具有实力的私营机构来承包，因而必然采用先进的技术和实施先进的管理。所以，政府可以从项目的建设运营中学到先进的技术和管理经验。

（7）开发当地资本市场和吸引外资。采用 BOT 方式，既可以通过鼓励当地机构和人士发展自己的基础设施而汇集本地资本，也可以通过吸引国外投资来支持本地基础设施建设。

采用 BOT 方式对于项目承包者或私人投资者来说，具有以下吸引力：①BOT 方式具有独特的定位优势和资源优势，这种优势确保了投资者获得稳定的市场份额和资金回报率。②BOT方式具有独占性的市场地位，可以使项目承包者有机会涉足项目东道国的基础性领域，为将来的其他投资活动打下一个良好的基础。③BOT 方式通常可以带动投资人的产品特别是大型工业成套设备的出口，从而有助于开拓其产品市场。同时，在项目运营期满之后，投资人可以通过提供持续性服务，继续取得服务收入，继续扩大技术设备的出口等。

当然，采用BOT方式也存在潜在的负面效应，对此不应忽视。对东道国政府来说，主要表现在以下方面：

（1）由于BOT方式是将基础设施项目在一定期限内全权交由承包商建设运营，所以在特许权规定的期限内，政府将失去对项目所有权及经营权的控制。

（2）由公营机构转移过来的某些风险将在私营机构较高的融资费用中得到反映。一般情况下，私营机构借款的费用高于国家借款的费用；同时，私人投资者在承担投资风险的同时，要求有较高的投资回报率（高于供应机构要求的回报）。

（3）尽管采用BOT方式后，项目的建设进程加快了，设计也比较好，但项目投标的过程比较长，政府很容易失去对设计过程的控制。

（4）如果承包商是外国的，而项目产品又基本上在本国市场销售，那么在BOT项目完成后，就会有大量的外汇流出。

（六）BOT模式与ABS模式的比较

BOT模式和ABS模式都适用于基础设施等项目的建设，但两者在运作过程中有各自的特点和方式，对于融资项目本身的影响等方面也存在较大的差异。

1. 运作的难易程度和融资成本方面的不同

BOT模式相比于ABS模式，运作起来更加复杂，难度相对较大。BOT模式在实施过程中，要经过大量的谈判、文件的签署、移交等烦琐程序，而且涉及政府的许可和审批等诸多环节，因此不易实施，而且融资成本也会因过多的中间环节而增加；ABS模式一般只涉及原始受益人、特设信托机构SPC、投资者以及证券承销商等主体，而且无须政府的特许和外汇担保，主要通过非政府途径进行融资运作，既实现了运作的简单化，又能通过资产结构重组、超额担保等途径提高证券的信用等级，从而最大限度地减少了佣金和差价等中间环节的费用，大大降低了融资成本。

2. 承担的投资风险不同

BOT模式中的投资者一般包括两个部分：一部分是权益投资者，主要由建筑商、设备供应商、机构投资者等构成；另一部分是各种金融机构。这些投资者的数量较为固定，因而他们对投资难以轻易放弃和转让；同时，由于BOT模式的投资规模大、项目周期长，而且容易受到政府政策和经济环境等系统性风险的影响，因而每位投资者承担的风险都较大；ABS模式的投资者都是资本市场中的债券投资者，数量众多且十分分散，这样就通过资本市场将项目投资的风险极大地分散了，因而每个投资者承受的风险都很小。另外，ABS项目的债券在资本市场上具有较高的信用等级，也能反过来吸引更多的投资者进行投资。

3. 项目所有权和运营权的不同

在BOT模式下，项目的所有权和运营权在特许期内是归属项目公司的，但当特许期满后，项目的所有权要移交给东道国政府。在ABS模式下，项目的所有权是根据项目双方签订的买卖合同由原始权益人（项目公司）转移至特定目的公司（SPC）的。在项目资产债券发行的期间内，项目的所有权归属特定目的公司，而项目的运营权则属于原始权益人。原始权益人的义务就是把项目的现金收入支付给特定目的公司。在项目资产债券到期后，由项目资产产生的收入在还本付息和支付各种服务费用后，项目的所有权重新归原始权益人所有。

4. 适用范围的不同

一般来说，一个国家或地区内凡是能通过收费获得收入的基础设施项目，都可以通过BOT模式进行融资。从本质上说，BOT模式是民间资本介入到公共基础设施项目中，也就是在一定特许期内的民营化。但是，由于我国特殊的经济环境和法律环境，有些基础设施项目难以通过BOT模式进行融资。特别是一些关乎国计民生的重要部门，尽管有稳定的预期现金收入，也不适合采用BOT融资模式。相比之下，虽然ABS模式在债券的发行期内，项目的资产所有权归特定目的公司（SPC）所有，但项目的运营权仍在原始权益人的掌控之下。从本质上看，ABS模式中的项目资产出售只是为了起到担保的作用，目的在原始权益人破产时，项目资产不被列入清算范围，以降低项目投资者的风险，而且特定目的公司不参与项目的决策和经营。因此，在ABS模式下，不用担心外国资本控制本国关乎国计民生的基础设施，因而不宜采用BOT模式融资的重要铁路干线、大规模水电站等重大公共项目，都有用ABS模式实现的可能，因为ABS模式的适用范围较BOT模式广泛。

三、PFI模式

（一）概念与应用

PFI（private finance initiative）意为"私人融资启动"或"民间主动融资"，是英国政府于1992年提出的，在一些西方发达国家逐步兴起的一种新的基础设施投资、建设和运营管理模式。PFI具体是指政府部门根据社会对基础设施的需求，提出需要建设的项目，通过招投标，由获得特许权的私营部门进行公共基础设施项目的建设与运营，并在特许期（通常为30年左右）结束时将所经营的项目完好、无债务地归还政府，而私营部门则从政府部门或接受服务方收取费用以回收成本的项目融资方式。

根据资金回收方式的不同，PFI项目通常可以分为如下三类：

1. 向公共部门提供服务型（services sold to the public sector）

私营部门结成企业联合体，进行项目的设计、建设、资金筹措和运营，而政府部门则在私营部门对基础设施的运营期间，根据基础设施的使用情况或影子价格向私营部门支付费用。

2. 收取费用的自立型（financially free-standing projects）

私营企业进行设施的设计、建设、资金筹措和运营，向设施使用者收取费用以回收成本，在合同期满后，将设施完好、无债务地转交给公共部门。这种方式与BOT的运作模式基本相同。

3. 合营企业型（joint ventures）

对于特殊项目的开发，由政府进行部分投资，而项目的建设仍由私营部门进行，资金回收方式以及其他有关事项由双方在合同中规定，这类项目在日本也称"官民协同项目"。

在实践中，应针对不同类型的项目采用不同类型的PFI。公共工程项目按建设的目的可以分为三类：一是为解决拥挤问题而建设；二是为解决发展问题而建设；三是为解决社会公益问题而建设。对于第一类公共工程项目，费用应全部向使用者收取，采用收取费用自立型的PFI；对于第二类交通基础设施项目，既具有一定的公共产品性质，又具有一定的开发性，所以应采用合营企业型的 PFI；而对于第三类交通基础设施项目，由于其公益性，是一种比较典型的公共产品，所以应采用向公共部门提供服务型的 PFI。

国外的实践证明，运用 PFI 是解决基础设施建设资金不足问题的一种很好的方式。PFI 在一些发达国家历经了多年的发展，广泛运用于市政道路、桥梁、医院、学校、监狱等公益性基础设施建设项目。自 1992 年英国政府提出 PFI 的概念以来，PFI 在英国基础设施领域的建设项目中迅速得到了广泛的应用。到目前为止，在英国已有资本总额超过 100 亿美元的约 250 个项目采用了这种方式融资，PFI 在很大程度上已成为英国政府治国的理念。在欧洲其他国家，如芬兰的收费公路、瑞典的轻轨铁路、葡萄牙的桥梁、西班牙和以色列的高速公路等，也广泛应用了 PFI。我国也有公益性基础设施建设项目尝试采用这种融资方式，如上海外环隧道建设项目，采用"融资代建制"模式，由上海市政府授权上海爱建信托投资公司建设和运营，实际上就是一种典型的 PFI 融资方式。

（二）运作方式

其主要运作程序如下：

1. 项目招标

对于一些亟须发展的公益性基础设施建设项目，通过民营化可行性研究，进行成本费用概算、外部效应分析和国民经济评价，政府面向非政府部门（private sector）进行项目招标以确定项目投资主体。PFI 项目的投资主体既可以是多种类型的主体，主要是非政府（包括企业和个人）的具有独立投资决策权的经济主体，包括国有企业、股份公司、私人资本和外国公司等；也可以是多种经济主体构成的组织，如几个投资主体为某一公共项目而成立的项目公司，该组织必须有足够的资金来源进行投资，它可以设计各种融资方案来吸引各方资金，对投资形成的资产享有所有权和支配权，同时也要承担风险责任。

2. 协议谈判

政府部门在审查参加公开招标的所有竞标者的相关资质和能力后，确定项目开发投资主体并与之签订相关协议。政府与项目投资主体通过一系列谈判达成特许权协议，授权该投资主体或其设立的项目公司负责项目的建设、管理、融资和运行、维护工作。同时，双方还将确定项目的建设规划、施工标准、运营方案等具体事项。项目投资主体在与政府达成协议后就可成立 PFI 项目公司，以履行相关协议。

3. 安排融资

PFI 项目的投资主体在取得项目建设经营的特许权后，可以自主选择融资方式投资建设该项目。项目建设资金少部分来自国家和地方政府给予的补助金，其余则向银行借款或发行债券，通常资本金占 10%，银行借款占 90%。在 PFI 项目进行资金筹措时，贷款人会对投资主体的信誉、还款能力进行审查；在有费用增加风险的场合，贷款人会要求较高的报酬。为了防止私营企业项目运营失败，贷款人通常会与公共部门签订有关介入项目的合约，以便在必要时介入项目。另外，贷款人一般要求将项目的日常收支作为贷款担保，有时也将私营企业获取的 PFI 项目的土地作为担保。

4. 项目建设

在取得相应的建设资金后，项目投资主体或其项目公司可以独立自主（或委托相关代理机构）地进行工程报建、勘察设计发包、施工发包、各项合同的签订和履行、竣工验收。公共工程建设项目属于非营利性公共产品领域，具有服务全社会、建设周期长、耗资大、风险大的特点，所以需要政府的监督管理。无论资金是社会（民间）的还是政府的，公共工程的公益性质是不变的，最终的业主还是政府，政府需要履行对项目建设规模和技术标准以及对项目运营的制度和规范的监督管理职责。

5. 项目运营

作为对非政府投资主体的回报，或作为项目的租赁费或使用费，政府以正式发文的方式承诺在授权期限内每年从财政性资金（一般不是全部财政收入，而仅限于预算内基本建设资金和专项建设基金等）中向该投资主体支付一定的报酬或租赁费。

6. 转移中止

在授权经营期限过后，非政府投资主体将项目无偿转让给政府。PFI 模式通常还可以在前期合同谈判中明确规定，如果项目投资主体通过正常经营未达到合同规定的收益，还可以继续拥有或通过续租的方式获得运营权，从而保证其投资收益。

（三）主要特征

1. 优点

PFI 模式的优点是显而易见的，主要表现在以下几个方面：

（1）可以弥补财政预算的不足。PFI 模式可以在不增加政府财政支出的情况下，增加交通基础设施项目的建设和维护资金，政府只需在授权期限内相对比较均衡地支付报酬或租赁费，这使得政府易于平衡财政预算。同时，由于政府不参与项目的建设和运营管理，还可以减少政府机构的人数，节省政府支出。

（2）可以有效转移政府财政风险。由于 PFI 项目的建设费用完全由投资方负责，政府也无须为支付项目投资费用负债或为项目提供担保，所以运用 PFI 模式可以将项目的超支风险转移到民营领域，政府不必直接承担项目建设期的各种风险。

（3）可以提高公共项目的投资效率。PFI 项目投资方的收益是根据该项目的使用情况来确定的，所以项目建设的工期和质量与私营部门的收益有直接的关系。项目完工越早，其获得收益越早；工程质量越高，其运营期所需的维护成本越低，收益越高。因此，私营部门承担着设施使用率的风险，这就迫使它们必须准时完工，并按一定标准来经营和维护所承建的设施，从而有效避免由政府部门直接进行项目建设时常出现的工期拖延、工程质量低下等问题。

（4）可以增加私营部门的投资机会。对私营部门的投资主体而言，PFI 项目的“收入”直接来自政府，比较有保障，在当前缺乏良好投资机会的情形下，这种投融资方式对稳健型非政府投资主体具有较大吸引力。

2. 缺点

在 PFI 投融资模式中，政府除需要支付公益性项目正常的运行、维护费用外，还需每年向非政府投资主体支付必要的投资回报（尽管在国内外实践中，该投资回报率一般较低，大约与贷款利率相当），故相比政府直接投资该公益性项目而言，政府在授权期限内对项目的财政总支出将会增加不少，这是民间主动投资的不足之处。

（四）关键步骤

1. 是否采用 PFI 模式的判别标准

PFI 模式是以提供良好的公共服务为目的，充分利用公共部门和私营企业各自的优势，在职责明确的基础上谋求项目的高效率。对一项公共工程项目是否采用PFI模式，应针对不同的情况做具体的分析。判断一个项目是否适合PFI模式的常用标准是资金价值（value for money，VFM）是否最大化。VFM最大化，是指在支付资金一定的情况下，获取最高价值的服务。为了确定是由公共部门直接投资还是采用PFI模式，往往要对这两种方式的VFM值进行比较。例如，为了确定一座桥梁是否采用PFI模式，首先要计算出公共部门自行建设、运营桥梁的全寿命费用PSC（public sector comparator），然后将PSC和基于PFI模式的费用进行比较，最后根据比较结果选择费用较低的方式。如果项目决定采用PFI模式，还要经过投标人之间的竞争，以实现PFI的VFM值的最大化。

2. 政府必须提供必要的服务

国有资本投资基础领域时，由于政资不分，一些需要由政府出面解决的问题，企业也能顺利解决。但是，民间资本没有这种便利条件，必须由政府出面提供必要的服务。例如，交通设施一般都要占用大量土地，如果把征地工作交给民营企业去做，必然会大大增加征地的难度，大大提高投资成本。

3. 地方政府的财政风险分析

采用PFI模式为公共工程项目融资，实际上都建立在政府财政信用的基础上，最终由政府所提供的收益来还贷。因此，项目建设资金的提供者，无论是贷款银行还是PFI模式中的非政府投资主体，都应注意分析地方政府的财政风险，特别是其对基础设施建设资金的支付能力。民间资本要投向基础设施，按商业化的要求来运作，首先就要求各级政府必须诚信。

4. 项目风险的合理分配

对客观的非受PFI项目投资主体主观因素影响的风险，应主要由政府负担；而对PFI项目投资主体可以通过主观因素影响的风险，应主要由PFI项目的主体负担。在目前的情况下，即便是发达国家也无法制定准确、通用的分配比率。因此，只能根据具体情况的不同，灵活确定一个大概的标准。

（五）PFI模式与BOT模式的比较

实际上，PFI模式是对BOT模式的优化，即PFI模式来源于BOT模式，也涉及项目的“建设—经营—移交”问题。但是，作为一种独立的融资方式，PFI模式与BOT模式在以下方面存在差异。

1. 适用项目

PFI模式适用于没有经营性收入或不具备收费条件的公益性基础设施项目，而BOT模式只适用于经营性或具备收费条件的基础设施项目，如发电厂、城市供水和污水处理项目、收费公路、桥梁等。

2. 项目主体

PFI模式的项目主体通常为本国民营企业的组合，体现出民营资金的力量。而BOT模式的项目主体为非政府机构，既可以是本国私营企业，也可以是外国公司，所以PFI模式的项目主体与BOT模式相比，项目主体较单一。

3. 项目管理方式

PFI模式对项目实施开放式管理。首先，对于项目建设方案，政府部门仅根据社会需求提出若干备选方案，最终方案则在谈判过程中通过与私人企业协商确定；BOT模式则事先由政府确定方案，再进行招标谈判。其次，对于项目所在地的土地提供方式及以后的运营收益分配或政府补贴额度等，都要综合当时政府和私人企业的财力、预计的项目效益及合同期限等多种因素而定，不同于 BOT 模式对这些问题事先都有框架性的文件规定，如土地在 BOT 模式中是由政府无偿提供的，无须谈判，但在 BOT 模式中，一般都需要政府对最低收益等做出实质性的担保。所以，PFI 模式比 BOT 模式有更大的灵活性。

4. 项目代理关系

PFI 模式实行全面的代理制，这也是它与 BOT 模式的不同之处。作为项目开发主体，BOT 公司通常自身就具有开发能力，仅把调查和设计等前期工作和建设、运营中的部分工作委托给有关的专业机构。而 PFI 公司通常自身并不具有开发能力，在项目开发过程中，广泛地运用各种代理关系，而且这些代理关系通常在投标书和合同中就加以明确，以确保项目开发的安全、可靠。

5. 合同期满后项目运营权的处理方式

PFI 模式在合同期满后，如果私人企业通过正常经营未达到合同规定的收益，可以继续拥有或通过续租的方式获得运营权，这是在前期合同谈判中需要明确的；而 BOT 模式则明确规定，在特许权期满后，所建项目资产将无偿地交给政府，由政府拥有和管理。

6. 政府承担的责任

在 PFI 模式中，最终要由政府支付项目建设、维护费用和承担项目还贷责任，而在 BOT 模式中，项目投资主体以及债务资金的提供者（如贷款银行、债券购买者等）对政府并没有追索权或只有有限追索权。

四、PPP 模式

（一）概念

PPP（public-private partnership）模式，即公共部门与私人企业合作模式，是公共工程项目融资的一种模式。在该模式下，政府、营利性企业和非营利性企业基于某个项目而形成相互合作关系。通过这种合作形式，合作各方可以达到与预期单独行动相比更为有利的结果。合作各方参与某个项目时，政府并不是把项目的责任全部转移给私人企业，而是由参与合作的各方共同承担责任和融资风险。PPP 代表的是一个完整的项目融资概念。

PPP 模式的组织形式非常复杂，既可能包括营利性企业、私人非营利性组织，同时还可能有公共非营利性组织（如政府）。合作各方之间会不可避免地产生不同层次、不同类型的利益和责任分歧。只有政府与私人企业形成相互合作的机制，才能使合作各方的分歧模糊化，在求同存异的前提下，完成项目的目标。

PPP 模式并不是对项目全局的改头换面，而是对项目生命周期中组织机构的设置提出了一个新的模型。

一般来说，私人企业的长期投资方有两类：①一些基金只对项目进行长期投资，不参与项目的建设和运营；②建筑或经营企业既对项目进行长期投资，又参与项目的建设和经营管理。

这种模式的一个最显著特点就是项目所在国政府或者所属机构与项目的投资者和经营者之间的相互协调及其在项目建设中发挥的作用。其中，政府的公共部门与私人参与者以特许权协议为基础，进行合作。与以往私人企业参与公共工程项目建设的方式不同，它们的合作始于项目的确认和可行性研究阶段，并贯穿于项目的全过程，双方对项目的整个周期共同负责。在项目的早期论证阶段，双方共同参与项目的确认、技术设计和可行性研究工作；对项目采用项目融资的可能性进行评估确认；采取有效的风险分配方案，把风险分配给最有能力的参与方来承担。

（二）PPP模式产生的背景

随着政府财政在公共基础设施建设中的地位下降，私人企业在公共基础设施建设中开始发挥越来越重要的作用。在公共基础设施的建设中，采取了多种多样的私人企业参与公共基础设施建设的方式，比如BOT模式。但是，这些方式存在着诸多问题。

（1）在公共基础设施建设中引入私人企业参与，采用招投标体制时经常会使得投标价格过高。这是由招投标双方的一些特点导致的。

第一，参与投标的私人企业或私人企业的联合体为了保证为项目所在国政府或者所属机构提供最高的资金价值，为了给投资者和贷款者一个合理的回报，同时为了自己能够获得盈利，不得不把投标的价格定得高一些。它们不仅要考虑项目所在国政府或者所属机构在项目建设中的目标，也要考虑投资者和它们自己的利益。

第二，参与投标的私人企业或私人企业的联合体在与项目所在国政府或者所属机构以及项目的投资者进行谈判时，磋商所需的时间过长，参与各方花费的人力、物力很大，准备工作很烦琐等也会导致投标的价格过高。

项目所在国政府或者所属机构需要对投标方承担风险的能力及其从银行、政府、各类世界组织或金融市场筹集资金的能力进行评估。在招投标过程中，双方都需要准备大量的文件，搜集信息，这个准备过程有可能持续几年。

（2）吸引私人企业参与公共基础设施建设的一个目的就是利用私人企业的资金、先进的技术和管理经验，以便更好地进行公共基础设施的建设，并提供服务。但是，在现行的项目融资模式中，这个目标没有完全达到。

在项目的初始阶段，项目的确认、设计和可行性研究等前期工作基本上都是由项目所在国政府或者所属机构进行并报政府审批。这个阶段基本上没有私人企业参与，但就是在这个阶段会对项目所采用的技术等进行一个基本定位。这就使得在私人企业参与项目的建设和运营工作时，所采用的技术必须是已经过政府审批的技术，从而大大限制了私人企业的技术创新。假如私人企业对项目中所采用的技术进行了创新，就需要面临再次的审批过程，而且通过与否还是个变数，从而在无形中给私人企业增加了风险。因此，私人企业在项目进行过程中所做的技术改进工作就仅限于对技术细节的设计和使用哪种原材料的决定。

在引入私人企业参与公共基础设施建设的项目中，影响项目实施的一个基础因素就是项目组织机构的设置以及项目参与各方之间的相互影响和作用。在目前的组织机构中，参与项目的公共部门和私人企业之间都是以等级的方式发生相互影响的。项目组织机构的设置是金字塔式的：在金字塔的顶部是项目所在国的政府，是引入私人企业参与公共基础设施建设项目的有关政策的制定者，项目所在国政府对公共基础设施建设项目有一个整体的政策框架、目标和实施策略，对项目的建设和运营过程的参与各方进行指导和约束；在金字塔的中部是项目所在国政府的有关机构，负责对项目所在国政府制定的指导性的政策框架进行具体的解释和运用，并把政策框架概括成具体的目标，同时根据这些政策框架制定本机构的目标；金字塔的底部是项目的私人参与者，通过与项目所在国政府的有关机构签署一个长期的协议或合同，对本机构的目标、项目所在国政府的政策目标和项目所在国政府有关机构的具体目标进行协调，尽可能使项目参与各方在项目进行中达到预定的目标。

在这个金字塔式的组织机构内部，有两个层次的相互影响和作用：①机构内部的相互影响和作用是指同一机构内部受相同指导的各部门之间的相互作用；②机构之间的相互影响和作用是指不同机构之间受不同指导的各部门之间的相互作用。项目的参与各方都有自己的一系列组织目标和特性，从而导致其参与项目的目的也不同，这就决定了其在项目组织机构中所扮演的角色不同。正是由于参与各方的不同目标导致了它们之间的利益冲突。

项目所在国政府或有关机构参与项目的目标总体来说可以分为两类：一类是低层次的目标，是指特定项目的短期目标，也就是改善公用设施的服务；另一类是高层次的目标，是指引入私人企业参与公共基础设施建设的综合长期目标，也就是使政府的支出体现为资金的价值。如果风险与报酬达到平衡，那么引入私人企业可以使短期目标得到有效的实现。

私人企业参与者的短期目标是获得利润，长期目标是在公共基础设施建设的市场中保持竞争优势，增加市场份额。

项目组织机构总的目标就是建设公共基础设施，提供有效、高质量的服务。既然项目参与各方的目标各不相同，那么就要研究如何设置组织机构才能协调各方，以达到项目组织机构的总目标。

（三）运作过程

PPP 模式的融资项目按照生命周期大致可以分为下面几个阶段：立项与可行性研究阶段，选择私人投资机构阶段，项目建设阶段，项目运营阶段，项目移交阶段。这些是 PPP 模式运作的一般过程，需要注意的是，有时根据项目的不同，采用 PPP 模式时可能并不会包含上述的所有阶段。

下面通过一个模拟的案例来说明 PPP 模式的操作步骤。

1. 项目提出

N 市的水资源与卫生系统亟须进行彻底改造，否则对当地居民的日常生活和工业发展都会产生严重的负面影响。这项建设需要大量的资金投入，当地政府无力解决；同时，由于当地的水资源和卫生系统的设施使用费偏低，使得项目建成后的回报率可能较低。于是，该市经过多方咨询后，决定采用 PPP 模式进行该项公共设施的建设。

2. 特许权协议

在决定采用 PPP 模式进行该项公共设施的建设后，由当地政府决策机构与私有企业 G 公司签署了一项长达 30 年的特许权协议，由 G 公司承担建设、经营、维护和管理工作。

协议规定，在特许权期间，没有当地政府决策机构的批准，G 公司不得擅自买卖固定资产；特许权期届满后，所有的固定资产全部归当地政府所有。

协议还规定，G 公司每年将向该市缴纳一定的特许权费用，这些费用是有限的，并不是按照项目回报的一定比例计算的。

如何设定项目的回报率是颇有争议的一个问题。以该市的观点，设定的回报率应足以促使 G 公司发挥它的专业优势，更好地提供设施的使用。

协议中还特别强调政府的批准，这也是一个至关重要的细节。

3. 项目组织机构的设立

(1) 项目公司的成立。G公司负责成立项目公司，作为特许权人承担合同规定的责任和义务。

(2) 当地政府的作用。当地政府利用特许权费用成立了一个合同执行事务所，根据协议和有关法律的规定，对项目公司的建设和运作进行监督。

(3) 长期投资方与当地政府的关系。长期投资方与当地政府达成一项协议，如果G公司不履行对投资人的偿债义务，当地政府必须终止合同。另外，如果合同在特许期内终止，当地政府必须承担对投资人的偿债义务。这项措施的运用，使得当地政府必须与投资人合作，合同在特许期内终止时，努力寻找一个可替代G公司的公司来承担G公司在合同中的责任和义务。这对双方都形成了一种牵制，以尽可能保证合同的有效执行。

(四) 优点及应用关键

1. 优点

PPP融资方案与以往私人企业参与公共基础设施建设的项目融资方案相比，虽然不是全局上的改变，但带来的影响是巨大的。

(1) 这种组织机构的设置形式能够尽早确定哪些项目可以进行项目融资，并可以在项目的初始阶段更好地解决项目整个生命周期中的风险分配。

(2) PPP模式可以使参与公共基础设施项目融资的私人企业在项目的前期就参与进来，有利于利用私人企业的先进技术和管理经验。PPP模式尤其适用于道路建设。在道路建设中，由于在项目的早期计划阶段已经确定建设所采用的技术设计方案，从而使得在项目建设过程中的进一步技术创新受到限制。如果采用PPP模式，可以使有意向参与项目建设的私人企业与项目所在国政府或有关机构在项目的论证阶段共同商讨项目建设过程中所采用的技术方案，从而有可能采用较新的研究成果。

(3) 在PPP模式下，公共部门和私人企业共同参与公共基础设施的建设和运营，双方可以形成互利的长期目标，更好地为社会和公众提供服务。另外，在PPP模式下有可能增加项目的资本金数量，进而降低较高的资产负债率。

(4) 通过PPP模式，使得项目的参与各方重新整合，形成战略联盟，对协调各方不同的目标起到了关键性作用。

(5) 在PPP模式下，有意向参与公共基础设施项目的私人企业可以尽早与项目所在国政府或有关机构接触，可以节约投标费用，节省准备时间，从而减少最后的投标价格。

PPP模式突破了目前引入私人企业参与公共基础设施项目组织机构的多种限制，尤其适用于大型、一次性的项目，如监狱、道路、铁路、医院、地铁以及学校等等，因而其应用范围十分广泛。

2. 应用关键

虽然PPP模式在国外已有很多成功的案例，但在我国基本上还是空白，在我国公共基础设施建设中存在的主要问题是资金不足。公共基础设施具有明显的公益性，社会效益要高于经济效益；与此同时，其初期建设的投资巨大，单靠运营过程中的收入难以弥补。因此，有必要在公共基础设施的建设中引入市场竞争机制，拓宽融资渠道和发展多元化的投资主体。私人企业参与公共基础设施的建设就是一种很好的方式，可以有效缓解建设资金不足的矛盾。

PPP 模式在我国的应用中，应注意以下几点：

（1）公共基础设施一直以来都是由政府财政支持投资建设，但突出的问题是越来越不能满足日益增长的社会、经济发展的需要；此外，政府在公共基础设施建设中存在诸如效率低下等弊病，因而政府在公共基础设施建设中所扮演的角色迫切需要改变。政府应由过去在公共基础设施建设中的主导角色，改变为与私人企业合作，扮演提供公共服务中的监督、指导以及合作者的角色。在这个过程中，政府应对公共基础设施建设的投融资体制进行改革，对管理制度进行创新，以便更好地发挥其监督、指导以及合作者的作用。

（2）PPP 模式是国际上比较通行的建设公共基础设施的方式之一，尤其是在美国已经发展得较为成熟，但该模式在我国还没有起步。中国加入 WTO 后，国外的一些大型企业必然会以 PPP 模式更多地参与中国的基础设施建设。因此，政府应该认真研究 PPP 模式及其在中国的应用前景，以国外的一些应用实例为基础，在我国的公共基础设施建设中进行推广和规范。在这个过程中，政府应在国家政策上给予鼓励，支持 PPP 模式在中国的应用。

（3）在 PPP 模式下的项目融资中，参与的私人企业一般都是国际上大型的企业和财团。政府在与它们的谈判与合作中，不仅要遵循国内的法律和法规，同时也要遵循国际惯例。中国加入 WTO 后，会有越来越多的国际企业参与我国的基础设施建设。在这一过程中，政府应该行动起来，在立法制度上有所突破，迅速完善我国的投资法律和法规，使其适应这一新形势发展的要求。

（4）在公共基础设施的建设中，参与的私人企业不仅可以是国际大型的企业和财团，国内的一些有实力的企业同样可以参与进来，抓住机遇，积极与政府合作，参与公共基础设施项目建设。

总而言之，PPP 模式在我国有广阔的应用前景。通过 PPP 模式的推行，有利于加快我国公共基础设施建设的步伐。

（五）PPP 模式与 BOT 模式的比较

1. 组织机构设置不同

PPP 模式对项目运作过程中的组织机构设置提供了一个新的模式，它是由公共部门和私人部门基于某个项目而形成以“双赢”或“多赢”为理念的相互合作形式，与单独行动相比，项目参与的各个投资主体可以获得更为有利的结果。虽然参与各方不一定能够取得理想的最大利益，但项目整体的总收益能够实现最大化，即实现了帕累托最优效应，取得了社会效益最大化，这显然更符合公共基础设施建设的宗旨。

在 BOT 模式中，参与项目的政府部门和私人企业之间是按照等级关系发生相互作用的，组织结构中缺乏相互协调的机制，项目中的各个参与者都有自己不同的利益需求和目标，进而容易导致项目投资者之间的利益冲突。由于项目中各个投资者之间的信息不对称，导致各投资者在追求自身利益最大化的过程中，有可能导致其他参与方的利益损失，也就无法达到总收益的最大化。

从以上对比可以看出，PPP 模式是在政府部门与私人企业合作交流的基础上取得共赢的融资模式，相比于 BOT 模式，PPP 模式能够避免由于缺乏相互沟通协调和信息不对称导致的前期工作周期过长，也解决了项目风险全部由私人企业承担而造成的融资困难问题。

2. 运行程序不同

两种模式运行程序的不同主要体现在项目的前期。PPP 模式的主要运行程序包括选择项目合作公司、确立项目、成立项目公司、招投标和项目融资、项目建设、项目运行管理、项目移交等环节。BOT 模式的主要运行程序包括确立项目、项目招投标、成立项目公司、项目融资、项目建设、项目运营管理、项目移交等环节。在 PPP 模式下，私人企业从项目论证阶段就开始参与项目，而在 BOT 模式下，私人企业在项目招投标阶段才开始参与项目。

（六）PPP 模式与 PFI 模式的比较

总的来说，PPP 模式与 PFI 模式之间的界限并不算特别清晰，两者在实践中也经常替代使用。从广义上看，PPP 模式的概念更加宽泛，只要政府和私人企业之间有长期和深入的合作，都可以算做 PPP 模式，因而 PFI 模式可以算做 PPP 模式的一种。从狭义上看，PPP 模式是一种所有权的关系结构，相对来说，外资企业参与得较多，而 PFI 模式相当于一种政府采购，政府的主要目的是获得私人企业的有效服务，而并非项目最终的所有权。

1. 项目发起人不同

在 PPP 模式下，融资项目的发起人既可以是政府，也可以是私人投资者。但是，PFI 模式需要先由政府部门根据发展规划和社会需求提出项目的初步方案，并对这些方案的具体内容、项目的成本和费用、预期的效益等方面进行评估，通常项目的发起人就是政府部门。

2. 组织结构与运行模式不同

在 PPP 模式下，政府部门和私人企业之间是按照特许权合同来建立契约关系的，PPP 模式中的组织结构运作是基于特许经营权的使用者付费模式，即政府授予私人企业特许权，允许私人企业从公用基础设施的使用者那里收取服务费，以补偿其在项目建设和运营阶段的投资并使其获得相应的收益，如道路、桥梁的收费。

在 PFI 模式下，政府通过政府采购的形式与私人企业签订长期的服务合同来建立契约关系，政府与私人企业的关系保持相互的独立。在项目运行时，通常是先由私人公司来承担项目建设的全部资本成本，而后由政府根据服务的有效性逐期偿还，政府和私人企业之间类似于一种委托—代理的关系。

3. 运行程序的不同

总的来说，PPP 模式和 PFI 模式的运行程序都是按照立项→合伙人选择→项目建设→项目运营→项目移交的程序进行的。但是，在通常情况下，PFI 模式在合同签订之前的各种审批程序更加严格。以 PFI 模式的起源国英国为例，在项目的立项阶段，项目发起人需要根据自身的财政负担能力制定实施 PFI 项目的经营状况草案，呈报上级主管部门核准；在项目招标阶段，发起人要在媒体刊登招标信息；在确定合伙人后，项目发起人还要向主管部门做出项目符合经济价值的说明，通过之后才能完成签约。

专栏 4—3

四种融资模式的比较

比较对象	ABS 模式	BOT 模式	PFI 模式	PPP 模式
短期资金获得的难易程度	难	较容易	较容易	难
项目的所有权	不完全拥有	拥有	拥有	部分拥有

续前表

比较对象	ABS 模式	BOT 模式	PFI 模式	PPP 模式
项目的经营权	拥有	（转交之前）失去	可能拥有	部分拥有
融资所需时间	较长	最长	较短	较短
融资成本	最低	最高	较低	一般
政策风险	小	大	一般	一般
对宏观经济的影响	有利	利弊兼具	有利	有利
适用范围	未来具有长期稳定现金流的项目	未来具有长期稳定现金流的项目、资本技术密集型项目（电厂、通信）	未来具有长期稳定现金流的项目、基础设施（道路、桥梁）、公益项目	政策性较强的经营性基础设施项目

【本章小结】

项目融资结构的设计是项目融资中最为核心的部分，包括项目的融资渠道和项目的融资模式两个方面。本章主要介绍项目融资的模式设计。

项目融资模式设计必须遵循有限追索和分担项目风险两项基本原则。同时，必须注意投资者的完全融资期望、投资者的表外融资要求、项目融资与市场安排的结合、近期融资和远期融资的协调、税务筹划及降低融资成本等问题。

虽然任何一个具体的项目融资模式都有不同的特点，但一般的项目融资模式都有一些共同的基本结构特征。项目融资的基本形式包括直接安排模式和项目公司模式：前者包括投资者统一安排融资并共同承担市场责任和投资者独立安排融资并各自承担市场责任两种基本安排；后者包括作为投资载体的项目子公司模式和作为经营主体的项目公司模式。

项目融资无论采取哪种融资模式，不外乎都是以前述基本模式为主要框架，因地制宜地进行灵活运用的结果。国际上常见的具有代表性的项目融资模式，我们称之为项目融资的经典模式，主要包括：以设施使用协议为基础的项目融资模式；以产品支付协议为基础的项目融资模式；以杠杆租赁为基础的项目融资模式；资产支持证券化融资模式。其中，采用资产支持证券化融资模式是国际项目融资的一个新趋势。

在项目融资领域，公共基础设施工程建设的项目融资占有相当大的比例和比较重要的地位，也有其特点。在公共项目建设中，具有代表性的项目融资模式包括 BOT 模式、PFI 模式、PPP 模式等。

总之，对项目融资模式的设计是一个复杂的系统工程，必须在遵循一定原则的基础上，充分考虑投资者和其他项目融资参与方的利益要求，因地制宜、量体裁衣，以确保项目融资的成功实施。

【本章关键术语】

项目融资模式　直接安排模式　项目公司模式　设施使用协议
产品支付协议　杠杆租赁　ABS　BOT
PFI　PPP　SPV　生产贷款
黄金贷款　信用增级

【本章思考题】

1. 在项目融资模式的设计过程中，应该注意的事项有哪些？

2. 项目融资的基本融资模式包括哪些？有何特点？

3. 以设施使用协议为基础的项目融资模式是如何运作的？以产品支付协议为基础的项目融资模式是如何运作的？试对两者进行比较。

4. 以杠杆租赁为基础的项目融资模式有何优缺点？在操作中应注意哪些问题？

5. 资产抵押证券化融资模式运作的要点是什么？

6. 试比较 BOT、PFI 和 PPP 三种项目融资模式的特点。

附录

国际 BOT 投资合同格式

目　录

14. 赔偿责任
15. 文件和专利
16. 不可抗力
17. 保险
18. 情况的变化
19. 通知
20. 争议解决
21. 放弃主权豁免权
22. 法律和语言
23. 仲裁

本合同由＿＿＿＿＿（下称 A）代表＿＿＿＿＿国政府（下称 B）和根据中华人民共和国法律组建的＿＿＿＿＿＿＿公司（下称 C）签署，C 主要办公地点在中华人民共和国＿＿＿＿＿。

鉴于 A 和 C 于＿＿＿年＿＿月＿＿日签订的基础设施建设备忘录对 B 授予 C 勘测和实施基础设施工程的专有权，方式为 B 与 C 共同投资。鉴于贷款协议、担保协议、保函等为本合同不可分割的一部分，基础设施总装机容量为＿＿，以及＿＿＿＿＿等主要内容达成了一致意见。

因此，双方达成协议如下：

1. 定义与解释

“工程”是指基础设施建设的规划、可行性研究、设计与工程技术服务、建造、供货、竣工、调试、试运行和运行。

“工程造价”是指第 3 款的费用。

“运行期”是指从基础设施商业运行开始日计算的日期。

“竣工期”是指 C 证明基础设施调试成功并可以开始运行期的日期。

“不可抗力”的含义见第 16 款。

“工程范围”是指实施本工程时附件 2 规定的供货范围和服务范围。

“转让日期”是指运行期最后一天的第二天。

“新公司”是指由第 5 款规定的 C 和＿＿＿国实体组建的公司。

“投资协定”是指《＿＿＿＿＿＿国政府和＿＿＿＿＿＿国政府关于相互鼓励和保护投资协定》。

“专有权”是指备忘录、协议以及附属文件中授权 C 或新公司的特殊权力。

“日”是指公历日。

2. 工程

2.1 本工程命名为＿＿＿＿＿＿工程。

2.2 基础设施位于＿＿＿＿＿＿国＿＿＿＿＿＿地区。其确切位置可以根据现场条件在详细设计阶段予以调整。

2.3 本工程应在建造、运行和移交（BOT）的基础上实施。

2.4 本工程的组成。

2.5 经 B 和 C 接受后，最终可行性研究报告和详细设计应作为本工程开发和竣工的基础。

3. 工程造价

3.1 工程造价＿＿＿亿美元，建设期利息＿＿＿＿＿万美元，工程总造价＿＿＿＿＿

万美元，见附件。

3.2 工程总造价应由下述费用组成但不限于下述费用，工程造价的细目见附件：

(1) 可行性研究、设计和工程技术服务及其他咨询服务的费用。

(2) 建造和安装费用。

(3) 购买设备和材料的费用。

(4) 管理费用（含国外支出）。

(5) 其他费用。

(6) 不可预见费。

(7) 建造期利息____%/年加银行手续费。

(8) 工程建设和出口信用保险的保险费。

3.3 工程造价以可行性研究报告为基础。如果因工程地质等问题引起大的投资变化，资金的追加部分应经B批准。C与B另行签订追加投资协议或合同。

4. 工程实施责任

4.1 C应负责下述工作，但在新公司成立后，责任转给新公司，由新公司股东分担：

(1) 设计与工程技术服务、采购、建造和试运行。

(2) 建造基础设施的所有费用及所有必要的融资安排。

(3) 基础设施的运行。

(4) 在转让日期将基础设施转让给B。

4.2 B应负责：

(1) 安排

——向C或新公司提供一切必要的条件，包括开发批准、许可、同意、现场转让、使用及其他权利，解决公司注册、进口许可证、关税免除等必需的要求。

——为C获得贷款提供一切必要的、必需的帮助。

——获得实施工程必要的一切管理、法律等方面的同意、批准、授权、税款减免、投资鼓励。

——为C或新公司将资金和盈利（美元）自______国带出从______有关当局获得一切必要的许可和批准。

——为C或新公司的职员以及工程设计、制造、安装、施工人员以及家属从有关当局获得工作期的居住签证、工作许可和其他必要的批准。

——如果C或新公司愿意，在扩大基础设施建设方面提供一切必要的批准和许可。

——B应在转让日期之前为本工程提供必要的安全保卫，确保工程建设人员、运行人员和设施的安全。

——为工程建设和运行提供通信和交通方便。

(2) 协助基础设施运作。

(3) 向C和/或新公司免费提供现场，包括但不限于施工场地、交通道路用地、输变电线路用地和某些范围内的开发及利用等，不予妨碍。

(4) 同C或新公司、______保险公司的代表一起与其他国家政府谈判并签署基础设施服务协议，应保证C或新公司、______保险公司等代表出席谈判，并征得其同意。

(5) 在现场和新公司派驻代表，协助C或新公司，并在C或新公司和B之间做必要的协调。

4.3 B保证本工程运行期不少于______年。但是，如果内部回收率未达到______%，双方将商谈适当延长运行期直至年内部回收率达到______%。

4.4 先决条件

B应负责提供下述文件，使C自签署本协议之日起一个月内获得本协议的各个部分，这些文件对新公司应是有效的：

（1）由C接受的______国议会签发主权担保书，该担保书应在转让日期交回B。

（2）B所承担工程建设费用的______%由B提出，由______国中央银行作为借款人，由______国财政部作为担保人，签订和开出______国银行和______国保险公司可以接受的贷款协议和担保手续以及按照______国银行的要求，开出信用证或保函。

贷款期为______年（包括工程建设期______年），贷款利息（年息）为______%。

B的贷款可以提前偿还。

（3）为C获得国际一流银行的贷款提供一切必要的帮助和方便，由B中央银行和财政部开出（包括建设期利息）______国保险公司以及贷款银行可以接受的C所占工程费用______%的贷款保函和担保。保函和担保期直至转让日期（保函和担保的有效期到______年____月____日）。

（4）______国最高法院院长签署的法律证明书和______国最高检察院检察长签署的法律证明书，证明本协议在各方面根据法律都是有效和可实施的。______国政府签发的批准书，证明该项目的合法性。

（5）B允许本工程所需的施工机械、材料和设备等可由海运经______进入______国和/或陆运经______边境以及经空运进入______国境内，______国边境检查机关和海关应予以方便和及时的放行。

4.5 B保证其不改变或不允许他人改变现场环境，以免影响本工程的建造和运行。

4.6 B工程建设费用的______%由中方提供买方信贷，其支付给C的时间分别为：

（1）合同签订______日支付贷款额的______%。

（2）______年____月____日支付贷款额的______%。

（3）______年____月____日支付贷款额的______%。

4.7 双方应互相提供足够的信息，以便清楚地了解影响工程有关事务的主要问题。

4.8 双方应互相合作，以实现本协议的目标，履行各自的义务。

5. 新公司

5.1 双方同意在新公司股东准备投资且工程竣工前建立新公司。为此，______国政府应推荐并指定一个______国实体作为新公司的股东。C占股份的______%，应是主要公司，并任命新公司董事长。其余股份可由______国实体占有。

5.2 工程的设计和建造由C实施。每月的第______天（如遇节假日顺延），C应向B提出基于上一个月的土建和工程的进度报告，这种报告应是公正性的结论性证据，但明显的计算错误除外。

5.3 B应尽力协助在______国有关当局注册新公司，从______国有关当局得到一切必要的准许或批准。

5.4 新公司应同样被赋予第9.2款规定给予C的特权，本协议规定的C的义务和责任应转交给新公司，并由新公司各股东分担。

新公司股东应在新公司成立时，在基于本协议的规定制定的公司章程中描述其权利和义务。

5.5 如果新公司各股东对本工程的有关事宜不能达成协议，主要股东的意见和决定应是最终的，对新公司其他股东具有约束力。

6. 基础设施的建造

6.1 根据第4.1款关于基础设施建造的义务，C完全有权利同B协商从事下述工作：

（1）进行详细的设计，其设计和施工应符合______国现行国家标准。

（2）任命顾问和专业顾问。

（3）购买设备和材料，包括建筑设备、设备和材料，以及安装、调试等应符合____国现行国家标准。

（4）任命、组织和领导职工，管理和监督工程。

（5）签署提供设备、材料和服务的合同。

（6）按照以上工程标准，从事完成基础设施建设一切必要的工作。

（7）选择分包商。

6.2 B有权自费监督建造和安装工作的速度及质量，因此C应：

（1）保证B和B任命的与本工程有关的专家可以进入现场，但这种进入不应妨碍工作。

（2）为现场视察人员准备图纸和设计的复印件。

（3）在工程竣工6个月后，向B提供______套图纸和其他文件。

6.3 B应保证及时自费提供本工程竣工所需要的一切基础设施，尤其是：

（1）使C在建造期免费拥有现场。

（2）保证海关依法配合，使C不受延迟和影响地进口设备、材料、施工机械等。

（3）保证C可以使用______国的施工用电和通信设施，按______国现行工业用电价格计费，使用费应记在C账上，按照第3.2款的规定，打入工程造价，作为建造费用或管理费用；C每两个月向______国电力部门支付一次施工期用电的费用。

6.4 B应保证在建造期，C可以免去下述税费：

（1）免除各种设备和材料的进口关税、政府税费以及地方税费，如发电设备、施工设备、车辆（包括卧车、吉普车等）、工具、建筑材料以及其他物品和生活设施。

（2）免除______国有关当局对C在______国的工程建造活动征收的公司销售税、所得税等各种税费。

7. 工程进度

7.1 双方应共同努力，按照附件4使工程及时竣工。建造期从开工日计算为______年，C可以经B同意延长竣工期。

7.2 开工日应为本协议生效日______个月之后的第______天，但C可在开工日之前开始修建进厂通道、勘探、测量和现场清理等。如果C按照第9.1款的规定开始土建工作，开工日应为C实际开始土建工作的日期，C应通知B。

7.3 在工程实质性竣工时，C可以由新公司或其代表提出，基础设施建设已成功地完成了调试，因此竣工日已经到来。

7.4 如果工程有变化，而这种变化影响到工程的施工时间，C应得到B关于延长施工时间的批准，但B不应无故推延批准。

8. 调试

8.1 双方应按__________国标准协商，并就基础设施调试计划、程序达成共识。

8.2 C应在开始调试前______天通知B。

8.3 B和/或其专家有权参加双方同意的调试。

8.4　调试结束后，C应询问新公司或其代表：基础设施是否调试成功，并向B提供这种证明。

9. 生效日和特权

9.1　本协议自签署之日起生效，但C有权保留履行其义务直至下述条件满足为止。

（1）B不收租金将现场交给C，并签发同样内容的信函（期限到______年运行结束）。

（2）履行第4.4款的规定。

本协议一经签署，B可以终止在本协议序言所述的备忘录中规定的专有权。

9.2　C应通过B的安排，从有关当局获得下述特权的批准文件，在新公司建立时，应将该特权转让给新公司或与新公司共享。

（1）______国中央银行和财政部对下述条款的批准：

C的投资包括但不限于这种投资的利润以美元寄回______国。

（2）B在转让日期前对雇用外国国民担任监理、技术和咨询职位的批准以及担任董事长、财务总监、总经理或类似职位的批准。

（3）工程进展必需的国家其他批准和地方批准。

（4）由______国有关当局对下述项目免税的批准：

——在项目移交前，对进口设备、材料和工程所需的施工设备以及物品的关税和进口的其他税收全免。

——自第______个盈利年起，______年内利润税、附加税、地方税和营业税的______%免除，接下来的利润税免除______%。

（5）投资的自由寄出，包括但不限于这种投资的利润和/或收到的付款或销售盈利，不扣留税、汇款税或根据______国法律征收的其他税款。

（6）______国政府有关机构对与本工程有关的所有设备材料等直接进口的批准。

（7）C将在______国注册分公司或子公司。B签发的有关本工程的注册证书，确认C（包括分公司、子公司）是一个根据______国外国投资法注册的企业。

（8）可以将酬金（美元）自由寄出______国，免收个人所得税、汇款税或其他税款。

10. 基础设施的运行

10.1　新公司应在运行期，即基础设施开始商业运行后的______年内负责其管理、运行、维护、修理和大修，应尽力确保状况良好。如果在30年运行期内的内部回收率未达到______%，上述运行期的延长应经双方商定。

10.2　为了从事必要的大修、维护、检查和修理，新公司自竣工日起每年应停机检修一次。

10.3　根据第10.1款的义务，新公司应有权利：

（1）签订提供材料和服务（包括购买替换设备）的合同，参与基础设施商业运行协议的谈判和签约。

（2）任命、组织和领导职员，管理和监督基础设施。

（3）建立和保持定期检查、维修和大修程序。

（4）从事基础设施运行所需要的一切其他工作。

10.4　B和新公司应经常地共同讨论，并就基础设施运行的安全规则达成共识。

10.5　新公司应按照签署本协议时现行的所有______国国家和地方法律及规则经营基础设施。

如果任何变化或新的立法：

(1) 使基础设施不能在通常的条件下运行。

(2) 使新公司的利益在很大程度上受到减少、歧视或其他不利影响，那么双方应协商，努力就修改本协议达成共识。

10.6 B应有权任命和分配其专家机构监督新公司对基础设施的经营，费用由B承担。这种监督不应妨碍新公司对基础设施的正常经营。

11. 基础设施的服务

11.1 新公司应按照合同的规定，向其他国家提供基础设施的服务，但若服务对象不是合同所规定的国家，则双方另行签订协议。

11.2 如果B打算将基础设施的服务分配到需要的当地市场，B应将其作为第12.4款规定的资源补偿费。若B的需要多于资源补偿费，应经新公司同意，但应按照第12款的规定，以美元向新公司支付费用。

12. 基础设施的服务费用和收入分配

12.1 为了达到第______、______、______和______款的目的，B应负责同______国政府谈判，签署基础设施服务协议。B应提供对谈判有用和必要的信息及资料，并指定一人会同C或新公司和______国保险公司代表负责谈判。

负责谈判的人员应按照下述程序行使职责：

(1) 自签署本协议之日______天内提交工程的基本思路和整体规划。

(2) 自签署本协议之日______天内开始有关基础设施服务费的具体技术谈判和讨论。

(3) 自签署本协议之日______个月内结束有关事宜，签署基础设施服务协议。

C或新公司应全面协助和支持B，提供谈判所需的一切技术资料、信息和材料。如果双方派遣代表团与要求基础设施服务者谈判，C或新公司应任命经验丰富、技术过硬的人员参加代表团。

12.2 B和C或新公司同意作为谈判的一个要点：基础设施服务出口付款应按月收取，直接转到新公司指定的______国的新公司账号，以美元结算，不得扣留税费。

12.3 基础设施服务收入应由新公司的主要股东——C按照下述顺序分配：

(1) 按第12.4款的规定向B支付资源补偿费。

(2) 运行和维护费用。

(3) 建造基础设施的贷款本息。

(4) 给新公司股东的股息。

双方同意使新公司不做任何折旧扣除或设立任何储备金，在支付(1)、(2)两项后，应首先保证偿还基础设施建设的本息。______国保险公司作为出口信用险的保险人，在所担保的贷款偿还期内，作为新公司的财务总监，以便确保贷款本息的偿还。

12.4 应使用附件1作为参考，计算分配给B和新公司股东的收入。作为资源补偿费支付给B的比例如下所述，并根据基础设施服务协议和工程造价予以调整：

——在运行期的第一个______年内______%。

——在运行期的其他时期______%。

上述支付给B的资源补偿费的补偿范围包括但不限于B提供给C或新公司自由使用现场、技术援助、行政安排和支持以及本协议规定的其他协助和支持。

12.5 如果主要设备需要替换，新公司股东应按其股份比例增加投资额，用以购买和安装替换设备。替换设备和部件的使用年限按国际公认的会计原则确定，如果使用年限超过转让期，替换费应由B和新公司按照超过转让期的年份比例及在转让期的年份比例分担。

13. 转让所有权

13.1　在新公司成立以前，C和B在建造期和/或运行期应是基础设施或其任何部分的业主，应拥有和行使各种权利、特权、对基础设施的权利和利益。新公司成立时，这种所有权应由新公司各股东按其股份比例分享至转让期。

B承认这种所有权，并保证这种所有权应根据______国法律予以尊重和保护，B应做出决定、发布命令或采取必要的措施来保护这种所有权。B保证在任何情况下，无论任何理由，在建造期或竣工期之后，基础设施的所有权和C或新公司的其他资产不得予以征用、充公、收归国有或受到限制。但是，C或新公司取消本工程的情况例外。

本款中的取消是指：①C或新公司通知B不建基础设施的最终意愿；②C或新公司无故不建基础设施超过______个月。

在建造期和/或运行期，C或新公司应自行对基础设施和构成本工程的其他设施行使置留权，B不应对此予以反对。

13.2　在转让期，新公司应将对基础设施的权利转让给B，新公司不应置留，也不能要求补偿，除非协议或补充协议中另有规定。

13.3　转让期1年前，B和新公司应讨论基础设施转让的必要程序，在转让期6个月前，B和新公司应开会商讨有关的清单和转让的机制。

13.4　根据第13款，转让的基础设施和所有其他设备应照原样转让。在转让期之后，新公司对B经营基础设施或B指定的人员经营基础设施以及基础设施发生的责任等均不负任何责任。

13.5　B应负责第13款所述的与转让有关的所有费用和支出（含律师费、税费或关税，以及获得政府的批准和其他批准、执照、注册和归档的费用），并采取必要的措施，以补偿新公司因转让产生的所有费用和支出。

14. 赔偿责任

14.1　C或新公司对任何损失均不负赔偿责任，但由于严重违反本协议规定的义务而造成的直接损失除外。

14.2　在第14.1款所述的情况下，C或新公司有权将C或新公司对建造中或已竣工的基础设施的拥有权和所有权作为违约罚金全部或部分转让给B，以替代对实际损失的计算和赔偿。这种转让应是C自愿的或仲裁第23款裁定的。在贷款本息偿还期中，任何转让必须经______国保险公司和贷款银行确认并批准。在上述情况下，C或新公司对B的赔偿责任仅限于将其对基础设施的拥有权和所有权转让给B，B向C或新公司的索赔一律无效。

15. 文件和专利

15.1　本协议中的任何规定不应被解释为对本协议所述设备的专利或版权进行转让，所有这些权利均属于其真正合法的主人，C或新公司应保留对有关规范、图纸和其他文件的所有权利，B保证在未经C或新公司事先书面同意的条件下，将有关内容泄露给第三国。

15.2　对有关该项目的所有商务文件、技术文件、协议、议案均应保密，其保密权归C或新公司所有。B应保证在未经C或新公司事先书面同意的条件下，不将有关内容泄露给第三国或第三方。

16. 不可抗力

16.1　如果未履行本协议的有关条款、规定或条件是由于天灾或者C或新公司力所不及的类似情况所造成的，则这种情况不应被视为违反本协议。

不可抗力包括但不限于下述内容：

（1）战争、敌意行为（无论是否宣战）、侵略、国外敌对势力的行为。

（2）叛乱、革命、暴乱、兵变、篡权或内战。

（3）核燃料的辐射造成的离子辐射或污染，核燃料、辐射性有毒爆炸物、爆炸性核聚集的其他危险性能或核成分的燃烧产生的核废物造成的离子辐射或污染。

（4）以音速或超音速行驶的飞行器或其他空中设施造成的压力波。

（5）骚乱、骚动、混乱、罢工、破坏、封锁或雇员的其他工业行为影响到C或新公司或者其分包商。

（6）任何政府当局的进出口限制、关闭港口、码头、运河。

（7）火灾、异常的水灾、地震、泥石流、塌方、滑坡、暴风雨、闪电或其他异常恶劣的天气。

（8）航行事故、船舶故障或损坏。

（9）流行病、防疫隔离。

（10）原材料短缺、不可预见的主要货源关闭。

（11）船卸货和报关时多于30天的不合理延误。

（12）现场表面下遇到的隐蔽状况。

16.2　尽管有第16.1款的规定，但B不应自行宣布发生不可抗力。

16.3　援引不可抗力条款的一方应该：

（1）尽快书面通知其他方不可抗力的性质和迫使该方暂停履行本协议规定的该方义务的程度。

（2）不可抗力状况一经结束，尽快恢复履行义务。

16.4　如果在竣工期之前遇到不可抗力，双方应开会讨论修改工程竣工的时间表。

16.5　如果在运行期遇到不可抗力，运行期的延长期应等于不可抗力的适用期。

16.6　尽管有第16.4款和第16.5款的规定，但若不可抗力超过90天，双方应开会讨论本协议继续执行的基础和条件。如果双方认为本协议不能继续执行，双方应讨论减少损失的办法。

16.7　双方应互相协商，采取一切合理的步骤将各方因不可抗力造成的损失减到最低程度。

16.8　如果不可抗力的发生损坏了工程或基础设施，C或新公司没有义务重新恢复之，或完成其修建，但双方对这种恢复或完成的条件达成一致意见的例外。

17. 保险

C或新公司应负责基础设施建造或运行所要求的保险。

18. 情况的变化

如果由于______国的法律或规则、政府控制下任何机构或组织的法律或法规、基础设施所在区域地区当局的法律或法规在协议签字之日后生效，并且现行的这种法律或法规（含C签署本协议时适用的任何官方解释）在协议签字日后予以修改、撤销，那么由此产生的对C在现场、工程或基础设施的利益和/或C对其投资的经济回收受到很大程度的影响、歧视或不利影响（包括但不限于将美元资金汇出______国的限制），双方应开会努力就修改本协议达成一致意见。

19. 通知

对本协议的任何通知应以书面形式给予，应派人送达或挂号邮寄、电传或传真发送，地址如下：

C 地址：________________

电话：________________

传真：________________

邮编：________________

B 地址：________________

电话：________________

传真：________________

任何一方均应提前______天通知另一方需改变上述地址，另一方收到这种通知后，这种改变才能生效。

20. 争议解决

20.1　在本协议的有效期限内，双方代表应至少半年与会一次，讨论工程的进展和基础设施的运行，以保证双方的安排在互相满意的基础上继续进行。

20.2　双方同意，如果在执行本协议或解释有关规定时产生争议或歧义，双方应协商努力解决这种争议，若不能解决，双方代表应开会解决争议或歧义，双方的联合决定对各方均有约束力。如果根据本款不能解决争议或歧义，适用第 23 款。

20.3　如果对于基础设施建造或运行的技术问题有争议，双方应提供设计和生产标准，提交双方同意的专家决定。这种决定应是最终的，但可以仲裁。如果该专家未能在 30 天内做出决定，或有一方不满意这种决定，该方可以在收到这种决定通知后或在争议提交 30 天后的 30 天内将争议提交仲裁，详见第 23 款。

21. 放弃主权豁免权

B 声明并保证：本协议是商业协议，而不是公共或政府法令，因而 B 放弃就其本身或其任何资产由于主权或者根据任何法律或在任何管辖范围内要求免予诉讼的权力。

22. 法律和语言

本协议的适用法律为______国法律，并据此解释（技术标准除外）。本协议用______文书写，一式______份，双方各持______份。

23. 仲裁

在执行本协议中产生的或关于违约的所有分歧，应经过友好协商予以解决。如果经三次以上协商解决无效，应按照《____________国政府和__________国政府关于相互鼓励和保护投资协定》进行。如果《投资协定》失效，则应根据国际商会调解仲裁规则，由此法指定三个仲裁员最终仲裁解决，仲裁应在______进行，仲裁员的仲裁应是最终的，对双方均有约束力。

双方授权各自代表于______年______月______日签署本协议，以兹为证。

______国政府代表　　　　　　　　　　______国____总公司代表

（签字）　　　　　　　　　　　　　　（签字）

附 件

附件 1 基本情况
附件 2 工程范围
附件 3 工程造价
附件 4 工程进度
附件 5 贷款协议和担保协议
附件 6 保函格式和担保格式
附件 7 主权担保书格式
附件 8 ＿＿＿＿＿国最高法院院长签署的法律证明书、＿＿＿＿＿国最高人民检察院检察长签署的法律证明书
附件 9 ＿＿＿＿＿国政府批准书
附件 10 授权证书

第五章

项目的资金选择

学习目标

◇了解项目资金来源的结构及来源渠道；
◇掌握股本资金与准股本资金的内容及特点；
◇掌握债务资金的基本结构特征；
◇掌握商业银行贷款的基本法律文件及担保的类型；
◇了解欧洲债券的种类与特点；
◇掌握信托的分类与构成要素，融资租赁的特点与基本程序。

第一节　项目资金的结构与选择

项目资金的结构与选择是继项目的投资结构和融资模式之后的又一个项目融资的关键环节。所谓项目资金的结构与选择是指如何安排和选择项目的资金构成及来源。项目融资的资金构成一般有三个部分：股本资金、准股本资金和债务资金。这三部分在一个项目中的构成受到项目的投资结构、融资模式和项目的信用保证结构等的限制。同时，这三部分之间的比例在项目融资中也会起到特殊的作用。在项目中，债务资金和股本资金之间的比例关系是确定项目资金结构和资金形式的一个非常重要的指标。

一、债务资金和股本资金的比例

项目资金安排的一项基本原则是在不影响项目经济强度的前提下，尽可能地降低项目的资金成本。对于一个具体项目来说，债务资金成本相对股本资金要低得多。因此，从理论上看，如果一个项目使用的资金全部是债务资金，那么该项目的资金成本就会降至最低，但它的财务状况和抗风险能力却会因此变得非常脆弱；相反，如果一个项目使用的全是股本资金，它的财务状况和抗风险能力会很强，但它的资金成本却会因此变得很高。因此，绝大多数的项目都不会选择这两个极端的融资结构，而是在这两个极端中间加以选择。不同的项目、不同的行业、不同的投资者以及不同的融资模式所适合的债务/股本比例都会不同。与传统的公司融资相比较，项目融资方式可以获得较高的债务资金比例，因此项目融资的一个重要特点就是可以增加项目的债务承受能力。

专栏 5—1

资本结构是否影响企业价值？
——资本结构理论的发展历程

资本结构是否影响企业价值？企业的资本结构是如何决定的？长期以来，这些问题一直受到理论界和实务界的极大关注。有关资本结构的理论研究可谓纷繁复杂。从资本结构研究的历史发展轨迹来讲，Modigliani 和 Miller（1958）发表 MM 定理之前的研究通常被划分为传统资本结构理论，MM 定理被认为是现代资本结构理论研究的开始。MM 定理认为：在资本市场完备和交易成本为零的情况下，企业价值与资本结构无关。但是，现实中资本市场的不完备和信息的不对称恰恰使得资本结构与企业价值密切相关。

Modigliani 和 Miller（1963）、Farrar（1967）等引入税收制度对 MM 定理进行修正，从而形成了税差理论。Stigliz（1969）、Baron（1974）等引入破产成本对资本结构的影响进行了研究，从而形成了破产成本理论。Scott（1976）、Myers（1984）等将上述两种理论融合，认为最优资本结构取决于企业债务所带来的税收收益与破产成本之间的权衡，从而形成了权衡理论。另一种资本结构理论将信息不对称、委托—代理理论引入研究中，博弈论和期权定价的方法也被广泛应用。具体来看，可以分成代理成本理论、信号传递理论和财务契约理论。进入 20 世纪 80 年代中期，资本结构决定因素学派也开始成为资本结构研究的主流学派。该学派认为税收和破产成本只是决定最优资本结构中的两个因素，除此之外，还存在其他多种因素。

从 20 世纪 80 年代至今，资本结构理论研究的发展主要沿着委托—代理、信息不对称和财务契约方面向前发展。在此发展过程中，控制权及控制权转移问题、不完全契约理论、证券设计理论等成为财务契约理论新的研究课题。此外，行为金融理论在 20 世纪 90 年代也开始应用于资本结构的研究。

资料来源：曹志广、杨军敏：《国外资本结构理论研究述评》，载《首都经济贸易大学学报》，2007（1）。

二、项目融资资金结构中的几个重要名词

（一）项目的总资金需求量

能够准确地制订项目的资金使用计划以确保满足项目的总资金需求量是所有项目融资工作的前提。一个新建项目的资金预算应当由项目资本投资、投资费用超支准备金、项目流动资金三部分组成。做好项目总资金预算以及项目建设期和试生产期的项目现金流量预算，是保证项目融资中的资金安排可以满足项目不同阶段和不同用途的资金需求的重要一环。

（二）资金成本和构成

投资者的股本资金成本是一种机会成本，在评价该成本时要考虑很多因素，如投资者获得该部分资金时的实际成本，当时当地的资本市场利率因素、在可供选择的投资机会之间的比较利益和比较成本等客观因素，投资者的长期发展战略以及一些潜在的相关投资利益等等。相对于股本资金成本而言，项目的债务资金成本是绝对成本，也就是项目贷款的利息成本。项目债务资金的利率风险是项目融资需要面临的主要金融风险之一。项目融资可以选择固定利率，也可以选择浮动利率，或者两种利率的结合。当市场利率有上升的趋势时，借款人可以选择固定利率；当市场利率有下降的趋势时，借款人可以选择浮动利率。

（三）资金使用期限

从理论上说，投资者的股本资金是项目中使用期限最长的资金，其回收只能依靠项目的投资收益，而项目的债务资金则是有固定期限的。根据项目具体的现金流量可以确定不同的债务期限结构，必要时可以采取债务互换来减轻还债压力，也就是用到期日较早的债务替换到期日较晚的债务，以此来推迟还款期限，从而减轻还款压力。

（四）混合结构融资

所谓混合结构融资是指不同利率结构、不同贷款形式或者不同货币种类的融资方式的结合。混合结构融资如果安排得当，可以起到降低项目融资成本、减少项目风险的作用。例如，安排项目的货币种类以起到自然保值的作用，降低汇率风险。

第二节　股本资金与准股本资金

股本资金主要包括优先股和普通股，其中优先股主要包括固定红利优先股和浮动红利优先股。准股本资金主要包括无担保贷款、零息债券和可转换债券。股本资金和准股本资金最大的区别就在于，准股本资金相对于股本资金来说，在安排上具有较高的灵活性，并在资金序列上享有较为优先的地位。

一、股本资金

股本投入是项目中的风险资金，它是项目融资的基础。在资金偿还序列中，股本资金排在最后一位，因此贷款人将项目投资者的股本资金视为融资的安全保障。然而，作为项目投资者，他更看重的是项目具有良好的发展前景，能够为其带来相应的投资收益。

增加股本资金并不能改变或提高项目的经济效益，却可以提高项目的风险承受能力。股本资金在项目融资中所起的作用可以归纳为以下几个方面：

第一，投资者在项目中投入资金的多少与其对项目管理和前途的关心程度是成正比的。因此，贷款人总是要求投资者在项目中投入相当数量的资金。如果投资者在项目中只承担很少的责任，则他们就会在对其自身伤害很少的情况下从项目中脱身。

第二，投资者在项目中的股本资金代表着投资者对项目的承诺和对项目未来发展前景的信心，对于组织项目融资可以起到很好的心理鼓励作用。

第三，从某种意义上讲，项目预期的现金流量（在偿还债务之前）是固定的。项目承受的债务越高，现金流量中用于偿还债务的资金占用比例就越大，贷款人所面对的潜在风险也就越大；相反，在项目中股本资金投入越多，项目的抗风险能力就越强，贷款人的风险也就越小。因此，股本资金可以增强项目对贷款人的吸引力，使得贷款人可以以比较低的利率放款，在一定程度上降低项目的债务成本。

在项目融资的结构中，应用最普遍的股本资金形式是认购项目公司的普通股和优先股。过去，项目公司股本资金基本上来自投资者的直接资金投入。近年来，有一些项目在安排项目融资的同时，直接安排项目公司上市，通过发行项目公司股票和债券的方式来筹集项目所需的股本资金和准股本资金。

除此之外，有时与某个项目开发有关的一些政府机构和公司出于政治利益或经济利益等方面的考虑，也会为项目提供类似股本资金和准股本资金的资金。这些机构包括愿意购买项目产品的公司、愿意为项目提供原材料的公司、工程承包公司、政府机构以及世界银行和地区开发银行等。这些机构为了促使项目的开发，有可能提供一定的股本资金、软贷款或贷款担保等等。

专栏 5—2

我国股票市场融资量的发展

自 1990 年至今，我国股票市场发展迅速，整体规模不断增大。截至 2011 年底，境内上市公司（A 股、B 股）达 2 342 家；2010 年底，证券市场投资者开户数 18 858 万户；1991—2011 年中国 A 股股票筹资额累计达 41 086.43 亿元，股票融资成为企业资金的重要来源之一。下图为各年 A 股股票筹资额。

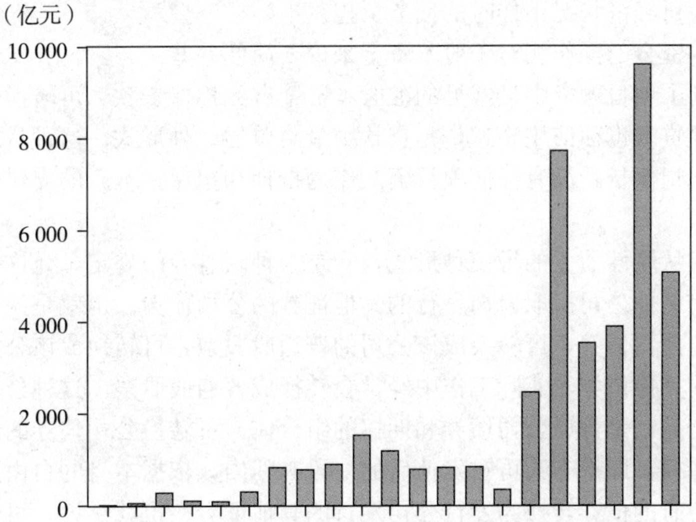

资料来源：各年度《中国统计年鉴》、《中国证券期货统计年鉴》、《中国金融年鉴》、《中国第三产业统计年鉴》、《中国统计摘要》。

二、准股本资金

准股本资金是相对股本资金而言的，是指项目投资者或者与项目利益有关的第三方所提供的一种从属性债务。准股本资金需要具备以下性质：①债务本金的偿还需要具有灵活性，不能规定在某一特定期间强制性地要求项目公司偿还从属性债务；②从属性债务在项目资金优先序列中要低于其他的债务资金，但高于股本资金；③因此，当项目公司破产时，在偿还所有的项目融资贷款和其他的高级债务之前，从属性债务不能被偿还。从项目融资贷款人的角度，准股本资金将被视为股本资金的一部分。

从资金的从属性质出发，可以把准股本资金分为一般从属性债务和特殊从属性债务两大类。所谓一般从属性债务是指该种资金在项目资金序列中低于一切其他债务资金形式；所谓特殊从属性债务将在其从属性定义中明确规定该种资金相对于某种其他形式债务（典型的是项目融资中的长期债务）的从属性，但是针对其他项目债务，则具有平等的性质。

对于项目投资者，为项目提供从属性债务与提供股本资金相比，前者具有以下优点：

第一，从属性债务为投资者设计项目的法律结构提供了较大的灵活性。首先，作为债务，利息的支付是可以抵税的；其次，债务资金的偿还可以不用考虑项目的税务结构，而股本资金的偿还会受到项目投资结构和税务结构的种种限制，其法律程序要复杂得多。

第二，投资者在安排资金时具有较大的灵活性。作为一个投资者，任何资金的使用都是有成本的。特别地，如果在项目中投入的股本资金是投资者通过其他渠道安排的债务资金，投资者就会希望利用项目的收入承担部分或全部的融资成本。从属性债务一般包含了比较具体的利息和本金的偿还计划，而股本资金的红利分配则带有较大的随机性和不确定性。

第三，在项目融资安排中，对于项目公司的红利分配通常有着十分严格的限制，但是可以通过谈判减少对从属性债务在这方面的限制，尤其是对债务利息支付的限制。然而，为了保护贷款人的利益，一般要求投资者在从属性债务协议中加上有关债务和股本资金转换的条款，用以减轻在项目经济状况不佳时的债务负担。

第四，准股本资金的操作相对于股本资金来说要简便一些。

前面已经提到了项目融资中最常见的准股本资金有无担保贷款、可转换债券和零息债券三种形式。无担保贷款也称信用贷款，是贷款中最简单的一种形式。这种贷款在形式上与商业贷款相似，但无担保贷款没有任何项目资产作为抵押和担保，本息的支付通常也带有一定的附加限制条件。

可转换债券是从属性债务的另一种形式，它是一种附有专门规定，允许持有人在一定时间内以一定价格向举债公司换取公司发行的其他证券的公司债券。也就是说，它是一种可以转换成其他证券的公司债券，可转换成该公司的普通股股票，可转换成该公司的优先股，也可转换成该公司的其他债券，实际工作中经常会转换成普通股股票。这种公司债券实际上是一种混合型金融产品，是普通公司债券和期权的组合体。可转换公司债券的期权属性赋予其持有人一定的选择权，即持有人可在发债后的一段时间内，依据本身的自由意志，选择是否依约定的条件将持有的债券转换为发行公司发行的其他证券。也就是说，可转换债券的持有人可以选择将债券持有至到期，要求公司还本付息，也可以选择在约定时间内将债券转换成其他证券（如股票），享有股利分配或资本增值。如果债券持有人不执行期权，则公司需要在债券到期日兑现本金。在国际市场上，可转换公司债券被视为无抵押公司债券，不需要附加担保条件，投资风险完全由投资人承担，个别情况存在担保或有抵押品的条件。我国对可转换公司债券发行有担保要求，具有代为清偿债务能力的保证人的担保是发行可转换公司债券的基本条件。可转换公司债券的利息一般比同类贷款利息要略低一点。这种形式对债券持有人的吸引力在于：如果公司或项目经营良好，公司的股票价格或项目资产价值高于现在规定的转换价格，则债券持有人通过转换可以获得资本增值；相反，如果公司或项目经营结果较预期差，债券持有人仍可以在债券到期日收回债券面值。国外一些项目融资结构中的投资者，出于法律或税务上的考虑，希望推迟在法律上拥有项目的时间，常常采用可转换债券形式安排项目的股本资金。

零息债券也是项目融资中常用的一种从属性债务形式。零息债券计算利息，但不支付利息。在债券发行时，根据债券的面值、贴现率（即利率）和到期日贴现计算出发行价格，债券持有人按发行价格认购债券。因此，零息债券持有人的收益来自债券购买价格与面值的差额，而不是利息收入。深贴现债券是零息债券的一种变通形式。深贴现债券需要定期支付很低的利息，同时在发行时也采用贴现的方法计算价格，因而这种债券的收益主要来自贴现而不是来自利息收入。零息债券作为一种准股本资金形式，在项目融资结构中获得了较为普遍的应用，主要原因是这种资金安排既带有一定的债务资金特点，同时又不需要实际支付利息，从而减轻了对项目现金流量的压力。因此，如果由于种种原因，项目投资者没有在项目中投入足够的股本资金，贷款人通常会要求投资者以零息债券或深贴现债券形式为项目提供一定数额的从属性债务，作为投资者在项目中的股本资金。债券的期限原则上等于或略长于项目融资期限。

专栏 5—3

我国可转换公司债券市场的发展状况

可转换公司债券是我国资本市场上第一种复合权金融创新产品。1992 年深宝安发行了第一只可转换债券。1997 年 3 月国务院证券委员会出台《可转换公司债券管理暂行办法》后，南宁化工、吴江丝绸、茂名石化闻风而动，先后成功发行了可转换公司债券。2001 年 4 月，中国证监会颁布《上市公司发行可转换公司债券实施办法》及 3 个相关配套文件，标志着我国可转换公司债券市场从此步入一个崭新的发展阶段。可转换公司债券的筹资额及交易情况数据见下表。

年份	A 股可转债筹资额（亿元）	可转债成交金额（百万元）
1995		676.85
1998	3.50	2 030.17
1999	15.00	4 473.35
2000	28.50	13 506.68
2001		4 568.04
2002	41.50	7 369.70
2003	180.60	66 338.72

续前表

年份	A股可转债筹资额（亿元）	可转债成交金额（百万元）
2004	209.03	63 726.37
2005		51 345.76
2006	40.04	27 450.02
2007	54.60	40 923.50
2008	77.20	44 213.00
2009	46.61	63 641.00
2010	717.30	

资料来源：各年度《中国统计年鉴》、《中国证券期货统计年鉴》、《中国金融年鉴》、《中国第三产业统计年鉴》。

三、以贷款担保形式出现的股本资金

以贷款担保作为项目股本资金的投入，是项目融资独具特色的一种资金投入方式。在项目融资结构中，投资者不直接投入资金作为项目公司的股本资金或准股本资金，而是以贷款人接受的方式提供固定金额的贷款担保作为替代。作为项目的投资者，这是利用资金的最好形式——由于项目中没有实际的股本资金占用，因而项目的资金成本最低。然而，从贷款人的角度看，项目风险高于投资者直接投入股本资金的形式，因为银行在项目的风险因素之外，又增加了投资者自身的风险因素。因此，采用贷款担保形式作为替代投资者全部股本资金投入的项目融资结构是较少见的，多数情况是贷款担保作为项目实际投入的股本资金或者准股本资金的一种补充。只有在项目具备很好的经济强度，同时承诺担保的、责任方本身具有很高的政治、商业信誉的双重条件下的项目融资结构，才有可能以贷款担保形式百分之百或者接近百分之百地替代项目投资者实际的股本资金投入。

以贷款担保作为股本资金的形式主要有两种：备用信用证和担保存款。对项目投资者来说，备用信用证担保是比担保存款更有利的一种形式。投资者可以根本不动用公司的任何资金，而只是利用本身的资信作为担保。由于在这种方式下，贷款银团要承担投资者的信用风险，所以一般要求备用信用证由一家被接受的独立银行开出，将风险转移。担保存款是指项目投资者在一家由贷款银团指定的第一流银行中存入一笔固定数额的定期存款，存款账户属于项目投资者，存款的利息也属于投资者，但是存款资金的使用权却掌握在贷款银团的手中，如果项目出现资金短缺，贷款银团可以调用担保存款。

贷款担保在项目融资结构中的形式也分为两种：一种形式是一般性贷款担保，即如果项目出现资金短缺或者出现项目到期债务无法偿还等情况时，动用贷款担保弥补资金短缺或偿还债务，从贷款担保中获取的资金将按比例在贷款人之间分摊；另一种形式是针对性贷款担保，即该贷款担保只针对项目资金中的某一家银行或某一部分资金，而这家银行或这部分资金将在整个融资结构中扮演从属性债务的角色。

第三节 债务资金及其主要种类

如何安排项目的债务资金是项目融资资金结构的重要因素之一。一个项目投资者所面临的债务资金市场可以分为两类，即本国资金市场和外国资金市场。外国资金市场又可分为外国金融市场、国际金融市场和外国政府出口信贷、世界银行以及地区开发银行的政策性信贷等等。

国际金融市场的核心是欧洲货币市场。所谓欧洲货币是指在某种货币发行国国境以外的银行体系所创造的该种货币存款，它并非指欧洲某个国家的货币。如果将美元存放在美国境外的国际金融中心，则称其为欧洲美元。相应地，还有欧洲英镑、欧洲日元等。其中，最早出现的是在欧洲经营的境外美元，于是有了欧洲美元的称谓。20 世纪 50 年代初期，美国政府在朝鲜战争期间，冻结了中国存放在美国的全部资产。当时，苏联与其他东欧国家唯恐遭到同样的危险，纷纷将存放在美国的资产转移至英国伦敦的莫斯科人民银行和法国巴黎的北欧商业银行账户上。这些资产是欧洲美元的最早来源，由于数量不大，没有引起人们的重视。当时，欧洲国家允许银行吸收美元存款，目的在于缓解美元短缺。1956 年英法联合入侵埃及，英国的国际收支严重恶化，外汇短缺。当时，伦敦一些商业银行为解决外汇市场对美元的需求，便把它们所吸收的境外美元存款贷出，由此出现了欧洲美元贷款，但其数量并不太多。到了 20 世纪 60 年代，欧洲货币贷款才开始迅速地发展起来。随着经营欧洲美元业务的跨国银行机构遍布全球，欧洲美元的地理范围也逐步扩大。美国经过多年的探讨，最终于 1981 年 12 月批准在其境内建立国际银行设施，部分欧洲美元又回到了美国本土。60 年代后期，随着生产和资本国际化的进一步发展，以及亚洲“四小龙”的经济腾飞，继欧洲货币市场之后，又出现了以新加坡和中国香港为中心的亚洲货币市场，成为亚太地区一个重要的美元借贷中心。除此之外，东京离岸金融市场、马尼拉离岸市场也被认为是经营亚洲美元的重要基地。

活跃在上述金融市场上的债务资金具有多种多样的形式和种类，几种常见的债务资金形式是商业银行贷款、国际辛迪加银团贷款和欧洲债券等。为了选择适于具体项目融资需要的债务资金，需要借款人按以下两个步骤进行：

第一步，根据融资要求确定债务资金的基本结构框架。债务资金的形式多种多样，并且每种形式都有其独特的特征。借款人必须根据项目的结构特点和项目融资的特殊要求，对各种形式的债务资金加以分析和判断，确定和选择出债务资金的基本框架。

第二步，根据市场条件确定债务资金的基本形式。在确定了债务资金的基本框架之后，还需要根据融资安排时当地的市场条件（这些条件包括借款人条件、项目条件以及当时当地的金融市场条件等），进一步确定几种可供选择的资金形式，针对这些资金形式的特点（如融资成本、市场进入时间、税务结构等），从中选出一种或几种可以保证项目融资获得最大利益的债务资金形式。

一、债务资金的基本结构性问题

（一）债务期限

债务的到期时间是区分长期债务和短期债务的一个重要界限。在资产负债表中，一年期以下的债务称为流动负债，超过一年的债务则称为非流动负债，即长期债务。

项目融资结构中的债务资金基本上是长期性的资金，即便是项目的流动资金，多数情况下也是在长期资金框架内的短期资金安排。

（二）债务偿还

一般来说，至少有两个不同的项目阶段反映在贷款协议中：建造或开发阶段、运营阶段。

在第一阶段中，贷款被发放，偿债可能通过两种方式被推迟——在产生现金流量的运营阶段到来之前采用利息转本，或者在运营阶段之前，允许用新发放的贷款来支付利息。

建造阶段对贷款人来说是高风险期。对这一阶段的融资，常常通过获得项目发起人的有法律约束力的担保来使融资具有完全追索权；或者在建造阶段，贷款人要求比项目其他阶段更高的利率。用建造合同和相关的履约保函作为担保也将减少风险。

当项目按照预先确定的、项目文件中所有各方同意的、并经独立专家审核了的标准被认为是圆满竣工时，对发起人的追索权将不再存在，或者较高的利率将被降低。项目的竣工将是运营阶段的开始，此时项目应产生现金流量，并开始偿债、分期还款。

在运营阶段，贷款人将用销售收益或项目产生的其他收益作为担保品。偿债的速度通常取决于项目的预期产量和应收账款。现金流量的上交部分将自动支付给贷款人。如果项目产量或市场对产品的需求比预期低，或贷款人担心项目前景、项目发起人、有关的经济环境或政治环境时，贷款的条款经常写明上交份额将增加，直至100%。

在运营阶段，经常计算的是税后的现金流量。有时，由于一些原因，项目发起人希望计算税前现金净流量。因为与按照税后现金流量计算相比，他们将得到更多的贷款；此时，因为可能发生税后现金流量不足以偿还贷款的情况，贷款人常常要求保留对借款人或担保人一定程度的追索权。

（三）债务序列

无论是公司融资还是项目融资，债务安排都可以根据其依赖于公司（或项目）资产抵押的程度或者依赖于有关外部信用担保的程度而划分为由高到低不同等级的序列。所谓的高级债务，是指由全部公司（或项目）资产作为抵押的债务或者是得到强力信用保证的债务；所谓的低级债务，是相对于高级债务而言的，一般是指无担保的债务。低级债务也称初级债务和从属性债务。项目融资中的准股本资金就属于这一类型。在公司（或项目）出现违约的情况下，公司（或项目）资产和其他抵押、担保权益的分割将严格按照债务序列进行。从属性债权人的位置排在有抵押权和担保权的高级债权人之后，只有在这些债务获得清偿之后，才有权从公司（或项目）资产和其他来源获得补偿。

项目融资中的银团贷款（或类似性质的债务资金）是最高级的债务资金形式，这是因为有限追索的性质决定了贷款银团在项目融资中要求拥有最高的债权保证。投资者在项目中的贷款或其他类似性质的贷款是项目公司的从属性债务，对于贷款银团来说，它们具有股本资金的性质。因此，已经安排了项目融资的项目，基本不可能再以该项目资产为基础从其他渠道获得类似性质的融资。

（四）债权保证

在项目融资中，只要资产所在地的法律允许，贷款人经常将项目资产作为担保。但是，可能由于一些原因，用这样的方式获得担保是不妥当的。因为在这种情况下，贷款人必须依赖于消极保证条款。消极保证条款要求借款人保证不使任何第三方对借款人资产有优先权。消极保证是一种有法律约束力的保证，它不同于担保受益权。消极保证不会导致对借款人资产的所有权、占有权、控制和销售权，在借款人破产或清算时，也不会给贷款人带来任何优先权。借款人如果违反消极保证条款，以第三方为担保受益人并将其资产作为担保品，按照绝大多数法律，这种担保是无效的。虽然借款人因违反合同而负有责任，但由于借款人的资产被作为还款来源，这对贷款人来说仍然是很不利的。如果该第三方知道或应该知道存在消极保证条款，贷款人也许能指控任何使借款人违约的担保的有效性，但这取决于当时的环境和有关的法律系统。

（五）违约风险

任何一种债务都有违约风险。在公司融资中，人们可以比较容易地划分出股本资金风险和债务资金风险，但在项目融资中，这种划分有时就不容易。如果项目失败了，贷款人可能会发现他们的地位与股本投资者没有太大的区别，这是由项目融资的特点决定的。

项目融资的违约风险主要有三种形式：第一，项目投资者或独立的第三方不执行所承担的具有债权保证性质的项目义务；第二，在项目公司违约时，项目资产的价值不足以偿还剩余的未偿还债务；第三，项目的现金流量不足以支付债务的偿还。

（六）利率结构

前面已经提到了项目融资中债务资金利率的三种主要选择方式，即浮动利率、固定利率以及浮动/固定利率。较为普遍使用的债务资金形式有很多，如辛迪加银团贷款采用的多为浮动利率，计算利率的基础（以美元贷款为例）一般为 LIBOR（伦敦银行间同业拆放利率）、美国银行的优惠利率，有时也使用美国财政部发行的证券收益率，然后根据项目的风险情况、金融市场上的资金供应状况等因素，在这个基础上加一个百分点，形成借款人的实际利率。浮动利率债务一般的利率变动期间为三个月和六个月，在此期间的利率是固定的。

采用固定利率机制的债务资金有两种可能性：一种可能性是贷款银团所提供的资金本身就具有固定利率的结构，如一些长期债券和财务租赁；另一种可能性是通过在金融互换市场上将浮动利率转换成固定利率获得的，利率被固定的期间可以是整个融资期，也可以是其中的一部分。

因此，近些年在上述两种利率机制上派生出几种具有固定利率特征的浮动利率机制，以满足借款人的不同需要。简单地说，具有固定利率特征的浮动利率机制是相对浮动利率加以封顶，对于借款人来说，在某个固定利率水平之下，利率可以自由变化，但利率如果超过该固定水平，借款人只按照该固定利率支付利息。这种利率安排同样是需要成本的。

（七）货币结构与国家风险

项目融资债务资金的货币结构可以依据项目现金流量的货币结构加以设计，以减少项目的外汇风险。投资者可以采取一些货币保值措施。另外，为了减少国家风险和其他不可预见因素，国际上大型项目的融资安排往往不局限于在一个国家的金融市场上融资，也不局限于一种货币融资，而是经常签署一揽子货币保值条款。事实证明，资金来源多样化是减少国家风险的一种有效措施。

二、商业银行贷款的基本法律文件

商业银行贷款是公司融资和项目融资中最基本、最简单的债务资金形式。商业银行贷款可以由一家银行提供，也可以由几家银行联合提供；可以在国内贷款，也可以在国际金融市场上贷款。贷款形式可以根据借款人的要求来设计，包括定期贷款、建设贷款、流动资金贷款等。按贷款的期限可以将贷款分为短期贷款和中长期贷款：短期贷款通常是指企业的临时性、季节性贷款，也称流动资金贷款；中长期贷款的期限一般都在一年以上，项目融资中的贷款一般都是中长期贷款。按贷款的保障程度可以将贷款分为抵押贷款和信用贷款。抵押贷款是以特定的担保品作为保证的贷款，如果借款人不履行债务，银行有权处理；信用贷款是指完全根据借款人的信用发放的、无须任何担保品的贷款。

商业银行贷款的基本法律文件包括两个部分：贷款协议、资产抵押或担保协议。

贷款协议的主要内容包括：

（1）贷款目的。

（2）贷款金额。

（3）贷款期限和还款计划表。

（4）贷款利率。

（5）提款程序和提款先决条件。

（6）借款人在提款时的保证，主要包括：①贷款资金的正确使用；②借款人的财务状况；③公司资产所有权；④无重大法律纠纷；⑤无不可预见的债务责任；⑥借款人具有的法律地位和签署贷款协议的授权。

（7）保证性契约，主要包括：①借款人依照所在国法律从事商业活动，缴纳税款；②保证一切项目设备、设施的正常运行，确保项目资产的保险；③获得必要的政府批准；④定期向贷款人提供公司财务报告；⑤保证不利用借款人资产做其他抵押；⑥对借款人的资产兼并、资产出售或改变公司经营方向的限制；⑦对利润分配政策的限制。

（8）财务性契约，主要包括：①对借款人进一步举债的限制；②规定借款人必须保持的最低财务指标，包括总资产/总债务比率、流动资产/流动债务比率、债务覆盖比率等。

（9）利息预提税的责任。

（10）贷款成本、贷款建立费和贷款承诺费（针对未使用贷款额度收取的费用）。

（11）违约和对违约情况的处理，主要包括：①违约情况，技术性违约、一般性违约和交叉违约；②违约情况下的补救措施；③在违约条件下贷款人可行使的权利。

商业银行贷款的资产抵押或担保协议的形式和内容与各国法律有直接的关系，因而在不同国家以及不同项目之间，其文件形式会有较大的差别。贷款的资产抵押或担保协议是项目融资结构的一个重要法律文件。

三、担保的类型

担保一般有四种类型：抵押、质押、保证、附属合同。

抵押是指借款人或第三人在不转移财产占有权的情况下，将财产作为债务的担保。当借款人不履行借款合同时，银行有权以该财产折价或者以拍卖、变卖该财产的价款优先受偿。充当抵押物的财产应保证其具有极高的流动性。

质押是指借款人或者第三人将其动产或权利移交银行占有，将该动产或权利作为债务的担保。当借款人不履行债务时，银行有权将该动产或权利折价出售来收回借款，或者以拍卖、变卖该动产或权利的价款优先受偿。质押分为动产质押和权利质押。

保证是指银行、借款人和第三方签订一个保证协议，当借款人违约或无力归还贷款时，由保证人按照约定偿还债务或者承担相应的责任。

附属合同是指由借款人的其他债权人签署的同意对银行贷款负第二责任的协议，其作用是为银行提供对其他债权人的债务清偿优先权。

四、国际商业银行贷款

国际商业银行贷款是指借款人为支持某一项目，在国际金融市场上向外国银行借入资金。

（一）国际商业银行贷款的特点

1. 贷款利率按国际金融市场利率计算，利率水平较高

例如，欧洲货币市场的伦敦银行间同业拆放利率是市场利率，其利率水平是通过借贷资本的供需状况自发竞争形成的。

伦敦银行间同业拆放利率可用以下几种方法选择：

（1）借贷双方以伦敦市场主要银行的报价协商确定。

（2）按指定两家或三家不参与此项贷款的主要银行的同业拆放利率的平均利率计算。

（3）按贷款银行与不是此项贷款参与者的另一家主要银行报价的平均数计算。

（4）由贷款银行（牵头行）确定。

2. 贷款可以自由使用，一般不受贷款银行的限制

政府贷款有时会对采购的商品加以限制；出口信贷必须把贷款与购买出口设备项目紧密地结合在一起；项目借款与特定的项目相联系；国际金融机构贷款有专款专用的限制。国际商业银行贷款不受银行的任何限制，可由借款人根据自己的需要自由使用。

3. 贷款方式灵活，手续简便

政府贷款不仅手续相当烦琐，而且每笔贷款金额有限；国际金融机构贷款，由于贷款多与工程项目相联系，借款手续也相当烦琐；出口信贷受许多条件限制。相比之下，国际商业银行贷款比较灵活，每笔贷款可多可少，借款手续相对简便。

4. 资金供应充沛，允许借款人选用各种货币

在国际市场上有大量的闲散资金可供运用，只要借款人资信可靠，就可以筹措到自己所

需的大量资金。不像世界银行贷款和政府贷款那样只能满足工程项目部分资金的需要。

（二）国际商业银行贷款的种类

在国际金融市场上筹措资金，按贷款期限长短可分为短期信贷、中期信贷和长期信贷三种。

1. 短期信贷

短期信贷通常是指借贷期限在1年以下的资金。短期资金市场一般称为货币市场。借贷期限最短为1天，称为日贷；还有7天、1个月、2个月、3个月、6个月、1年等几种。短期贷款多为1～7天及1～3个月，少数为6个月或1年。这种信贷可分为银行与银行间的信贷和银行对非银行客户（公司企业、政府机构等）的信贷。银行之间的信贷称为银行同业拆放。该种贷款完全凭银行间同业信用商借，不用签订贷款协议。银行可通过电话、电传成交，事后以书面确认。同业拆放期限以1天到6个月为多，超过6个月的很少。每笔交易额在10亿美元以下。典型的银行间交易为每笔1 000万美元左右。银行对非银行客户的交易很少。

2. 中期信贷

中期信贷是指1年以上、5年以下的贷款。这种贷款是由借贷双方银行签订贷款协议。由于这种贷款期限长、金额大，有时贷款银行要求借款人所属国家的政府提供担保。中期贷款利率比短期贷款利率高，一般要在市场利率的基础上再加一定的附加利率。

3. 长期信贷

长期信贷是指5年以上的贷款，这种贷款通常由数家银行组成银团共同贷款给某一客户。银团贷款的当事人，一方是借款人（如银行、政府、公司、企业等），另一方是参加银团的各家银行（包括牵头行、经理行、代理行等）。

五、国际辛迪加银团贷款的特点

国际辛迪加银团贷款（简称国际银团贷款）是由获准经营贷款业务的一家或数家银行牵头，多家银行与非银行金融机构参加而组成的银行集团，采用同一贷款协议，按商定的期限和条件向同一借款人提供融资的贷款方式。它是国际商业银行贷款的一种特殊形式，是商业银行贷款概念在国际融资实践中的合理延伸，并且在目前的国际金融市场上得到越来越广泛的运用。许多项目，特别是发展中国家的项目，是由多边金融机构共同融资的。国际上很多大型项目融资，因其资金需求规模大、结构复杂，只有大型跨国银行和金融机构联合组织起来才能承担融资的任务。

与传统的双边贷款相比，银团贷款具有以下特点：

（1）所有成员行的贷款均基于相同的贷款条件，使用同一贷款协议。

（2）牵头行根据借款人、担保人提供的资料编写信息备忘录，以供其他成员行决策参考，同时聘请律师负责对借款人、担保人进行尽职调查，并出具法律意见书。在此基础上，银团各成员行进行独立的判断和评审，做出贷款决策。

（3）贷款法律文件签署后，由代理行统一负责贷款的发放和管理。

（4）各成员行按照银团协议约定的出资份额提供贷款资金，并按比例回收贷款本息。如果某成员行未按约定发放贷款，其他成员行不承担责任。

在项目融资中使用辛迪加银团贷款有以下主要优点：

(1) 参与辛迪加银团贷款的银行通常是国际上具有一定声望和经验的银行，具有理解和参与复杂项目融资结构及承担其中信用风险的能力。

(2) 有能力筹集到数额很大的资金。辛迪加银团贷款市场是国际金融市场中规模最大、竞争最激烈的一个组成部分。在同样的项目风险条件下，在这个市场上可以筹集到数量较大、成本相对较低的资金。

(3) 贷款货币的选择余地大，对贷款人的选择范围同样也比较大，这一点为借款人提供了很大的方便。借款人可以根据项目的性质、现金流量的来源和货币种类，组织最适当的资金结构，并能很好地规避汇率风险。

(4) 提款方式灵活，还款方式也比较灵活。

(5) 对于贷款人来说，采用银团贷款可以降低单个银行承担的违约风险。

六、国际辛迪加银团贷款的期限和价格

(一) 期限

银团贷款的期限比较灵活，短则 3～5 年，长则 10～20 年，但通常为 7～10 年。在银团贷款的整个贷款期限内又可分为三个阶段，即提款期、宽限期和还款期，借款人应合理确定自己的贷款期限。

(二) 价格

贷款价格由利息和费用两部分组成。

1. 利息

对于人民币银团贷款利率，按照中国人民银行的有关规定执行。

外币银团贷款利率主要分为固定利率和浮动利率两种：

(1) 固定利率是借贷双方商定的一个利率，一般在签订贷款协议时利率就固定下来，在整个贷款期限内不变。固定利率一般要由借贷双方谈判确定。

(2) 浮动利率。是以伦敦银行间同业拆放利率（LIBOR）为基本利率，再加上一定的利差作为银团贷款的风险费用。LIBOR 有 1 个月、3 个月和 6 个月之分，绝大多数银团贷款均使用 6 个月浮动的 LIBOR 作为基本利率。

2. 费用

在外币银团贷款中，借款人除了支付贷款利息以外，还要承担一些费用，如承诺费、管理费、代理费、安排费及杂费等等。

(1) 承诺费（也称承担费）。借款人在用款期间，对已用金额要支付利息，未提用部分因为银行要准备出一定的资金以备借款人的提款，所以借款人应按未提贷款金额向贷款人支付承诺费，作为贷款人承担贷款责任而受到利息损失的补偿。承诺费通常按未提款金额的 0.125%～0.5%计收。

(2) 管理费。此项费用是借款人向组织银团的牵头行支付的。由于牵头行负责组织银团、起草文件、与借款人谈判等，所以要额外收取一笔贷款管理费，作为提供附加服务的补偿，此项费用一般在 0.25%～0.5%之间，由借贷双方协商确定。该费用通常在签订贷款协

议后的 30 天内支付。

（3）参加费。参加费按出贷份额在各参加行中按比例分配，参加费一般为 0.25%。参与贷款金额较大的银行的管理费及参加费可稍高于参与贷款较少的银行。

（4）代理费。代理费是借款人向代理行支付的报酬，作为对代理行在整个贷款期间管理贷款、计算利息、调拨款项等工作的补偿。代理费的收费标准一般在 0.25%～0.5%之间，具体根据代理行的工作量大小确定。

（5）杂费。杂费是借款人向牵头行支付的费用，用于其在组织银团、安排签字仪式等工作期间的支出，如通信费、印刷费、律师费等。

七、世界银行参与的国际辛迪加贷款

如果项目发起人不是项目所在国的企业，世界银行或它的私有企业贷款机构——国际金融公司（IFC）的参与将减少项目发起人对所在国政治风险等的一些担心。

由世界银行支持的公共部门项目可能获得低息贷款。如果借款人事实上不是政府，世界银行将要求政府担保。

与世界银行相反，IFC 贷款给私有企业，并且不要政府担保。但是，IFC 贷款不是低息的，而且费用可能较高，这表明许多 IFC 的借款人将努力从商业银行获得市场利率的贷款。高费率和由 IFC 融资带来的对政治风险的"安慰"能吸引商业贷款人加入他们本来不愿意参加的共同融资项目。

IFC 对贷款项目的要求是必须有利于所在国的经济，通常是与世界银行或国际货币基金组织（IMF）监督下的结构调整政策相配套，增加所在国获得硬货币的能力。借款人必须是在当地成立的股份有限公司，但如果所在国法律允许，也可以是 100%的外资公司。

项目的审批必须通过十分严格的环境效应评估；在试图满足其他要求的过程中，项目可能遇到问题而被推迟。

世界银行对它本身的贷款通常不要求担保，但要求借款人接受严格的消极保证条款，并且世界银行将分享任何商业银行享有的担保权益。如果商业银行享有担保权益，该权益只有在得到世界银行批准后才能实施。

通常说来，贷款文件中将包含一个特殊条款，该条款指明了世界银行、IFC 或其他共同融资机构的决定；除了在贷款文件中明确阐明的责任外，共同融资机构不对商业银行承担任何责任。

第四节　欧洲债券

欧洲债券是一种国际债券。国际债券是一国的政府、金融机构、工商企业或国家组织为筹措和融通资金，在国外金融市场上发行的以外国货币为面值的债券。国际债券的重要特征是发行者和投资者属于不同的国家，筹集的资金来源于国外金融市场。国际债券的发行和交易，既可用来平衡发行国的国际收支，也可用来为发行国政府或企业引入开发和生产资金。

依发行债券所用货币与发行地点的不同，国际债券又可分为外国债券和欧洲债券。

外国债券是一国的政府、金融机构、工商企业或国际组织在另一国发行的以当地货币计值的债券。例如1982年1月，中国国际信托投资公司在日本东京发行的100亿日元债券就是外国债券。

欧洲债券是一国的政府、金融机构、工商企业或国际组织在国外债券市场上以第三国货币为面值发行的债券。例如，法国一家机构在英国债券市场上发行的以美元为面值的债券就是欧洲债券。欧洲债券的发行人、发行地以及面值货币分别属于三个不同的国家。

一、欧洲债券的产生与发展

欧洲债券产生于20世纪60年代，是随着欧洲货币市场的形成而兴起的一种国际债券。60年代以后，由于美国资金不断外流，美国政府被迫采取一系列限制性措施。1963年7月，美国政府开始征收利息平衡税，规定美国居民购买外国在美发行的证券，所得利息一律要付税。1965年，美国政府又颁布条例，要求银行和其他金融机构限制对外国借款人的贷款数额。这两项措施使外国借款者很难在美国发行美元债券或获得美元贷款。另外，在60年代，许多国家有大量盈余美元，需要投入借贷市场获取利息，因而一些欧洲国家开始在美国境外发行美元债券，这就是欧洲债券的由来。

（一）欧洲债券产生的原因

导致欧洲债券市场产生的因素很多，其中某些因素已有所改变，下面介绍最重要的三个因素。

1. 较少的管理性干涉

大多数国家的国内债券市场是使国内储蓄转换为国内投资的场所，由于国内储蓄是一种稀缺性的资源，各国政府并不希望外国人完全自由地在该市场发行债券，主要原因是担心资金外流，国内国民储蓄被外国人所利用，于是采取一些措施来限制外国人到国内发行及销售外国债券。由于这些限制，导致欧洲债券市场的产生。管理外国债券的各种规定是由债券发行地政府制定的，这些规定一般包括：①限制发行债券的类型，如无担保债券、零息债券或可转换债券。②限制每次发行的最低及最高发行额，或者限制发行者在某一期间进入市场的等候时间。③对发行者或发行债券规定最低的品质标准（信用评级）。④定期提出报告的需要。⑤限制何种金融机构能承销新债券。一般来说，对以外国货币计价的债券在其国内销售给持有外币的国人，政府较少给予严格限制。事实上，欧洲债券的销售通常是同时在多个国家进行。

2. 规定披露事项较宽

与美国证券交易委员会（SEC）对美国国内销售债券相比，欧洲债券对披露事项的要求较少。美国公司发现，通常欧洲债券发行所需的登记成本比在国内发行低，而且新债券发行所需的时间也较短。非美国公司也比较喜欢发行欧洲债券，而不愿意在美国发行外国债券，因为不愿增加发行成本。需要披露的事项要向SEC登记，比如外国公司的高层管理人员非常反感公开他们的薪水，以及对自己公司股票的交易必须呈报。依据美国会计原则所编制的外国财务报表相当费钱，对经营情况也需要较详细的披露。然而，最近SEC已放宽私人直接销售方式所需披露的事项，期望能增强美国债券市场的吸引力。

3. 优惠的租税地位

欧洲债券的利息一般免除所得税扣缴。1984 年 6 月以前，美国公司发行欧洲债券在支付给外国人利息时，需扣缴最多 30%的利息所得税，交给美国国税局，扣缴税率的高低视外国人居住地国家是否和美国签订双边租税协议而定。美国公司为规避此所得税扣缴，一般都到荷属安的列斯（the Netherlands Antilles）去设立子公司，再以子公司的名义发行欧洲债券。1984 年美国税法修订，免除外国人拥有美国公司所发行债券的利息所得税，而后美国公司发现，直接向外国人销售欧洲债券相当可行。美国扣缴所得税的取消也促使其他国家（如法国、德国及日本）相继取消类似所得税的扣缴，以避免资金从国内债券市场流出。

（二）欧洲债券市场的发展

欧洲债券最初主要以美元为计值货币，发行地以欧洲为主。20 世纪 70 年代后，随着美元汇率波动幅度的增大，以德国马克、瑞士法郎和日元为计值货币的欧洲债券的比重逐渐增加。同时，发行地开始突破欧洲地域限制，在亚太、北美以及拉丁美洲等地发行的欧洲债券日渐增多。欧洲债券自产生以来，发展十分迅速。在国际债券市场上，欧洲债券所占的比重远远超过了外国债券。欧洲债券之所以对投资者和发行者有如此巨大的魅力，主要有以下几方面的原因：

第一，欧洲债券市场是一个完全自由的市场，债券发行较为自由灵活，既不需要向任何监督机关登记注册，又无利率管制和发行数额限制，还可以选择多种计值货币。此外，通过发行欧洲债券，可以接触到范围非常广泛的投资者，这是其他债务资金形式所无法比拟的。

第二，发行欧洲债券筹集的资金数额大、期限长，而且对财务公开的要求不高，方便筹资者筹集资金。

第三，欧洲债券通常由几家大的跨国金融机构办理发行，因而发行面广、手续简便、发行费用较低、集资时间比较短。一旦发行系统建立起来，每次发行债券所需的时间就非常短，这样可以有效地抓住机会，迅速进入市场。欧洲债券在还款日期安排上比辛迪加银团贷款灵活。

第四，欧洲债券的利息收入通常免缴所得税。在一些国家，采用欧洲债券方式融资，还可以获得不用支付利息预提税的优惠。

第五，欧洲债券以不记名方式发行，并可以保存在国外，适合一些希望保密的投资者的需要。欧洲债券通常是不记名的，债券所有人的姓名及其所属国家不登记在债券上。领息时，债券持有者只要将附于债券的息票撕下，交给银行即可。欧洲投资者习惯无记名债券所提供的隐私权，他们不太愿意购买记名债券，以免领息时泄露自己的身份。

第六，欧洲债券的安全性和收益率高。欧洲债券的发行者多为大公司、各国政府和国际组织，一般都有很高的信誉，对投资者来说是比较可靠的。同时，欧洲债券的收益率也较高。

二、欧洲债券的种类

欧洲债券的种类很多，按照不同的标准可以分为不同的种类。

（一）按照债务资金的期限划分

按照债务资金的期限，欧洲债券可以进一步分为长期债券市场上的欧洲债券和中短期债券市场上的欧洲债券。

1. 长期债券市场上的欧洲债券

欧洲债券是长期债券市场的主要资金形式。欧洲债券的期限一般在五年以上，最长期限可达几十年。

2. 中短期债券市场上的欧洲债券

中短期债券市场上的欧洲债券有两种主要资金形式，即欧洲期票和欧洲商业票据，两者均始于20世纪70年代。中短期债券期限一般为30～180天，但也有期限为1～2年的债券在市场上发行。

长期债券和中短期债券都可以作为项目融资的债务资金来源，不同的是，由于项目融资安排的是长期债务，在使用中短期债券市场时，必须要引入债券的循环机制。

（二）按照所采用的利率划分

按照所采用的不同利率，欧洲债券又可分为固定利率债券、变动利率债券和浮动利率债券三种基本债券类型。

1. 固定利率债券

固定利率债券一般有三种形式：简单形式债券、零息债券和可转换债券。

简单形式债券是欧洲债券中最简单、最常用的一种形式，占市场发行比例的70%。这种债券具有固定的利率和兑现日期，通常为每年支付一次利息，兑现日偿还本金。

零息债券是简单形式债券的一种创新。这种债券不支付利息，而是以比面值低得多的实际发行价格发行。债券持有人的收益来自债券承兑时的资本增值。

可转换债券是一种比较高级的债券创新。可转换债券是附加了转换权的公司债券，可以按照一定条件，在特定时间转换为股票的债券，因而同时具有债券和股票的属性。其持有人不仅能享有债券带来的收益，还能享有股票带来的收益。

2. 变动利率债券

变动利率债券的利率可以按照事先规定的条件调整，但是无论变动的频率还是变动的幅度均小于浮动利率债券。这类债券有分期利率债券和最低/最高利率债券两种形式。

分期利率债券在一定的年限内支付一种利率，在债券的剩余时间内支付另一种利率。

最低/最高利率债券确定利率的方法与浮动利率债券相似，也是以LIBOR作为基础，但是规定利率变动的上下限。早期的最低/最高利率债券是作为浮动利率债券发行的，但由于这类债券利率的上下限变化范围非常小，所以现在被归为变动利率债券。

3. 浮动利率债券

20世纪70年代以来，国际金融市场上的利率变化趋于激烈，造成一些固定利率债券持有人的实际资产价值受到损失，因而一些带有资本保值性质、使债券持有人的实际收益高于现金存款收益的浮动利率债券应运而生。浮动利率债券按照预先规定的定价公式和定价周期决定债券的利率。浮动利率债券的定价周期一般为3～6个月，利息也按照这个周期支付，其利率通常以LIBOR或者美国财政部债券利率作为定价基础再加上一个贴水。

三、欧洲债券的特点

（一）欧洲债券的优点

（1）它是一个境外市场，不受各国金融政策、法令的约束。债券发行自由，无须得到有关国家政府的批准。债券持有人所获的利息无须缴纳所得税。

（2）发行债券的种类较多。

（3）对发行债券的审批手续、资料提供、评级条件的规定，不如其他债券市场严格。

（4）债券票面使用的是多种货币，主要有美元、日元、瑞士法郎、加拿大元等。

（5）欧洲债券市场在地理范围上并不仅限于欧洲，还包括亚洲、中东等地区的国际债券市场。

（二）欧洲债券的缺点

当然，欧洲债券也有它的不足之处：

第一，由于欧洲债券市场上的投资者组成非常分散，所以投资者很难掌握一个复杂的项目融资结构和愿意购买与之有关的债券。这个问题是利用欧洲债券市场为项目融资筹集债务资金的主要障碍。只有很少一部分已被这个市场所接受的借款人可以比较容易地利用该市场筹资，对于多数的项目融资（特别是在发展中国家的项目），都需要有类似辛迪加银团贷款那样的银团组织作为发行债券的后盾（由该银团承担项目的风险）。例如，作为债券发行的担保人或者直接以银团名义发行。该银团收取一定的费用作为提供项目信用保证的代价，然而这样也相对减少了利用欧洲债券市场融资的成本优势。

第二，组织欧洲债券发行的程序比较复杂，因而要求具有一定的发行金额才能具备规模经济效益。对于长期债券，一般要求至少不低于 5 000 万美元的价值。对于中短期债券，一般要求不能低于 2 000 万美元的价值。

四、欧洲债券市场的监管

发行欧洲债券首先要由几家大的国际性银行牵头组织一个国际辛迪加承保所有债券的主要部分，而承保辛迪加往往还要组织一个更大的认购集团。认购集团一般是由 50 家以上的代理机构组成，即首先由认购集团认购，然后再由它们转到二级市场上销售。在进入二级市场以前，欧洲债券的发行不是公开进行，而是在认购集团内部分配。一般在进入二级市场时才进行宣传，其宣传方式是在金融报纸上刊登广告。

欧洲债券市场并不是一个缺少监管的市场。由于欧洲债券买卖后，金钱的交付必须经过债券计价货币发行国的银行体系，当地政府（特别是中央银行）通常对新发行市场颇具影响力。例如 1985 年以前，马克欧洲债券的总发行额及发行时间受联邦德国中央资本市场委员会辖下的外国发行次委员会管理，此次委员会成员为六家联邦德国银行；另外，联邦德国中央银行为观察员。这六家银行自行设立发行限额，然后把配额分配给自己，这种卡特尔式的安排，目的在于控制国内资金成本。1985 年废除发行配额制度，国外投资银行的联邦德国子公司被允许作为新债券发行的主要经理人。但是，马克欧洲债券可在联邦德国境外发行，却必须在联邦德国股票交易所挂牌，而且债券成交后，要由法兰克福的清算系统 Effektengiro 来清算。日本在 1984 年以前，在大藏省的指导下，日本证券公司每年只能发行 4～6 次国际债券，每次发行额最高不能超出 150 亿日元，最长期限为 10 年。如果借款人为国际性机构，必须有至少发行一次武士债券的记录，才具有发行日元欧洲债券的资格。如果借款人为外国政府，则要有发行 2 次武士债券的记录，以上 2 个借款人同时要由美国评级机构评定为 AAA 级以上。新债券发行必须由一个日本证券商作为主要经理人。由于此种规定，

1977—1984 年只有 11 个政府及国际性金融机构进入日元欧洲债券市场。1984 年 5 月，日本政府宣布放宽欧洲日元融通的限制，日元欧洲债券市场开始允许日本及非日本公司进入，外国银行也被允许成为主要经理人。1985 年，外国银行也可进入日元欧洲债券市场，成为日元借款人。另外，瑞士法郎欧洲债券于 1963 年首次由哥本哈根市发行，随后瑞士政府禁止发行，故从 1963 年起至 1982 年止，瑞士法郎欧洲债券市场近乎关闭。

大多数欧洲债券在卢森堡或伦敦股票交易所挂牌，申请挂牌时，两个交易所皆要求提供一些必要文件。例如，卢森堡要求提供：①20 份初步及 50 份最终公开说明书，还需一份由发行者、保证人及会计师签章的最终公开说明书。②3 份发行者及保证人最近 5 年的年报。③ 4份发行者及保证人验证过的法定文件。④包销、销售、支付代理及财务代理合同各 3 份。⑤ 4 份债券样本。⑥ 3 份董事会授权发行者及保证人发行债券的决议录、需政府许可的证明文件 3 份及 3 份发行者对股票交易所的承诺函。⑦ 2 份其他的法律合同。若前往伦敦股票交易所挂牌，也需提供类似的必要文件。

相对于初级市场，次级市场完全免除政府的管制。然而，初级市场及次级市场皆有各自的自律组织，由业者组成职业商会负责管理，以保证提供有效率及开放性的市场。次级市场是由国际证券市场协会来管理，初级市场则由国际初级市场协会来管理。关于债券的法律问题，在公开说明书中会明示管制法律的适用，而依据法一般为英国法或发行者所属国的法律。

第五节 信托资金

一、信托的概念

信托制度最初起源于 13 世纪的英国，至今已有几个世纪的发展历史。在漫长的发展过程中，由于信托业务种类不断丰富，出现过多种定义。1985 年在荷兰召开的国际私法会议上通过的《关于信托的承认及其法律适用的公约》中，信托被定义为：一个人，即委托人在生前或死亡时创设的一种法律关系，委托人为受益人的利益或为某个特定目的，将其财产置于受托人的控制之下。在我国 2001 年出台的《中华人民共和国信托法》（以下简称《信托法》）中，对信托的定义是：信托是指委托人基于对受托人的信任，将其财产权委托给受托人，由受托人按委托人的意愿，以自己的名义，为受益人的利益或者特定目的，进行管理或者处分的行为。

二、信托的职能

（一）财产管理的职能

财产管理是信托的基本职能，是指在信任的基础上，受托人接受委托人之托，为之经营管理或处理财产的功能。信托机构受托对信托财产进行管理或处理，其目的具有特定性，是为了受益人的利益，而不是为了受托人的利益。信托管理的内容广泛，可以包括各类有形财产和无形财产，比如贷款信托、公司债信托、房地产信托、土地信托、投资信托等。信托机构在对信托财产进行管理或处理时，要承担一定的责任。如果由于信托机构的重大过失而导致信托财产的损失，信托机构要承担赔偿责任。但是，如果信托机构的行为符合信托合同的有关规定，则可以不承担此种损失。

（二）融资的职能

信托的融资职能是指在财产管理活动中，信托具有筹措资金和融通资金的职能。信托的融资职能是以其财产管理职能为基础的，两者相互依存。现代融资行为主要体现为信用交易，既包括间接融资的银行信用，又包括直接融资的股票信用、债券信用，而信托信用则是现代信用融资体系的重要组成部分。与其他信用形式相比，信托的最大优势在于灵活性，信托机构可以针对具体的项目，灵活设计融资结构，既可以融入长期资金，又可以融入中短期资金，满足相关主体的多种需求，实现资源的优化配置。需要注意的是，银行信用体现的是银行与客户的双边债权债务关系，而信托体现的是多边经济关系，融通的对象既可以是货币资金，也可以是其他形态的资产。

专栏 5—4

上半年房地产信托融资逾 700 亿元，融资渠道畅通

某房地产数据提供商表示，最近两个月新房销售持续回暖，大型开发商回款较快，资金饥渴有所缓解。当然，资金饥渴缓解并不等于资金充裕，当前在监管部门仍未放松房地产调控的情况下，开发商仍然重视通过发行信托产品融资。用益信托工作室的数据显示，2012 年 1—6 月，房地产信托产品在全部信托产品中仍然占较大比重，共成立 327 款产品，融资规模达 701.61 亿元，占信托产品融资总规模的比重为 22%。

信托融资渠道畅通

北京中原市场研究部统计数据显示，2012 年 7 月上旬，北京新建住宅及二手房住宅签约量再创新高。上海的情况也不例外。通常 6 月、7 月是房地产市场的传统淡季，但是 2012 年由于刚需持续入市、央行连续两次降息等因素，造成这两个月的房地产市场异常活跃，众多置业者密集看房，力争尽快出手。原本属二手房交易淡季的 7 月，市场成交量依然延续 6 月的红火走势。

销售回暖使开发商的现金流宽裕了很多。此外，几乎是与央行降息同步，6 月以来北京、上海等地都有房地产信托产品获批。开发商通过信托渠道融资的途径仍然通畅。

有业内人士透露，目前监管部门对房地产信托产品的要求更加严格，满足“四三二”标准的开发商发起的信托产品才有望获批，即开发商融资前必须四证齐全、至少投入 30%的自有资金、必须有国家二级资质。从发行信托的融资成本来说，开发商的“贷款”利率在 15%左右，比去年略降。

房地产信托仍受宠

据用益信托研究员分析，在 2012 年发行的集合信托产品中，房地产信托占比仅为 20%，远低于前两年 50%的份额。2010 年和 2011 年房地产信托的发行量较大，从 2012 年下半年开始，房地产信托将迎来一波兑付高峰。预计今年房地产信托到期规模 2 234 亿元，

总还款额约 2 500 亿元。其中，3 月是小高峰，到期规模约 220 亿元；7—9 月是到期大高峰，平均每月在 300 亿元以上。从目前了解的情况看，尚未出现房地产信托无法兑付的情况，但部分资产管理公司的介入在一定程度上反映了房地产信托兑付面临的困难。

用益信托工作室的数据显示，6 月基础设施领域融资发力，地方平台融资增加。房地产领域融资占比下降，房地产信托到期兑付风险一直是市场关注的焦点，监管层对新发行的房地产信托审批更为严格，而信托公司为防范风险，也纷纷开展项目风险排查，并逐渐转变业务方向。但是，在信托公司寻找到新的主营业务方向前，高收益、高报酬的房地产信托产品仍将是信托公司业务开展的重点。由于房地产开发商融资、投资者对高收益产品的需求以及信托公司对高报酬项目及转型期间的业务开展要求，房地产信托仍会占据较大比重。

资料来源：引自《上半年房地产信托融资逾 700 亿元　融资渠道畅通》，载《中国证券报》，2012 - 07 - 19，A03 版。

（三）投资的职能

投资的职能是指信托机构运用信托业务手段参与投资的功能。信托机构只有将信托资产进行各种各样的投资，才能使信托资产不断保值增值，使委托人和受益人获得较高的经济回报。只有在享有投资权和具有适当投资方式的情况下，信托机构财产管理的功能才能真正发挥。世界上大部分国家的信托机构都可以开办投资业务，我国也不例外。在我国，自 1979 年信托机构恢复以来，信托投资业务一直是它们最重要的一项业务。一些信托公司开发的股权投资信托计划，在职工持股、企业股份制改造中获得了很大的认同。

（四）代理与咨询的职能

代理与咨询的职能是指信托受托人利用其与交易主体各方建立的相互信任关系，为有关当事人提供代理和咨询事务的功能。这一职能不存在所有权转移的问题。在现代经济生活中，交易主体通常要了解与交易相关的各种信息，包括国家的法律法规、经济政策、项目的可行性、市场价格等。信托机构作为相关领域的专家，拥有专业的知识和信息，可以通过其业务活动充当“见证人”、“咨询人”与“中介人”，降低了信息不对称的程度和市场交易成本。

（五）服务社会公益事业的职能

这一职能是指信托可以为捐款者或资助社会公益事业的委托人服务，以实现其特定目的的功能。随着经济的发展和社会的进步，越来越多的人热心于教育、科研、慈善等公益事业，但他们对募集的资金缺乏管理经验，这时信托机构就可以发挥作用。采取公益信托的方式对捐助和募集的资金进行管理，既保证了资金的安全，又能增加资金的收益，有利于社会公益事业的不断发展。

三、信托的构成要素

（一）信托主体

信托主体包括委托人、受托人和受益人三方。三方当事人因信托行为而形成的、以信托财产为中心的特定法律关系称为信托关系。

1. 委托人

委托人是提出委托要求并对受托人进行授权以达到信托目的的主体。委托人可以是一个人，也可以是数人；可以是法人，也可以是自然人；但委托人必须是信托财产的合法所有者，拥有对信托财产完整的所有权、处置权、使用权与管理权，并能实现将这些权利转交给受托人。

根据我国《信托法》的相关规定，委托人享有以下权利：

(1) 委托人有权了解其信托财产的管理运用、处分及收支情况，并有权要求受托人做出说明。

(2) 委托人有权查阅、抄录或者复制与其信托财产有关的信托账目以及处理信托事务的其他文件。

(3) 因设立信托时未能预见的特别事由，致使信托财产的管理方法不利于实现信托目的或者不符合受益人的利益时，委托人有权要求受托人调整该信托财产的管理方法。

(4) 受托人违反信托目的处分信托财产或者因违背管理职责、处理信托事务不当致使信托财产受到损失的，委托人有权申请人民法院撤销该处分行为，并有权要求受托人恢复信托财产的原状或者予以赔偿；该信托财产的受让人明知是违反信托目的而接受该财产的，应当予以返还或者予以赔偿。

(5) 受托人违反信托目的处分信托财产或者管理运用、处分信托财产有重大过失的，委托人有权依照信托文件的规定解任受托人，或者申请人民法院解任受托人。

2. 受托人

受托人是指接受委托人的委托，并按其指示对信托财产进行管理和处分的主体。受托人在信托关系中十分重要，因此对受托人的资格也有严格的要求。

受托人应当是具有完全民事行为能力的自然人、法人。现代以融资为主要目的的信托中，受托人主要是法人。若受托人为法人，该法人应当是依法设立并取得法人资格，可以在核准登记的范围内从事管理、处分信托财产。在我国，信托公司是最重要的受托人，其组织形式为有限责任公司或者是股份有限公司。一份信托合同的受托人可以为多人，这称为共同受托。共同受托人应当共同处理信托事务，但信托文件规定对某些具体事务由受托人分别处理的，按合同规定进行。

受托人拥有按合同约定管理和处理信托财产的权力，同时也要履行相应的职责。我国《信托法》对受托人的义务和权限进行了具体的规定：

(1) 受托人应当遵守信托文件的规定，为受益人的最大利益处理信托事务。受托人管理信托财产，必须恪尽职守，履行诚实、信用、谨慎、有效管理的义务。

(2) 受托人除依照本法规定取得报酬外，不得利用信托财产为自己谋取利益。受托人违反前款规定，利用信托财产为自己谋取利益的，所得利益归入信托财产。

(3) 受托人不得将信托财产转为其固有财产。受托人将信托财产转为其固有财产的，必须恢复该信托财产的原状；造成信托财产损失的，应当承担赔偿责任。

受托人不得将其固有财产与信托财产进行交易或者将不同委托人的信托财产进行相互交易，但信托文件另有规定或者经委托人或者受益人同意，并以公平的市场价格进行交易的除外。受托人违反前款规定，造成信托财产损失的，应当承担赔偿责任。

受托人必须将信托财产与其固有财产分别管理、分别记账，并将不同委托人的信托财产分别管理、分别记账。

(4) 受托人应当自己处理信托事务，但信托文件另有规定或者有不得已事由的，可以委托他人代为处理。受托人依法将信托事务委托他人代理的，应当对他人处理信托事务的行为承担责任。

(5) 同一信托的受托人有两个以上的，为共同受托人。共同受托人应当共同处理信托事务，但信托文件规定对某些具体事务由受托人分别处理的，从其规定。

共同受托人处理信托事务对第三人所负债务，应当承担连带清偿责任。第三人对共同受托人之一所做的意思表示，对其他受托人同样有效。

共同受托人之一违反信托目的处分信托财产或者因违背管理职责、处理信托事务不当致使信托财产受到损失的，其他受托人应当承担连带赔偿责任。

(6) 受托人必须保存处理信托事务的完整记录。受托人应当每年定期将信托财产的管理运用、处分及收支情况，报告委托人和受益人。受托人对委托人、受益人以及处理信托事务的情况和资料负有依法保密的义务。

(7) 受托人以信托财产为限向受益人承担支付信托利益的义务。

受托人有权依照信托文件的约定取得报酬。信托文件未做事先约定的，经信托当事人协商同意，可以做出补充约定；未做事先约定和补充约定的，不得收取报酬。约定的报酬经信托当事人协商同意，可以增减其数额。

受托人违反信托目的处分信托财产或者因违背管理职责、处理信托事务不当致使信托财产受到损失的，在未恢复信托财产的原状或者未予赔偿前，不得请求给付报酬。

受托人因处理信托事务所支出的费用、对第三人所负债务，以信托财产承担。受托人以其固有财产先行支付的，对信托财产享有优先受偿的权利。受托人违背管理职责或者处理信托事务不当对第三人所负债务或者自己所受到的损失，以其固有财产承担。

(8) 设立信托后，经委托人和受益人同意，受托人可以辞任。受托人辞任的，在新受托人选出前仍应履行管理信托事务的职责。

3. 受益人

受益人是在信托关系中享受信托财产利益的人。受益人可以是委托人本人，即自益信托中的受益人，也可以与委托人不一致，即他益信托中的受益人。受益人不是签订信托合同的当事人，因此他无须具备有行为能力的条件。法律上的受益人资格通常没有专门规定，凡是具有权利能力的人都可以担当。

（二）信托客体

信托客体是指信托财产，也称信托标的物，是指委托人通过信托行为转移给受托人并由受托人按照信托目的进行管理或处分的财产。信托财产包括有形财产和无形财产两种形态。有形财产是指具有实物形态的财产，比如房屋、土地、设备等，无形财产不具有实物形态，比如专利权、商标权、著作权等。

信托财产具有一系列的特点。第一，信托财产的一个基本特点是必须有价值。如果财产本身没有价值或价值不确定，就无法正确计算收益。第二，信托财产必须可转让。信托财产只有转让给受托人，信托行为才能成立。第三，受托人只拥有信托财产的使用权和支配权，其所有权仍归委托人和受益人所有。第四，信托财产必须具有独立性。信托财产必须与受托人的固有财产严格区分开来，不同委托人委托的信托财产也要分别核算。同时，信托财产与委托人的其他财产也相互独立。第五，信托财产的形态在信托关系存续期间可以发生改变，这一特点也称物上代位性。

（三）信托目的

信托目的是委托人通过信托行为所要达到的目标。不同委托人的目的往往是不同的，可以有各种各样的内容，比如实现信托财产的保值增值、对信托财产的处分等。信托目的必须符合国家的法律规定，不能有悖于现行的法律法规，也不能损害他人的合法利益。我国《信托法》第十一条规定的信托无效情形中与信托目的不合法相关的有两款：一是信托目的违反法律、行政法规或者损害社会公共利益；二是专以诉讼或者讨债为目的设立信托。

（四）信托行为

信托行为是指以信托为目的的法律行为，或者是指合法设定信托的行为。为了使信托具有法律效率，信托行为的发生必须由委托人和受托人进行约定，这种信托约定可以有以下几种形式：①信托合同，就是委托人和受托人之间书面签署的信托证明。②个人遗嘱，是由委托人个人单方面做出的，体现的是委托人的意思表示。如果遗嘱指定的受托人不同意接管，则由法院另行指定受托人。③协议章程，就是以协议章程的形式而形成的信托关系。④法院命令，在强制信托中，法院可以按法律的有关规定颁布命令确立信托关系。

（五）信托报酬

信托报酬是受托人管理或处分财产所取得的报酬。信托报酬通常在信托合同中加以约定，可以是固定的，也可以按信托财产或信托收益的一定比率来计算。信托报酬可以向受益人收取，也可以从信托财产中提取。信托合同未做事先约定的，经过信托当事人协商同意，可以做出补充约定；未做事先约定和补充约定的，受托人不得收取报酬。受托人对信托财产在处理信托事务中并非自己的过失而造成的损失，可以在应得报酬之外，另行向受益人或委托人索取。

（六）信托的撤销与结束

信托的撤销是指通过一定的程序取消已建立的信托关系的法律行为。信托结束是指信托行为的终止。信托终止的事由包括：信托合同规定终止的事由发生；信托的存续违反信托的目的；信托目的已经实现，或者不能实现；信托当事人协商同意；信托被撤销或解除。

四、信托的种类

（一）按照信托标的物的不同分类

1. 资金信托

资金信托也称金钱信托，是一种以货币资金为标的物的信托业务，如单位资金信托、公益资金信托、个人特约信托等。在资金信托期间，受托人为了实现信托目的，可以变换信托财产的形式。目前，资金信托在各国信托业务中运用得比较普遍，也是最重要的一种信托业务。

2. 实物信托

实物信托是一种以动产或者不动产为标的物的信托业务。其中，动产是指原材料、设备、交通工具等可以移动的财产；不动产是指厂房、仓库和土地等不能随便移动或者移动后性质会有较大改变的财产。

3. 债权信托

债权信托是一种以债权凭证为信托标的的信托业务，如银行存款凭证、票据、保险单、借据等。受托人接受委托人转移的各种债权凭证后，可以为其收取款项、管理和处理债权，并管理和运用由此获得的货币资金。

4. 有价证券信托

有价证券信托是指委托人将有价证券作为信托财产转移给受托人，由受托人代为管理运用。例如，委托受托人收取股票的股息，行使股票的投票权；或者以股票作为抵押从商业银行获取贷款，然后再转贷出去，以获得收益。

（二）按照受托人对财产处理方式的不同分类

1. 担保信托

担保信托是指以确保信托财产的安全、保护受益人的合法权益为目的而设立的信托。受托人在受托期间并不运用信托财产去获取收益，而是妥善保管信托财产，保证信托财产的完整。例如附担保公司债信托，各债券持有人不能分管发债公司受押的财产，而是把财产转移给受托人，以保护受益人的权益。

2. 管理信托

管理信托是指以保护信托财产的完整、保护信托财产的现状为目的而设立的信托。在管理信托中，信托财产不具有物上代位性。如果以机器设备为对象设立管理信托，那么受托人可以将设备出租获取租金收入，但不可以将其出售，换成其他形式的财产。如果管理信托中的信托财产是房屋，那么受托人的职责就是对房屋进行维护，保持房屋原貌，可以将房屋出租，但不得改建。

3. 处理信托

处理信托是指改变信托财产的性质、原状以实现财产增值的信托业务。在处理信托中，信托财产具有物上代位性，即财产可以变换形式，如将财产变卖转为货币资金，再进行有价证券投资等。

（三）按照委托人数量的不同分类

1. 单一信托

单一信托是指信托机构接受单个委托人委托，依据委托人确定的管理方法单独管理和运用信托资金的行为。这种信托对于每个委托人的财产，从受托到运用都是个别进行的，账户也是独立的。

2. 集合信托

集合信托是指信托机构接受两个或两个以上委托人委托，依据委托人确定的管理方式或由信托投资公司代为确定的管理方式管理和运用信托资金。2002 年后，我国各大信托公司相继推出了大量的集合资金信托。

（四）按照信托关系建立的法律基础的不同分类

1. 自由信托

自由信托是指信托当事人依照信托法规，按自己的意愿自由协商而设立的信托。自由信托也称明示信托，是信托中非常普遍的一种。自由信托中的意思表示以委托人的意思表示为最重要的依据，但必须是受托人同意受托，受益人乐于受益。

2. 法定信托

法定信托是指司法机关依其权力指派确定信托关系人而建立的信托。这种信托的成立，由于缺少信托关系形成的明白表示，所以必须经司法机关根据有关文件资料等来确定当事人的信托意思表示，以此测定成立信托的真正意思表示，然后断定各当事人之间是一种真正的信托关系。

（五）按照信托事项性质的不同分类

1. 商事信托

商事信托是指信托事项所涉及的法律依据在商法规定范围之内的信托。商事信托的受托人一般是营利性的商业机构，因此也称营业信托。商事信托的具体种类有投资信托、房地产信托、商业人寿保险信托等。

2. 民事信托

民事信托是指以民法为依据建立的信托。民事信托的受托人不以营利为目的，故也称非营业信托。在这类信托业务中，受托人办理的大多是与个人财产有关的各种事务，比如财产管理、代理买卖、执行遗嘱等。

除了以上分类之外，还可以从其他角度对信托进行分类。例如，按照受益人是否为委托人本人进行分类，信托划分为自益信托和他益信托。自益信托是指委托人将自己指定为受益人而设立的信托，而他益信托的受益人为委托人以外的第三者。按照受益对象是否为特定人进行分类，信托划分为私益信托和公益信托。私益信托是指委托人为了特定人（自己或指定受益人）的利益而设立的信托，而公益信托是指委托人为学校、慈善、宗教及其他社会公益事业设立的信托，其受益人是不特定的。按照信托涉及地理区域的不同进行分类，信托可以划分为国内信托和国际信托。国内信托是指信托业务所涉及的范围限于一个国家境内，而国际信托所涉及的事项已超过一国的范围，产生了信托财产在国与国之间的转移。

第六节　融资租赁

一、融资租赁概述

融资租赁是指财务公司作为出租人，用自筹或借入资金，购进或租入承租人所需的设备，供承租人在约定的期限内使用，承租人分期向出租人支付一定租赁费的业务经营活动。

融资租赁主要包括直接租赁、转租赁、回租租赁、杠杆租赁和综合租赁等形式。

融资租赁是以资产为基础的融资，涉及轮船和飞机的融资租赁最普遍。在美国和英国，相当数量的大型项目是通过融资租赁方式来筹措资金的。与一般的融资方式相比，项目发起人能通过融资租赁方式利用这些国家对工厂和机器的资本性投资的减税政策，从而降低成本。

除了税收方面的好处外，还有其他原因使项目发起人和贷款人采用租赁方式来融资。例如，在没有可靠担保法的国家，对资产兼并提供资金时，租赁方式因其资产所有权归贷款人所有而具有很大的优势。项目融资中，当项目公司仅在项目建设或开发的一个特定阶段需要使用特定的资产时，也可以使用短期营运租赁。

改革开放后，融资租赁在我国逐渐成为一种普遍的融资方式。现在，我国已经有很多专门从事融资租赁的公司。

融资租赁是租赁融资的一种。租赁融资有经营租赁和融资租赁两种基本的类型。经营租赁是指一般租赁期较短并且在租赁期内承租人有权取消租约将租赁物退还出租人的租赁协议。经营租赁期在被出租资产的使用寿命中，通常只占较小的一部分。在经营租赁期间，出租人承担对出租资产的保养和维修责任，承租人的责任只限于按期缴纳租金。在租赁期结束时，承租人有权选择是将租赁资产退还出租人还是将其购入。

与经营租赁相反，融资租赁是一种租赁期限相对较长、承租人不能随意提前终止的租赁协议。在融资租赁期内，资产的使用价值在该资产的全部使用价值中占有较高的比重，有时高达 90%。在财务租赁期间，出租人虽然拥有被出租的资产，但是实际责任只限于提供一种融资，占有和使用被出租资产所需的一切费用、成本，包括维修、保养、保险，以及有关税收均需由承租人负担。承租人按照租赁协议定期支付租金，并且向出租人保证在租赁期满时支付一笔资金购入所租赁资产。融资租赁的应用范围十分广泛，小到一个机器设备，大到一个完整的工程项目。

按照租赁的结构，融资租赁又可进一步分为直接租赁和杠杆租赁两类。

直接租赁是指只有出租人和承租人两方参与的简单租赁形式。出租人自己安排资金购买被出租资产，然后将其租赁给承租人。直接租赁的租赁费分为固定费用和浮动费用两种形式。

杠杆租赁在第四章已经做了详细的介绍，这里不再赘述。需要强调的是，杠杆租赁不仅可以作为一种完整的项目融资模式，而且也可以作为一种债务资金形式而成为大型项目融资结构中的一个组成部分。但是，由于杠杆租赁的结构复杂，一种较普遍的看法是杠杆租赁的最小经济规模应不低于 500 万美元。

二、融资租赁的特点

融资租赁有以下特点：

（1）融资租赁的承租人是以融通资金为目的，为达到此目的，融资租赁的出租人就负有融通资金的责任。这种活动是一种金融投资活动，资金困难的承租人通过出租人的金融投资，解决了资金困难，达到了融通资金的目的，因此融资租赁是金融因素占主导地位的金融投资活动。

（2）融资租赁活动中，承租人享有并承担选择供货商及设备的权利和责任，出租人不能干预，除非承租人需要出租人的技术指导。

（3）承租期内，出租人负有对设备维修、保养的义务（合同中另有约定的除外），享有租赁物的所有权。

（4）融资租赁的租赁期一般都比较长，租赁期多以设备的使用期为限，因此大多是“一租到底”，直到租赁物残值为零。

（5）融资租赁的承租人大多是企业法人或其他营利性经济组织、公民，其表现为商业性而非消费性，对象多以动产为出租物。

（6）租赁期届满，一般以“留购、续租、退还”三种方式处置出租物，而大多是承租人以一定名义支付较小数额的费用取得出租物的所有权，作为固定资产投资。

三、融资租赁的优势

融资租赁在充当中小企业创业和技术创新融资主渠道方面具有得天独厚的优势：一是所有权与经营权相分离，有助于防范信用风险；二是融资与融物相结合，资本和贸易相统一，有利于节省融资成本，并降低相关各方的交易成本；三是方法灵活多样，可筹集更多的资金；四是含有较高的技术和信息量，有利于加强和改进金融服务。金融租赁的这些优势能使中小企业在“大银行不愿贷，小银行不敢贷，资本市场上市难”的困难环境下获得宝贵的融资份额，从而确保技术创新的顺利实施。

融资租赁的好处是多方面的，对于企业来说，可以用较少的启动资金获得急需的设备并进行生产；对于租赁公司来说，可以获得长期稳定的收入，而且由于租赁期间所有权没有转移，风险也相对较小；对于设备生产厂商来说，租赁使它们增加了客户，扩大了市场。正因为融资租赁具有“多赢”的效果，因此在发达国家，融资租赁已经成为设备投资的主要方式之一。平均计算，世界上设备销售的20%是通过融资租赁来完成的，美国的市场渗透率为30%，德国的市场渗透率为18%，日本的市场渗透率为8%。

就其特性而言，融资租赁的运作相对简单，而且有效规避了在金融运作中的信用风险，并不计入公司的资产负债表，所以不影响公司的资产负债结构。

专栏5—5

我国融资租赁业的发展状况

融资租赁的市场版图正不断扩大。继平安保险试水融资租赁后，河北银行拟设立金融租赁公司的消息扑面而来。2012年10月18日，中国融保金融集团宣布筹备成立融资租赁公司；此前一天，江苏舜天也表示将通过产权置换的方式持有南京租赁公司。除了上述公司外，更多上市公司和银行都将目光瞄向了融资租赁业。来自2012年湖北融资租赁论坛的数据显示，2012年上半年融资租赁公司至少增加了100家。按照目前融资租赁公司450家的规模计算，新公司成立的增幅已经超过了22%。不过，在行业火爆的背后，危机也潜伏下来。目前融资租赁行业的业务模式，除了银行系及大型企业公司以外，很大一部分公司实际只做了些简单的融资业务。随着城商行、上市公司纷纷加入这一领域，初步的竞争形态已经形成。资料显示，仅银行系租赁公司2012年上半年的总资产规模就比2011年底增长了25%，更多公司的增幅远远高于这个数据。

2012年上半年，全国融资租赁合同余额约12 800亿元人民币，比2011年底增加约

3 500亿元，增长幅度为37.6%，其中交银租赁、河北金融租赁、江苏金融租赁和华融租赁的利润增长分别为76%、60%、38%和21%。从2006年至2011年期间，国内的租赁余额更是从80亿元增长到9 300亿元，5年增长了115倍。但值得注意的是，目前国内的金融租赁领域，几乎都被有实力的外资、合资以及银行系把持。其中，财大气粗的银行系融资租赁公司尽管来晚，但借助银行的优势和客户资源，很快后来居上。

资料来源：引自《新公司扎堆半年增幅超22% 融资租赁业难免洗牌》，载《华夏时报》，2012-10-22，13版；经过编者的删减整理。

四、融资租赁合同与租赁合同的区别

这两种合同都是由出租人提供租赁物，由承租人支付租金并使用租赁物所形成的法律关系。它们的区别如下：

(1) 融资租赁合同的承租人对租赁物和供货人有自由选择权；租赁合同中的承租人无权选择。

(2) 融资租赁合同的租金由成本、购买租赁物的费用、利息等组成，租金是出租人融资的对价；租赁合同的租金是租赁物的使用对价，一般在租赁期届满时不能收回投资。

(3) 融资租赁合同中对租赁物的维修、保养由承租人承担；而租赁合同中租赁物的维修、保养由出租人承担。

(4) 融资租赁合同中，出租人主要是融通资金，一般不直接承担交付租赁物的义务，租赁物由供货人交付承租人，并承担由此产生的质量责任；租赁合同则是出租人按合同约定将租赁物直接交付承租人，并承担由此产生的质量责任。

(5) 租赁期满，融资租赁合同一般采用“退租、续租、留购”三种方法之一来处置；租赁合同期满，承租人必须按合同约定交还租赁物（或者续签租赁合同），不存在“留购”租赁物的问题。

(6) 融资租赁合同涉及多个当事人，其法律关系十分复杂；租赁合同只涉及出租人和承租人双方当事人的法律关系，相对而言，关系较单纯、简单。

五、融资租赁的基本程序

融资租赁业务关系复杂，涉及多方当事人，虽然不同的融资形式有其不同的业务操作程序，但基本程序大致如下。

1. 由承租人选定供货商和设备

承租人为了达到最有效的融资目的，选择最佳供货人和最适合的设备是关键的一步。承租人有能力自行选择的，可自行选择；如果承租人没有自行选择能力或能力不足以胜任，可以委托租赁机构代理选择，租赁机构代理选择结果被承租人认可后生效。

2. 承租人向租赁机构提出书面申请

申请时要填写“设备租赁申请书”，同时提交相关资料。

3. 初步协商

承租人与租赁公司就租期、租金、费率等进行初步协商。

4. 签订供货合同

出租人依据承租人选定的设备与供货商协商签订供货合同。如果是直接租赁，承租人和供货商签订租赁合同。

5. 签订租赁合同

承租人与出租人就租赁合同的具体内容进行平等协商，达成统一，签订租赁合同。租赁合同的内容主要包括租金、租金支付的方式、手续费率、租期、利率等双方的权利和义务。

6. 交货

交货是出租人的主要义务，但交货方不一定是出租人，一般都是由供货商直接将承租人选定的设备交给承租人，设备的检查验收由承租人负责，并在检查验收后向出租人开立收据，出租人凭收据向供货商支付设备价款。交货是出租人的主要义务，但质量检验仍由承租人负责，把好这一关是设备及时投入运转的关键。

7. 保险

设备的投保是出租人的义务。对保险费额，出租人可计入租金中一并计算，也可由承租人直接向保险公司投保，保费计入成本。

8. 支付租金

支付租金是承租人的义务。承租人应按合同约定的方式、数额、时间向出租人支付租金，如不按期支付则承担违约责任。

9. 租期届满，出租物的处理

租期届满，对出租物一般采用“退租、续租、留购”三种方式之一来处置。比较而言，双方大多采用“留购”方式，由承租人支付一定价款，取得出租物的所有权，作为固定资产投资。

需要说明的是，融资租赁在公司财务报告中的资产及负债的表现形式也与通常概念下的资产购置或借债的会计处理不同。在进入财务报表的期初，财务租赁表现在资产栏中的价值不是被租赁资产的实际购置成本或建设成本，而是租赁期间承租人所需支付的租赁费用经贴现后的现值；同样地，融资租赁表现在负债栏中的总额也不是实际贷款的本金，而是与资产栏中数值相等的租赁费用的现值。在此之后，租赁资产将在租赁期内摊销，与一般机器设备的折旧概念相似，而租赁债务被划分为债务本金及利息两个部分来处理。但是，融资租赁的上述会计处理原则与融资租赁的税务处理是完全分开的。这是在西方国家使用融资租赁安排融资的一个重要特点。

【本章小结】

项目的资金结构与选择是继项目的投资结构和融资模式之后的又一个项目融资的关键环节。所谓项目的资金结构与选择是指如何安排和选择项目的资金构成及来源。项目融资的资金构成一般有三个部分：股本资金、准股本资金和债务资金。本章对各种资金结构做了简单的介绍。

【本章关键术语】

股本资金	准股本资金	债务资金	商业银行贷款
国际辛迪加银团贷款	欧洲债券	信托资金	融资租赁

【本章思考题】

1. 股本资金、准股本资金和债务资金各有什么特点？在什么情况下，融资者倾向于选择股本资金和准股本资金？在什么情况下，融资者倾向于选择债务资金？

2. 国际辛迪加银团贷款为什么越来越受到融资者的青睐？

3. 简述欧洲债券、国际债券、扬基债券、武士债券的异同。

4. 经营租赁和杠杆租赁有何异同点？

第六章

项目的信用保证结构

学习目标

◇了解信用保证结构在项目融资中的重要作用；
◇掌握担保人的种类及担保文件；
◇了解项目担保的范围；
◇掌握项目融资物权担保的种类和特点；
◇掌握项目融资信用担保的种类。

第一节　担保概述

一、担保的定义和分类

（一）担保的定义

担保是一种特殊的民事法律关系，它通过在人的信用或者特定财产上设定法律关系，以保证债务的履行和清偿。它是指根据法律的规定或者当事人的约定，债务人（此时债务人自身就是担保人）或者第三方以其财产或信用向债权人保证债务履行的法律措施。从本质上说，担保是为保护债权人的利益，由国家制定或认可的一项法律制度。

广义的担保是民法及其他有关法律确定的关于债权保障问题的法律制度的总称，它包括调整担保关系的所有法律规范，包括《中华人民共和国民法通则》、《中华人民共和国合同法》、《中华人民共和国证券法》、《中华人民共和国公司法》等法律中有关担保的规定，2000年最高人民法院所做的《关于适用〈中华人民共和国担保法〉若干问题的解释》，行政机关制定的规范性文件，如《中小企业融资担保机构风险管理暂行办法》等。狭义的担保则是立法机关颁布的专门的担保法律规范，主要是《中华人民共和国担保法》（以下简称《担保法》），于1995年6月30日第八届全国人民代表大会常务委员会第十四次会议通过，自1995年10月1日起施行。

（二）担保的分类

根据不同的标准，对担保可做不同的分类，主要包括：

(1) 根据《担保法》第二条的规定，按照担保方式的特性，可以将担保分为保证、抵押、质押、留置、定金五种。

(2) 根据担保产生的依据和原因不同，可分为约定担保和法定担保。

(3) 根据担保标的划分，可分为信用担保和财产担保。信用担保也称人的担保，是以第三人的信用作为保证，担保债务人履行债务。信用担保主要是指保证的担保方式。财产担保也称物的担保，是指债务人或第三人以其自身的特定财产作为债务履行的保障。财产担保的主要方式有抵押、质押、留置、定金等。

这三种分类之间关系密切，如图6—1所示。在分析项目融资担保时，第三种分类应该重点分析。

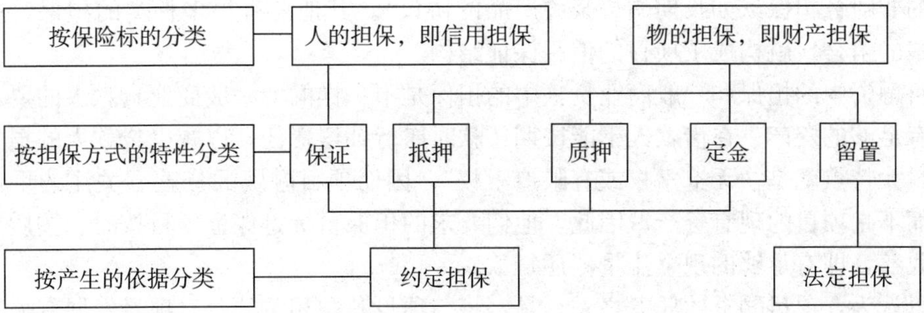

图6—1 担保的分类

二、理解担保在项目融资中的作用

（一）担保一般意义上的功能

从客观上说，担保促进了资金融通和商品流通，促进了社会主义市场经济的发展。首先，它的基本功能是通过提供信用增级服务，保障债权的实现。其次，它也具有补偿功能。

现代市场经济可看做一种信用经济，信用的使用可以促成交易、减少成本。当一个经济主体要进行某种经济活动，但由于其资信不被承认和接受而导致交易不能顺利进行时，运用担保，即以保证、抵押、质押、留置、定金等方式提供信用增级服务，可以降低信息不对称所导致的额外成本，进而达到一定的经济目的。

担保具有的补偿功能表现在：当债务人不履行债务或不完全履行时，债权人可以获得赔偿。这个功能是第二位的，这也是担保和保险的一个重要区别。

（二）担保在项目融资中的地位和作用

前面曾提到，通过风险的合理分配和严格管理，项目融资可以实现项目风险的分担，这也是它的根本特征。项目担保正是实现这种风险分担的一个关键所在：除了后面将要介绍的项目风险管理外，风险分担有一个重要的途径就是构造严谨的项目担保体系，以强化项目的信用等级。

出于对超出项目自身承受能力的风险因素的考虑，贷款方会要求项目的投资者或第三方提供担保。具体来说，担保在项目融资中会在两个方面起到重要作用：一方面，项目投资者自身风险的锁定，即其责任可限制在一定的项目发展阶段之内和有限的金额之内，从而可以避免承担全部的和直接的项目债务责任。另一方面，项目投资者可以将一部分风险转移给相关第三方。很多时候都存在一些对项目感兴趣，但由于某些商业原因或政治原因不能或不愿直接参与项目投资、项目经营的机构，将这些机构组织起来为项目提供担保，或者利用商业担保人的担保，都可以实现项目风险的分散承担，为项目的成功做出贡献。

（三）项目的信用担保是项目融资结构的生命线

项目的信用保证结构作为项目融资的四个基本模块之一，是防范项目融资风险的主要手段之一，其核心是融资的债权担保。债权担保包括物权担保和信用担保。这些担保可以是项目投资者提供的，也可以是第三方提供的；可以是直接的财务保证（如完工担保），也可以是间接的非财务担保（如长期购买某种产品的协议）。其他还有很多种类的担保，所有这些担保形式的组合，就构成了项目的信用保证结构。

项目融资中的担保和一般商业贷款中的担保是不一样的。一般商业贷款人的要求是：担保人应有足够的资产，在借款人不能按期还款时履行补偿责任，以减少贷款人的损失。项目融资的最大特点就是“无追索权或有限追索权”，因而项目融资的贷款方关注的重点是成功与否，而不是项目的现有资产。因此，他们要求的担保目标是保证项目按时、按质完工，获得预期收益，即有足够的现金流量偿还贷款。

可以认为，项目融资的任务之一就是：将与项目利益相关的及对项目发展有需求的各方所能提供的担保和所能承担的责任组织起来，使得其中任何一方都不会因财务负担过重或者项目风险过高而无法开发或经营项目，通过利用各方所提供的担保，组成一个强有力的项目信用保证结构，使其能够为贷款银行所接受。

一般来说，项目的信用保证结构与项目本身的经济强度相辅相成，项目的经济强度高，信用保证结构就相对简单；反之，信用保证结构就相对复杂和精密。因为对于银行和债权人来说，项目融资的安全性主要体现在两方面：一方面，项目本身的经济强度，这是基础；另一方面，来自项目之外的各种直接或间接的担保，这是保证。

三、项目担保人

项目担保人包括三个方面：项目的投资者、与项目利益相关的第三方以及商业担保人。

（一）项目投资者作为担保人

项目投资者，即项目主办人作为担保人（guarantor），是项目融资中最主要和最常见的一种担保，如图 6—2 所示。

一般来说，项目投资者会组建一个专门的项目公司来经营项目并以此为主体安排融资。但就项目公司而言，在资金、经营历史、资信水平等方面并不足以支持大规模融资，在很多

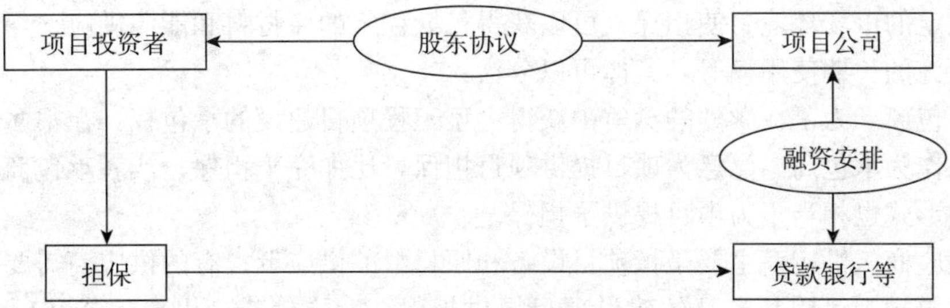

图 6—2 项目投资者作为担保人

情况下，贷款方会要求借款人（项目投资者）提供来自项目公司之外的担保作为附加的债权保证。因此，除非项目投资者能提供其他可被贷款银行认同、接受的担保人，否则投资者自己必须作为项目的担保人。

项目投资者对项目公司提供的担保，可以是直接担保（即直接担保项目公司的一部分债务），也可以是非直接的形式或以预防不可预见风险的方式出现。在前一种方式下，这种担保需要作为一种债务形式出现在项目投资者的资产负债表中，至少需要作为一种或有负债（contingent liability）在资产负债表的注释中加以披露；后一种方式则对项目投资者的资产负债表影响较小。这种对资产负债表结构影响的考虑，是任何一个企业开展经营活动时必须考虑的一个因素。这是因为，如果某一项目的债务并入公司的资产负债表会导致其结构恶化，比如资产负债率过高，将导致一系列的问题，包括降低公司的信用、提高其融资成本、削弱其抵抗财务风险的能力等。

（二）与项目利益相关的第三方作为担保人

所谓利用第三方作为担保人，是指在项目的直接投资者外，寻找其他与项目有直接或间接利益关系的机构，为项目的建设或者项目的生产经营提供担保，如图 6—3 所示。

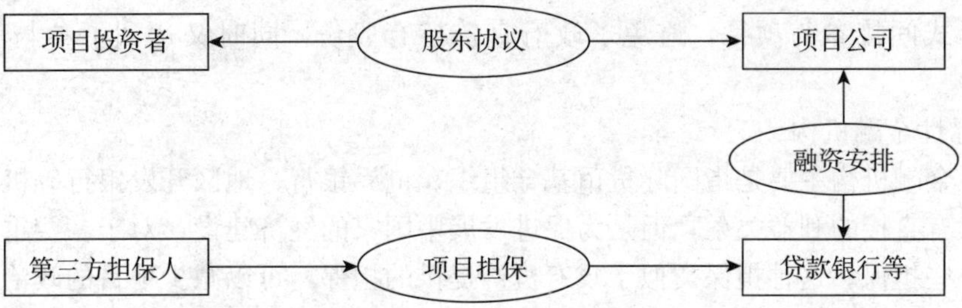

图 6—3 与项目利益相关的第三方作为担保人

这个过程是双赢的，对项目投资者而言，这些机构的参与在一定程度上分担了项目的风险，为项目融资设计一个强有力的信用保证结构提供了支持，从而可以吸引更多的贷款方。就第三方担保人而言，他们同样能在担保交易中获利。

能够提供第三方担保的主体主要有三类：与项目开发有直接利益关系的商业机构、政府机构、国际性金融机构。

1. 与项目开发有直接利益关系的商业机构

作为担保人，这类机构的目的是通过对项目融资提供担保，为自己换取长期的商业利益。这些利益包括获得项目的建设合同、获得项目设备的供应安装合同、使担保人自身产品获得长期稳定的市场环境、使担保人可以获得长期稳定的原材料和能源供应、保证担保人具有对项目设施的长期使用权等，具体可以分为：

（1）承包商。为了在激烈的竞争中获得大型工程项目建设的承包权，在很多情况下，大的工程公司作为承包商，愿意为项目提供项目担保，比如完工担保；或者承包商接受固定价合同，这种形式也相当于为项目提供了担保。

（2）供应商。供应商主要是指项目设备和原材料的供应者。有的供应商需要扩大自己产品的市场，愿意为使用其产品的建设项目提供担保。卖方信贷、出口信贷和项目设备质量（运营）担保等是项目设备供应商通常提供的担保形式。原材料供应商主要以长期、稳定、优惠价格的供应协议作为对项目的支持，这种协议通常带有无货亦付款合同（take or pay agreement）的性质，一般以提货并付款合同（take and pay agreement）的形式出现。

（3）产品（或设施）用户。对某种产品和服务有需求的客户愿意为生产该种产品或提供该种服务的建设项目提供担保。这种类型的担保多集中在能源、原材料和基础设施项目中，比如英国的北海石油项目。一般来说，产品用户采用长期无货亦付款合同或产量合同形式。这两类合同相当于保证书，可以作为从金融机构获得贷款的依据。因此，这种担保是项目的潜在用户从保障市场的角度为项目融资提供的担保或财务支持。

2. 政府机构

在项目融资中，政府机构作为担保人是相当普遍的。出于改善基础设施建设，完善投资环境，进而发展本国经济、增加就业、促进出口等方面的考虑，政府愿意为大型工程项目提供担保，比如高速公路、铁路、机场、医院等。

由于政府在一国经济中的特殊地位，它提供的担保是不可替代的。政府的介入可以减少政治风险和经济政策风险，稳定投资者的预期，增强其投资信心。BOT 可以作为一个很好的例证。在 BOT 模式中，政府以特许权协议形式提供的担保，是关键性的一个环节，否则投资财团不可能利用 BOT 模式组织起项目融资。

政府作为项目融资担保人的另一个目的在于：通过提供贷款担保或项目产品长期购买协议等担保形式间接参与项目，避免了政府直接持有股份，同时又达到了参与项目投资的目的。

3. 国际性金融机构

国际性金融机构主要是指国际货币基金组织、世界银行、地区开发银行等机构，它们虽然与项目没有直接的利益关系，但是为促进发展中国家的经济建设，对于一些重大项目，往往会提供一些担保。这种担保类似于政府机构提供的担保，可以减少项目的政治风险、商业风险，增强金融机构等贷款人的信心。

（三）商业担保人

商业担保人以提供担保为盈利手段，收取担保服务费用并承担项目的风险。可以看出，商业担保人在性质上与前面两种是不一样的。商业担保人通过分散化经营来降低自己的风险，主要包括银行、保险公司和其他一些专营商业担保的金融机构。商业担保人提供的担保服务主要有两种：

（1）商业银行、投资公司和一些专业化的金融机构，以银行信用或银行担保的形式，担保项目投资者在项目中或项目投资中必须承担的义务。

（2）为了防止项目意外事件的发生而提供的担保。这类担保人一般为各类保险公司。项目保险（project insurance）是项目担保组合中一个重要和关键的组成部分。保险公司为项目保险的内容比较广泛，险种涉及项目的商业风险以及项目的政治风险等。

专栏 6—1

国内最大担保公司力挺中小企业

由于国内外经济金融环境的影响，中小企业受成本上升、出口下降的两头挤压，资金需求量明显上升，融资难问题进一步凸显。正是因为企业资金紧张，随之而来的对融资需求的大增，给担保业带来了一丝“利好”。在此背景下，国内最大规模的担保机构——中合担保孕育而生。

“这家担保公司是由国家发改委发起，以 51.26 亿元资本金规模排名国内第一，目前也是唯一一家 AAA 级评级的担保机构。”在近日举行的中合中小企业担保股份有限公司业务合作签约仪式上，中合担保总经理周纪安介绍说。

据了解，在签约当天，中合担保与中国中小企业协会以及工商银行北京分行、中国银行北京分行、建设银行北京分行等 9 家商业银行签订了战略合作协议。“它们将为中合担保提供超过 500 亿元的授信额度，这充分显示了战略合作伙伴对中合担保的信心和期望。”周纪安还透露，未来半个月到一个月，这一数字可能会继续上升。

在金融市场化不断深化的背景下，业内人士认为，中小企业担保的市场空间越来越小。例如，随着利率市场化的推进，不少贷款风险自然就会通过利率的市场化浮动来反映和化解，担保的必要性在降低。又如，企业直接融资的比例在不断上升，又缩小了目前以贷款担保为主要业务的担保市场。对此，周纪安认为：“这种观点太悲观了，我对中小企业担保市场前景很乐观。”在他看来，金融市场化反而给担保提供了巨大的商机。“直接融资比例是在不断提高，这恰恰给中合担保提供了机会——比如中小企业集合债的大发展，不是我们的机会吗？做这种担保业务有个前提，需要强大的资金实力和风险控制能力，而这正是中合担保的优势所在。”

一直以来，中小企业担保业务被认为是利润薄、成本高，不如做大企业的担保业务利润高。对此，周纪安有不同的看法。他认为，其实大企业客户的议价能力远强于小企业，所以中小企业担保业务的利润率不见得低。中小企业担保业务的成本尤其是筛选成本确实比较高。“对此，我们考虑从流程控制、量化模型和风险资本测算与配置三个层次进行控制。”

值得一提的是，中合担保的成立，其背后的“豪华”股东阵容颇为引人注意，其中包括中国进出口银行、美国摩根大通集团、海航资本控股有限公司、宝钢集团有限公司、西门子（中国）有限公司等。

资料来源：童芬芬：《金融市场化为担保业带来发展机遇，国内最大担保公司力挺中小企业》，载《中华工商时报》，2012-10-10，2 版。

四、项目融资担保文件

项目融资担保文件可分为三种：基本文件、融资文件和专家文件。从广义上说，可以认为几乎所有的文件都是对贷款方的保证。下面列举的是与担保关系较为直接的项目文件。

（一）基本文件

基本文件主要包括七个文件：政府的项目特许经营协议和其他许可证；承包商和分包商的担保以及预付款保函；原材料供应合同；能源供应合同；产品购买协议；项目投保合同；项目经营协议。

（二）融资文件

融资文件主要包括贷款协议、担保文件、支持性文件三类文件。

1. 贷款协议

贷款协议包括消极保证、担保的执行。

2. 担保文件

担保文件包括以下内容：

（1）对土地、房屋等不动产抵押的享有权。

（2）对动产、债务以及在建生产线抵押的享有权。

（3）对项目基本文件赋予权利的享有权。

（4）对项目保险的享有权。

（5）对销售合同、照付不议合同、产量或分次支付协议以及营业收入的享有权。

3. 支持性文件

支持性文件包括以下方面：

（1）项目发起方的直接支持：偿还担保、完工担保、运营资金保证协议、超支协议和安慰信。

（2）项目发起方的间接支持：无货亦付款合同、产量合同、无条件的运输合同、供应保证协议。

（3）东道国政府的支持：经营许可、项目批准、特许权利、不收归国有的保证、外汇许可等。

（4）项目的保险：商业保险、出口信贷担保和多边机构的担保。

第二节　项目担保的范围

项目担保的范围必然是项目融资实施过程中的各种风险，但项目融资不能解决所有的风险问题，只能有重点地解决贷款银行最为关心的那部分风险问题。下面分别介绍商业风险、政治风险、金融风险、或有风险。

一、商业风险

商业风险是项目融资的主要风险，大多数商业风险属于可控风险，即核心风险。对于这类可控风险，作为贷款方的金融机构一般会要求项目投资者或者与项目有利益关系的第三方提供不同程度的担保，尤其是在项目完工、生产成本、产品市场三个方面。

（一）项目完工风险

项目按时、按质完成并顺利投产，是组织项目融资的基础。完工风险是指项目无法完工、延期完工或者完工后无法达到商业完工[①]标准的风险，它是项目融资的主要核心风险之一。完工风险意味着项目公司利息支出的增加、贷款偿还期的延长和市场机会的错过，其大小取决于项目技术要素、承包商的建设开发能力和资金运筹能力、承包商所做承诺的法律效力以及履行承诺的能力等。

项目在建设期和试生产期存在各种不确定因素，贷款银行承受的风险最大，所以项目完工担保也成为项目融资担保中一个最主要的担保条件。

这个阶段的担保一般都由项目投资者提供，承诺在出现项目工程延期、建设成本超过预算等问题时为项目提供资金。有时，担保人被要求在项目无法达到完工标准时偿还全部的项目贷款。例如，我国电厂项目承包商一般就是地方电力部门下属的工程公司，所以大多数情况下，都由电力公司为承包商提供完工担保。

近年来，随着市场竞争的激烈，同时迫于项目投资者的压力，出现了一个新的发展趋势，即贷款方被要求承担一部分完工风险。做法是：对于一些投资环境较好、技术比较成熟的项目融资，贷款银行转向从工程公司、设备供应公司等其他项目参与方获得完工担保，包括采用固定价格的“交钥匙”合同等，从而减少了对项目投资者在完工担保方面的要求。

显然，在设计项目融资信用保证结构的过程中，项目的完工风险如何在项目投资者和贷款方之间分担就成为谈判的焦点。

（二）生产成本风险

生产成本风险是指原材料、能源的供应是否质优价廉、长期可靠，也称项目上游风险。项目在生产中能否以较低的价格得到原材料等的供应，是项目能否在激烈的市场竞争中取胜的重要条件，因为低廉、稳定的供应意味着项目产品成本的降低和项目建设的平稳、连续。一般来说，供应商越少、供给量越大、某种原材料或能源的需求弹性越小（即以别的代替现有的越困难），项目就越容易被上游的供应商“卡脖子”，由此导致的生产成本风险就越大。控制这种风险的有效方法主要有：项目公司和相关供应商签订长期的原材料、能源供应协议，供应数量、期限和价格都在协议中加以规定；另一种方法是，结合项目所在地的通货膨胀指数综合确定生产成本的变化幅度。这两种方法的共同目的都是在安排融资的时候，可以对项目成本有一个大概的估计，从而减少不确定性。

（三）产品市场风险

市场风险是指产品在市场上的销路和其他方面的不确定性。项目产品在市场上的销售情况和其他表现直接决定项目投产后的效益及整个项目的成败。因此，降低市场风险同样是项

---

① 贷款银行一般不把项目的建设结束作为项目完工的标志，而是遵循“商业完工”的概念。也就是说，在融资文件中具体规定项目产品的产量，质量，原材料、能源消耗定额以及其他技术经济指标和项目达到这些技术经济指标的时间下限等，只有项目在规定时间内满足这些指标时，才被贷款银行认为是正式完工。典型的“商业完工”标准包括完工和运行标准、技术完工标准、现金流量完工标准、金融完工标准等。

目担保所必须面对的一个主要问题。前面提到的无货亦付款合同和提货并付款合同是担保解决产品市场风险的具体做法。

当然，市场风险包括价格风险、竞争风险和需求风险。不同的项目面临的风险不一样①，贷款银行在处理各种风险因素时的侧重点也不一样。对于初级能源和资源性产品项目，如煤炭、石油、金属矿等，需求风险和价格风险比较大。所以，如果没有一方肯承担需求风险和市场风险，安排项目融资就非常困难；对于加工制造业，比如机械制造，产品种类繁多，销售市场也很复杂，贷款银行更重视控制生产成本和现金流量，会要求项目投资者承担更多的成本风险；对于居于两者之间的项目，比如纸浆、钢铁等，原材料成本和产品市场在项目中均处于重要地位，贷款银行可能要求在两个方面都提供一定的项目担保。

二、政治风险

政治风险是指由于战争、国际关系冷暖、政权交替、恐怖活动等导致项目的资产和权益受到损害，甚至导致项目失败的风险，主要表现为两大类：一类是国际风险，即东道国政府由于某种政治原因或外交原因，导致战争或强烈的国际关系变化，从而对项目实行征用、没收，或对项目产品实行禁运和抵制等，进而使债务链条中断、贷款人受损；另一类是国内风险，即东道国政策不具有连续性，法律和政策环境改变，从而改变项目的利益分配结构。

政治风险存在于整个项目的建设和运营阶段。没有政治风险担保，很难组织起有限追索的项目融资结构。

在项目融资中，主要是通过以下一些方式来减小政治风险的影响力，从而获得一个较稳定的投资环境：

（1）政治风险保险，包括商业性质的保险和政府机构的稳定性保证。

（2）努力寻求东道国政府、中央银行、税收部门以及其他有关的政府机构的书面保证，争取得到它们的政策支持，即在税收和外汇管制等方面尽量采取有利于项目的措施。

政治风险不同于商业风险，后者是可控的，一般项目投资者自身很难解决政治风险问题，因而需要第三方参与，为贷款银行提供政治风险担保。这种担保通常由项目所在国政府和中央银行提供，有时还需要世界银行、地区开发银行以及一些工业国家的出口信贷和海外投资机构等提供担保。

此外，商业担保公司逐渐参与政治风险担保是最近的发展趋势，因为有些项目不具备政府出口信贷或保险机构提供政治风险担保的条件，或者风险价值超过政府机构进行政治风险担保的限额，或者项目投资者不满意政府政治风险担保的条件。

三、金融风险

项目的金融风险和政治风险一样，都属于不可控的外围风险，主要是指由于项目发起人不能控制的金融市场变化对项目可能产生的负面影响，主要包括汇率的波动、利率的变化、国际市场商品和劳务价格的涨跌，特别是能源和原材料价格的上升、项目产品价格的下

① 有些产品，比如黄金、白银等，被认为只有价格风险而需求风险不予考虑，因为存在这些商品交易的标准市场，如伦敦有色金属市场。但是，对于多数产品来说，三种形式的市场风险并存。

跌等。

对金融风险的防范和分担，贷款人应视具体情况采取不同的措施：对汇率和利率风险，可以通过使用金融衍生工具进行套期保值，锁定风险。不过，这种方法在东道国金融市场不完善的情况下会受到限制。此时，境外项目发起人和贷款银行一般会要求东道国政府或国家银行签订远期外汇兑换合同，把汇率水平锁定在某一价位上，从而降低汇率波动带来的风险。但是，东道国政府和国家银行一般不愿意承担这个风险，此时需要项目公司同政府以及银行签订专门的合同，规定在一定范围内由各方分摊相应的汇率风险。

四、或有风险

或有风险也称不可预见风险，主要是指地震、火灾等由不可抗力带来的不确定性。避免这类风险主要是采用商业保险的方法。

不论项目担保的形式和性质如何，贷款银行总是坚持作为担保的第一受益人。此外，对于期限较长的项目融资，贷款银行会在基本项目担保的基础上增加一些特殊的规定，以避免自身的利益因外部环境的变化而受到损害。

安排项目担保的步骤如下：

(1) 贷款银行向项目投资者或第三方担保人提出项目担保的要求。

(2) 项目投资者或第三方担保人可以考虑提供公司担保，如果公司不被接受，则要考虑提供银行担保。

(3) 在银行提供担保的情况下，项目担保成为担保银行与担保受益人之间的一种合约关系。

(4) 如果项目所在国与提供担保的银行不在同一国家时，有时担保受益人会要求担保银行安排一个当地银行作为其代理人，承担担保义务，而担保银行则承诺偿付其代理人的全部费用。

第三节　项目融资物权担保

物的担保比较直接，相关的法律界定也比较清楚。在项目融资中，物的担保在性质和形式上与传统的公司融资等融资结构中的担保没有多大区别，因为都体现在相关方对资产的抵押和控制上。

在项目融资中，物的担保主要是指项目公司以项目资产或第三方以自身资产为履行贷款债务提供的担保。通过提供物权担保来约束项目有关参与方，使其认真履行合同，保证项目顺利建成和运营。在对项目资产设定物权担保时，项目的资产是作为一个单独完整的整体出现的，即这部分资产与借款人的自身资产之间有一道“防火墙”。必要时，贷款银行可以实行对项目资产的管理权，也就是在借款人违约时，取得对担保资产的直接占有，或者为贷款人自身的利益经营这些项目资产，或者出售担保物及其与之相关的权益，并优先于其他债权人得到补偿。

项目融资中的物权担保按担保标的物的性质不同，可分为动产物权担保和不动产物权担保；按担保方式不同，可分为固定设押和浮动设押。

一、分类一——不动产物权担保和动产物权担保

（一）不动产物权担保

不动产是指土地以及房屋、林木等地上定着物。在项目融资中，项目公司一般以项目资产作为不动产担保。需要指出的是，用于提供担保的不动产仅限于项目公司的不动产，而不包括或仅包括很少部分项目发起人的不动产，这是项目融资中的风险隔离机制，对项目发起人是有利的。

如果借款人违约或者项目失败，贷款人往往接管项目公司，或者重新经营，或者拍卖项目资产，以弥补其贷款损失。不过，这种弥补对于巨额的贷款金额来说，往往是杯水车薪。因为项目的失败往往会带来项目资产，特别是不动产本身价值的下降，难以弥补最初的贷款额。例如石油管道项目，如果管道的流量很少，那么管道设施本身只是废铁一堆。

（二）动产物权担保

动产物权担保是指借款人以自己或第三方的动产作为债务偿还的保证。动产又可分为无形动产和有形动产两种，前者如合同、特许权、股份和其他证券、应收账款、保险单、银行账户等，后者如船舶、设备、商品等。由于处理动产物权担保在技术上比处理不动产物权担保方便，所以在项目融资中使用较多。

1. 无形动产物权担保

无形动产物权担保主要包括以下6种：

（1）项目发起人取得的各种协议和合同（project agreements），如经营和维护合同、购买合同、供应合同、运输合同和收费合同等。

（2）特许权协议（concession agreement or license）。项目公司得到的特许权协议对贷款人来说是一个很重要的物权担保，在BOT模式中尤其关键，如果没有特许权协议作为担保，其他担保的功能将十分有限。当然，如果东道国政府不允许将本国企业拥有的特许权转让给外国的投资者，此时的特许权协议就不能作为关键的无形动产物权担保了。

（3）保险单（project insurance）。将项目保险单的受益人更改为贷款人并以此作为一种担保时，保险的覆盖期限应与项目贷款的有效生命期相吻合。

（4）项目发起人持有的股份（equity）。项目发起人将其拥有的项目公司的股份作为担保资产抵押给贷款人，也是一种项目担保的操作思路。

（5）各种保函（project bonds）。例如，项目承包商从其贷款银行处开出的完工保函，就可以作为对银行的担保资产。这种完工保函由承包商的往来银行签发，是一种即期付款凭证，其金额一般相当于承包价款的2%～20%。提供担保后，贷款人就享有这种凭证的收款权利，且当出具票据要求银行付款时，不需提供承包商违约的任何证明。

（6）银行账户（bank accounts）。项目融资一般至少有两个银行账户，即支出账户①和

① 支出账户负责项目的支出费用，即项目的经常性支出、资本性支出和银行利息支出等。收入账户负责管理项目的收入，如项目产品销售收入、保险费理赔收入等。

收入账户。项目融资必须使贷款人相信，他们能完全控制项目公司的这些银行账户，从而控制项目的现金流量。很显然，项目公司从这些账户中提取资金将受到贷款人的监督和管理。

2. 有形动产物权担保

(1) 项目生产中的厂房、仪器设备等动产。这种动产担保会受到东道国法律的影响，如法国法律规定：只有该贷款人贷款购买的机器设备才能作为对该贷款人的权益担保，任何第三者提供的机器设备都不能充当担保资产抵押给贷款人支配。

(2) 项目产品。这种方式操作起来比较复杂，项目的不同性质决定了项目公司对项目产品支配权的大小不同。例如，许多国家规定，对于煤炭或矿产品只有开采出来才能作为担保资产，任何未开采出来的煤炭和矿产资源都是国家的财产，属于政府部门所有，不能抵押给任何企业和个人。

一般来说，在项目融资中，无形动产物权担保的意义更大。一方面，有形动产的价值往往因为项目的失败而价值大减；另一方面，因为无形动产涉及多个项目参与方，其权利具有可追溯性，而且这种追溯有合同等文件作为书面保证。可以说，项目融资中的许多信用担保最后都作为无形动产物权担保而成为对贷款人的一种可靠担保。因此，无形动产物权担保和信用担保相比，两者往往具有同等的作用。例如，无货亦付款合同本身是一种信用担保，但当该合同作为无形资产掌握在贷款人手中时，贷款人就享有了该合同中的权利；此时，合同就成为无形动产物权担保了。

二、分类二——固定设押和浮动设押

设押（charge）这种担保形式不需要资产和权益占有的移转或者所有权的移转，而是债权人与债务人签署一项协议。根据该协议，债权人有权使用该项担保条件下资产的收入来清偿债务人对其承担的责任，并且相对于无担保权益的债权人和有次担保权益的债权人而言，设押这种担保形式中的债权人对这项收入有优先的请求权。这种担保又进一步分为固定设押（fixed charge）和浮动设押（floating charge）两种形式。

（一）固定设押

固定设押是指与担保人的某一特定资产相关联的一种担保。在这种担保形式下，担保人在没有解除担保责任或者得到担保受益人的同意之前，不能出售或者以其他形式处置该项资产。置于固定设押下的资产如果属于生产性资产，则担保人只能根据担保协议的规定，对该项资产进行正常的生产性使用；如果设押资产是不动产或银行存款，则担保人原则上是无权使用该项资产的。前面涉及的动产和不动产物权担保都是固定的物权担保，即借款方作为还款保证的资产是确定的，如特定的土地、厂房或特定的股份、特许权、商品等。当借款方违约或项目失败时，贷款方一般只能以这些担保物受偿。

（二）浮动设押

浮动设押产生于19世纪的英国，后来在其他很多国家得到普及，它一般不与担保人的某一项特定资产相关联。在正常情况下，浮动设押处于一种“沉睡”状态，直到违约事件发生、担保受益人行使担保权时，担保才变得具体化，置于浮动设押下的资产才被置于担保受益人的控制之下。在担保变得具体化之前，担保人可以自主地运用该项资产，包括将其出售。由于这种担保方式在某特定事件发生时才最后确定受偿资产，所以被形象地称为“浮动设押”。

在项目融资中，浮动设押方式较受欢迎。首先，借款方以充分的项目资产作为浮动设押担保物，不必担心项目资产会被一个贷款人独占。因为项目贷款人虽有多个，但贷款人之间事先已签有平等受偿的协议。其次，当借款方违约时，贷款方可以任命财产管理人和经理人接管整个项目，以保证自己的利益不受损失。这是其他担保方式所无法比拟的。最后，在浮动设押下，项目公司拥有对担保资产进行加工和处置的权利，包括对原材料、营业用具、现金和其他动产的处置等，而不必为新获得的资产签订担保合同，或为每一次资产处置请求许可。

三、项目融资中物权担保的局限性

在多数情况下，项目融资所设定的物权担保，其作用更多地体现为消极、防御性的，而不是积极、进攻性的，即它的主要作用是贷款人防止借款人的其他债权人在项目的资产上取得不对称的利益，使自己处于不利的地位。但在实际操作中，物权担保在项目融资中存在诸多不足之处，往往使贷款人不能单纯地从物权担保中获取保障。这些不足之处表现在：

（1）项目资产一般很难出售，比如很少有人愿意购买离岸石油管道设施。

（2）强制执行的救济办法受到法律限制，尤其是在大陆法系国家，比如法律要求必须以公开拍卖的方式强制执行担保物权。

（3）即使在项目公司违约时，依照某些国家的法律，贷款人仍有继续经营该项目的权利，但由于主办人已经宣告失败，贷款人很难取得成功。

（4）有些国家的法律（如英国担保法）承认浮动设押，但有些国家却不承认。因此，在这些国家，贷款人在设定担保物权时就受到限制，比如他们无法在项目公司的库存、设备及项目所必需的动产上设定担保物权。

（5）由于政治上的原因，要强制执行东道国的项目资产或出售东道国政府的特许权协议，一般很难办到。

第四节　项目融资信用担保

项目融资中的信用担保，即通常所说的项目担保（project guarantee）。人的担保在项目融资结构中的基本表现形式是项目担保，即以法律协议方式向债权人做出的承诺并由此承担一定的义务。按照项目担保所做出法律承诺的不同，可以分为两种情况：一是担保人承担第二位的法律责任，只有在被担保人（主债务人）不履行其对债权人（担保受益人）所承担义务的情况下，担保人才承担被担保人的合约义务。显然，这种担保义务具有附属性质，是附属或依存于债务人和债权人之间的合约的。二是担保人承担第一位的法律责任。在这种担保条件下，担保人承诺根据融资文件或者担保文件中的有关条款，只要担保受益人提出要求，担保人将立即支付给受益人规定数量的资金，而不管债务人是否真正违约。因此，这种担保是相对独立于债务人与债权人之间的合约的，也称即期担保（demand guarantee），如项目的完工担保就属于此类担保。

项目担保是在贷款银行认为项目自身的物权担保不够充分时，要求借款人（项目投资者）提供的一种人的担保。它为项目的正常运作提供了一种附加的保障，降低了贷款银行在项目融资中的风险。项目担保是项目融资结构中的一个重要组成部分，在一定程度上可以说是项目融资结构的生命线，它是实现项目融资风险分担的关键所在。

根据项目担保在项目融资中承担的经济责任不同，可以将其划分为四种基本类型：直接担保、间接担保、或有担保、意向性担保。不论何种形式的担保，其经济责任都是有限的，这是项目融资结构和传统公司融资结构的一个重要区别。

一、直接担保

作为一种传统的担保方式，直接担保（direct guarantee）是指担保人以直接的财务担保形式为借款人按期还本付息而向贷款银行提供的担保，具有直接性和无条件性，是融资项目必需的最低信用保证结构。直接担保的担保责任主要体现在两个方面：在时间上加以限制和在金额上加以限制。

（一）在时间上加以限制

项目在建设期和试生产期的完工担保是最典型的在时间上加以限制的直接担保。它所针对的项目风险主要是成本超支风险，即项目不能按规定的时间和预算计划完工及经营的风险。由于在项目的建设期和试生产期，贷款银行所承受的风险最大，项目能否按期建成并按照其设计指标进行生产经营是以项目现金流量为融资基础的项目融资的核心，因此完工担保就成为项目融资结构中一个最主要的担保种类。根据提供担保的不同当事人，完工担保可分为两类：由项目发起人提供的完工担保和由项目工程承包公司提供的完工担保。对于项目投资者，提供或组织这类担保的最大利益在于：通过在有限时间内的无限责任担保来避免或减少长期的直接项目担保。

（二）在金额上加以限制

项目融资中经常使用的资金缺额担保（cash deficiency guarantee）是一种典型的在金额上加以限制的直接担保，主要是为项目完工后收益不足的风险提供担保，其目的是保证项目具有正常运行所必需的最低现金流量，即具有至少能支付生产成本和偿还到期债务的能力。其主要特点是在完成融资结构时已事先规定了最大担保金额，因而在实际经营中，不管项目出现何种意外情况，担保的最大经济责任均被限制在这个金额之内。这种担保的担保人往往是由项目发起人承担。

确定担保金额通常需要花费借贷双方大量的时间，具体可分为两种情况：一是对防止生产成本超支或者项目现金流量不足的有限担保，通常的做法是根据项目的现金流量模型计算出维持项目运行的最低资金需要，以此作为决定担保金额的基础；二是对用于防止建设成本超支的有限担保，相比之下会困难一些，因为多数贷款银行更倾向于接受只有时间限制而没有金额限制的完工担保。在实际操作中，一般是以此类项目的行业通行做法为依据。

项目发起人在履行资金缺额担保义务时，一般有三种具体操作方法：

(1) 担保存款或备用信用证，即由项目发起人在指定银行存入一笔事先确定的资金（一般为该项目正常运行费用总额的25%～75%）作为担保存款，或者由指定银行以贷款银团为受益人开出一张备用信用证。这种方法一般在为新建项目安排融资时采用，与提供完工担保的方法类似。当项目出现现金流量不足以支付生产成本、资本开支或者偿还到期债务时，贷款银团就可以从担保存款或备用信用证中提取相应资金。

(2) 建立留置基金（retention fund），即建立一个备用的留置基金账户。该账户主要记录项目的年收入扣除全部的生产费用、资本开支以及到期债务本息和税收之后的净现金流量，主要是在项目出现不可预见的问题时使用。项目投资者一般不得使用该基金，只有当项目实际可支配资金总额大于项目最小资金缺额担保额时，项目发起人才能从项目中以分红或其他形式提走资金，取得利润。

(3) 由项目发起人提供项目最小净现金流量担保，即保证项目能有一个最低的净收益，作为对贷款银行在项目融资中可能承担风险的一种担保。

专栏6—2

融资担保的传统模式

信用担保机构作为连接银行和企业的一种中介，在增强企业资信水平及提高银行贷款资产安全性等方面起着重要作用。近年来，国家大力发展信用担保机构，通过担保为中小企业实现信用增级。融资担保的传统模式一般是担保公司为项目公司的银行贷款提供担保，如果项目公司无法按期偿还银行贷款本息，则担保公司在担保额度内负有还款的责任，而担保公司则按担保金额收取担保费。

这种传统的担保模式往往造成担保公司风险和收益的不对称，产生风险大于收益的结果，在很多时候需要自我消化因担保失败产生的风险。造成担保公司风险与收益不匹配的原因是：一方面，因为融资担保的高风险特性。一般来说，如果项目本身风险较小，或项目公司信用级别较高，商业银行可以直接发放信用贷款。而需要担保公司进行担保的，项目风险往往较大。另一方面，是由于融资担保的低费率要求。对于风险高的项目而言，担保公司的担保费率不能过高，否则将加大项目的融资成本和财务风险。

这种风险与收益的不对称可能会造成担保公司的经营风险加大，增加担保公司的破产风险；为了控制风险，担保公司往往选择只给低风险的大企业、大项目做担保，而不选择中小企业。这对于缓解中小企业“融资难”的问题十分不利。

二、间接担保

间接担保（indirect guarantee）也称非直接担保，是指项目担保人不以直接的财务担保形式为项目提供的一种财务支持。间接担保多以商业合同或政府特许权协议形式出现。就贷款银行而言，这种类型的担保同样构成了一种确定性的、无条件的财务责任。

任何一笔项目融资交易都需要采用一系列的合同将借款人、贷款人、主办者及项目的其他参与者联结起来，借以确定他们彼此之间的权利义务，并为资金提供者提供一种担保。在项目融资中，可以作为项目担保的主要合同或协议有产品销售协议、项目建设合同、项目经营和维护合同、项目供应合同等。

（一）以产品销售协议提供的间接担保

由于销售协议的种类不同，其担保功能也有较大差别。各种销售协议介绍如下：

1. 以无货亦付款合同提供的间接担保

无货亦付款合同①是指买卖双方达成协议，买方承担按期根据规定的价格向卖方支付最低数量项目产品销售金额的义务，而不问事实上买方是否收到合同项下的产品。这里的买方可以是项目发起人，也可以是其他与项目利益有关的第三方担保人，卖方则是项目公司。但是多数情况下，在项目产品的购买者中，至少有一个是项目的发起人。

无货亦付款合同的特点为：①它是一种长期销售合同，即该协议的期限应不短于项目融资的贷款期限（这个期限可以长达十几年）；②买方在合同项下的支付义务是无条件的和不可撤销的，即使买方未收到合同项下的产品，仍要履行其支付义务，具有明显的强制性；③在数量和价格方面，协议的价格以市场价格为基础，但一般都规定有最低限价，而且购买的数量不低于项目达到设计生产指标时的产量。

因此，可以看出，无货亦付款合同的基本原则是：项目产品的购买者所承诺支付的最低金额应不少于该项目生产经营费用和债务偿还费用的总和。它实际成为了项目产品买方为项目公司所提供的一种财务担保，项目公司可以利用其担保的绝对性和无条件性进行项目融资。这是因为，尽管这种协议是项目公司与项目产品购买方签订的产品出售协议，但项目公司一般都将该协议下无条件取得货款的权利转让给贷款银行。

在不同的项目性质下，无货亦付款合同有各具特色的合同形式：在生产型项目中，由于项目产品为有形产品，签订的产品购买合同为无货亦付款合同；在服务型项目中，如输油管道，则签订长期运输服务协议（through-put contracts），也称运输量协议。

2. 以提货并付款销售合同提供的间接担保

提货并付款销售合同（take-and-pay sales contracts）是指买方在取得货物后，即在项目产品交付或项目劳务实际提供后，买方才支付某一最低数量的产品或劳务的金额给卖方。在这种合同结构中，货款的支付是有条件的，即只有当项目公司实际生产出产品或提供服务时，买方才履行这种义务。所以，这种合同有时被称为 take-if-offered 合同。

这种合同与下面要讨论的长期销售合同类似，两者的区别为：在提货并付款合同中，买方拥有一种期权，如果买方支付生产者的固定成本部分，买方就有权选择拒绝接受产品或服务。而在长期销售合同中，卖方对买方的违约应该要求一定的赔偿。

在具体操作上，提货并付款合同与无货亦付款合同十分相似，但在担保作用上，提货并付款合同不如无货亦付款合同。两者的主要区别为：一是在提货并付款合同中，项目产品购买者承担的付款责任不是无条件的、绝对的，如果产品或设施不符合合同规定的要求，项目买方可以不付款；二是在合同产品的价格规定上，提货并付款合同没有最低限价的规定，一旦出现产品价格长期过低的情况，就有导致现金流量不足以支付项目的生产费用和偿还到期债务的可能。显然，对贷款银行来说，这种合同比无货亦付款合同所提供担保的分量要轻得

---

① 按国际通行的会计准则，无货亦付款合同带有商业买卖合同的性质，项目产品购买者不必将其所承担的产品购买义务作为一种财务担保列入资产负债表中（有些国家可能要求在资产负债表的注释中加以说明），因而被看成一种间接有限责任担保形式。

多。所以在操作时，贷款银行一般会要求项目投资者提供一份资金缺额担保，作为对提货并付款合同担保的一种补充。

3. 以通过协议提供的间接担保

在这种合同结构中，合同期内项目公司所发生的成本全部或部分转让给项目产品的买方。这是电力项目融资中通常采用的一种合同模式。通过协议（pass-through agreements）涉及的条款主要是合同费用、固定成本、经营环境变化等。

4. 以长期销售协议提供的间接担保

长期销售协议（long-term sales agreements）是项目公司和项目买方就一定数量的项目产品签订的销售合同。通常说来，这种合同的期限从 1 年到 5 年不等。在这种合同结构中，一方面，只有当项目产品生产出来并转移给买方且符合一定的质量要求时，买方才承担付款的义务；另一方面，如果项目买方不购买指定的项目产品，则应向项目公司赔偿损失。但是，买方没有义务为了项目公司的债务支付而进行最小数量的付款。

（二）以项目建设合同提供的间接担保

建设合同（construction contracts）是项目合同的关键组成部分，因而也是项目间接担保的一个重要手段，特别是在一些工程项目中，贷款者可能在承担了部分或全部项目建设或完工风险的情况下，更是如此。理论上，建设合同很简单，就是一个人（承建商）同意为另一人（项目公司）建设工程或安装设备以收取劳务报酬，但在实际操作中是相当复杂和困难的，而且还存在许多标准化的合同形式。在国际工程建设合同中，最为普遍的可能是 FIDIC 模式。

典型的建设合同一般包括以下条款和内容：项目规划设计的负责人条款、价格支付条款、完工条款、不可预见风险条款、保证条款、保险条款、纠纷处理条款等。

建设合同在国际上一般有以下两类。

1. 一揽子承包合同

在一揽子承包合同（turnkey contracts）中，存在单一（a single contractor）的承建商，该承建商必须保证在满足规定标准的前提下承担按时完成项目的所有风险。通常由项目公司规定项目的所有完工标准和承建商的责任标准，承建商保证承担包括规划设计和建设在内的全部工作，甚至对于子承建商的选择、项目设备的选定都由其负责。另外，项目公司通常要求承建商提供全面的完工担保。所以，在这种合同结构中，承建商的风险最大。

2. EPC 合同

在 EPC 合同（engineering-procurement-construction）结构中，工程承包商负责工程项目的规划，然后转包给分包商来具体建设项目，并监督分包商，以使项目按照项目公司指定的标准建设。在这里，工程承包商只是充当一个中间商的角色，有时甚至是由项目公司指定设备和项目分包商。因此，承建商的风险最小。有时，EPC 合同也会指定建设工期和项目完工标准，但对于项目失败的责任并不因此归到一般承建商的头上，因为一般承建商并未承担规划设计的责任，并未选择设备，而且通常也无权选择项目子承建商。

如果项目出现问题，作为一揽子承包合同的承建商将承担更多、更大的责任。因此，一揽子承包合同自然比 EPC 合同的成本更高。一些项目发起人认为自己很有经验，他们相信其监督能降低 EPC 合同的风险，因而认为没有必要付出一揽子承包合同额以外的成本。但是，贷款者要求项目必须完全覆盖延期完工和不能按规定标准完工的风险。所以，他们更偏好一揽子承包合同，并且经常要求项目发起人承担选择 EPC 合同而不选择一揽子承包合同的责任。

贷款者之所以更偏好一揽子承包合同，是因为该合同减少了贷款者必须面对的当事人。更重要的是，它减少了不同承建商之间发生纠纷和互相推卸责任的风险。如果不用一揽子承包合同，则贷款者将要耗费相当的时间去分析建设合同，而且项目管理者的作用将变得非常关键，这意味着贷款者又要承担管理者的违约风险。

（三）以经营和维护合同提供的间接担保

经营和维护合同（operation and maintenance contracts）在保证项目经营期现金流量充足方面起着非常重要的作用，因而也是项目担保的一个重要组成部分。

在项目融资实务中，项目发起人对于项目的经营有两种选择：一是自己经营项目，这时就不需要经营合同；二是聘请一个经营公司经营项目，这时签订好经营合同就显得至关重要。

具体来说，签订经营和维护合同的主要目的在于：确保项目设施在项目公司及贷款者认可的预算范围内正常经营和维护，并以适当的方式运营，从而实现收入最大化；将项目的经营和维护风险分配给项目的经营者，由此实现项目公司和贷款者与此风险的隔离。

经营和维护合同一般包括下列关键条款：项目经营者和所有者双方的责任细则、补偿和支付条款、子合同、运营测试、纠纷处理条款、赔偿条款、任务分配条款、工作延误和提前终止条款、不可抗力条款等。

在由第三方当事人作为经营者的情况下，经营和维护合同一般有以下几类：

1. 固定价格合同

固定价格合同（fixed price contracts）在项目融资中较少采用。在这种合同结构下，经营者承担了经营风险，所以固定价格合同相对更昂贵。同时，这种合同的期限一般不超过 15 年或者 20 年。

2. 成本加费用合同

大多数项目融资采用的是这种经营和维护合同。在成本加费用合同（cost plus fee contracts）结构下，项目公司除了支付给经营者一笔固定费用外，还要向经营者支付经营项目发生的成本开支。此时，项目公司承担了经营成本增加的风险。如果经营者不能在预算内经营项目或有效率地经营项目，项目公司拥有终止合同的权利。但是，在实践中，经营者承担经营风险的程度可作为刺激经营者实现成本节约的一种有效方法。

3. 带有最高价格和激励费用的成本加费用合同

带有最高价格和激励费用的成本加费用合同（cost plus fee contract with maximum price and incentive fee）是在成本加费用合同的基础上进行了改进的一种合同形式。在这种结构下，经营者的报酬将严格地与其经营成本的高低挂钩。如果经营成本超出了最高价格，则经营者自己吸收这些成本，或者项目发起人有权更换经营者而提前终止协议。关于激励费用，只有经营者实现了规定的经营目标，才能获得一笔奖金；相反，如果经营者未实现规定的经营目标，则不得不接受一定的惩罚，此时项目公司支付给经营者的经营费用将会降低。因此，这种合同结构的关键问题在于：事先就特定的经营目标进行谈判时，应在合同中详细注明与项目经营和维护有关的所有方面应达到的目标。

贷款者比较倾向于这种形式的经营和维护合同结构，因为它能将大部分经营风险与项目公司隔离开来，并能让人看到项目在预算内运营良好的前景。

（四）由供应合同提供的间接担保

项目的供应合同（supply contracts）在保证项目成本稳定和可预见方面起着非常重要的作用，因而也是项目担保的一个组成部分，一般用来为项目的成本超支风险提供担保。

许多项目都会依赖必需的原料和燃料，如木材、煤、石油和天然气等的供应，这也是项目能够正常经营的前提条件。在项目融资中，项目公司和贷款银行都十分关心项目在整个生命期内是否有可靠、稳定的资源和原料供应，其中的关键问题就是项目公司能否在事先协商的价格基础上签订一个长期的供应合同。如果项目公司不能做到这一点，它将面临两种风险：一是在即期市场上原料是否能获得；二是原料价格可能波动。

项目融资中的原料供应合同一般有以下两种形式：

（1）或付或取供应合同（take-or-pay supply contracts）。在这种合同结构下，项目公司同意在一个指定日期内按协议价格向原料供应方购买规定数量的原料。对项目公司而言，即使不向合同另一方购买协议规定数量的原料，也必须向原料供应方付款。原料供应方的义务只是以协定价格供应规定数量的原料。

（2）纯供应合同（sole-supplier contracts）。在这种合同结构下，项目公司和一家供应商签订协议。根据该协议，项目公司将向该供应商购买项目所需的全部原料，但所需原料的实际数量和支付的原料价款没有必要事先指定。另外，在任何情况下，项目公司只支付其实际购买的原料部分的款项。此外，在这种合同结构下，原料供应商可能供应也可能不供应项目所需的全部原料。

所以，贷款银行一般偏好前一种合同，即或取或付供应合同，因为它使项目在协定价格基础上可获得一个稳定的原料供应。

（五）以其他合同形式提供的项目担保

项目融资是许多各自独立的合同联结在一起的一个复合体，这种巧妙而复杂的合同结构是金融界及其律师们根据长期经验创造出来的。除了上述的几种合同外，还有一些合同也可以在一定程度上发挥项目担保的作用。

1. 投资协议

项目发起方与项目公司之间签订的协议，即投资协议（investment agreements），其内容主要是规定发起人同意向项目公司提供一定金额的财务支持（provide additional funds）。投资协议主要有两种方式：一是项目发起人同意以次级贷款或参与股权的方式向项目公司注资，贷款或股份出资的金额应当能使项目公司具备清偿债务的能力，或达到规定的财务指标，比如应达到规定的最低流动资本额；二是由项目发起人向项目公司提供一笔足以使后者向贷款人偿还贷款的资金。

2. 购买协议

项目发起人与贷款人之间签订的协议，即购买协议（purchase agreements）。根据该协议，项目发起人同意在项目公司不履行对贷款人的偿还义务时，将购买相当于贷款人发放给项目公司贷款金额的产品。因此，这种协议可以作为一种担保，它是项目发起人对贷款人所提供的一种保护。

专栏 6—3

项目融资担保模式的创新

1. 行业性专业担保模式

行业性专业担保模式主要是依托行业协会、同业公会等组织成立行业性专业担保公司，该担保公司主要为区域内同行业企业提供融资担保服务。担保公司的资金来源于行业内企业的投入，可以采取资金入股的方式或缴纳信用保证金的方式，担保金额与其投入资金数额相关，一般可放大数倍。为控制风险，担保公司会要求企业提供一定数量的资产作为反担保。

行业性专业担保模式能够有效降低中小企业的融资担保风险。一方面，由于行业性专业担保机构有信息优势，因而可以降低监控成本。行业性专业担保机构大多依托行业协会建立，而行业协会拥有对融资企业的信息优势，因此行业性专业担保公司对企业核保调查、监控的成本能够大大降低，较大限度地减轻了信息不对称给担保公司造成的风险。另一方面，处置反担保资产的成本低。由于担保公司与股东企业的行业相近，担保公司在抵押品的处置上相当便利。反担保资产易于在行业内部实现最大价值变现，从而有效地降低了融资担保风险。

2. 担保换期权的模式

该模式的主要思想是把期权等衍生金融工具和担保业务相结合。这种模式主要针对的是具有短期高成长性的创新型小企业，以交换该企业一定比例股票期权为条件来为其实行贷款担保。担保机构往往是看好创新型企业发展前景的风险投资机构。实践中，在无反担保措施的情况下，风险投资机构为创业公司提供融资担保。作为对价，创业公司出让一定比例的期权（一般占被担保企业总股本的1%～10%）给风险投资机构，风险投资机构在一定时间的行权期内（一般设为5年）可自由选择行权时间。实际条款中，也可以赋予创业公司按一定价格回购期权的权利，使创业公司的原始股东充分享受公司成长带来的回报。担保换期权模式的特点为：首先，把担保业务与风险投资业务直接结合。其次，是对期权价值发现功能的合理运用。与担保合同有关的重要事项涉及担保额、企业的成长性和抗风险能力测定、期权的行权价等。

通过这种模式设计，实现了创业企业、风险投资机构和商业银行的三赢。对创业公司来说，通过引入信用担保，增强了其信用额度，获得了银行更多的信贷资金支持。同时，企业也通过卖出看涨期权，较大地提高了获取融资担保的可能性。通过对期权的回购设计，以一定的代价保障了企业股权未来不被稀释的权利，保留了企业通过积极经营获取未来全额权益的机会。对风险投资公司来说，不仅获得了担保费收入，而且分享了担保给创业公司带来的收益成果。通过买入企业的看涨期权，未来在公司成长良好时，可通过行权获得公司股权，并在适当时机通过上市、并购或转让等方式套现，以分享公司成长带来的好处。在获得固定担保金收入的同时，也为银行承担了创业企业现金流不畅造成的主要风险。风险投资公司获得的担保费收入和期权收益与可能承担的因企业经营失败造成的代偿风险基本相当，从而有效地改变了传统担保模式中风险收益不平衡的问题。对银行来说，通过有实力的风险投资公司的介入，分散了对高风险、高成长性企业授信的风险，银行因此可以降低贷款的风险。同时，银行通过增大贷款范围，更积极地介入有潜力的中小企业，将来有可能获得更大价值的合作机会。

3. 引入第四方参与项目融资担保的模式

这种担保模式突破了以往由担保公司、银行和中小企业三方交易的传统融资担保模式，引入了风险投资公司、上下游相关企业等作为第四方参与项目融资。第四方与融资企业订立期权收购合约，承诺当企业未来现金流恶化而导致财务困境，进而无法按时偿付银行贷款时，第四方将以合约约定的股价参股该企业，为企业带来资金，用以偿付银行债务，并保持企业的持续经营。

该模式通过合理的合约设计，对风险和收益在各参与方之间进行了重新配置，满足了各参与方的需求和偏好。对于企业来说，只要支付正常的担保费用，并有条件地释放少部分股票期权，便能获得银行的贷款。如果企业未来经营正常，则第四方可以充分分享企业高速发展的收益。而当企业的经营出现问题、资金周转失灵、无法偿付银行贷款时，第四方的介入保障了企业的生存和持续经营。对于银行来说，第四方的介入最终降低了银行的不良贷款率。对于担保公司来说：首先，使原本无法实施的贷款担保业务得以实现，从而有利于担保公司扩大业务量、提升利润空间。其次，在被担保企业出现财务危机时，由第四方以股权投资等形式注资违约企业，将极大地降低担保公司的偿付风险。对于第四方来说，该模式为风险投资机构提供了介入高增长潜力企业的可能性。合约中关于时机的选择与承诺，使得第四方可以以较低廉的价格获得目标企业的股权份额，降低了搜索优质企业的成本。

三、或有担保

或有担保（contingent guarantee）是针对一些由于项目投资者不可抗或不可预测的因素所造成的项目损失的风险所提供的担保。按照风险的性质不同，或有担保可分为三类：

（1）针对由于不可抗力因素造成的风险所提供的担保，比如地震、火灾、地下矿井坍塌等。提供这类或有担保的项目担保人通常是商业保险公司。

（2）针对政治风险所提供的担保。由于政治风险的不可预见性，因此为减少这类风险而提供的担保有时划分到或有担保的范畴。

（3）针对与项目融资结构特性相关的、并且一旦变化将会严重改变项目经济强度的一些环境风险所提供的担保。例如，以税务结构为基础建立起来的杠杆租赁融资模式，政府对税收政策做出任何不利于杠杆租赁结构的调整，都将损害贷款银行的利益，甚至损害项目融资结构的基础。

或有风险种类繁多，有些具有共性，但有很多是某个项目特有的，因而或有担保的形式很不规范，并且绝大部分或有风险的发生概率是很小的。

四、意向性担保

从严格意义上讲，意向性担保（implied guarantee）不是一种真正的担保，因为这种担保不具有法律上的约束力，仅仅表现为担保人有可能对项目提供一定支持的意愿。意向性担保不需要在担保人公司的财务报告中显示出来，所以它受到担保人的偏爱，在项目融资中的应用较为普遍。

意向性担保仅是一种道义承诺，无法律后果，它是一些单位不愿对项目公司承担直接或间接担保责任而采取的一种变通办法。提供意向性担保的主要方法有以下几种。

1. 安慰信

在项目融资中，运用最多的意向性担保形式是所谓的安慰信（letter of comfort）或支持信。安慰信一般是由项目发起人或政府写给贷款人，对其发放给项目公司的贷款表示支持的信。这种支持体现在以下三个方面：

（1）经营支持。担保人声明，在其权力范围内，将尽一切努力保证按照有关政策支持项目公司的正常经营。

（2）不剥夺项目资产。东道国政府保证不会没收项目资产或将项目国有化。

（3）资金支持。担保人同意向项目公司提供一切必要手段使其履行经济责任，如母公司愿意在其子公司遇到财务困难时提供帮助。

虽然安慰信一般不具有法律约束力，但是，由于关系到担保人自身的资信，因此资信良好的担保人一般不会违背自己在安慰信中的诺言。所以，安慰信作为一种担保形式，可以为贷款人所接受。此外，由于意向性担保的普遍运用，国际上对于它应承担的法律责任有日益严格的发展趋势。

我国中央政府有关部门或地方政府有关部门往往为大型项目融资向贷款人出具安慰信，一方面是向贷款人提供信誉担保，另一方面可为项目的进展创造良好的支持环境。

2. 东道国政府的支持

东道国政府在项目融资中扮演的角色虽然是间接的，却很重要。在许多情况下，东道国政府颁发的开发、运营的特许权和执照是项目开发的前提。虽然东道国政府一般不以借款人或项目公司股东的身份直接参与项目融资，但可以通过以下方式对项目提供间接担保：

（1）保证不对项目公司实施不利的法律变化，坚持非歧视原则。

（2）担保外汇的可获得性，即保证项目公司能够获得用以偿还对外债务的外汇需求。

（3）保证不对项目实施没收或国有化政策。

（4）保证不实施歧视性的外汇管制措施。

（5）保证项目公司能得到必要的特许经营协议和其他许可权（如公路收费权）。

（6）在可能的情况下，通过政府代理机构对项目进行必要的权益投资。

（7）可能成为项目产品的最大买主或用户。

3. 消极担保

消极担保条款就是项目公司向贷款人承诺，将不在自己的资产上设立有利于其他债权人的物权担保。消极担保条款是融资协议中的一项重要条款，一般表述为："只要在融资协议下尚有未偿还的贷款，借款人不得在其现在或将来的资产、收入或官方国际储备上为其他外债设定任何财产留置权，除非借款人立即使其融资协议下所有的未偿债务得到平等的、按比例的担保，或这种其他的担保已经得到贷款人的同意。"

消极担保是一种有法律约束力的保证，但它不同于一般的物权担保。消极担保并不允许贷款人对借款人资产提出所有权、占有权、控制权和销售权的要求，也不允许贷款人在借款人破产或清算时提出任何优先受偿权。

五、准担保交易

项目融资中除了上述各种担保形式外，还有许多类似担保的交易。这些交易在法律上一般被排除在物权担保范围之外，而被视为贸易交易。但是，由于其经济效果类似物权担保，而且在很大程度上是为了规避物权担保法的限制而进行的，故可以归入广义的担保范围内。

1. 融资租赁

卖方（名义上的出租人）将设备租给买方（名义上的承租人），卖方仍保留对设备的所有权，买方则拥有设备的使用权；或者卖方将设备出售给一家金融公司或租赁公司并立即得到价款，然后该金融公司或租赁公司将设备租给买方。无论以何种形式出租，卖方都足以在租期内收回成本。这实际上是一种商业信用，买方以定期交租金的方式得到融资，而设备本身则起到担保物的作用。

2. 出售和租回

借款方将资产卖给金融公司，然后按与资产使用寿命相应的租期重新租回。在这里，价款起了贷款的作用，租金缴纳就是分期还款，而设备则是"担保物"。

3. 出售和购回

借款方将资产卖给金融公司而获得价款，然后按事先约定的条件和时间购回。购回实际上就是还款，而资产起到了担保作用。

4. 所有权保留

所有权保留也称有条件出售，即卖方将资产卖给债务人，条件是债务人只有在偿付资产债务后才能获得资产的所有权。资产同样起到"担保物"的作用。

【本章小结】

本章主要分析了项目的信用担保结构，首先概述了担保的有关概念，包括担保在项目融资中的作用，并初步给出了项目信用担保结构的轮廓。项目担保人包括三个方面：项目的投资者、与项目利益相关的第三方以及商业担保人；项目融资的文件可分为三种：基本文件、融资文件和专家文件。项目担保的范围必然是项目融资实施过程中的各种风险，但它只能有重点地解决贷款银行最为关心的那部分风险因素问题，主要是商业风险、政治风险、金融风险、或有风险等。一般来说，项目融资担保可分为物权担保和信用担保。其中，项目融资物权担保可分为不动产物权担保和动产物权担保，还可分为固定设押和浮动设押；信用担保可根据项目担保在项目融资中承担的不同经济责任，分为四种基本类型：直接担保、间接担保、或有担保、意向性担保。对于一些经济效果类似物权担保的贸易合同，本章将其视为准担保交易并做了简要介绍。

【本章关键术语】

担保　　物权担保　　信用担保　　项目信用保证结构

【本章思考题】

1. 什么是担保？担保在项目融资中的地位如何？

2. 如何理解项目担保是项目融资结构的生命线，是实现项目融资风险分担的关键所在？

3. 项目担保人的三种类型以及担保文件的内容是什么？

4. 项目担保的范围主要是哪几种风险？

5. 简述项目融资中的物权担保及其局限性。

6. 直接担保的担保责任主要体现在哪两个方面？

7. 试比较分析无货亦付款合同和提货并付款合同。

8. 按照项目担保在项目融资中承担的不同经济责任，信用担保可分为四种基本类型：直接担保、间接担保、或有担保、意向性担保。试对此进行比较分析。

9. 试结合近年来项目融资的发展，谈谈项目信用保证结构的可能创新趋势。

附录 中华人民共和国担保法（目录）

（1995 年 6 月 30 日第八届全国人民代表大会常务委员会第十四次会议通过，1995 年 6 月 30 日中华人民共和国主席令第五十号公布，自 1995 年 10 月 1 日起施行）

第一章 总则
第二章 保证
　第一节 保证和保证人
　第二节 保证合同和保证方式
　第三节 保证责任
第三章 抵押
　第一节 抵押和抵押物
　第二节 抵押合同和抵押物登记
　第三节 抵押的效力
　第四节 抵押权的实现
　第五节 最高额抵押
第四章 质押
　第一节 动产质押
　第二节 权利质押
第五章 留置
第六章 定金
第七章 附则

资料来源：全国人大网（http：//www.npc.gov.cn/），法律法规数据库。

第七章

项目融资的风险管理

学习目标

◇了解风险管理的定义及一般程序；
◇学习掌握项目融资中风险识别、风险评估的方法；
◇了解项目融资中风险处理的一般机制；
◇了解金融衍生工具在项目融资风险管理中的运用机理；
◇通过案例，加深对项目融资风险管理的认识。

对于项目投资者来说，完成融资安排只是一个项目成功的开始。在安排融资过程中对项目风险所做的分析和判断是建立在各种假设条件基础上的，而在项目的建设和生产阶段，如何降低和减少各种风险要素对项目经营的影响，最大限度地保证项目经营和融资的成功，则是项目投资者同时也是贷款人需要共同面对和解决的实际问题，这就是项目融资中的风险管理问题。近年来，由于国际上项目的投资规模变得越来越大，项目的融资结构变得越来越复杂，以及国际经济环境变幻莫测，因此人们对项目的风险管理越来越重视。风险管理已成为项目融资的一个重要组成部分。

第一节　项目融资风险管理概述

一、风险与风险管理

1930 年，美国宾夕法尼亚大学所罗门·许布纳博士在美国管理协会发起的一次保险问题会议上首次提出风险管理（risk management）这一概念。其后，风险管理迅速发展为一门涵盖甚广的管理科学，尤其是从 20 世纪六七十年代至今，风险管理几乎已涉及经济和金融的各个领域。1997 年度诺贝尔经济学奖获得者罗伯特·默顿教授将风险管理、资金的时间价值与资产定价称为现代金融理论的三大支柱。

风险是金融体系和金融活动的基本属性之一。在现代经济生活中，风险是一个非常宽泛、常用的词汇，理论界对其的界定也因此不一而足。一个较为综合性的认识是，风险具有以下基本特征①：

(1) 风险是对事物发展未来状态的看法。时间是形成风险的基本因素之一。

(2) 风险产生的根源在于事物发展的未来状态所具有的不确定性。不确定性也是形成风险的基本因素之一。

(3) 风险和不确定性在很大程度上都取决于经济主体对相关信息的掌握。信息是影响风险的重要因素之一。

(4) 风险使得事物发展的未来状态必然包含不利的成分，如损失或低于期望值的回报。损失也是风险的基本因素之一。

根据不同的划分标准，可以将风险分为不同的种类：根据是否涉及决策者的主观感受，可分为主观风险和客观风险；根据是否可能给风险承担者带来收益，可分为纯粹风险和投机风险；根据风险的影响范围，可分为系统性风险和非系统性风险；根据风险的诱发因素，可分为市场风险、信用风险、操作风险、流动性风险、法律风险等。

由于对风险的种类和认识角度不同，对于风险管理的定义也不尽相同。风险管理的一般定义为：组织对面临的各种风险进行识别、评估，确定恰当的处理方法并予以实施，以可确定的管理成本替代不确定的风险成本，并以最小经济代价获得最大现实保障的活动。

二、风险管理的一般程序

风险管理是风险识别、风险评估、风险处理及风险处理方案实施与事后评估的有机统一体。

（一）风险识别

风险识别（risk identification）是指通过对大量来源可靠的信息资料进行系统了解和分析，对潜在的或存在的各种风险因素进行系统的归类和全面的分析研究，进而确定经济主体所面临的风险及其性质，并把握其发展趋势的过程。风险识别是整个风险管理的基础，它需要解决的主要问题是：哪些风险因素应予以考虑？引起风险的原因，风险的类型、性质及其后果是什么？

（二）风险评估

风险评估（risk assessment）是在风险识别的基础上，通过对由风险识别获得的资料和数据进行处理，得到关于损失发生的概率及其程度的有关信息，对风险发生的可能性和风险发生后对经济目标的影响程度进行估计及衡量。风险评估为选择风险处理方法和风险管理决策提供了依据，它要解决的主要问题是：风险究竟有多大？会带来何种程度的损失？

---

① 参见陈忠阳：《金融风险分析与管理研究——市场和机构的理论、模型与技术》，北京，中国人民大学出版社，2001。

（三）风险处理

风险处理（risk arrangement）是指在风险分析（风险识别和风险评估）的基础上，根据风险管理的目标，寻找和选择应采取的各种避免及控制损失的对策，选择适当的风险管理工具，确定最佳的风险处理方案。风险处理是风险管理的核心环节。风险处理的主要措施有两大类，即风险控制和财务处理。

1. 风险控制

风险控制是指在损失发生前力图控制与消除损失，具体包括两方面的内容：①避免风险。其做法是终止或暂停某类活动或改变活动的性质和方式，因此它是各种风险管理方法中最简单也是最消极的一种，企图回避损失发生的可能。②损失控制。这是指对于经济主体不愿意放弃也不愿意转移的风险，通过某种风险管理工具或方法来改善其风险特征，使经济主体能够接受或掌握各种风险的运动规律，从而降低损失频率、缩小损失幅度。损失控制是风险控制工具中最积极主动的一种，也是经济主体最常用的一种。

2. 财务处理

财务处理是指通过筹集资金来支付风险损失的方法，是在损失发生后进行的经济补偿，具体包括：①自留风险。自留风险是风险管理中一种常用的财务处理方法。当某项风险无法避免或由于可以获利而需要冒险时，就必须承担和保留这种风险，由经济主体自行设立或筹集资金来进行补偿。例如，企业为了防范信用风险而提取坏账准备金。②风险转移。这是指经济主体将其面临的风险所可能导致的损失有意识地转移给其他经济主体的一种风险管理方法，常见的形式有保险、套期保值等。

（四）风险处理方案实施与事后评估

风险处理方案实施与事后评估（implementation and post-assessment）是指根据所选风险对策的要求，制订具体的实施计划，并在其后的执行过程中，对实施情况进行监控，及时反馈，并在必要时调整风险管理对策，最后对实施的效果及差异进行评估。其实质在于协调和配合使用风险管理的各种工具。风险处理方案实施与事后评估是金融风险管理的最后阶段。

三、项目融资风险管理的定义

项目融资作为一种金融活动，同样包含风险这一基本属性，近年来国内外不少失败的项目融资案例都是由于风险分析、评价与处理失当导致的。随着项目融资应用范围的推广、融资规模的扩大，项目融资的风险管理已成为一个不容忽视的问题。

项目的融资活动实际上可以分解为两个相互联系的方面：项目经营和融资安排。因此，项目融资的风险管理实际上就包括了项目风险管理和金融（融资）风险管理两个相互联系的方面。

所以，我们可以将项目融资风险管理界定为：通过对项目融资的风险识别及风险评估，采用合理的经济与技术手段，对项目经营活动和融资活动所涉及的风险加以控制和处理，以便最大限度地避免或减少风险事件导致的项目实际效益与预期效益的偏差，从而保证项目投资者的预期收益及项目贷款人的追索权得以顺利实现的一种管理活动。

四、项目融资风险管理的特点

项目融资的风险管理作为一种风险管理活动，具有一般风险管理的共性；同时，项目融资这一管理活动又有自己的特点，主要表现在以下几个方面：

1. 以项目可行性研究报告作为风险分析的首要前提

项目的风险分析是在可行性研究的基础上进行的。项目的可行性研究需要分析和评价许多与项目有关的风险因素，并通过对项目的原材料供应、技术设备及人力资源的获取、项目产品或服务的需求状况、项目的环境效应等一系列因素的分析，对项目做出综合性的技术评价和经济效益评价。一份翔实、权威的可行性研究报告，将有助于项目融资的组织以及对项目风险的识别和判断，因而成为风险分析的首要前提。

2. 以风险的识别作为设计融资结构的依据

项目融资是根据投资者的融资战略和项目的实际情况量身定做的一种结构性融资，其核心部分是融资结构。一个成功的融资结构应当在其各参与方之间实现有效合理的项目风险分配，其前提是对风险进行识别，从而使风险管理的目标明确化，进而找出控制项目风险的方法和途径，设计出风险分担的融资结构，以实现投资者在融资方面的目标要求。

3. 以项目的当事人作为风险分担的主体

项目融资风险处理的核心环节就是在项目风险与项目当事人之间以合同形式建立对应关系，形成风险的约束体系，从而保证融资结构的稳健性。为了实现项目融资的有限追索，对于与项目有关的各种风险要素，需要以某种形式在项目投资者及与项目有利益关系的其他参与者和贷款人之间进行分担。一个成功的项目融资结构应该是在项目中没有任何一方单独承担起全部项目债务的风险责任，一旦融资结构建立之后，任何一方都要准备承担未能预料到的风险。

4. 以合同作为风险处理的首要手段和主要形式

项目融资的主要特征之一就体现在项目风险的分担上，而合同正是实现这种风险分担的关键所在。在项目融资中将各类风险具体化，需要以合同的方式明确规定当事人承担多大程度的风险、用何种方式来承担，并以项目合同、融资合同、担保、支持文件作为风险处理的实现形式贯穿项目周期，彼此衔接，使风险得以规避。

第二节　项目融资风险的定性分析——风险识别

项目融资的风险识别是项目融资风险管理的前提和基础，是正确进行风险管理决策的基本依据。正确识别风险，首先要对其表现形式有大致的认知，而认知的一个较为有效的方法就是分类。

一、项目融资风险的分类

从不同的视角，可以对项目融资中的风险因素进行不同的分类。

（一）项目的风险与项目融资的风险

项目的风险是指项目本身存在的收益的不确定性或损失的可能性，而不管其是否运用项目融资这一方式获取资金。项目融资的风险是指项目融资这一过程给项目融资参与各方带来的损失可能性或不确定性。这两个概念是既有区别又有联系的。

1. 项目本身的风险是项目融资风险的主要组成部分

对项目融资的风险进行分析和评估离不开对项目本身风险的分析和评估。因此，对项目融资风险的分析，不能脱离项目可行性研究这一基础，必须对其投资的可行性和风险进行全面科学的分析。而对项目本身风险的全面分析和评估以及全程监控管理就成为项目融资风险管理的一个有机组成部分。

2. 项目本身的风险不是项目融资风险的全部

不能以对项目本身风险的分析和评估来代替对项目融资风险的分析和评估。除项目本身的风险外，项目融资中的风险还有一部分是融资行为引发的风险暴露（如利率、汇率等与资本成本密切相关的风险因素），因此在项目融资过程中，对其风险的考量必须在关注项目风险的同时，也强调对项目以外风险因素的关注。

3. 有一些风险因素是项目本身和项目融资共同面对的风险

尽管如此，两者的作用过程却不一样。例如，虽然两者都可能面临法律风险，但具体涉及的来源却不一致。因此，对一些风险因素而言，必须清楚它们是项目本身可能导致的风险，还是融资过程可能导致的风险。

（二）项目融资风险的阶段性划分

从项目的总体角度考察项目融资风险，根据项目进展的时间顺序划分为项目建设阶段、项目试生产阶段和项目生产经营阶段，不同阶段的项目融资风险有不同的特点。

1. 项目建设阶段

项目建设阶段的风险是从项目正式动工建设开始计算的。项目动工后，大量资金投入到购买设备及支付工程费用当中，贷款利息因项目未产生任何收入而计入资本成本。从贷款银行的角度看，这一阶段随着贷款资金的不断投入，项目风险也随之增加，在项目建设完工时达到或接近最高点。若任何不可控或不可预见的因素造成项目建设成本超支或不能按期完工，甚至无法完工（完工风险），贷款银行都要承受巨大的损失。在这一阶段，利用不同形式的工程建设合同可以使项目的建设风险产生变化，项目投资者可能会将部分建设期风险转移给工程承包公司。例如，在极端情况下采用固定价格、固定工期的"交钥匙"合同，可使项目建设期风险全部由工程承包公司承担。

2. 项目试生产阶段

项目试生产阶段的风险仍然很高，如果项目不能按照原定的成本计划生产出符合质量要求的产品，该项目很可能生产不出足以支付生产费用和偿还债务的现金流量。因此，项目融资文件中具体规定了项目产品的产量和质量，原材料、能源消耗定额以及其他一些技术经济指标为完工指标，即商业完工指标，并且将项目达到这些指标的时间下限也作为指标的一项，满足了这些指标，贷款银行才认为正式完工。

3. 项目生产经营阶段

项目生产经营阶段是项目融资风险阶段的一个“分水岭”，从这一阶段起，贷款银行的项目风险随债务的偿还逐步降低，风险主要表现在生产、市场、金融以及其他一些不可见因素等方面。我国应用较多的项目融资是 BOT 模式。在 BOT 模式中，东道国政府不对项目投资，基本上不需承担项目建设和试运营期间的风险。只有在项目主办人特许经营期满，将项目移交东道国政府相关机构后，政府才承担项目运营中的风险。这是与传统的财政投资建设基础设施项目方式中政府承担风险状况的不同之处。

项目融资风险的阶段性划分如图 7—1 所示。

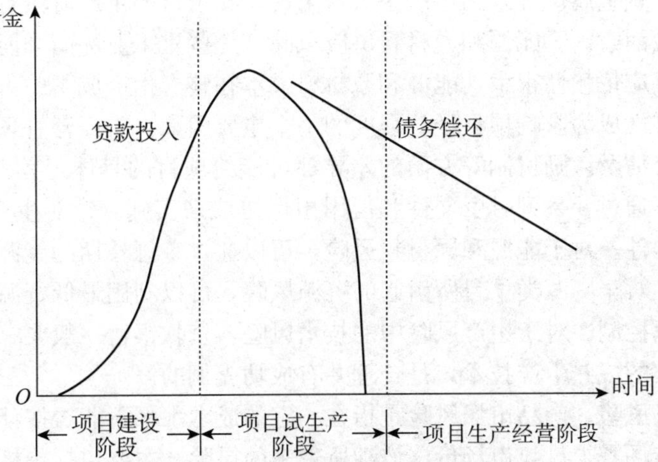

图 7—1　项目融资风险的阶段性划分

资料来源：Peter K. Nevitt，Frank Fabozzi，*Project Financing*，Sixth Edition，Euromoney Publication PLC，1995。

（三）项目融资的业务风险、金融风险和外围风险

根据其与项目运营和融资活动的相关性，可以将项目融资中的风险因素分为三类，即业务风险、金融风险和外围风险。

1. 业务风险

业务风险也称运营风险，是指项目在其建设和生产经营过程中，由于技术、产品、市场等因素的变化所带来的收益不确定性。当业务风险不能得到有效控制时，无疑会给项目融资的借贷双方带来不利的影响。

（1）完工风险。完工风险也称建设风险。项目融资中的完工是指建设要达到所谓的商业完工标准，它不仅是指项目按照设计建设完成，而且通常要求在所规定的成本范围内按时开工，并且达到预期的生产能力。因此，完工风险包括由于技术或其他方面原因造成的项目建设延期、项目建设成本超支、项目达不到设计规定的技术经济指标，甚至项目完全停工放弃等潜在的风险。完工风险是项目融资的主要风险之一，也是项目各方都要承担的风险。如果项目不能按照预定计划完工投产，承建商需要承担风险；同时，项目融资所依赖的经济基础也受到了破坏，将对项目造成直接的负面影响，如使项目的成本增加、项目贷款利息负担增加、项目现金流量不能按计划获得等。无论是对项目公司还是对贷款人来

说，它们都不希望看到这样的情况。从国际实践经验来看，项目建设期出现完工风险的概率无论是在发达国家还是在发展中国家，都是比较高的，控制它们的方法通常是由项目公司利用不同形式的项目建设承包合同或者贷款银行利用完工担保合同或商业完工标准来进行。

（2）生产风险。生产风险是在项目试生产阶段和生产运行阶段中存在的技术、资源储量、能源和原材料供应、经营管理等风险因素的总称。生产风险也是导致项目收益不确定性的一个重要因素，其主要表现形式包括：①技术风险。在现代社会中，科学技术更新换代的频率极高，由于新技术的出现，项目所采用的生产技术可能已经过时，导致相对生产成本增加或不得不更新技术，从而导致绝对成本增加。这些都会影响项目的收益性，并最终给项目投资者（借款人）和贷款人都带来不利的影响。②资源风险。对依赖于某种自然资源（如石油、天然气、煤矿、金属矿等）的生产型项目来说，在项目的生产阶段有无足够的资源保证是一个很大的风险因素。③能源和原材料供应风险。一些重工业部门和能源工业部门对能源和原材料的稳定供应依赖性很大，能源和原材料成本在整个生产成本中占有很大的比重，价格波动和供应可靠性成为影响项目经济强度的一个主要因素。④经营管理风险。项目经营管理人员的能力、资信及激励机制等方面的差异都可能给项目的具体经营业绩带来不确定性。降低这类风险可以通过一系列融资文件和信用担保协议来实施。针对生产风险的不同种类，设计不同的合同文件。对于能源和原材料风险，可以通过签订长期的能源和原材料供应合同加以预防及消除。对于资源类项目所引起的资源风险，可以利用最低资源覆盖比率和最低资源储量担保等加以控制。对于生产风险中的技术风险，贷款银行一般要求项目中所使用的技术是经过市场证实的成熟生产技术，是合理并有成功先例的。

（3）产品市场风险。产品市场风险是指在一定的成本水平下能否按计划维持产品的质量和产量以及产品市场需求量与市场价格波动所带来的风险，主要包括价格风险、竞争风险和需求风险三个方面的风险。也就是说，项目产品的市场价格波动、需求量，进而销售量与预期目标的偏差，以及竞争激烈程度的变化都会导致产品市场风险，影响项目的经济强度，给项目融资带来风险。在项目融资的设计和谈判过程中，充分论证项目产品的市场前景，并建立一个合理的价格调节机制，对于投资者和贷款人无疑都是一个需要慎重对待的问题。双方均需对市场的结构和运作方式有清楚的认识，对各方承受项目市场风险的能力有正确的判断。在项目筹划阶段，投资方应做好充分的市场调研和市场预测，减少投资的盲目性。在项目的建设阶段和生产经营阶段，项目公司应该签订长期的原材料供应协议、产品销售协议等。项目公司还可以争取获得其他项目参与者，如政府或当地产业部门的某种信用支持来分散项目的市场风险。在一定程度上，市场风险是产、供、销三方均要承担的。

2. 金融风险

在这里，金融风险也称融资风险，它是项目融资行为带来的资金本身的风险。因此，金融风险是项目融资中最无法回避，也是最需审慎对待的风险。从某种意义上说，金融风险管理是项目融资风险管理的核心。

（1）市场风险。市场风险（不包括产品市场风险）是指由于金融资产市场价格变化或波动等市场因素引起的未来损失的可能性。市场风险是金融风险中的主要风险，常见的有以下几种：①利率风险。利率风险是指项目在经营过程中，由于利率变动直接或间接造成项目价值降低或收益受到损失。由于项目的建设周期以及融资期限一般较长，因而受市场利率变动的影响也就较大。若采用固定利率，则市场利率上升不利于贷款人；反之，则不利于借款人。若采用浮动利率，则利率上升时可能导致借款人利息负担加重，使贷款方的资金回报与预期产生偏差，严重时可能导致其无力偿债而不得不违约；反之，则会增加贷款人的机会成本。②通货膨胀风险。通货膨胀风险在世界各国普遍存在，通货膨胀使原材料价格、人工费用不断上涨，工程造价大幅提高或者使得项目产品的销售受阻、降低实际收入，这些都会给项目投资者的还款带来隐忧。③外汇风险。外汇风险涉及东道国通货的自由兑换、经营收益的自由汇出以及汇率变动所造成的货币贬值问题。项目融资活动中的外汇风险包括外汇交易风险、买卖风险、折算风险等，主要是外汇转换的风险。按照国际惯例，工程项目所融通的资金多为硬通货，因而必须以硬通货偿还。然而，项目的投资者却无法在项目的产品或服务上直接收取硬通货，这便存在着外汇转换的风险。降低这类风险需要运用一些传统的金融工具和新型的金融衍生工具。传统的金融风险管理是根据预测的风险，确定项目的资金结构。新型的金融衍生工具可采用远期合同、互换交易、交叉货币互换等方式。

(2) 信用风险。信用风险是指因借款人或其他交易对手违约而带来的损失可能性，在项目融资中，主要是指项目投资者（借款人）因无力偿还或其他原因而违约的可能性。有限追索的项目融资是依靠有效的信用保证结构支撑起来的，因而信用风险贯穿项目始终，这一风险主要是贷款人所面临的风险。组成信用保证结构的各个项目参与者是否有能力执行其职责，是否愿意并且能够按照法律文件的规定在需要时履行其所承担的对项目融资的信用保证责任等，都有可能成为信用风险。一般来说，贷款人会选取提供项目信用保证的项目参与者（包括项目投资者、工程公司、原材料的供应商等）的资信状况、技术和资金能力、以往的表现和管理水平等作为评价项目信用风险程度的指标，贷款人也应评估项目参与方的信用、业绩和管理技术等，因为这些因素是贷款人依赖的项目成功的保证。

(3) 流动性风险。项目融资的流动性风险是指由于正的现金流量不足或延迟，致使难以支撑项目的正常运营，从而导致项目失败，进而使投资者和借款人蒙受损失的可能性。流动性风险可以视为各种风险的一个综合反映，它可能是市场风险引起的，也可能是生产风险引起的，同样也可能是政治经济方面的宏观风险引起的，更多时候是几种风险因素共同引起的。这种情况要么要求项目原有贷款人（也可能是其他贷款人）追加信贷额度，要么就让项目收益能力减弱，无论是哪种情况，其后果都会导致项目的经济强度相对削弱，进而使项目融资的风险性增大。

3. 外围风险

项目融资的外围风险是指与项目的建设和生产经营及融资活动本身不存在必然的直接联系，超出项目管理者和贷款人可控制范围的风险，主要是由于国家主权行为、政治动荡、自然灾害等外部因素导致的。外围风险包括：

(1) 国家风险。[①] 项目融资的国家风险一般是指由于项目业主国的主权或政治状况发生变化而给项目带来的风险，即业主国因战争、政变、政权更迭、领导人变更、国际纷争、法律政策变更等行为而导致项目资产和收益受到损害的风险。国际项目融资在当今的项目融资中占有相当大的比重，在国际项目融资中，国家风险是一个极为重要的风险因素。国家风险主要包括：①政治风险，即战争、政变、政权更迭、领导人变更等政局动荡因素致使项目难

① 对于国家风险的界定有广义和狭义之分。广义的国家风险包括因不同国别的原因产生的政治风险、经济风险和金融风险。这里的国家风险使用的是相对狭义的界定，主要包括主权风险和政治风险（政治稳定性风险）。

以正常进行，从而造成损失的可能性。②主权风险，是指东道国政府由于某种政治原因或外交政策上的原因，利用其主权强制地位，通过直接的强制干预或法律政策变更的手段，导致不利于国外项目投资者的结果，从而使其蒙受损失的可能性。典型的做法是对项目实行征用、没收，对项目产品实行禁运、联合抵制，中止债务偿还，提高税收等。为避免这类风险，项目参与方应广泛搜集和分析影响宏观经济的政治、金融、税收方面的政策，对未来进行政治预测，规避风险。此外，项目参与方还可以通过向官方机构或商业保险公司投保政治风险，转移和减少这类风险带来的损失。

（2）自然风险。自然风险是指由于地震、台风、洪水、火灾等自然灾害的发生而给项目建设和运行造成影响的可能性。这种风险属于纯粹风险，对于投资者和贷款人来说，只有损失和损失为零两种可能，一般只能用保险的方式进行转移。

（3）环境保护风险。由于在项目融资中，投资者对项目的技术条件和生产条件比贷款银行更了解，所以一般环境保护风险由投资者承担。环境保护风险主要包括：对所造成环境污染的罚款、改正错误所需的资本投入、环境评价费用、保护费用以及其他一些成本。为降低这类风险，项目投资者应熟悉项目所在国与环境保护有关的法律，在项目的可行性研究中应充分考虑环境保护风险；拟订环境保护计划作为融资前提，并在计划中考虑到未来可能加强的环保管制；以环保立法的变化为基础进行环保评估，把环保评估纳入项目不断监督的范围内。

上述分类方法的一个优点在于，就参与项目融资的各个主体而言，比较容易明确自身的处境和责任，从而积极采取处理风险的措施。例如，大部分的业务风险都应该在项目投资者和项目公司的可控范围内；金融风险与贷款人的切身利益最为相关，也是其相对擅长的管理对象；而外围风险却是借贷双方都有可能面临的问题，往往需要各方面共同努力去控制。

二、项目融资风险认定的技术与方法

风险识别不仅是要鉴别所有可能的风险，关键是要认定具体项目融资中的具体风险。其实，上面提到的项目融资中的风险因素并不一定在每一笔项目融资中都存在，而且在不同的项目中，相同风险因素的影响程度也不尽相同。因此，必须对每一具体的项目融资的风险因素进行认定，并确认哪些是主要风险因素，哪些是次要风险因素，以便合理地分配风险管理的成本。在实践中，常用的风险认定方法包括以下几种。

（一）项目融资风险识别的技术工具

在具体识别项目融资的风险因素时，可以利用一些具体的工具和技术，常见的有以下几种：

1. 核对表

风险识别实际是关于将来风险事件的设想，是一种预测。把以往类似项目融资经历过的风险事件及其来源罗列出来，编制成一张核对表，可以启发项目融资的设计者，使其开阔思路，对本项目融资的潜在风险有清晰的认识。近年来，项目融资作为建设基础产业和基础设施项目筹集资金的方式，越来越受到人们的重视；同时，项目融资是风险很大的一种融资活动，因此项目融资的风险管理也显得越来越重要。国际上一些有项目融资经历的专家和金融机构从以往的这类业务活动中总结出一些经验和教训，并把这些经验和教训列入核对表，无疑会对项目融资的风险认定非常有用。

2. 项目融资分解结构

风险识别要减少项目融资结构的不确定性，就要弄清项目融资的各个组成部分及其性质、相互关系等。项目融资分解结构是完成这项任务的有力工具。前面提到的将项目融资风险分为业务风险、金融风险和外围风险，可以作为一种项目融资分解结构的基础。

3. 常识、经验和判断

以往的项目融资活动所积累起来的资料、数据、经验和教训，以及项目融资顾问人员和其他相关参与人员的常识、经验和判断，在进行风险识别时非常有用。另外，把项目融资有关各方聚集起来，与他们就风险识别进行面对面的讨论，也有可能触及一般规划活动中未曾发现或不能发现的项目融资风险。

4. 实验或试验结果

利用实验或试验结果识别项目融资风险，主要是针对项目本身风险而言的，这相当于“花钱买信息”。实验或试验结果也可以用数学模型、计算机模拟、市场调查或文献调查等方法代替。

（二）项目融资风险认定的方法

在项目融资实践中，利用上述技术工具，对项目融资风险进行最后的认定，可以运用以下几种方法：

1. 故障树法

利用图解的形式将大的风险分解成各种小的风险，或对各种引起风险的原因进行分解，这是风险识别的一种工具。该方法是利用树状图将项目风险由粗到细、由大到小、分层排列，这样容易找出所有的风险因素，而且关系明确。与故障树法相似的还有概率树法、决策树法等。

2. 头脑风暴法

头脑风暴法也称集体思考法，是以专家的创造性思维来获取未来信息的一种直观预测和识别方法。该方法由美国人奥斯本于1939年首创，从20世纪50年代起就得到了广泛应用。头脑风暴法一般在一个专家小组内进行。以“宏观智能结构”为基础，通过专家会议，发挥专家的创造性思维来获取未来信息。这就要求专家会议的主持人在会议开始时的讲话能激发专家们的思维“灵感”，使专家们踊跃回答会议提出的问题。通过专家之间的信息交流和相互启发，从而诱发专家们产生“思维共振”，以产生“组合效应”，获取更多的未来信息，从而使预测和识别的结果更准确。

3. 德尔菲法

德尔菲法也称专家调查法，它是20世纪50年代初美国兰德公司（Rand Corporation）研究美国受苏联核袭击风险时提出的，并很快就在世界上流行起来。它是依靠专家对风险进行识别的方法，现在该方法的应用已遍及经济、社会、工程技术等各领域。用德尔菲法进行项目融资风险识别的过程是：由项目风险小组选定与该项目有关的领域和专家，并与适当数量的专家建立直接的函询联系，通过函询收集专家意见，然后加以综合整理，再匿名反馈给各位专家，再次征询他们的意见。这样经过四五轮反复，逐步使专家的意见趋向一致，并将其作为最后识别的根据。

4. 情景分析法

它是由美国SHELL公司的科研人员皮埃尔·沃克（Pierr Wark）于1972年提出的。该方法是根据发展趋势的多样性，通过对系统内外相关问题的系统分析，设计出多种可能的未来前景，然后用类似于撰写电影剧本的手法，对系统发展态势做出自始至终的情景和画面的描述。当一个项目持续的时间较长时，往往要考虑各种技术、经济和社会因素的影响，可用情景分析法来预测和识别其关键风险因素及其影响程度。情景分析法对以下情况特别有用：提醒决策者注意某种措施或政策可能引起的风险或危机性的后果；建议需要进行监视的风险范围；研究某些关键性因素对未来过程的影响；提醒人们注意某种技术的发展会给人们带来哪些风险。情景分析法是一种适于对可变因素较多的项目进行风险预测和识别的系统技术，它在假定关键影响因素有可能发生的基础上，构造出多种情景，提出多种未来的可能结果，以便采取适当措施，防患于未然。

三、项目融资风险识别的结果描述

将项目融资风险识别出来以后，通常需要把结果整理出来，写成书面文件，为风险分析的其余步骤和风险管理做准备。风险识别的结果一般包含下列内容：

1. 风险来源

结果中应列出所有的风险，尽可能全面，不管风险事件发生的频率和可能性、收益或损失、损害或伤害有多大，都要一一列出。风险识别的结果一般包括：风险事件的可能后果；对预期发生时间的估计；对该来源产生的风险事件预期发生次数的估计等等。

2. 分组或分类

风险识别之后，应对风险进行分组或分类。分类结果应便于进行风险分析的其余步骤和风险管理。例如，对于建设项目，可以将风险按项目进度分组，也可以按风险性质分为业务风险、金融风险和外围风险。

3. 风险表现

在对项目融资风险识别结果的描述中，还有必要对各种识别出的风险事件的外在表现（如各种可能的苗头和前兆等）做出说明，以便为项目融资各参与方采取行动和措施提供参考。

4. 对项目管理其他方面的要求

在风险识别的过程中，可能会发现项目融资其他方面的问题，这需要在项目融资的各种结构设计中加以完善，也应加以描述或向相关参与方提出改进的建议。

对于项目融资风险识别的结果，可以用表格的形式罗列出来（见表7—1）。

表7—1　　项目融资风险识别结果一览表

1	风险的名称	业务风险、金融风险、外围风险等
2	风险的波及范围	风险本身及其类型、大小、数量的定性描述
3	风险的分类	业务风险类、金融风险类、外围风险类等
4	风险的参与者	由谁分担这些风险，各自的期望如何
5	风险的量化	频率与烈度

6	对风险的期望	暴露于风险之下的总价值 潜在损失或收益的规模及概率 风险控制的目标以及预期
7	风险的处理和控制	风险处理的现行方法 信心指数 审核与监控的方法
8	潜在的改进措施	进一步减少风险的方法与措施
9	策略的制定	确定风险管理策略，明确各方的责任和义务

第三节 项目融资风险的定量分析——风险评估

项目融资风险识别的过程只完成了项目融资中各种风险的定性分析，而科学的项目融资风险管理决策更需要对各种风险和综合风险进行定量的分析，即对项目融资的风险进行评估。风险评估实际上包括风险估计和风险评价两部分内容。

一、项目融资的风险估计

风险估计是对项目融资个别风险的量化分析。对于各种类型的具体风险，对其进行估计的工具或方法不尽相同。

（一）国家风险

国家风险对国际项目融资的影响至关重要，也是一种比较特别的风险。由于情报来源有限、地位不相称等原因，一般的企业或银行要想对国家风险进行量化分析比较困难，分析成本也相当昂贵。幸运的是，国际上有一些专门的评估机构，根据一国与其他国家相比在外债偿还中的信誉程度等指标，做出该国的国家风险评级。国家风险指数是对项目融资中国家风险进行评估的、重要的间接情报来源。在世界上所有的指标体系中，比较有代表性的国家风险指数有以下几种：

（1）富兰德指数。以 0～100 表示，指数越高表示所在国家风险越低、信誉地位越高。该指数体系组成如表 7—2 所示。

（2）国家风险国际指南（RCRG）。这是由纽约的国际报告集团编制的风险分析指标体系，其中国家风险分为政治、金融、经济三部分，权数分别为 50%、25%、25%，评分时的总分为 200 分，即金融为 100 分，其他各为 50 分。指数越高表示风险越低。

表 7—2　　富兰德指数体系

体系	权数	内容
定量评级体系	50%	外汇收入，外债数量，外汇储备状态，政府融资能力
定性评级体系	25%	经济管理能力，外债结构，外汇管理态度，政府廉洁度，政府应对外债困难的措施
环境评级体系	25%	政府风险指数，商业环境指数，社会政治环境指数

（3）日本公司债研究所国家等级表。这是日本公司债研究所每年定期公布的国家风险结果，主要采用评分制，以 0～14 分表示，0 分表示国家风险最低。

（二）项目融资风险的敏感度分析

对于国家风险以外的项目融资风险的测算，相对来说要简单一些，在理论和实践上有多种方法，这里主要介绍常用的敏感性分析法。

1. 定义评价集和因素集

在进行项目融资风险的敏感度分析时，首先构造相应的风险因素集和风险评价集。风险因素集是项目融资各种风险因素的集合；风险评价集一般包括净现值、投资内部收益率、投资回收期等。此处定义：

风险评价集 $Y=\{y_j \mid j=1, 2, \cdots, n\}$

风险因素集 $X=\{x_i \mid i=1, 2, \cdots, m\}$

2. 构造风险评价模型

在定义了评价集和因素集后，可以根据风险评价集中每一分量与风险因素集中各个分量的关系构造风险评价模型：

$$y_j=f_j(x_1, x_2, \cdots, x_m) \tag{7—1}$$

或

$$\phi_j(y_j, x_1, x_2, \cdots, x_m)=0 \tag{7—2}$$

式中，$j=1, 2, \cdots, n$。

3. 敏感性分析

敏感性分析就是分析因素集中元素变动时对评价集中元素产生的影响，测定出受影响程度的大小（即敏感度）。在风险评价模型的基础上，可以定义评价指标 y_j 相对于风险因素 x_i 的敏感度为：

$$\delta_{ij}=\left|\frac{\dfrac{\mathrm{d}y_j}{y_j}}{\dfrac{\mathrm{d}x_i}{x_i}}\right|=\left|\frac{x_i}{y_j}\times\frac{\mathrm{d}y_j}{\mathrm{d}x_i}\right| \tag{7—3}$$

由式（7—1）得：

$$\frac{\mathrm{d}y_j}{\mathrm{d}x_i}=\sum_{k=1}^{m}\frac{\partial y_j}{\partial x_k}\times\frac{\mathrm{d}x_k}{\mathrm{d}x_i} \tag{7—4}$$

或由（7—2）式，可得：

$$\frac{\mathrm{d}y_j}{\mathrm{d}x_i}=-\varphi_j'(y_j)\left(\sum_{k=1}^{m}\frac{1}{\varphi_j'(x_k)}\times\frac{\mathrm{d}x_k}{\mathrm{d}x_i}\right) \tag{7—5}$$

特别地，当因素 k 与因素 i 无关时，有

$$\frac{\mathrm{d}x_k}{\mathrm{d}x_i} = 0 \tag{7—6}$$

将（7—5）式代入（7—3）式可以得到风险因素 i 对评价指标 j 的敏感度：

$$\delta_{ij} = \left| -\frac{x_i}{y_j}\varphi'_j(y_j)\left(\sum_{k=1}^{m}\frac{1}{\varphi'_j(x_k)} \times \frac{\mathrm{d}x_k}{\mathrm{d}x_i}\right) \right| \tag{7—7}$$

一般取 $\delta_i = \max\ \{\delta_{ij}\}$ 为风险因素 i 的敏感度。

“风险评价指标集”的准确性、“影响因素指标集”的完整性以及“评价集”中元素与“影响集”中元素的相关性（函数关系），是确定风险影响因素敏感度的关键。

二、项目融资风险的综合评价

风险评价是对项目融资整体风险的量化分析，就项目融资的各参与方而言，他们更注重整体风险程度的综合评价。下面介绍几种具有代表性的风险综合评价方法。

（一）投资风险评估

1. 资本资产定价模型与投资机会成本

根据资本资产定价模型（CAPM），投资者做出投资决策时，在确定了能够正确反映项目风险的贴现率的基础上，只需要考虑项目的系统性风险及该项目与资本市场上其他投资机会带有共性的风险，以及由于承担了这种风险而应该得到的收益。此时，对风险的衡量主要是利用风险校正系数 β 值。因此，一个具体项目的投资收益率或者说机会成本可以表示为：

$$R_i = R_f + \text{风险收益率} = R_f + \beta_i \times (R_m - R_f) \tag{7—8}$$

式中，

R_i——给定风险水平条件下项目合理的预期投资收益率；

R_f——无风险投资收益率；

β_i——项目的风险校正系数，代表项目对资本市场系统性风险变化的敏感程度；

R_m——市场的平均投资收益率。

其中的关键是 β_i 的确定，β_i 的确定方法一般是在资本市场上寻找相同或类似性质的公司资料，以确定项目的风险校正系数 β_i。当已知数据为资产 β_a 时，应将其转换成股本 β_c，它们之间的关系为：

$$\beta_c = \beta_a \times \left[1 + \frac{D}{E}(1-t)\right] \tag{7—9}$$

式中，

β_c——股本 β 值；

β_a——资产 β 值；

D——项目债务的市场价值；

E——项目股本金的市场价值；

t——公司所得税。

在确定了股本资金的机会成本后，还应确定债务资金的成本。计算债务资金的成本可以根据项目的经济强度、公司资信以及可能采用的融资结构估算债务资金的利息率，也可以根据以往公司债务资金的成本估算出在投资项目中的贷款利率。

在股本资金和债务资金的成本确定后，就可以通过加权计算综合资本成本，即

$$R = R_c \times \frac{E}{E+D} + R_d \times \frac{D}{E+D} \times (1-t) \tag{7—10}$$

2. 投资决策型净现金流量模型

$$X_t = (1-T)[(P_0-K_0)Q_t - F]\prod_{i=1}^{t}(1+INF_i) + C_dT \qquad t=1, 2, \dots, n \tag{7—11}$$

式中，

X_t——第 t 年的净现金流量（不考虑债务因素时），特别地，当 $t=0$ 时，$X_0=-I_0$；

T——税率；

P_0——产品的初始价格；

K_0——产品的单位变动成本（包括直接材料与直接人工）；

Q_t——第 t 年产品的销售数量；

F——不含折旧的固定成本，包括租金、保险费、管理人员工资、办公费等；

C_d——折旧（按直线折旧法考虑）；

N——项目折旧年限；

I_0——初始投资；

$\prod_{i=1}^{t}(1+INF_i)$——通货膨胀效应。

3. 财务净现值（NPV）的确定

R 是在给定风险水平 β 条件下项目合理的预期投资收益率，也是项目带有风险校正系数的贴现率，将其代入项目现金流量净现值的计算公式中，即可得出考虑到项目具体风险因素之后的项目净现值，以此作为投资依据。

$$NPV = \sum_{t=0}^{N}\frac{X_t}{(1+R)^t} \tag{7—12}$$

式中，

$X_0=-I_0$，I_0 为初始投资，$R_0=0$；

X_t——第 t 年投资的净现金流量。

在这里，为了简化分析，假设无风险投资收益率 R_f 和资本市场平均投资收益率 R_m 在项目经济生命期内保持不变，且风险校正系数 β_i 在同一时间段内也保持不变。按上述公式计算，若 $NPV \geqslant 0$，说明项目投资者在预期的项目经济生命期内至少可获 $R\%$ 的平均收益，大于或等于投资机会成本；若 $NPV \leqslant 0$，说明该项目投资的机会成本过高，此时，除非投资者有其他战略上的考虑，否则收益率低于 $R\%$ 的投资是不值得考虑的。

（二）融资风险指标评估

现行的项目融资中常用的评价指标有两个：债务覆盖率（包括单一年度债务覆盖率 DCR_t 和累计债务覆盖率（$\sum DCR_c$）和项目债务承受比率 CR。

1. 融资决策型净现金流量模型

$$NC_t = (1-T)\left\{[(P_0-K_0)Q_t - F]\prod_{i=1}^{T}(1+INF_i) - E_tD_tR_{dt}\right\} + C_dT - AE_t \qquad t=1, 2, \dots, n \tag{7—13}$$

式中，

NC_t——第 t 年的净现金流量(考虑借贷因素时)；

E_t——第 t 年付息日(年末)的汇率；

R_{dt}——第 t 年的浮动利率；

n——项目融资期；

D_t——第 t 年年初的贷款余额，$D_t=D-A(t-1)$；

A——每年偿还的本金额（以贷款货币计），$A=D/n$。

2. 债务覆盖率

债务覆盖率是指项目可用于偿还债务的有效净现金流量与债务偿还责任的比值。累计债务覆盖率是其指标之一，可用下式表示：

$$\sum DCR_t=\frac{(A+D_TR_{dt})E_t+\sum_{i=1}^{t}NC_i}{(A+D_tR_{dt})E_t}$$

$$=1+\frac{\sum_{i=1}^{t}NC_i}{(A+D_tR_{dt})E_t}\qquad t=1,2,\dots,n \tag{7—14}$$

式中，

NC_i——第 i 年扣除一切项目支出后的净现金流量，即融资的净现金流量。

项目融资中引入累计债务覆盖率的重要作用在于，它规定了项目一定比例的盈余必须保留在项目公司中，只有满足累计债务覆盖率以上的资金部分才被允许作为利润返还投资者，从而保证了项目经常性地满足债务覆盖率的要求。通常 $\sum DCR$ 的取值范围为 1.5～2.0。

3. 项目债务承受比率

项目债务承受比率是指项目现金流量的现值与预期贷款金额的比值，可用下式表示：

$$CR=\frac{NPV}{DE_0} \tag{7—15}$$

式中，

D——不考虑贴现的计划贷款的金额，即债务资本；

E_0——贷款时的汇率。

项目融资一般要求 CR 的取值范围为 1.3～1.5。

三、项目融资风险的动态评估指标（B_t）

（一）B_t 指标的构造

首先，定义指标 B_t：

$$B_t=\frac{\text{第 }t\text{ 年有负债时自有资本报酬率}}{\text{第 }t\text{ 年无负债时自有资本报酬率}} \tag{7—16}$$

$$\text{第 }t\text{ 年有负债时自有资本报酬率}=\frac{\text{税后净利}}{\text{自有资本}}=\frac{NC_t-C_0}{E}$$

$$\text{第}\ t\ \text{年无负债时自有资本报酬率} = \frac{\text{无借贷时的税后净利}}{\text{自有资本} + \text{第}\ t\ \text{年尚未偿还的债务资本}} = \frac{X_t - C_0}{E + D_t}$$

上面两式中，NC_t和X_t分别是第t年考虑负债和不考虑负债时的净现金流量，C_d为折旧。将前面的NC_t和X_t计算公式代入后，可得：

$$B_t = \frac{1}{1 - Y_t\left[1 - \dfrac{E_t D_t R_{dt}(1-T) + AE_t}{(1-T)\left\{\left[(P_0 - K_0)Q_t - F\right]\prod_{i=1}^{t}(1 + INF_i) - C_d\right\}}\right]} \tag{7—17}$$

式中，

Y_t——第t年项目的实际负债率，$Y_t = \dfrac{D_t}{E + D_t}$；

D_t——第t年年初的贷款余额（以贷款货币计）；

P_0——产品的初始价格；

K_0——产品的单位变动成本（包括直接材料与直接人工）；

T——税率；

Q_t——第t年产品的销售数量；

F——不含折旧的固定成本，包括租金、保险费、管理人员工资、办公费等；

C_d——折旧（按直线折旧法考虑）；

$\prod_{i=1}^{t}(1 + INF_i)$——通货膨胀效应。

（二）用蒙特卡罗模拟法来确定B_t的分布

利用B_t指标对项目融资风险进行动态评估的实践中，常用蒙特卡罗模拟法来确定B_t的分布。蒙特卡罗模拟法是依据一定概率分布产生随机数的方法来模拟可能出现的随机现象的方法，其基本过程如图7—2所示。

图7—2中，$P(x_1)$，$P(x_2)$，…，$P(x_n)$表示n个输入随机变量的概率分布；$P(y_1)$，$P(y_2)$，…，$P(y_m)$表示m个输出的评价指标。决策变量是决策人员选择的一些参数，是一些非随机变量。蒙特卡罗模拟具体可分解为以下几个步骤：

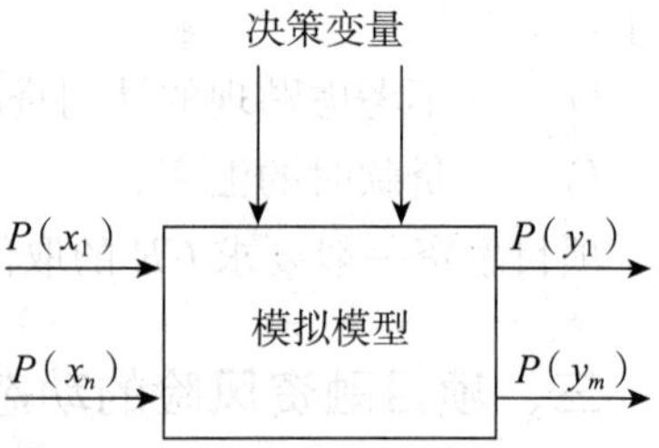

图7—2　蒙特卡罗模拟

（1）确定输入随机变量x_1，x_2，…，x_n的概率分布（如离散分布、均匀分布、正态分布、偏态分布等），计算其分布函数，即第i个随机变量x_i的分布函数$F_i(x_i)$。

（2）对输入随机变量x_1，x_2，…，x_n按其概率分布取值。在确定第i个随机变量x_i的分布函数$F_i(x_i)$后，可利用计算机模拟生成一个随机数r_{i1}。①

① 这些随机数是由服从[0，1]均匀分布的随机数按照与相应概率分布的转换公式转换后得到的，这里介绍从略，读者可参见概率统计的相关论著。

然后解方程 $F_i(x_i)=r_{i1}$，可得对应的解 x_{i1}。按上述方法可以依次输入变量 x_1，x_2，…，x_n，求得对应的解 x_{11}，x_{21}，…，x_{n1}。把这一组解赋予对应的输入变量，就得到一组输入变量值。多次重复上述过程，每次用计算机依次生成第 $i(i=1, 2, \cdots, n)$ 个变量的随机数 r_{ik}后，建立方程 $F_i(x_i)=r_{ik}$，求得对应的解并赋值给输入变量 x_i，即可得到若干组输入变量值。

(3) 将得到的一组输入变量值代入模拟模型，即可得到输出变量的一种状态。将得到的若干组输入变量值代入模拟模型后，就能得到输出变量的若干种状态。根据这些状态的分布情况，就可以近似求出输出变量的概率分布。

(三) B_t指标的运用

利用蒙特卡罗模拟法确定出 B_t的分布后，就可以根据 $B_t\geqslant1$（即有负债时的自有资本报酬率不低于无负债时的自有资本报酬率）或者 $B_t<1$（即有负债时的自有资本报酬率小于无负债时的自有资本报酬率）的概率分布来判断项目的风险承受能力。若要求的置信度为95%，则当 $P\{B_t>1\}\geqslant95\%$时，说明财务杠杆发挥了积极作用，一般不对资本结构进行调整；当 $P\{B_t>1\}<95\%$时，就应对项目的资本结构进行调整，直至 $P\{B_t>1\}=95\%$。

四、压力测试

近年来，国内房地产市场行情向好，商业银行也越来越多地参与为房地产项目安排的商业性项目贷款当中。总的来看，无论是商业银行等贷款机构，还是房地产开发商，在项目融资的帮助下都取得了良好的经济效益。然而，由于这个市场膨胀的速度过快，监管机制并不成熟，房地产类项目贷款存在一些系统性风险。为此，2007 年银监会颁布了《商业银行压力测试指引》(全文请见本章附录)，强调商业银行应对房地产项目风险进行主动管理，利用各种途径对风险进行识别、分类、定量分析，并在此基础上建立行之有效的方法控制风险。目前来看，银监会的这一措施起到了至关重要的作用。尤其是 2010 年底之后，国家为控制房价过快上涨，实施了一系列房地产市场调控措施，对房价起到了比较大的抑制作用。在这种情况下，我国商业银行由于风险意识较强、防范措施实施较早，业绩并没有受到很大的冲击。

专栏 7—1

商业银行房地产类项目贷款的风险评估——压力测试

在宏观经济面临较大不确定性的背景下，压力测试成为商业银行主动风险管理的必要手段。压力测试是一种以定量分析为主的风险分析方法，通过测算银行在假定的小概率事件等极端不利情况下可能发生的损失，分析这些损失对银行盈利能力、资本金和流动性等方面所产生的负面影响，进而对银行的风险抵御能力做出评估和判断，并针对测试结论采取必要的应对措施 。(地产) 压力测试是风险管理的重要工具，金融机构、监管当局和中央银行均可使用。压力测试包含三个要素：第一个要素是极端但可信的事件。这个事件必须是非常极端的事件，可能是超出想象之外的，却是可以信任的；第二个要素是影响资产（负债）质量的风险因素的变化，就是有哪些因素会影响资产质量的变化，汇率的变化、GDP 的变化、房价的变化、偿付率的变化、可支付收入的变化和就业率的变化等都有可能成为影响的因素；第三个要素是对被测试对象潜在的服务影响。对于拨备资产质量、不良率和损失率等的预期损失是房地产信贷压力测试的主要测算目标，包括两个方面：一方面，对于不良率的影响，即对于资产质量的影响；另一方面，在资产质量受影响的情况下对于预期率的损失：

$$预期损失(EL)=[违约率(PD)\times违约损失率(LGD)\times风险敞口(EXP)] - 住房按揭贷款信用损失赔付(MIG)+额外成本(RC)$$

其中，违约率是按揭成数、按揭年龄、按揭贷款付款额与收入之比、按揭类型和单笔按揭贷款规模等因素的函数；违约损失率是按揭成数、按揭年龄等因素的函数；住房按揭贷款信用损失是保单类型、年龄的函数；额外成本是违约数量、管理违约的平均成本的函数。

从国外来看，在测试的时候非常重视对预期损失的估计，这包括了违约率和违约损失率的测算。其中，违约率是按揭成数、按揭年龄、按揭贷款付款额与收入之比、按揭类型、单笔按揭贷款规模等因素的函数。贷款不良率高和贷款的按揭成数相关性较高，按揭成数越高，违约的可能性越小。

压力测试的目标是帮助银行充分了解潜在风险因素与银行财务状况之间的关系，提供董事会和管理层讨论并实施的应对措施，预防极端事件可能对银行带来的冲击。对于日常管理中广泛应用的各类风险计量模型，压力测试应成为模型方法的重要补充。

资料来源：陈韬：《房地产压力测试方法探讨》，www.cnki.net。

第四节　项目融资的风险处理

项目融资风险管理与其他金融经济活动中的风险管理有共同之处，一些基本的方法和成熟的经验在各个领域的风险管理中都得到了良好的印证，在项目融资风险管理中的应用也不例外。但是，项目融资的风险处理也有其独特性。

一、项目融资风险处理的特点

（一）风险处理的一般方法在项目融资中的应用

项目融资的风险控制是通过各种经济、技术手段将风险减轻、分散和转嫁的过程。项目融资风险的防范、控制、处理是项目风险识别和评估的最终目的。进行项目融资风险处理，与一般风险管理一样，都有一些基本的手段。

1. 风险回避

它是指事先预料风险产生的可能性程度，判断导致其实现的条件和因素，以便在项目投资中尽可能地避免投资或改变投资方向。例如，改变生产流程、改变生产经营地点、放弃投资和贷款计划等。

2. 风险抑制

它是指采取各种措施来减少风险实现的概率及经济损失的程度。例如，当集团面临偿债危机时，若判断其属于非流动性危机，则停止新增贷款，拍卖、撤回企业财产，减少风险损失等。

3. 风险集合

它是指在发生大量同类风险的环境下，投资者联合行动以分散风险损失，从而降低防范风险发生的成本。

4. 风险转嫁

它是指风险承担者通过若干技术和经济手段将风险转嫁给他人承担，一般主要是将风险转移给保险公司或者信托投资公司、承包商或担保银行等。

5. 风险自留

它是指对于一些无法回避和转移的风险，应采取现实的态度，在不影响投资者根本利益或总体利益的前提下，自己将风险承担下来。

（二）项目融资风险处理手段的独特性

项目融资在风险处理方面与其他形式的融资活动相比，有一个显著的特点，即其内在地包含了风险的分散、规避和处理机制。这主要体现在以下几个方面：

1. 资金来源分散化

从项目融资的资金来源看，其中以银团贷款居多，一些大型项目融资的贷款人有十多家乃至数十家，因而使单个债权人面临的信用风险极大地减小。这些贷款人通常来自不同的国家和地区，其业务性质也不尽相同，因此容易根据各自的风险偏好满足项目不同层次和形式的资金需求。对于它们来说，在接受融资安排时，也可以充分考虑自身的风险承受能力。

2. 风险相对隔离

由于项目融资以项目为向导，项目的直接借款人往往不是项目的投资者而是项目公司，项目受到投资者其他方面业务风险影响的可能性较小。同时，项目公司的资产和业务被限定在项目范围内，而且贷款人也能根据风险管理的需要对项目进行全程的监控，因此项目融资的这种安排将融资的风险与项目最终借款人除项目以外的风险相对隔离开来。从另一个角度说，项目投资者对于项目公司的有限责任以及项目融资的高负债比例，使其从项目中承受的风险相对较小，从而该项目的风险对于项目投资者其他业务的影响也较小。

3. 以灵活的融资模式进行风险的合理分配

灵活的融资模式为项目融资在风险防范与控制上提供了更为多样的手段。一个成功的项目融资模式设计，本身就是风险在各利益相关主体（这些主体远远不止借贷双方）之间合理分配的一个过程。这种分配结果将会以具有法律效力的契约形式体现出来，成为一种风险约束机制。最常见的一个例子是，通过“交钥匙”合同将完工风险转移给建筑公司。

4. 多样化的信用保证结构

一方面，项目融资额度是根据项目未来的收益或现金流量的一定比例（一般不会达到百分之百）来确定的，在这些未来收益或现金流量的分配序列中，归还项目融资的贷款具有优先性，这是项目融资最强有力的经济保证。另一方面，业主保证人和第三方保证人还会通过各种保证书和承诺的形式为项目提供必要的担保，这些担保成为规避项目融资风险的另一个有力保证。

二、项目融资的风险分配

项目融资风险处理的内在机制，即信用保证结构（详见本书第六章），是项目融资风险管理的一大特点，也是项目融资风险管理最为重要的一个方式。项目融资信用保证机制的核心是通过各种类型的法律契约和合同，将与项目有关的各方利益结合起来共同承担风险。

（一）项目融资中风险分配的原则

在传统的公司融资方式中，项目的风险理所当然地全部由项目投资公司及有关担保方承担。项目投资公司（项目借款人）承担项目负债的完全追索责任，银行向项目发放的贷款仅从项目借款人和贷款担保人处得到还贷的担保保证。如果项目失败，项目投资公司自己承担项目的全部损失并负责偿还银行贷款直至公司破产，银行面临的风险主要是项目借款人的资信状况以及担保人的担保能力。在项目融资方式中，项目风险承担的主体与传统公司融资方式不同，风险并不集中在某一方。从前述规避风险的方法可看出，项目融资的风险规避和控制，其实质是将风险分摊到项目的有关方面，避免集中在项目投资者或贷款人某一方，这就是风险分担的体现。

就项目参与各方而言，他们各自愿意承担的风险种类及程度不一，风险分担不是将风险平均地分给参与各方，而是采用“将某类风险的全部都分配给最适合承担它的一方”的基本原则。例如，东道国政府不愿意承担商业风险而愿意承担政治风险，境外投资者正好相反，他们有能力承担商业风险却对政治风险望而却步。项目融资的风险管理就是通过各种合同和信用担保协议，将项目风险在参与者之间进行合理分配。

总之，为了防范项目融资的风险，项目投资方或主办者在项目运作过程中必须在首先确定项目关键风险的基础上，评价项目每个风险可接受的程度，并将项目风险分配到有关各方，即风险分担。将项目风险与投资结构、融资结构、资金结构及信用保证结构结合起来，把项目风险合理分配给各个项目参加者，以高超的协商本领和专业水平，完成这个关系重大的利益分配过程。而风险分配的结果，最终要体现在一系列法律契约构筑成的信用保证机制上。

（二）项目融资风险分配模型

可以借鉴系统工程中的层次分析法（the analytical hierarchy process，AHP）来建立项目融资的风险分配模型。层次分析法是将与决策有关的元素分解成目标、准则、方案等层次，然后在此基础上进行定性分析和定量分析的决策方法。层次分析法作为系统工程中对非定量事件的一种评价分析方法，是 1973 年由美国学者 A. L. 萨蒂（A. L. Satty）最早提出的。

AHP 在项目融资风险分配中的应用方法如下。

1. 确立层次结构模型

运用 AHP 的首要前提是确立目标系统的层次结构（目标层、准则层和方案层）。进行项目融资风险估计时，可以建立如图 7—3 所示的层次结构模型。

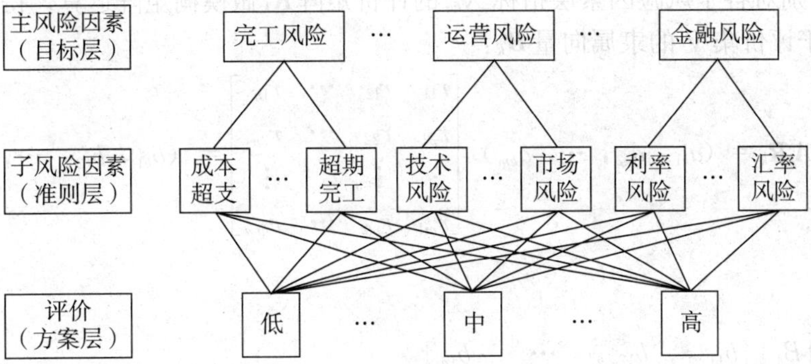

图 7—3　项目融资风险分配层次结构模型

其中，项目融资的主风险因素可以认为是目标层，而次一级的子风险因素可以认为是准则层，对相应风险的评价则是方案层。

2. 定义指标集和评价集

在确立了项目融资风险估计的层次结构模型后，就可以构造相应的指标集和评价集。这里规定：

主风险因素层的指标集为 $X=(X_1, X_2, \cdots, X_t)$，相应的权重集为 $A=(a_1, a_2, \cdots, a_t)$。其中，$a_k$ $(k=1, 2, \cdots, t)$ 表示指标 X_k 在 X 中的比重，即 $a_k = X_k/\sum X_k, \sum a_k = 1$。这里的 X_1，X_2，…，X_t 相当于完工风险、运营风险、金融风险等第一层次的风险因素。

子风险因素层的指标集为 $X_k=(X_{k1}, X_{k2}, \cdots, X_{km})$，相应的权重集为 $A_k=(a_{k1}, a_{k2}, \cdots, a_{km})$。其中，$a_{ki}$ $(i=1, 2, \cdots, m)$ 表示 X_{ki} 在 X_k 中的比重，即 $a_{ki} = X_{ki}/\sum X_k, \sum a_{ki} = 1$。如果把金融风险看做 X_k，则可以认为其包括的利率风险、汇率风险、通货膨胀风险等子因素是 X_{k1}，X_{k2}，…，X_{km}。

评价集为 $V=(V_1, V_2, \cdots, V_n)$。其中，$V_j$ $(j=1, 2, \cdots, n)$ 表示主体对指标因素的各级评语，比如“低”、“较低”、“中等”、“较高”、“高”等，可以依次设为 1～5。

3. 构造隶属矩阵

在定义指标集和评价集后，进一步定义

$$\boldsymbol{R}_k=\begin{bmatrix} r_{11} & r_{12} & \cdots & r_{1n} \\ r_{21} & r_{22} & \cdots & r_{2n} \\ \vdots & \vdots & & \vdots \\ r_{m1} & r_{m2} & \cdots & r_{mn} \end{bmatrix}$$

为 X_k 到评价集 V 的模糊评价矩阵。其中，r_{ij} $(i=1, 2, \cdots, m; j=1, 2, \cdots, n)$ 表示子风险因素指标 X_{ki} 对于第 j 级评语 V_j 的隶属度。

隶属度 r_{ij} 可以采用如下方法取值：运用德尔菲法了解了相关领域各个专家对各子因素的评价后，对其评分结果进行统计整理，对于指标 X_{ki}，得到 v_{i1} 个 V_1 评语，v_{i2} 个 V_2 评语，…，v_{in} 个 V_n 评语，则对于 $i=1, 2, \cdots, m$，有

$$r_{ij} = \frac{v_{ij}}{\sum v_{ij}} \qquad j = 1, 2, \cdots, n \tag{7—18}$$

4. 构造风险矩阵

首先，分别对各子风险因素层指标 X_{ki} 的评价矩阵 $\boldsymbol{R}_k$ 做模糊矩阵运算，得到主风险因素层指标 X_k 对于评价集 V 的隶属向量 $\boldsymbol{B}_k$：

$$\boldsymbol{B}_k=\boldsymbol{A}_k\boldsymbol{R}_k=(a_{k1},\ a_{k2},\ \cdots,\ a_{km})\begin{bmatrix} r_{11} & r_{12} & \cdots & r_{1n} \\ r_{21} & r_{22} & \cdots & r_{2n} \\ \vdots & \vdots & & \vdots \\ r_{m1} & r_{m2} & \cdots & r_{mn} \end{bmatrix}=(b_{k1},\ b_{k2},\ \cdots,\ b_{kn}) \tag{7—19}$$

记

$$\boldsymbol{R}=\begin{bmatrix} B_1 \\ B_2 \\ \vdots \\ B_t \end{bmatrix}\begin{bmatrix} b_{11} & b_{12} & \cdots & b_{1n} \\ b_{21} & b_{22} & \cdots & b_{2n} \\ \vdots & \vdots & & \vdots \\ b_{t1} & b_{t2} & \cdots & b_{tn} \end{bmatrix} \tag{7—20}$$

为指标集 X 对评价集 V 的隶属矩阵，再对其按行进行归一化处理，令

$$b'_{kj}=\frac{b_{kj}}{\sum_{i=1}^{n} b_{ij}} \tag{7—21}$$

得到：

$$\boldsymbol{R}'=\begin{bmatrix} b'_{11} & b'_{12} & \cdots & b'_{1n} \\ b'_{21} & b'_{22} & \cdots & b'_{2n} \\ \vdots & \vdots & & \vdots \\ b'_{t1} & b'_{t2} & \cdots & b'_{tn} \end{bmatrix}$$

记

$$\boldsymbol{C}^T=\boldsymbol{R}'\boldsymbol{V}^T=\begin{bmatrix} b'_{11} & b'_{12} & \cdots & b'_{1n} \\ b'_{21} & b'_{22} & \cdots & b'_{2n} \\ \vdots & \vdots & & \vdots \\ b'_{t1} & b'_{t2} & \cdots & b'_{tn} \end{bmatrix}(V_1,\ V_2,\ \cdots,\ V_n)^T=(c_1,\ c_2,\ \cdots,\ c_t)^T \tag{7—22}$$

为模糊评价值向量。其中，c_k（$k=1$，2，…，n）为主体对第 k 个主风险因素的模糊评价值。

比较模糊评价值向量中各个元素的大小，就可以得到对主体各主要风险因素的排序。

对 s 个利益相关者中的每一个都进行同样的模糊矩阵运算，得到隶属向量组，即可构风险评价矩阵 $\boldsymbol{U}$。

$$\boldsymbol{U}=\begin{matrix} & \text{业务风险} & \text{金融风险} & \text{其他风险} & \text{政治风险} \\ \text{项目投资者} & c_{11} & c_{12} & \cdots & c_{1t} \\ \text{贷款人} & c_{21} & c_{22} & \cdots & c_{2t} \\ \text{其他参与者} & \vdots & \vdots & & \vdots \\ \text{承包商} & c_{s1} & c_{s2} & \cdots & c_{st} \end{matrix} \tag{7—23}$$

5. 风险分配——求风险矩阵的最优解

各个利益相关者在对各风险因素评分时，充分考虑了自己对这种风险因素的控制能力，

因此就可以利用风险矩阵进行风险分配。具体方法就是利用线性代数和运筹学中的“匈牙利解法”求出矩阵的最优解。

三、项目融资风险处理的一般机制

项目融资风险的内在处理机制主要体现在项目融资的信用保证结构上。项目融资信用保证机制的核心是通过各种类型的法律契约和合同将与项目有关的各方利益结合起来共同分担风险。这是控制和转移项目融资风险的重要手段，常见的信用保证机制如下。

（一）通过债务承购保证和完工担保协议，限制和转移完工风险

对贷款银行而言，为了限制和转移项目的完工风险，可以要求项目公司提供相应的“债务承购保证”和无条件的“完工担保”。完工担保的关键是项目投资者向贷款银行做出保证，除了计划内的贷款额度之外，愿意无条件提供超出原定计划资金之外的所需资金，以确保项目按照预定“商业完工”标准完工。如果项目投资者不履行其提供资金的担保义务，导致项目不能完工，则需要按照提供的“债务承购保证”偿还贷款人的贷款，将有限追索的项目融资转化为完全追索的公司融资。在实际的运作中，贷款银行可以要求项目投资者在指定的银行账目上存入一笔完工保证基金，或者从指定的金融机构开出一张以贷款银行为受益人的备用信用证，以此作为贷款银行支付首期贷款的先决条件。

项目投资者和项目公司为限制承担的完工风险：一方面，可以通过选择具有较高资信和经验丰富的承建商来增加贷款银行对项目的信心；另一方面，还可以通过在工程合同中引入若干完工担保条件，将大部分完工风险转移给承建商，使自己承担的风险减到最低限度。为确保承建商履行其义务，项目公司应该要求以承建商背后的金融机构作为担保人出具一些担保，如投标担保、履约担保、预付款保函、保留金担保、维修担保等。这些完工担保常常是银行开出的无条件备用信用证或银行保函等。

（二）通过无条件的供应协议和销售协议，限制生产经营风险

长期的、无条件的供应协议是减少项目生产风险的一种有效方法。特别是在一些对能源和原材料依赖性较强的项目中，签订无条件的能源和原材料供应协议是稳定经营成本、减少项目生产风险的一种有效方法。最典型的无条件供应协议是供货或付款合同。例如，在湖北蒲圻燃煤电厂项目中，项目公司与湖北省煤炭公司签订了 20 年供煤协议，要求提供合格燃煤并附上未能履行供应时所负的赔偿责任，使得项目的原材料供应有了保障。

一般情况下，项目融资都要求有长期的产品销售协议作为融资的支持。通过长期的、无条件的销售协议安排，项目产品或服务的购买方实际上对项目融资提供了一种间接的财务保证，使项目有了较为稳定的收益来源，从而限制了产品市场风险。长期产品销售协议中最具代表性的是无货亦付款合同和提货并付款合同。例如，在我国山东日照电厂项目中，山东电力公司在签署的《山东电力协议》中做出承诺，保证履行支付电费的义务。

（三）通过多元化的投融资结构和政府书面承诺，规避政治风险

在国际项目融资中，规避政治风险是一个值得重视的问题。为了限制东道国政府对项目资产实行没收或国有化的风险，对于项目投资者而言，可以组成国际性的投资集团。这样一

来，东道国政府的没收或国有化行为就可能面临极大的国际压力。同样，对商业性贷款人而言，则可以组成国际性的贷款银团，并且还可以与世界银行或地区开发银行等影响力较大的国际金融机构共同发放贷款。

在客观条件允许的情况下，项目公司应当事先与东道国政府谈判，尽量寻求东道国政府的书面承诺，以降低政治风险，包括政府对一些特许项目权利或许可证的有效性及可转移性的保证、对外汇管制的承诺、对特殊税收结构的批准等。例如，在广西来宾B电厂项目中，国家计委、国家外汇管理局、原电力工业部分别为项目出具了支持函，广西壮族自治区政府成立了专门小组负责来宾B电厂项目。当法律变更使得项目公司的损失超出一定数额时，区政府将通过修改特许权协议条款与项目公司共同承担损失，从而较好地预防了政治风险。

（四）通过建立保险保障体系，转移不可抗力风险

对于自然风险、政治风险等不可抗力的风险因素，通过保险来全部或部分转移风险是降低项目公司和承包商风险的一种有效途径。因此，必须为融资项目建立全面的保险保障体系，对主体工程、设备以及直接投入的人、财、物等可能出现的意外伤害、资产损害、设备故障等情况及相应发生的损失进行投保。在国际上，一些保险机构可以承保政治风险，这主要是一些政府保险机构，如英国的出口信贷担保局（ECGD）、美国的进出口银行（EXIM）、德国的赫尔梅斯保险公司（Hermes）等，它们通常会为海外投资者提供该种保险。一些国际金融机构，如世界银行下属的多边投资担保局（MIGA），也提供政治风险的保险。

第五节　金融衍生工具在项目融资风险管理中的运用

一、金融衍生工具与项目融资风险管理

对于项目融资风险的控制，仅运用其内在的、以信用保证结构为核心的处理机制是远远不够的，还必须利用各种外部工具和手段对项目融资的风险进行主动积极的管理。现代的金融风险管理有别于传统的金融风险管理的一个主要趋势是，运用一些金融工具（特别是金融衍生工具）对金融风险进行主动积极的管理，而不仅仅是通过事前对项目现金流量的预测分析来增大项目的抗风险能力，从而保证项目融资的安全性。

（一）项目融资信用保证结构的局限性

尽管项目融资成功的案例不少，但不成功以及存在问题的案例也不少，并且其运用的范围也受到诸多限制，主要原因是项目融资自身的信用保证结构的设计、开发技术和手段受到一定的制约，因而在利用其处理项目融资的风险时存在一定的局限性。现有的风险分担机制和风险管理技术制约了项目融资谈判的成功和项目融资的运作效率。

（1）项目融资的项目导向特征使项目选择受到限制。项目导向要求项目具有足够的经济

强度，项目的经济强度主要取决于项目未来净现金流量的可确定性和项目本身的价值。在项目融资中，项目净现金流量的可确定性主要依赖于项目参与各方所做出的有关承诺，诸如无货亦付款合同、提货并付款合同等长期销售协议，以及以某种定价公式为基础的长期供货协议。但是，能得到如此多承诺的项目毕竟是少数，这使适于安排项目融资的项目受到限制。

（2）融资结构中的风险分担机制并没有将风险充分分散。风险只是在少数投资者、贷款人和施工单位等有限的参与者之间分散，每个参与者还承担着相当大的风险。这样一来，如果某个参与者认为自己不能承受相应的风险，则有可能导致融资谈判失败。

（3）项目融资中的风险分担主要依赖于项目信用保证结构中的各种市场安排。如前文所述的长期销售协议和供货协议，在一个相当长的项目合作期内，项目的投入物和产出物的价格将会发生变化，产品的购买者和能源、原材料的供应者将承担市场风险。如果市场安排不合理或比较简单，其中一方违约就会影响项目的运作效率。例如我国某地采用 BOT 模式进行项目融资的电厂，由于该地区的经济形势欠佳、电力需求下降，致使 BOT 电厂购买协议的履约出现困难。

（4）融资时间长，信用保证结构复杂，致使融资成本偏高，从而制约了项目融资的运用空间。项目融资的融资时间长，特别是大型项目和具有复杂融资结构的项目，其融资时间更长，如 1990 年底完成的孟加拉国 KAFCO 化肥项目融资，仅融资谈判就用了 5 年时间，而且只要项目某个参与方发生某些变化，就会影响项目融资谈判的成功。项目融资的融资成本主要包括融资的前期费用（即交易成本）和利息成本。前期费用与项目的规模有关，项目规模越小，前期费用所占融资总额的比例越大；利息成本取决于货款银行在融资结构中承担的风险及对项目投资者的追索程度。项目融资的高交易成本要求项目的规模足够大，因而制约了项目融资的运用空间。

（5）投资的可转让性弱。一般认为项目投资结构越简单，投资的可转让性越强。在项目融资现有的投资结构中，即使采用最简单的公司型结构，其投资的可转让性也会比一般公司股票的转让复杂。这样就使项目投资者和项目贷款银行的一些经营行为受到限制：对投资者来说，在项目经营期间，出售项目资产或权益受到限制；对贷款银行来说，由于项目贷款数额比较大、期限比较长，银行的资产负债管理和流动性管理受到限制，而且作为融资抵押的项目资产的市场流动性差，其贷款风险相应增加，这也制约了项目融资的应用空间和发展。

（二）应用金融衍生工具进行项目融资风险管理的意义

在复杂的金融衍生工具被引入融资结构并作为风险管理手段之前，项目融资的贷款人对金融风险的防范基本上是被动的管理，如要求增加股本资金，对商品风险的防范仅利用一些市场安排，这样就会使融资结构和形式的选择受到限制。而在项目融资的资金来源中，货币的种类一般较多，对项目融资中多种货币资金来源运用简单的风险管理技术，通常很难达到风险管理的目的。随着各种衍生产品市场和金融风险管理技术的成熟，利用衍生工具对项目融资风险进行管理无疑具有重要的意义。

（1）金融衍生工具的设计与开发，有助于设计出能满足项目融资参与各方个性化需求的项目融资方案，充分分散项目融资风险，提高项目融资谈判的成功率。项目融资谈判中常常会面临收益和风险在项目参与各方的分配问题，由于参与各方对项目风险与收益分配的看法常常存在差异，因而影响到项目融资谈判的成功。金融衍生工具拓宽了项目融资方案设计的视野，金融衍生工具的设计方法可为设计新型项目融资结构提供指导，能设计出满足项目参与各方个性化需求的金融工具，使各方的需求都得到满足。例如，将资产证券化运用于项目融资结构设计的项目融资模式（简称 ABS 模式），就是项目融资模式的一个最新发展趋势。

（2）金融衍生工具理论及其运用能为项目融资的风险管理提供理论指导、管理技术及策略。项目导向和有限追索的特征，使项目融资参与方面临着较大的风险，因此项目融资风险管理的技术和效果直接影响项目融资结构的设计。大量主要用于风险管理的金融衍生工具及其组合、风险管理策略，为融资进行利率、汇率风险管理提供了广阔的选择空间。套期保值理论和相关工具不断发展和完善，使项目融资的金融风险和商品风险的套期保值更完善。利用商品衍生工具和混合商品衍生工具能对项目融资所面临的市场风险和原材料、能源价格风险进行有效的管理。

（3）不少金融衍生工具的产生是由于受到税收不对称的激励，利用这些金融衍生工具可以设计出相当多的避税策略。项目融资的一个重要特征是充分利用税务优势来降低融资成本。因此，利用金融衍生工具的避税策略可以在税务上帮助改善项目的现金流量，增强项目的经济强度。

二、金融衍生工具在项目融资风险管理中的应用

运用于金融风险管理的金融衍生工具种类繁多，但从根本上说，都是用四种基本工具经过各种组合而成的，即远期（forwards）合约、期货（futures）合约、互换（swaps）和期权（options）。

（一）远期合约与期货合约

远期合约和期货合约是历史最悠久、形式相对简单的基本衍生工具，两者在本质上是一样的，即预先确定买卖双方在未来某一个时点上以事先规定的条件（数量、质量、价格、地点等）完成某项交易的合约。两者的主要区别在于，远期合约是根据买卖双方各自的需要确定的，因而是一种交易的条件，是可以根据实际情况确定的非标准合同形式。期货合约是一种标准的合同形式，买卖双方只能按照这种标准合约的交易条件从事交易。由于远期合约和期货合约的期限均较短（期限多数不超过两年，少数可以到三年），而项目融资期限往往又以中长期为多，所以远期合约和期货合约在项目融资风险管理中的应用范围非常有限。

1. 远期合约

远期合约是合约双方之间的一种协议，该协议规定了在未来的一个确定日期，合约双方将按照一个确定的价格买卖确定数量和种类的实物产品或金融产品（如货币）。远期合约一经确定，即对合约双方构成法律约束力。与期货合约不同，远期商品合约一般都伴随着实际的商品交割。这种合约一般不在公认的商品期货市场上买卖，因而远期合约的流动性较差，以这种合约作为投机手段也就受到相应的限制。远期商品合约多为某种商品的实际生产者或消费者采用，通过与主要的商品贸易商签署远期合约以减少不确定的市场风险。从理论上说，远期合约适用于任何一种实物产品或金融产品的交易；实际上，远期合约中最成熟的有两大类，即远期外汇合约和远期商品合约（如黄金、有色金属、咖啡等）。

2. 期货合约

期货合约是一种在一个固定的未来日期以一种固定的价格购买或出售一种特定商品、货币或其他金融产品的标准数量的协议。期货合约在指定的期货市场上通过交易商进行买卖。

由于期货合约的标准形式，期货合约从其所隶属的商品、外汇或其他金融产品中分离出来，成为一种可替换的资产。由于期货合约的标准化形式和这种合约的市场流动性好，因而有大量的投机性买卖存在。

实际上，极少有期货合约实现真正的实物交割（无论是商品还是金融产品），绝大多数的合约是在到期日之前已经卖掉或者是以现金做差额结算。因此，在使用期货合约作为项目风险管理（如项目产品价格保值）工具时，实际的产品销售协议与期货合约可以是完全分离的。

期货合约主要包括三种形式：商品期货合约、货币期货合约和其他金融期货合约。除了外汇期货合约之外，其他金融期货合约主要有两种：股票指数期货合约（stock index future）和定息债券或定期存款期货合约。

股票指数期货合约与其他种类的期货合约不同，前者没有任何实物资产作为支持，因而投机性极强。在实际经济活动中，股票指数期货经常被机构投资者用来作为股票投资组合的保值工具，对于这里所讨论的项目融资风险管理基本上是没有意义的。

定息债券或定期存款期货合约是利率期货合约的两种形式，可作为针对利率未来变化的短期风险管理工具，期货合约的定价根据市场利率的变化确定。但是，由于这种期货合约的期限较短，因而很难单独用来作为项目融资的风险管理工具，在多数情况下需要与其他金融工具（如互换、期权等）结合起来使用才有意义。

（二）互换

简而言之，在项目融资中的互换就是指用项目融资中的全部或部分现金流量交换与项目无关的一组现金流量。常见的互换形式有三种：利率互换（interest rate swaps）、货币互换（currency swaps）和商品互换（commodity swaps）。

1. 利率互换

利率互换是指在两个没有直接关系的借款人（或者投资者）之间的一种合约性安排。在这种合约中，一方同意直接或者通过一个或若干个中介机构间接地向另一方支付其所承担的借款（或投资）的利息成本。利率互换可以是一种固定利率和一种浮动利率之间的安排，也可以是两种浮动利率之间的安排。一般的利率互换是在同一种货币之间进行，从而不涉及汇率风险因素。利率互换在项目融资中是很有价值的，其中的一个主要原因是多数贷款银行在安排长期项目贷款时只愿意考虑浮动利率的贷款公式，这样就使得项目的投资者和项目本身承担着较大的利率波动风险。作为项目的投资者，如果根据项目现金流量的性质，将部分或者全部的浮动利率贷款转换成固定利率贷款，在一定程度上就有可能减少利率风险对项目的影响。

2. 货币互换

货币互换是指双方按照事先确定的汇率和时间相互交换两种货币的一种货币交易。货币互换的早期形式是由一个国家的企业以本国货币贷款给另一个国家的企业，同时又从该企业换回另一个国家的货币。企业之间利用这种方式达到绕开某些外汇管制或者安排货币保值的目的。但是，在项目融资中，这种最基本的货币互换形式用处有限，较难发挥出风险管理的作用。

在项目融资风险管理中，经常使用的货币互换工具是交叉货币互换（cross-currency swaps），特别是对于采用类似出口信贷作为主要资金来源的项目融资结构。交叉货币互换提供了一种灵活的机制，有效地将项目资产或项目债务的风险从一种货币转换为另一种更为合理的货币，使公司资产的收益方式与债务的计息方式相匹配，确保流入的货币与支付的货币相一致，达到优化借款人资产负债结构和降低风险的目的。与单纯的外汇交易不同，交叉货币互换安排的时间可以长达 10 年以上；同时，由于交叉货币互换是参与互换安排双方之间的一种特殊合约结构，因而交叉货币互换成为投资银行根据客户要求专门设计的一种产品。交叉货币互换的这些特点，使其在项目融资风险管理中发挥了重要的作用。

例如，假设 A 公司与 B 公司都获得了出口信贷资金。A 公司得到的是一笔固定利率为 12％的欧元贷款，B 公司得到的是一笔浮动利率为 LIBOR＋1.0％的美元贷款。两公司在市场上筹集资金的成本见表 7—3。

表 7—3　　A 公司与 B 公司在市场上筹集资金的成本

	固定利率（欧元）	浮动利率（美元）
A 公司	12.0％	LIBOR
B 公司	15.0％	LIBOR＋1.0％
差额	3.0％	1.0％

A、B 两公司从降低各自融资风险的角度出发，就上述两笔贷款签署交叉货币互换协议（协议中的货币汇率以签署日市场汇率为准）。协议约定双方对等值的贷款交换利息支付（包括利息的货币形式及计算方式），A 公司支付以浮动利率 LIBOR 计算的美元贷款利息，B 公司支付以固定利率 13％计算的欧元贷款利息。贷款到期时，两公司分别归还其所借贷款。该互换协议的经济分析见表 7—4。

表 7—4　　A 公司与 B 公司互换协议的经济分析

在固定利率的欧元贷款利息方面			
A 公司		B 公司	
若直接借款应付贷款人	12.0％	按互换协议支付 A 公司	13.0％
按互换协议收入	13.0％	若直接借款应付贷款人	15.0％
收益	1.0％		2.0％
在浮动利率的美元贷款利息方面			
A 公司		B 公司	
按互换协议支付 B 公司	LIBOR	若直接借款应付贷款人	LIBOR＋1.0％
若直接借款应付贷款人	LIBOR	按互换协议收入	LIBOR
收益	0		－1.0％
综合收益	1.0％		1.0％

由表 7—4 中可以看出，通过交叉货币互换，A、B 两公司分别节约了 1.0％的成本，也就是双方都发挥了相对优势，降低了融资成本。

交叉货币互换在项目融资风险管理中能够发挥以下几个方面的作用：

（1）降低项目的汇率和利率风险。

（2）从事项目的资产债务管理。对于现有项目的资产债务结构，如果资产和债务分别涉及几种不同的货币和利率，交叉货币互换同样是一种有用的工具。

（3）在很多情况下，交叉货币互换为融资提供了更为灵活的手段。对于分别在不同金融市场上具有优势的借款人，可以利用这些优势所带来的成本节约进入其他货币的融资安排。

经过十几年的发展，交叉货币互换已成为在国际金融市场上融资以及进行融资风险管理（汇率风险和利率风险管理）的主要工具。与单纯的外汇交易不同，交叉货币互换的安排可以长达10年以上；同时，由于交叉货币互换是参与互换安排双方之间的一种特殊合约结构，因而交叉货币互换成为投资银行根据客户要求专门设计的一种产品。交叉货币互换的这些特点，使其在项目融资风险管理中发挥着重要的作用。

3. 商品互换

商品互换与利率互换类似，是在两个没有直接关系的商品生产者和用户之间（或者生产者与生产者之间以及用户与用户之间）的一种合约安排。通过这种安排，双方在一个规定的时间内针对一种给定的商品和数量，相互之间用固定价格的付款定期交换浮动价格（或市场价格）的付款。商品互换只适于具有较强流通性并且已建立了国际商品市场的产品，如石油、天然气以及铜、铝等有色金属及贵金属等。商品互换不是一种实际商品的交换，在执行商品互换合约的过程中，只有商品价格的差额由一方支付给另一方，而没有任何实际商品的交割。商品互换在1986年才发展起来，但由于它可以锁定商品的市场价格（减少项目的产品市场价格风险或者原材料价格风险），目前已成为项目融资中一种十分重要的风险管理工具。

但是，由于商品互换与利率互换、货币互换相比仍然很年轻，只有十多年的历史，并且受到国际商品市场的流通性、价格机制等因素的制约，所以商品互换还没有像利率互换和货币互换那样获得广泛应用。例如，除了黄金、石油等极少数商品可以安排较为长期（最长可到10年）的互换之外，一般商品互换的期限只有1～3年，一般不能超过5年，这在一定程度上限制了商品互换在项目融资中的应用。

（三）期权

期权是其持有人的一种权利（而不是一种义务），即期权的持有人有权在未来的一个特定时间（或时间段内），按照一个预先确定的执行价格（strike price，或称期权结算价格）和数量买入或者卖出一种特定的商品。这些商品可以包括利率、汇率、股票市场的股价指数和其他金融产品，也可以包括实际的商品。期权持有人要获得一种期权，需要给期权的卖出者支付期权费（option premium），以此换取执行期权的权利，但期权持有人并没有义务一定要执行这个期权。

在类型上，期权主要分为欧式期权（European option）和美式期权（American option）两类。欧式期权只能在某一个特定的日期执行（exercise），而美式期权则可以在期权有效期内的任何时间执行。在形式上，期权又分为买入期权（call option）和卖出期权（put option）。买入期权是指期权持有人有权在期权合约的有效期内按照期权合约规定的内容买入某一种商品，而卖出期权则是指期权持有人有权在期权合约的有效期内卖出某一种商品。

期权与其他风险管理工具相比，主要的优势在于，期权允许其持有人在管理不可预见风险的同时，不增加任何新的风险（只需要支付一定数量的期权费），这是因为期权是否被执行的决定权掌握在期权的持有人手上。期权的这一特性对于项目融资是十分重要的。

采用远期、期货或互换等方式进行风险管理，一般都会带来新的风险。对于采用项目融资安排的项目，由于融资的有限追索性质，项目的信用状况都会受到一定的影响。除非项目投资者同意提供附加的信用保证（但是，这也意味着投资者在项目中增加了额外的信用风险），这在一定程度上限制了这些风险管理工具的使用。

期权则不同，只要项目支付了期权费，就可以购买所需要的期权合约（如果市场上存在这种合约的话），从而也就获得了相应的风险管理能力，而不需要占用任何项目的信用额度或者要求项目投资者提供任何形式的信用保证。然而，凡事有利则有弊，购入期权所需支付的期权费，有时是很昂贵的，这是项目风险管理的一种成本，需要在对项目风险进行全面评价的基础上才能做出决策。此外，期权费一般要求在购买期权合约时支付，这对项目的现金流量会造成一定的影响。

在项目融资中，作为风险管理工具经常使用的期权有三种形式：利率期权（interest rate option）、货币期权（currency option）和商品期权（commodity option）。

1. 利率期权

利率期权是针对短期利率变动的短期期权，是债务市场中期权市场的一个组成部分。很多国际项目融资采用的债务资金的利率结构是以短期的欧洲美元利率作为基础的，对于这类项目的投资者来说，一个现实的问题是，如何在融资期间避免利率大幅增长的风险。除了采用前述的利率互换方法，即通过利率互换将浮动利率转换为固定利率之外，利率期权也是一种很有吸引力的工具。这是因为，虽然利率互换可以帮助投资者避免利率上涨的风险，但也迫使其放弃利率下降的好处，而利率期权在合适的价格条件下，则可以帮助投资者获得双向的利益。由于项目融资的长期性质，简单的短期利率期权基本上是没有市场的，在项目融资中使用的大多是较为复杂的中期利率期权形式，如 Caps、Floors 和 Collars 等，时间一般为3～10 年。

2. 货币期权

货币期权是一种形式相对简单并且交易非常活跃的期权合约。货币期权的内容是，期权的持有人有权在未来的某一日期、按照一个固定的汇率、用一种货币兑换另一种货币，其中的货币、金额、汇率和日期都是在合约中事先确定的。在项目融资中，货币期权的作用同样是加强风险管理。由于期权的性质，在对汇率变化趋势掌握不准的情况下，采用货币期权将会为项目的投资者提供较大的风险管理上的灵活性。

3. 商品期权

商品期权和金融期权的概念与作用相似，在项目融资中，同样是作为降低项目风险的一种中长期安排。根据生产者或者用户对某一种商品市场的不同需求和依赖程度，可以通过购进买入期权或卖出期权进行项目风险管理。

第六节　项目融资风险的实证分析

印度大博电厂（Dabhol Power Company）是由美国安然（Enron）公司投资近 30 亿美

元建成的，是印度国内最大的 BOT 项目，也是迄今为止该国最大的外商投资项目。2001 年，大博电厂与马哈拉斯特拉邦的电费纠纷导致电厂最终停业。该项目的失败导致印度境内几乎所有的独立发电厂陷于停顿，印度吸引外资的努力也受到沉重打击。正是由于该项目的失败和其他一系列经营失误以及隐瞒巨额债务的行径败露，安然公司的股票价格由 2000 年的 90 美元/股暴跌到 2001 年的不足 1 美元/股，不得不申请破产保护，成为有史以来规模最大的公司破产案，令全球震撼。

一、案例简介

20 世纪 90 年代初，亚洲各国纷纷利用项目融资方式吸引外资，投资于基础设施的建设。受深圳的沙角 B 电厂、广西的来宾电厂以及马来西亚在 90 年代相继修建的 5 个独立发电厂等成功案例的影响，印度政府基于国内电力市场的供需情况，批准了一系列利用外资的重大能源项目，大博电厂正是在这样的背景下开始运作的。该项目由美国安然公司安排筹划，由全球著名的工程承包商柏克德（Bechtel）承建，并由通用电气公司（GE）提供设备。电厂所在地是拥有印度最大城市孟买的马哈拉斯特拉邦（以下简称“马邦”），是印度经济最发达的地区。投资者、承包商以及项目所在地的经济实力均是最强的，当时这一项目的前景让不少人看好。

与常见的项目融资的做法一样，安然公司为大博电厂设立了独立的项目公司。该项目公司与马邦电力局（国营）签订了售电协议，安排了比较完善的融资、担保、工程承包等合同。政府特许售电协议规定，大博电厂建成后所发的电由马邦电力局购买，并规定了最低的购电量以保证电厂的正常运行。除常规的电费收支财务安排和保证外，售电协议还包括马邦政府对其提供的担保，并由印度政府对马邦政府提供的担保进行反担保。售电协议规定，电价全部以美元结算。这样一来，所有汇率风险都转移到马邦电力局和印度政府的头上。协议中的电价计算公式遵循成本加分红电价的基本原则，即在一定条件下，电价将按照发电成本进行调整，并确保投资者的利润回报。这一定价原则使项目公司所面临的市场风险减至最小。

从合同条款来看，可以说对项目公司是非常有利的。然而，正当项目大张旗鼓地开始建设时，亚洲金融危机爆发了。危机很快波及印度，卢比兑美元的汇率迅速贬值 40%以上。危机给印度经济带来了很大的冲击，该项目的进展也不可避免地受到了影响。直到 1999 年，一期工程才得以投入运营。工程的延期大大增加了大博电厂的建设费用（即产生了建设风险或完工风险），因建设风险而导致的成本上升使大博电厂的上网电价大幅提高。同时，金融危机造成的卢比贬值使马邦电力局不得不用接近两倍于其他来源的电价来购买大博电厂所发的电。2000 年世界能源价格上涨时，这一差价上升到近 4 倍。到 2000 年 11 月，马邦电力局已濒临破产，因而不得不开始拒付大博电厂的电费。根据协议，先是马邦政府继而印度联邦政府临时拨付了部分款项，兑现了所提供的担保与反担保。然而，它们无法承担继续兑现其承诺所需的巨额资金，因而不得不拒绝继续拨款。至此，该项目运营中的信用风险全面爆发。

二、案例简析

从大博电厂案例中可以发现这样一个事实：由于金融危机引起的汇率风险，导致了项目建设、运营成本增加，产生了完工风险，而汇率风险和完工风险又共同导致了大博电厂过高的上网电价，从而引发了市场风险。过高的上网电价使马邦电力局、马邦政府、印度政府承受了超出其能力范围的承诺成本，最终它们的违约也就成为一个必然的结果。

其实，项目融资的完工风险、金融风险、市场风险与最终的信用风险并没有一个必然的逻辑联系，大博电厂案例中信用风险之所以发生，是与该项目不合理的风险分配结构相联系的。为了吸引外资，印度政府在大博电厂项目中对安然公司提供了极为优惠的待遇，由于签订了类似于包销的售电协议，项目中的金融风险、市场风险等几乎全部落到了印度一方。就印度政府而言，部分原因是缺乏经验，部分原因是为了使工程尽快上马，有关项目的可行性研究、项目成本分析、产品市场、资金回收、风险分配问题都没有经过认真考虑和论证。

大博电厂项目失败的案例从一个侧面说明，由于项目融资时间长、规模大、参与方众多、结构复杂，因而项目融资的风险也非常大。一份研究结果表明，项目融资风险发生的可能性并不是很小，有82%被调查的融资项目都遇到过某种风险的问题。一些主要问题发生的频率：建筑费超支为71%，延迟竣工为59%，错误的现金流量预算为35%，没有市场问题（一个工程），政治风险（一个项目）和低效率（一个项目）。

由此可见，充分考虑可能出现的风险因素，并据以设计出合理的风险分配方案，建立相应的分析、评价、处理和监控机制，是确保项目融资获得成功的重要保证。

【本章小结】

完成融资安排仅仅是一个项目成功的开始，在项目的建设和生产阶段，如何降低各种风险要素对项目经营的影响，最大限度地保证项目经营和融资的成功，是项目投资者和贷款人需要共同面对及解决的实际问题，这就是项目融资中的风险管理问题。

本书将项目融资风险管理界定为：通过对项目融资的风险识别及风险评估，采用合理的经济与技术手段，对项目经营活动和融资活动所涉及的风险加以控制及处理，以最大限度地避免或减少风险事件导致的项目实际效益与预期效益的偏差，从而保证项目投资者的预期收益及项目贷款人的追索权得以顺利实现的一种管理活动。

项目融资的风险识别是项目融资风险管理的前提和基础。正确识别风险，首先要对其表现形式有大致的认知，而认知的一个较为有效的方法就是分类。当然，风险识别不只是要鉴别所有可能的风险，关键是要认定具体项目融资中的具体风险，必须运用一些技术工具对每一具体的项目融资的风险因素进行认定。

项目融资风险识别的过程只完成了对项目融资中各种风险的定性分析，而科学的项目融资风险管理决策需要对各种风险和综合风险进行定量分析，即对项目融资的风险进行评估。风险评估包括对个别风险的估计和对综合风险的评价两部分。

项目融资风险管理与其他金融经济活动中的风险管理有共同之处，也有其独特性。项目融资风险处理的内在机制，即信用保证结构，是项目融资风险管理的一大特点，也是项目融资风险管理最为重要的一个方式。构建项目融资的信用保证机制，应当遵循风险分配的原则，利用风险分配模型，通过各种法律契约和合同，将与项目有关的各方利益结合起来共同承担风险。

对于项目融资风险的控制，仅运用其内在的以信用保证结构为核心的处理机制是远远不够的，还必须利用各种外部工具和手段对项目融资的风险进行主动积极的管理。现代金融风险管理有别于传统金融风险管理的一个主要趋势是，运用一些金融工具（尤其是金融衍生工具）对金融风险进行主动积极的管理。

总之，充分考虑可能出现的风险因素，并据以设计出合理的风险分配方案，建立相应的分析、评价、处理和监控机制，是确保项目融资获得成功的重要保证。

【本章关键术语】

风险	风险管理	风险识别	风险认定
风险评估	风险处理	完工风险	外围风险
富兰德指数	敏感性分析	CAPM	投资决策模型
融资决策模型	B_t 指标	债务覆盖率	债务承受比率
风险矩阵	信用保证结构	交叉互换	

【本章思考题】

1. 项目融资中的风险因素包括哪些？如何对其进行分类？
2. 如何对项目融资中的个别风险因素进行量化估计？
3. 项目融资风险的综合评价指标有哪些？如何运用这些指标？
4. 项目融资风险管理与其他风险管理相比，其共性和特性是什么？
5. 项目融资风险管理的一般方法是什么？如何构建信用保证结构来合理分配项目融资的风险？
6. 运用金融衍生工具进行项目融资风险管理的特点是什么？
7. 印度大博电厂项目失败的根本原因是什么？试讨论能否利用本章所介绍的一些项目融资风险管理方法来避免大博电厂项目的失败。

附录 中国银监会关于印发《商业银行压力测试指引》的通知

各银监局，各政策性银行、国有商业银行、股份制商业银行，邮政储蓄银行，各省级农村信用联社，北京、天津、上海、深圳农村商业银行，银监会直接监管的信托公司、财务公司、金融租赁公司：

为进一步提高商业银行风险管理能力，不断完善银监会监管技术和手段，银监会制定了《商业银行压力测试指引》，现印发给你们，请遵照执行。

请各银监局将本通知转发至辖内有关银行业金融机构。执行中，如有意见和建议，请报告银监会。

二〇〇七年十二月二十五日

商业银行压力测试指引

第一条 为进一步提高商业银行风险管理能力，不断完善银监会监管技术和手段，根据《中华人民共和国银行业监督管理法》、《中华人民共和国商业银行法》以及其他有关法律和行政法规，制定本指引。

第二条 本指引适用于中华人民共和国境内依法设立的商业银行，包括中资商业银行、外商独资银行和中外合资银行。

第三条 本指引所称压力测试是一种以定量分析为主的风险分析方法，通过测算银行在遇到假定的小概率事件等极端不利情况下可能发生的损失，分析这些损失对银行盈利能力和资本金带来的负面影响，进而对单家银行、银行集团和银行体系的脆弱性做出评估和判断，并采取必要措施。

第四条 压力测试能够帮助商业银行充分了解潜在风险因素与银行财务状况之间的关系，深入分析银行抵御风险的能力，形成供董事会和高级管理层讨论并决定实施的应对措施，预防极端事件可能对银行带来的冲击。对于日常管理中广泛应用各类风险计量模型的银行，压力测试应成为模型方法的重要补充。压力测试也能够帮助银监会充分了解单家银行和银行业体系的风险状况和风险抵御能力。

第五条 压力测试包括敏感性测试和情景测试等具体方法。敏感性测试旨在测量单个重要风险因素或少数几项关系密切的因素由于假设变动对银行风险暴露和银行承受风险能力的影响。情景测试是假设分析多个风险因素同时发生变化以及某些极端不利事件发生对银行风险暴露和银行承受风险能力的影响。

第六条 商业银行可以根据本行业务发展、风险状况和某项压力测试具体内容的复杂程度，确定不同的测试方法；可以选择复杂模型，也可以根据经验做出合理的判断。商业银行应采取措施，不断改善压力测试技术手段，提高压力测试结果的可靠性。

第七条 压力测试通常包括银行的信用风险、市场风险、流动性风险和操作风险等方面内容。压力测试中，商业银行应考虑不同风险之间的相互作用和共同影响。

第八条 针对信用风险可以采取的压力情景包括但不局限于以下内容：国内及国际主要经济体宏观经济出现衰退；房地产价格出现较大幅度向下波动；贷款质量恶化；授信较为集中的企业和同业交易对手出现支付困难；其他对银行信用风险带来重大影响的情况。

第九条 针对市场风险的压力测试情景包括但不局限于以下内容：市场上资产价格出现不利变动；主要货币汇率出现大的变化；利率重新定价缺口突然加大；基准利率出现不利于银行的情况；收益率曲线出现不利于银行的移动以及附带期权工具的资产负债，其期权集中行使可能为银行带来损失等。

第十条 压力测试情景还包括以下情况：银行资金出现流动性困难；因内部或外部的重大欺诈行为以及信息科技系统故障带来的损失等。

第十一条 压力测试情景根据假设程度的不同，一般包括轻度压力、中度压力以及严重压力。三种压力情景按照顺序不断增强，其中轻度压力也比目前实际情况更为严峻。

第十二条 商业银行应根据本行业务发展、风险状况和风险管理能力，制定本行压力测试方案，并定期进行修订和完善。有关压力测试方案应得到本行高级管理层和董事会的批准和认可。压力测试方案应包括本行压力测试的目标、程序、方法、频度、报告线路以及相关应急处理措施等内容。商业银行应在本行压力测试方案的框架下开展各项具体的压力测试工作。

第十三条 商业银行压力测试应包括以下步骤和程序：确定风险因素，设计压力情景，选择假设条件，确定测试程序，定期进行测试，对测试结果进行分析，通过压力测试确定潜在风险点和脆弱环节，将结果按照内部流程进行报告，采取应急处理措施和其他相关改进措施，向监管当局报告等。

第十四条 商业银行进行压力测试的频度应与压力测试风险因素的性质以及银行风险管理能力相适应。此外，银行也可根据外部环境变化和银监会要求，不定期开展压力测试。

第十五条 商业银行应对压力测试结果进行认真分析，按照预先确定的原则、方法和触发条件，决定是否就压力测试结果采取应急处理措施。不论是否采取应急处理措施，商业银行都应对压力测试所揭示的风险点和脆弱环节予以特别关注。

第十六条 商业银行董事会和高级管理层应积极推动本行压力测试的研究和应用，为压力测试提供充分的资源保障。商业银行内部要确定相关部门或组成跨部门工作小组负责管理和协调本行的压力测试工作。

第十七条 银监会负责对商业银行压力测试工作进行监督检查。银监会有权要求商业银行针对特定风险，按照统一要求进行压力测试，并将测试结果向银监会报告。

第十八条 银监会定期就压力测试情况与商业银行进行沟通，通过现场检查和非现场监管评估银行压力测试是否与其业务和风险状况相适应。

第十九条 银监会对商业银行压力测试进行评估时，重点关注以下几方面：压力测试方案是否有效，风险因素的确定是否合理，压力情景的选择是否充分，压力测试所用的假设是否合理，压力测试的程序与方法与其风险程度是否相适应，应急处理措施是否可行，董事会及高层管理人员对压力测试的结果是否进行跟踪研究，银行是否对压力测试方案进行定期修订等。

第二十条 银监会可根据实际情况要求银行集团在并表基础上进行压力测试。如有必要，银监会派出机构也可根据实际情况，要求商业银行分支机构就某项风险因素进行压力测试。

第二十一条 银监会必要时可以利用商业银行压力测试结果及其他相关信息，通过一定的方法，对我国银行业整体情况进行压力测试，对银行业稳健性进行分析。

第二十二条 本指引旨在对压力测试中统一性要求进行规范。银监会关于压力测试的具体要求，包括市场风险压力测试，实施新资本协议关于压力测试的要求等，银监会将另行规定。

第二十三条 政策性银行、邮政储蓄银行、农村合作银行、城市信用社、农村信用社、非银行金融机构和外国银行分行等参照本指引执行。

第二十四条 国有商业银行和股份制银行最迟应于 2008 年底前，城市商业银行和其他商业银行最迟应于 2009 年底前按照本指引要求开展压力测试工作。

第二十五条 本指引由银监会负责解释。

第二十六条 本指引自发布之日起施行。

第八章

项目融资典型案例

学习目标

◇通过国内外的典型案例加深对项目融资相关知识的认识和理解；

◇通过典型案例了解项目融资的具体过程和经验教训。

第一节　国外项目融资典型案例

一、马来西亚南北高速公路项目融资①

1. 项目背景

全长912公里的马来西亚南北高速公路，最初是由马来西亚政府所属的公路管理局负责建设的，但公路仅建设了400公里，政府就由于财政方面的困难，无法将项目进行下去。为了项目的顺利完成，政府选择采取其他的融资方式。在众多方案中，马来西亚政府最终选择了BOT模式。

经过历时两年左右的谈判，马来西亚联合工程公司（UEM）在1989年完成了高速公路项目的融资安排，使得项目得以重新开工建设。BOT模式在马来西亚高速公路项目中的运用，在国际金融界获得了很高的评价，被认为是BOT模式的一个成功范例。

2. 项目融资结构

从1987年初开始，经过为期两年的项目建设、经营、融资安排的谈判，马来西亚政府与当地的马来西亚联合工程公司签署了一项有关建设经营南北高速公路的特许权合约。马来西亚联合工程公司为此成立了一家项目子公司——南北高速公路项目有限公司，并以政府的

① 参见戴大双：《项目融资》，北京，机械工业出版社，2005。

特许权合约为核心组织了项目的 BOT 融资结构（见图 8—1），主要由政府的特许权合约、项目的投资者和经营者以及国际贷款银团三部分组成。

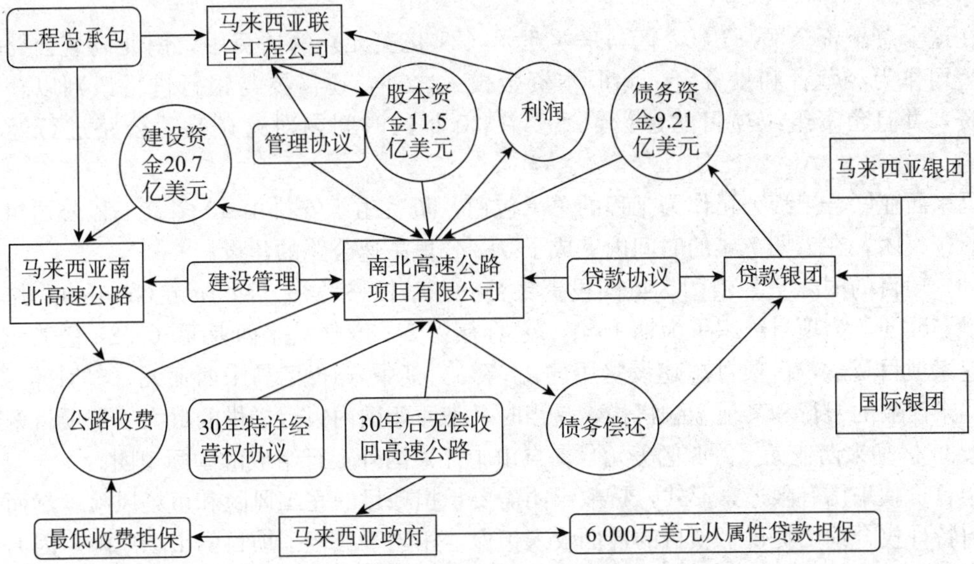

图 8—1 南北高速公路项目的融资结构

（1）政府的特许权合约。马来西亚政府是南北高速公路项目的最初发起人和特许权合约结束后的项目所有者。政府通过提供一项为期 30 年的南北高速公路建设经营特许权合约，不仅使得之前由于财政困难尚未动工的 512 公里公路得以按照原计划建设并投入使用，而且通过项目的建设和运营带动了公路周边经济的发展。

在该项目中，政府的特许权合约是整个 BOT 融资结构的核心，也构成了项目贷款的信用保证结构核心。这个合约的主要内容包括以下几个方面：

第一，南北高速公路项目有限公司负责承建项目剩余的 512 公里高速公路，并且负责高速公路建成后的经营和维护。南北高速公路项目有限公司有权根据一个双方商定的收费方式对公众收取高速公路的使用费。

第二，南北高速公路项目有限公司负责筹集项目建设所需的资金。但是，政府将为项目提供一项总金额为 1.65 亿马来西亚元（6 000 万美元）的从属性备用贷款，作为对项目融资的信用支持；该项贷款可在 11 年内分期提取，利率 8%，并具有 15 年的还款期限，最后的还款期为特许权合约结束时。

第三，政府将之前已经建成的 400 公里高速公路的经营权在特许权期间转让给南北高速公路项目有限公司。但是，南北高速公路项目有限公司仍然需要根据合约对其公路基础设施进行改进。

第四，政府向南北高速公路项目有限公司提供公路收费的最低收入担保，即在任何情况下，如果公路交通流量不足，公路的使用费收入低于合约中规定的水平，政府负责向项目公司支付差额部分。

第五，项目的特许权合约期为 30 年。在特许权合约的到期日，南北高速公路项目有限公司将南北高速公路的所有权无偿转让给马来西亚政府。

（2）项目的投资者和经营者。项目的投资者和经营者是 BOT 模式的主体。在该案例中，马来西亚联合工程公司所拥有的马来西亚南北高速公路项目有限公司是项目的实际投资者和经营者。

在这个总融资金额高达 57 亿马来西亚元（21 亿美元）的项目中，南北高速公路项目有限公司作为经营者和投资者，除股本资金投入之外，还需要与银行进行谈判以获得贷款融资，并且负责组织项目的建设，还要在 30 年的时间内对这条高速公路进行经营和管理。

马来西亚联合工程公司作为工程的总承包商，负责组织安排由 40 多家工程公司组成的工程承包集团，在为期 7 年的时间内完成了 512 公里高速公路的建设。

（3）项目的国际贷款银团。英国投资银行——摩根格兰福（Morgan Grenfell）作为项目的融资顾问，为项目组织了为期 15 年、总金额为 25.35 亿马来西亚元（9.21 亿美元）的有限追索项目贷款，占项目总建设费用的 44.5%。其中，16 亿马来西亚元（5.81 亿美元）来自马来西亚的银行和其他金融机构，是当时马来西亚国内银行提供的最大一笔项目融资贷款；9.35 亿马来西亚元（3.4 亿美元）来自由十几家国外银行组成的国际银团。

项目贷款采用有限追索形式，贷款银团需要承担项目的完工风险和市场风险。然而，由于政府特许权合约中提供了项目的最低收入担保，相当于减轻了项目的市场风险，因而贷款银团所承担的主要风险为项目的完工风险，因为项目的延期将在很大程度上影响项目的预期收益。但是，与其他项目融资的完工风险不同，公路项目可以分段建设、分段投入使用，从而相对减少了完工风险对整个项目的影响。

项目建设所需的其他资金将由项目投资者在 7 年的建设期内以股本资金的形式投入。

3. 项目融资方案评析

（1）该项目采用 BOT 模式，为马来西亚政府和项目投资者以及经营者均带来了很大的收益。

从政府的角度来看，由于采用 BOT 模式，可以使南北高速公路按原计划建成并投入使用，对于促进国民经济的发展具有很大的好处。同时，采用 BOT 模式可以使马来西亚政府节省大量的建设资金，而且在 30 年特许权合约结束以后，可以无偿收回公路的所有权。

从项目投资者和经营者的角度看，采用 BOT 模式获得的收益是十分可观的。马来西亚联合工程公司可以获得 30 年特许期内的高速公路经营收入和公路建设期内息税前利润两个方面的收益。

（2）对 BOT 模式中风险问题的分析。采用 BOT 模式的基础设施项目，在项目的风险方面具有自身的特殊性。这些特殊性对 BOT 模式的应用具有很大的影响。

首先，一般来说，基础设施项目要比一般项目具有更长的建设期。由于较长的建设周期，如果按照传统的净现值法来计算项目的总投资收益，会使项目的净现值大幅下降。尽管类似高速公路这样的基础设施项目可以分段建设并投入使用，但整个建设期的总资金要求仍然很高。但是，这种项目在建成后的使用寿命要比一般的工业项目长很多，所以在项目经营期内的平均运营和维护成本相对较低，因而经营期的平均资金需求量也较低。因此，像高速公路这种基础设施项目的建设期风险相对较高，而经营期风险较低。

其次，相比于其他采用 BOT 模式融资的基础设施项目（如桥梁、电厂）而言，高速公路这种项目所承担的风险种类及其对项目的影响程度有其自身的特点。总的来说，公路项目承受的完工风险要比其他基础设施项目低，因为公路可以分段建设、分段经营，进而分段获得收益。也就是说，即使项目总的规划无法完成，但之前已经建好的公路仍然可以使用并获益，而不像其他基础设施项目在未完工之前无法投入使用。正因为如此，在马来西亚南北高速公路的 BOT 项目融资中，贷款银行同意承担项目的完工风险。此外，公路项目的市场风险表现也有所不同。对于电厂、电力输送系统、污水处理系统等基础设施项目，政府的特许权协议一般是按照规定的价格购买项目生产的全部产品，也就是政府承担了百分之百的市场风险。相比之下，对于公路、桥梁这种项目，由于主要的收入来源是使用设施的公众，因而其收益是与使用者的数量和支付的费用直接相关的，所以具有较大的不确定性。要确定公路的使用费用，不但要和政府进行谈判，也要充分考虑公众的承受能力，还要确定公路收费的年限。如果处理不好，很可能会将经济问题演变成政治问题。例如，国内某黄河大桥就因为收费年限的问题而引发了广泛的关注，最终不得不终止收费。因此，在公路建设这样的项目中，BOT 模式中非常关键的一个条件就是政府在特许权合约中关于最低收益担保的条款。

最后，项目所在国的金融机构在 BOT 融资结构中能够发挥重要的作用。由于项目所在国的金融机构对本国的政治经济形势更加了解，因而相比国外的金融机构，项目所在国的金融机构能够更好、更准确地把握项目的政治经济风险。因此，如果在大型的 BOT 融资结构中，能够吸引到若干家本国的主要金融机构参与，往往可以起到事半功倍的作用。这一点也是马来西亚南北高速公路的项目融资被国际金融界认为是十分成功的原因之一。

二、欧洲迪士尼乐园的项目融资①

1. 项目背景

欧洲迪士尼乐园位于法国首都巴黎的郊区，该项目最初筹划于 20 世纪 80 年代后期，从一开始就引起了广泛的注意，但又备受争议。一方面，美国的娱乐文化与欧洲的传统文化有一定的冲突，使得该项目经常成为媒体大众关注的目标；另一方面，不时传出的有关项目经营出现困难的消息，也使该项目成为国际金融界的焦点。

然而，从项目融资的角度来看，欧洲迪士尼乐园项目在当时具有很强的创造性和典型意义。首先，欧洲迪士尼乐园与传统的融资项目完全不同，不属于资源型和能源型工业项目、大型基础设施项目等，其项目边界以及项目经济强度的确定要比工业和基础设施项目复杂得多，因而其融资结构不同于传统的项目融资模式也就成为必然的发展结果。其次，美国迪士尼公司作为项目的发起人，对欧洲迪士尼乐园的项目融资模式选择非常成功，这不仅体现在美国迪士尼公司完成了这项复杂工程的投资和融资只动用了很少的自有资金（以项目第一期工程为例：总投资为 149 亿法郎，按当时汇率折合 23.84 亿美元，而美国迪士尼公司仅出资 21.04 亿法郎，只占总投资的 14.12%），而且体现在该公司对项目的完全控制权上。这在一般的项目融资结构中是较难做到的，因为贷款银行总是要求对项目具有一定的控制程度。

① Bank Indosuez：“Project Finance-Banque Indosuez Euro Disneyland”，*Funding Techniques*，*A Supplement to Euromoney*，January 1990.

2. 项目融资结构

（1）欧洲迪士尼乐园项目的投资结构。1987 年 3 月，美国迪士尼公司与法国政府签署了一项原则协议，开始在法国巴黎的郊区兴建欧洲迪士尼乐园。

当时的法国东方汇理银行被任命为项目融资的财务顾问，负责项目的投资结构和融资结构的设计及组织工作。

美国迪士尼公司对结构设计提出了三个具体要求：

第一，融资结构必须能够保证筹集到项目所需的资金。

第二，项目融资的资金成本要低于市场的平均成本。

第三，项目发起人对该项目的经营自主权程度必须要高于市场平均水平。

相比美国迪士尼公司的第一个目标要求，法国东方汇理银行认为第二个目标要求和第三个目标要求是对项目融资结构设计的一次重大挑战。第一，从整体来看，欧洲迪士尼乐园项目是一个极其复杂的工程，其开发总时间长达 20 年，而且在总面积 2 000 公顷左右的土地上，不单要建设迪士尼乐园的娱乐园区，还要开发饭店、办公楼、小区式公寓住宅、高尔夫球场、度假村等一系列配套设施。与传统的项目融资结构不同，欧洲迪士尼乐园没有一个清楚的项目边界的界定（如项目产品、生产和原材料供应），并且与项目开发有关的各种参数、变量也是相对广义而非具体的，在这种条件下要实现项目融资的成本低于市场平均水平，其难度是相当巨大的。其次，由于美国迪士尼公司在与法国政府签署的原则协议中规定，欧洲迪士尼项目的多数股权必须掌握在欧洲共同体公众手中，这样就限制了美国迪士尼公司在项目中股本资金投入的比例，因而也增加了实现其要求获得高于市场平均水平的经营自主权目标的难度。

法国东方汇理银行针对该项目的具体情况，通过建立项目现金流量模型，对欧洲迪士尼乐园项目开发进行了详细的现金流量分析和风险分析。最终，在大量方案筛选、比较的基础上，确定出一套供美国迪士尼公司使用的项目投资结构。

欧洲迪士尼项目的投资结构由欧洲迪士尼财务公司（Euro Disneyland SNC）和欧洲迪士尼经营公司（Euro Disneyland SCA）两个部分组成（见图 8—2）。欧洲迪士尼财务公司的功能是为了有效地利用项目的税务优势。欧洲迪士尼项目与所有利用项目融资方式安排资金的大型工程项目一样，在项目初期的巨额投资会带来高额的利息成本，而且由于资产折旧、投资优惠等所形成的税务亏损无法在短期内通过项目经营有效地消化掉，因而项目很难在早期产生账面利润，从而也就无法形成对外部投资者的吸引力。

为了有效地利用这些税务亏损，降低项目的总体资金成本，欧洲迪士尼乐园项目在投资结构中部分使用了类似杠杆租赁融资结构的税务租赁模式。欧洲迪士尼财务公司所使用的 SNC 结构，是一种类似于普通合伙制的结构。SNC 结构中的投资者（合伙人）能够直接分享其投资比例的项目税务亏损（或利润），与其他来源的收入合并纳税。在项目融资结构中，欧洲迪士尼财务公司将拥有迪士尼乐园的资产，并以一个 20 年期的杠杆租赁协议，将其资产租赁给欧洲迪士尼经营公司。在项目的头 10 年内，由于利息成本和资产折旧等原因产生的高额税务亏损将由 SNC 投资结构中的合伙人分担。在 20 年财务租赁协议中止时，欧洲迪士尼经营公司将从欧洲迪士尼财务公司手中，按照其完全折旧后的账面价值把项目购买回来，而欧洲迪士尼财务公司则会自动解散。

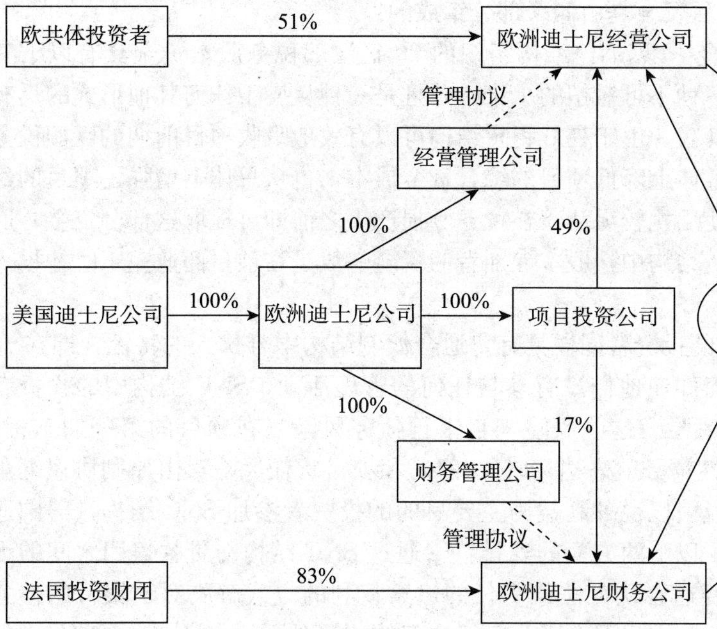

图 8—2 欧洲迪士尼项目的投资结构

欧洲迪士尼经营公司的组建目的是为了解决美国迪士尼公司对项目的绝对控制权问题。由于前述原因，美国迪士尼公司受到限制，只能在项目中占有少数股权，同时项目融资结构又对项目的投资者和经营者有种种限制和制约。在这种情况下，项目融资顾问建议美国迪士尼公司选择 SCA 投资结构。

欧洲迪士尼经营公司采用的 SCA 结构是一种与有限合伙制近似的投资结构，其投资者被分为两种类型：一类投资者是具有有限合伙制结构中普通合伙人性质的投资者，这类投资者直接参与项目的管理，负责任命项目管理人员，同时在项目中承担无限连带责任；另一类投资者是具有有限合伙人性质的投资者，这类投资者在项目中只承担与其投资金额相等的有限责任，但不直接参与项目管理。由于美国迪士尼公司是 SCA 结构中唯一的普通合伙人，所以尽管在欧洲迪士尼公司中只占有少数股权，但能够完全控制项目的管理权。

（2）欧洲迪士尼项目的融资模式。欧洲迪士尼项目的第一期工程（迪士尼乐园主体工程）总耗资 149 亿法郎，其融资结构和资金构成如表 8—1 所示。

表 8—1　　欧洲迪士尼乐园项目一期工程资金结构　　单位：亿法郎

资金构成	所占比例（%）	SNC 结构资金	SCA 结构资金	合计
股本资金 SCA 对 SNC 的贷款	38	2 000 1 000	3 600 —1 000	5 600 0
从属性贷款 法国公众部门储蓄银行	19	1 800	1 080	2 880
项目贷款 辛迪加银团 法国公众部门储蓄银行	43	4 219 1 200	281 720	4 500 1 920
合计	100	10 219	4 681	14 900
所占比例（%）		69	31	100

从表 8—1 中可以看出项目资金是由四个部分组成的：

第一，SNC 结构股本资金。以 SNC 结构组织的 20 亿法郎税务股本资金具有以下三个特点：首先，其资金投入是一种不可撤销的承诺，并且是一种从属于任何其他形式的具有极强股本性质的从属性债务；其次，由于杠杆租赁结构可以有效地吸收项目前期的巨额税务亏损，所以这部分资金能够从整体上降低项目的综合资金成本，也从总体上增强了项目的经济强度。最后，这部分资金的使用比较灵活，在税务亏损产生之前即可提取这部分资金，而在通常以税务为基础的杠杆租赁结构中，股本参加者的资金一般是在项目商业完工时才投入项目的。

然而，由于 SNC 结构中的投资者同样具有普通合伙制结构中合伙人的特性，即在 SNC 结构中承担着无限责任，因而即使他们没有参与任何的管理活动，SNC 结构中的投资者也同样面临着一定的潜在项目风险。这些风险来自银行债务风险（在项目的第一期工程中，SNC 结构的高级债务和从属性债务就高达 72 亿法郎）和项目责任风险（由原则协议继承下来）两个方面。因此，为了吸引以税务利益为主要目的的投资者参加 SNC 结构，美国迪士尼公司在融资结构设计上做了以下两方面的安排：①通过 SNC 结构与贷款银团之间的无追索贷款协议，以银行放弃对普通合伙人法律责任的追索权利的方式解决对于银行的债务风险；②由美国迪士尼公司出具一个担保上限为 5 亿法郎的、针对原则协议中主要项目责任的有限担保来解决项目的责任风险。

第二，SCA 结构股本资金。在 SCA 结构下，股本资金中的 51%是通过在证券市场上公开发行股票筹集的，其余 49%的股本资金则是由美国迪士尼公司进行投资。尽管欧洲迪士尼项目的结构复杂，但股票发行却获得超额认购，说明该项目在当时的资本市场上很受追捧。

第三，从属性债务。项目第一期工程中的 28 亿法郎从属性债务是由法国公众部门储蓄银行提供的，属于项目开发原则协议的组成部分。该部分资金的成本相对较低。

第四，项目贷款。项目贷款总额占项目第一期工程总资金需求量的 43%，该款项是一种无追索的高级债务，由一个项目贷款银团和法国公众部门储蓄银行两个部分组成。

欧洲迪士尼项目通过采用上述融资模式，实现了两个重要的目标：首先，提高了项目的经济强度。从贷款银行的角度，在项目第一期工程所需的 149 亿法郎资金中，有将近 60%的比例是股本资金和准股本资金，从而在很大程度上降低了项目的债务负担。其次，由于项目经济强度的增强，促进了项目资金成本的降低。SNC 结构税务股本资金以及法国公众部门储蓄银行贷款的低成本，增强了项目的债务承受能力，从而使得项目有可能获得条件优惠的低成本银团贷款，而总体的低债务资金成本又可以帮助项目在市场上筹集大量的股本资金，股本资金的增加又进一步降低了项目的债务资金比例。

3. 融资结构简评

(1) 欧洲迪士尼项目的融资安排是一个完整的有限追索项目融资结构，作为项目发起人，美国迪士尼公司所投入的股本资金在项目第一期工程全部资金中只占 14.16%的比例。

欧洲迪士尼项目融资开创了一个先例，即在非传统项目融资领域如何利用公众资金以及项目的部分内存价值（如税务亏损）来安排结构复杂的项目融资，而这样的融资结构单独依赖项目发起人的公司资信或资产负债表往往是无法组织起来的。

(2) 这一案例说明，项目的投资结构设计在实现项目投资者目标要求的过程中，以及在项目整体融资结构设计的过程中可以起到关键性的作用，这些作用有时很难通过其他方式达到。

(3) 欧洲迪士尼项目的融资获得成功后，西方发达国家开始在一些大型工程项目和基础设施项目中借鉴该项目的经验。欧洲迪士尼乐园采用的融资结构和融资模式不但增强了项目的经济强度，降低了项目的资金成本，同时项目发起人只需投入有限的资金。这种项目融资结构的使用，对于项目生命期长、前期资本量大、前期税务亏损额高的非生产型项目（如基础设施项目、公益设施项目的开发）有着很好的启示意义。

三、英法海峡隧道（高速铁路）项目融资①

1. 项目背景

英法海峡隧道也称英吉利海峡隧道或欧洲隧道，是一条连接英吉利海峡两岸的海底高速铁路。英法海峡隧道是在英国的福克斯通（Folkestone）与法国的加莱（Calais）之间挖出一条内径 7.6 米、长达 49.2 公里的铁路隧道（其中有 37.5 公里的部分在海底）。在隧道两端分别建有车站，隧道可以供客运列车和货运列车自由通行，但小轿车、公共汽车和货车需要借助专用列车通过隧道。英法海峡隧道通车后，乘坐欧洲之星高速列车从伦敦到巴黎所需的时间由之前的 5 个小时缩短为 3 个小时，在 2007 年经过提速后，进一步减少到 2 小时 15 分钟。整个隧道工程规模巨大，而且由于大部分工程在海底之下建造，技术也极为复杂，融资任务十分艰巨，整个工程涉及 1 200 多家公司、200 多家银行和金融机构，总投资额超过 100 亿英镑，是 20 世纪最大的工程之一。

早在 19 世纪初期，便有在英、法两国之间修建一条固定连接通道的设想。在英法海峡隧道建成之前，各种计划不断被提出，但由于技术、成本等种种原因，这些计划最终都未能实现。直到项目融资兴起的 20 世纪 80 年代，英法海峡隧道的设想才得以实现。1984 年，英、法两国政府签订了有关协议，决定采用 BOT 模式，由私人提供资金建设隧道。1984 年 5 月，巴黎国民银行、东方汇理银行、里昂信贷银行、密德兰银行和国民西敏寺银行组成的银团向英、法两国政府提交了一份报告，详细说明了海底铁路隧道通过私人投资来修建的可行性。牵头银行很快与英、法两国的大建筑公司联合，分别在两国成立了海峡隧道工程集团（Channel Tunnel Group Limited，CTG）和法兰西曼彻公司（France Manceh S. A，FM），CTG—FM 以合伙形式组成英法海峡隧道公司。

1985 年 3 月 2 日，英、法两国政府发出对海峡通道工程出资、建设和经营的招标邀请，此后收到四种不同方案的投标。1986 年 1 月，两国政府宣布选中 CTG—FM 提出的双洞铁路隧道方案。CTG—FM 是一个由两国建筑公司、金融机构、运输企业、工程公司和其他专业机构联合的商业集团，它在 1985 年已分为两个组成部分：一个是 TML（Transmanche Link）联营体，负责施工、安装、测试和移交运行，作为总承包商；另一个是欧洲隧道公司（Eurotunnel），负责运行和经营，作为业主。1986 年 3 月，英、法两国政府与欧洲隧道公司正式签订协议，授权该公司建设和经营欧洲隧道 55 年，后来延长到 65 年，从 1987 年算起。到期后，该隧道归还两国政府的联合业主。协议还规定，两国政府将为欧洲隧道公司提供必要的基础设施，并且该公司有权执行自己的商业政策，包括收费和定价。此外，英、法两国政府还承诺在 2020 年前不会建立竞争性的海峡连接项目。在 2042 年协议期满后，海峡隧道

① Finnerty：*Project Finance*，Published by Wiley，并结合其他资料进行了改编。

设施将转让给英国政府和法国政府所有。

2. 投资结构

英法海峡隧道项目的发起人为两个私营联合体，两家公司是分别独立注册的。一个是海峡隧道工程集团，由密德兰银行、国民西敏寺银行和 5 家英国主要的建筑公司（Costain 公司、Tarmac 公司、Winpey 公司、Balfour Beatty 公司及 Taylor Woodrow 公司）组成，注册地在英国。另一个是法兰西曼彻公司，由东方汇理银行、巴黎国民银行、里昂信贷银行和 5 家主要的法国建筑公司（Spie Batignolles 公司、Bouygue 公司、Dumez 公司、Societe Auxiliare d'Entreprises 公司及 Societe Generale d'Entreprises 公司）组成，注册地在法国。这两个联合体组成的合作伙伴，共同获得项目的特许经营权。它们联合起来成立一个项目公司（Eurotunnel General Limited），负责项目的经营，以及一个建筑公司（Transmanch Link），负责隧道项目的施工设计和建造。项目的计划施工期为 7 年，如果海峡隧道工程超过期限仍未完成，Tansmanch Link 将承担每天 50 万英镑的损失。同时，Tansmanch Link 还要承担由偶然事件或者洪水等原因导致的延期或成本增加。但是，Tansmanch Link 不对以下事件带来的损失负责：一是海峡隧道更改系统设计；二是英国或法国政府的行为；三是隧道岩床条件与海峡隧道公司所预计的不符。

3. 资金结构

英法海峡隧道项目的资金预算初步估计为 48 亿英镑，考虑到成本超支的可能性，欧洲隧道公司计划筹资 60 亿英镑，其中股权资本 10 亿英镑，债务资本 50 亿英镑。项目的股本资金分三期筹集：第一期由海峡隧道工程集团和法兰西曼彻公司的股东按照各自的承诺提供 4 700万英镑；第二期由金融机构提供 2.06 亿英镑；第三期在资本市场上向社会公众发行股票筹集 7.7 亿英镑。项目的债务资金由牵头银行组织 40 家银行进行联合贷款 50 亿英镑。

由于英国国内的资本市场十分发达，因而项目公司通过在资本市场上发行股票等方法就能为 BOT 项目筹集到足够的资金，因而英、法两国政府不对项目提供任何的外汇风险担保。

英法海峡隧道项目最终由于造价超过预算，总投资达到了 105 亿英镑，欧洲隧道公司不得不通过配股增加了 5.32 亿英镑的投资，而项目余款则通过寻找新的银团进行贷款，最终涉及的贷款银行超过 200 家。

4. 融资结构

英法海峡隧道的项目公司与由 40 家贷款银行组成的银团签订贷款协议，贷款在签订合同之后的 18 年内全部偿还。但是，贷款银团在与项目公司签订贷款协议前，对项目公司做出了以下要求：①项目公司必须从英、法两国政府那里获得商业自主运营权；②有关海峡隧道的法案必须获得英、法两国政府议会的批准；③项目公司要能完成第二期的股权资金融资。

海峡隧道项目公司与英、法两国的铁路运营公司签订了铁路使用合同，占项目收入的 25%。项目公司负责隧道的经营，并与 Tansmanch Link 签订了隧道工程的设计和施工合同。此外，项目的通风系统、排水系统、电力系统等部分分别外包给了专业公司，整个项目涉及 1 200 多家公司。图 8—3 是项目的融资结构图。

5. 项目的收益和风险分析

英法海峡隧道的主要运营收入来自以下几个方面：①乘坐列车的车票收入；②穿梭列车对来往车辆收取的费用；③铁路使用费和列车过路费；④其他营业收入，包括餐饮、商店等相关收费。由于隧道将伦敦和欧洲的高速铁路网络相连接，所以项目收入的一半是通过与国家铁路部门签订的协议产生的。

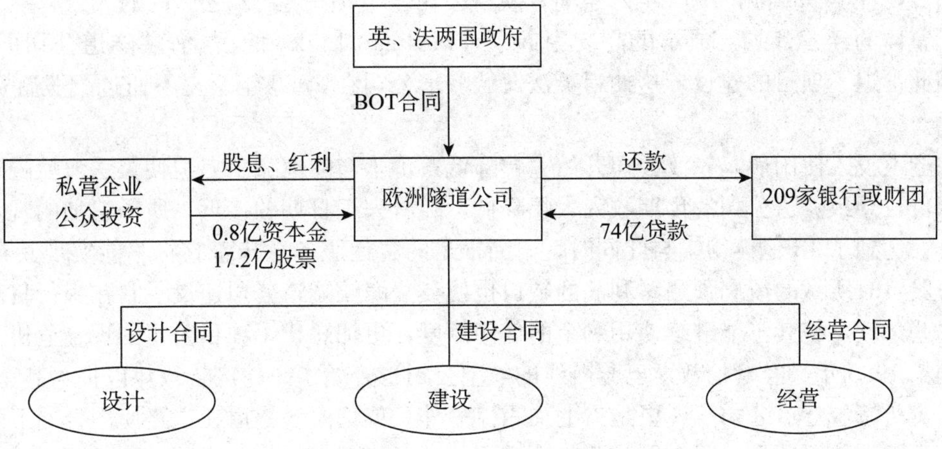

图 8—3 英法海峡隧道项目的融资结构

英法海峡隧道工程是历史上由私营公司筹款的最大的基础设施，它将面临极大的经济风险和市场风险。为此，投资方进行了周密的经济可行性研究。市场研究的结果认为，跨海峡的营运额会从 1985 年的 4 810 万客运人次和 604 万吨货运量增加到 2003 年的 8 810 万客运人次和 1 221 万吨货运量。他们的结论是，海峡隧道将占这个市场增长的相当份额。它将比轮渡更快、更方便和安全，比航空在时间和成本上更有优势。根据市场调查，在第一年完全经营时，客运量将达到 3 000 万人次，货运量将达到 1 500 万吨，收入预计从 1993 年的 48 800万英镑增加到 2003 年的 158 600 万英镑，再增加到 2013 年的 323 600 万英镑。

但是，由于英法海峡隧道工程是历史上最大的隧道工程，因而面临着许多前所未有的技术风险。例如，当时许多专家认为，用普通技术在海底开挖一条这样的隧道是无法实现的。但是，项目公司通过咨询专家，最终通过新奥地利隧道施工法成功完成了平洞的建设。此外，还有隧道承受的地质风险也难以进行估计。在隧道运营时，如何解决高速列车在隧道中产生的活塞效应以及如何为运载汽车的列车确定安全保证标准等问题都缺乏实际经验。这些问题无法得到妥善解决的话，都有可能影响到项目的整体经济收益。

除此之外，项目还涉及环境保护方面的风险。在当时一个很有争议的问题就是如何处置隧道挖出来的弃土。原计划是将弃土放置在海中带有土工渗透膜堆石坝筑起的围堰后面，但环保分子认为会污染海水、影响海洋生态，最终采取了在原地点用造价更高的钢板桩和混凝土坝建造围堰的折中方案。

6. 项目的实际进展

英法海峡隧道原计划于 1987 年 3 月开挖，但由于《海峡隧道法案》直到 1987 年 7 月 23 日才通过，项目公司最终于 1987 年 8 月开工，比计划开工时间晚了将近半年。

在隧道的施工过程中，项目公司与施工承包公司发生了许多经济索赔纠纷。其中，较大的索赔纠纷有三起：一起是与设计施工合同条款中关于不可预见的地质条件有关的索赔；一起是与英国一边的车站和地面工程固定总价合同有关的索赔；还有一起是与固定总价设备安装合同有关的索赔。

海峡隧道系统最初计划在 1993 年 5 月运营，但由于成本问题、设备的运输拖后以及测试问题，直到 1994 年 3 月 6 日才开始货物运营，而客运服务到 1994 年 11 月 4 日才开始。

粗略估计，在1993年和1994年两年间，项目公司至少损失了12亿英镑的收入，从而严重影响了整体的经营计划。成本的超支引起了Transman Link和英法海峡隧道公司的纠纷，前者因此推迟了项目的建设。这使得英法海峡隧道公司在1990年不得不通过配股融资5.32亿英镑。

在隧道投入使用后，轮渡公司开始大幅降低票价来与隧道竞争，迫使英法海峡隧道公司跟着降价，导致隧道公司的预期收入大幅降低。随着完工日期的接近，所需追加的现金额不断上升，达到了18亿英镑。与此同时，不断推迟的客运服务意味着它将不能实现其在1994年发行股票时所做的盈利预测。利润的缺口也使英法海峡隧道公司违反了它在银行贷款协议中的一些条款，使其不能继续使用剩余的信用额度，更加恶化了项目公司的现金危机。

到了1995年，经营伦敦至巴黎航线的航空公司也开始了一轮广告攻势以提高其竞争力，这对于英法海峡隧道公司来说更是雪上加霜。另外，英法海峡隧道在铁路使用合同下的收入也低于预期，使得项目公司在最初几年出现了巨大的资金缺口。项目公司进行了各种尝试，包括进行第四期的股票增发，单方面推迟超过80亿英镑银行贷款的利息偿还，以及进行债务重组等。

1997年，英法海峡隧道公司债务重组计划的审核得以通过，同时英法海峡隧道的客运和货运流量也开始逐步上升，市场开始向着有利于项目公司的方向发展。此后，项目公司又通过增加3.23亿英镑的股份资金，以及在二级市场上以较高贴现率回购一揽子债务等一系列资本运作，获得了较高的额外利润，也降低了隧道的运营成本。欧洲隧道公司于2000年稳固了其在跨海峡运输市场中的主导地位，实现了收入的稳定增长。

但是，由于英法海峡隧道公司背负的巨额贷款的利息成本过高，英法海峡隧道公司降低利息成本的努力一直难以实现。最终，由于经营不善、债务繁重，英法海峡隧道公司不得不于2006年实施破产保护计划。2007年，英法海峡隧道公司宣布通过公开换股的方式进行债务重组。随后，英法海峡隧道公司通过公开换股计划重新组建了欧洲隧道集团。2007年7月2日，欧洲隧道集团股票在伦敦和巴黎同步上市。新的公司将代替英法海峡隧道公司经营英法海峡隧道。

7. 经验和教训

首先，对于大型的交通设施项目而言，采取项目融资方式筹措资金，能将各个投资者以合同的形式捆绑在一起，从而降低了项目风险。但是，投资者仍要强化项目的管理和监督。在英法海峡隧道的案例中，就是由于对工程复杂性和一些技术风险估计不足，导致项目成本超过预算以及项目延期完工。英法海峡隧道最初的预算为48亿英镑，而实际投入达到了105亿英镑，是原预算的两倍多，而正式运营时间比最初计划延迟了一年之多，整个项目也因此面临了巨大的成本超支风险和市场风险。因此，如何合理地预算成本和估计项目风险，对项目的成败至关重要。

其次，项目投资者应该客观评估政府对项目的支持，以确定项目是否在市场需求量及需求持久力方面存在竞争优势。一般来说，项目融资所涉及的项目应具有垄断经营、收入稳定的市场优势。在英法海峡隧道项目中，尽管英、法两国政府提供了在2020年前不建造“第二连接设施”的担保，使项目公司在55年中垄断经营连接英、法大陆的隧道工程，但隧道项目公司仍然受到了来自其他运输方式公司的激烈竞争。英法海峡隧道公司显然对于项目的前景过于乐观了，而且低估了市场的竞争风险，结果实际的现金收入比预期的现金收入要低得多，导致了难以按期偿还债务的困境。这说明项目的市场前景评估是非常重要的，通过充分的可行性评估可以大大减少项目的盲目性，控制项目的风险。

此外，对于大型项目来说，尽管高杠杆融资可以有效满足项目的融资需求，但也会带来巨大的财务风险。特别是当工程延期、预期的现金流入无法实现时，巨额的债务利息会成为十分沉重的负担。但是，对于英法海峡隧道这种大工程来说，由于项目本身具有巨大的社会影响力和政治意义，而且项目本身具有巨大的经济潜力，所以尽管难以偿还贷款，投资者并未失去信心，通过债务重组，使得项目仍能继续经营下去。这也说明了政府即使不直接参与项目的融资过程，既无资金投入，又没进行担保，仍能发挥重要的作用，也就是项目本身由于政治意义重大，投资者相信政府不会让项目失败，相当于政府无形中为项目进行了担保。

四、发达国家 BOT 项目的经验教训

1. 以色列卡梅尔隧道

海法（Haifa）是以色列北部的一个大城市。近年来，随着城市的扩展和行人、车辆的增加，交通阻塞问题严重。从海法的西边到达东边是件困难的事，但这些问题可以通过建设 4.5 公里长的公路隧道来解决。该项目预计投资 1 亿美元，需 3 年时间建成。

由于以色列政府缺少资金，所以它希望实施一项 BOT 计划，而且渴望以色列的第一个 BOT 项目能取得成功。为了吸引国外投资，以色列政府邀请普华永道为该项目的顾问。

虽然一家以色列公司正在率领国际联合体建造上海—南京收费公路，但 BOT 的概念对以色列投资者是陌生的。以色列人在长回收期项目方面有丰富经验，然而他们并不欣赏通过计算今后二十多年内该隧道的交通量而建立的投资计划。

外国投资者对这类项目有全面透彻的理解，但只有当外国公司被允许深入地参与项目的建设和运营中时，它们才乐意投资。因此，应该鼓励国外合作者、银行家和投资者对在一个从未涉足此类项目的国家里实施该项目产生兴趣。

首先，顾问做了可行性研究，其中包括利用先进的计算方法，估算使用隧道的交通量，并且与许多潜在的赞助商和投资商进行会谈。随后，顾问就法律、法规的调整向以色列政府提出建议，以使该项目能够吸引外商，比如必须通过专线收费公路法规。

顾问还提出了一个完善的投资过程，这将很快确定由谁来获得政府的特许权。国际大财团和投资者对该项目显示出相当大的兴趣。以色列与巴勒斯坦人和其他周边阿拉伯邻国的关系改善，进一步激发了投资者的兴趣，有 13 个国际财团提交了首期投标书，有 4 个或 5 个财团应邀做正式投标书。一旦这些投标书被考虑，政府将与两家公司开始详细谈判，最强有力的竞争者很有可能是那些以色列与外国公司成立的合资企业。

这个项目得到的最主要的经验是以一个一流的国际性咨询公司作为政府的顾问，吸引国际上的投资者。特别是它鼓励了外国合作者、银行家和投资者对一个从未涉足该项目的国家产生兴趣。因为顾问的经验和工作质量帮助了投资者确信该项目是有利可图的，国际投资者确信所有必要的法规都将得到及时的批准，投标的过程是明确、公正、完善和快速的。

2. 英国伯明翰北部公路

伯明翰位于英国中部，该地区有许多重要城市，存在着交通堵塞现象。为解决这个问题，英国政府要建一条战略性的环形公路来减缓交通堵塞。该项目是英国第一条主要的私营收费公路，估计投资 8 亿美元，招标过程按时完成。一个国际联合体被授予特许权，当时预计项目于 1996 年或 1997 年动工，建设期为 3 年。该项目是普华永道参与的一个项目，但它

不是政府唯一的顾问。在许多方面，项目进行得比较顺利，但也存在不少问题。

政府没有一个明确的目标：一方面，它想要建一条战略性的环形公路；另一方面，它又想要建一条能缓解当地交通问题的普通环形公路。

政府就如何评估投标没有提供明确解释，导致了无法对投标进行比较。一些标书重视这个方面，另一些标书则重视其他方面。

按常规，政府将为每个新上项目通过一个法规。如果有人反对该项目，其反对意见只能在议会中提出，即只能用法规来解决。然而，有时政府希望将项目控制在有关公路的某些新的总法规的条款限制之下，议会对政府立法草案的修正使政府部门吃惊且不满，最后通过的法案容易导致公众反对任何需要购置土地的新公路项目；反对意见的产生是基于路线不好，将会带来环境问题等等。

此后，政府试着加快选择优胜投标者的速度，但由于所有主要的条款没有确定下来，使政府处于一种弱势，现在只能与获胜的联合体进行谈判了。

与此同时，几个反对该项目的组织开始在新的立法形式下采取行动。由于政府还没有获得该项目所需的所有土地，所以反对意见是有可能成立的。如果该调查持续若干年，伴随着新的反对意见的产生，那就存在着危机；若事情真的发生，就不可能完成该项目了。

如果政府多采纳一些顾问的建议，则政府和投标都会减少一些问题。这个项目的教训有以下几点：

首先，政府需要有一个明确的概念，到底需要的是什么。

其次，在招标前，政府必须在邀请投标前获得该项目所需的土地所有权和其他特许权。若是这样，该项目可能已经开工了。

最后，政府不应过快地选定联合体，最好是与两家联合体同时谈判，看看哪家联合体能提供更好的条款。

3. 希腊雅典新机场

雅典机场位于城市住宅区，不仅小而且过于繁忙，其面临的危险日益严重。

前希腊政府希望建造一个更大的新机场，由于政府没有充裕的财力来建造这样一个机场，因而决定采用 BOT 方式。此外，政府坚信私人投资者将会比政府更快、更好地完成项目，政府愿意让私营方按国际惯例经营机场。

机场有三类各不相同的业务，每类都有相应的规定：

(1) 商业服务，包括商场、饭店、停车场等等，投标人可自行决定从事此项竞争性业务的哪些工作。

(2) 航空服务，包括燃料添加、提供饮食服务及地面管理这一部分，既可以是受一定控制的独占经营，也可以是切实可行的竞争性经营。

(3) 辅助设施，包括航运线终点、跑道、滑行道和高速公路这一部分，完全垄断且必须有严格规定。

政府有优秀的专业顾问，他们帮助政府起草项目所需的法律和条例。政府与此项目有密切关系，将在项目公司中拥有少数股权。

政府将提供下列支持：土地、40 年机场经营权和现金，其回报将按股东获得收益，也将按一定比例获取土地费用。

政府组织了一个很好的招标程序，4 个申请人被选中参与投标，政府与其中的两个进行了谈判，选择了其中一个。随后，政府便倒台了。

新的政府不如前政府对私营公司的支持力度大，正在寻求重新进行谈判。

这个项目的经验教训有三点：

（1）即使有政府的支持和优秀的专业顾问，也需要大约 2 年的时间来建立法律框架、获得土地权、进行 BOT 项目合同的谈判。

（2）竞争性招标将带来良好的结果，但对于投标者而言，费用较高，政府需要考虑向未能取得成功的投标者支付费用。

（3）政府风险在投标者的意料之外，但其确实存在。

4. BOT 失败分析

分析国际上一些 BOT 项目的失败原因，基本可归纳为以下几点：

（1）项目在财务上不可行。BOT 项目多用于开发基础设施，而传统上的基础设施项目都是由政府投资建设的，因此 BOT 项目在财务上的可行性在很大程度上取决于政府对项目的支持。对于财务上不可行的项目，只有得到了政府强有力的支持，才有可能取得成功；否则，项目将无法进行下去。

葡萄牙规划的一个桥梁 BOT 项目，因财务可行性存在问题，而政府又不愿提供财政补贴，结果项目失败了。

（2）担保不够。BOT 项目的债务融资都是无追索权的，债务资金和股本资金的回收只能靠项目的现金流量，投资人的风险比常规项目要大得多。为了促成项目，将投资人风险控制在可以接受的水平上，往往需要政府提供必要的担保。

（3）政府不执行合同。希腊雅典机场和泰国曼谷高速公路都是由于政府更迭，新一届政府拒绝执行上届政府与项目公司签订的合同而告失败。BOT 项目运作的失败还有一些其他原因，但所有原因都是由于项目有关方面没能很好地理解或正确地对待造成的。BOT 项目的实施结构是极其复杂的，一个 BOT 项目的成功运作涉及很多关键因素，只有正确处理好各个方面的问题，项目才不会失败。

第二节　国内项目融资典型案例

一、广东省沙角 B 火力发电厂

1. 项目的背景

广东省沙角 B 火力发电厂 1984 年签署合资协议，1986 年完成融资安排并动工兴建，1988 年投入使用。总装机容量为 70 万千瓦，总投资为 42 亿港币，被认为是中国最早的一个有限追索的项目融资案例，也是事实上在中国第一次使用 BOT 融资概念兴建的基础设施项目。

2. 项目的投资结构

采用中外合作经营方式兴建。合资中方为深圳特区电力开发公司（A 方），合资外方是一家在中国香港注册、专门为该项目成立的公司——合和电力（中国）有限公司（B 方），双方的合作期为10年。合作期间，B方负责提供项目的全部外汇资金，组织项目建设，并且负责经营电厂10年（合作期）。作为回报，B方获得在扣除项目经营成本、煤炭成本和支付给A方的管理费后百分之百的项目收益。合作期满时，B方将深圳沙角B电厂的资产所有权和控制权无偿转让给A方，退出该项目。

3. 项目的资金结构

深圳沙角B电厂的资金结构包括股本资金、从属性贷款和项目贷款三种形式。其中，总的股本资金为B方提供的3 850万美元（包括股东从属性贷款）和人民币延期贷款1 670万美元；债务资金包括A方提供的人民币贷款约合9 240万美元，由日本进出口银行提供的固定利率日元出口信贷26 140万美元，欧洲日元贷款5 560万美元，以及欧洲贷款7 500万美元。筹措资金总计为53 960万美元。

根据合作协议安排，在深圳沙角B电厂项目中，除以上人民币资金之外的全部外汇资金安排由B方负责，项目合资B方——合和电力（中国）有限公司利用项目合资A方提供的信用保证，为项目安排了一个有限追索的项目融资结构。

4. 项目的融资结构

沙角B电厂是根据中外合作协议进行项目开发的，合作期分为两个部分：项目建设期（期限为36个月）和项目运营期（期限为10年）。在合作期间内，A方主要承担的义务有：①提供项目使用的土地、工厂操作人员和为项目提供优惠的税收政策；②安排提货预付款的购电协议；③保证燃料供应的供货或付款条款；④提供备用资金，用于项目支出大于收入的情况。B方承担的义务是提供项目所需的全部外汇资金，进行项目的建设，负责电厂的运营。在项目运营过程中，除去项目运营成本和支付给A方的管理费用外的项目收益，将作为回报支付给B方。项目的设计施工委托给由三井物业、东芝、合和建筑有限公司和石川岛重工组成的设计施工联合体。在项目合作期满后，沙角B电厂的资产所有权无偿转让给A方，B方自动退出项目。沙角B电厂的融资结构如图8—4所示。

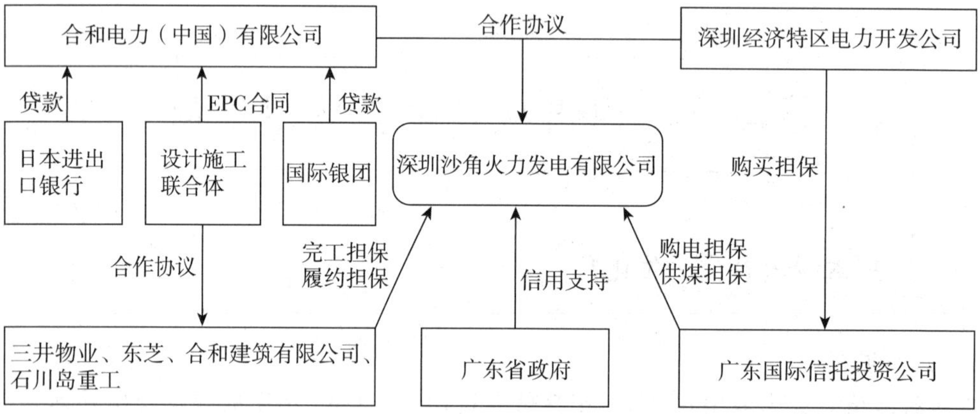

图8—4 沙角B电厂项目的融资结构

5. 融资模式中的信用保证结构

（1）A方的电力购买协议。这是一个具有提货并付款性质的协议，规定A方在项目生产期间，按照事先规定的价格，从项目中购买一个确定的最低数量的发电量，从而排除了项目的主要市场风险。

(2) A方的煤炭供应协议。这是一个具有供货或付款性质的合同，规定A方负责按照一个固定的价格提供项目发电所需的全部煤炭。这个安排实际上排除了项目的能源价格和供应风险以及大部分的生产成本超支风险。

(3) 广东国际信托投资公司为A方的电力购买协议和煤炭供应协议提供的担保。

(4) 广东省政府为上述三项安排所出具的支持信。虽然支持信并不具备法律约束力，但它可作为一种意向性担保，在项目融资安排中同样具有相当的分量。

(5) 设备供应及工程承包财团所提供的“交钥匙”工程建设合约，以及为其提供担保的银行所安排的履约担保，这些构成了项目的完工担保，排除了项目融资贷款银团对项目完工风险的顾虑。

(6) 中国人民保险公司安排的项目保险。项目保险是电站项目融资中不可缺少的一个组成部分，这种保险通常包括对出现资产损害、机械设备故障以及相应损失的保险，在有些情况下也包括对项目不能按期投产的保险。

6. 项目融资简评

(1) 作为BOT模式中的建设、经营一方（在我国现阶段，大多数为国外投资者），必须是一个有电力工业背景，具备一定资金力量，并且能够被银行金融界所接受的公司。

(2) 项目必须要有一个具有法律保障的电力购买合约作为支持，这个协议需要具有提货并付款或者无货亦付款的性质，按照严格的事先规定的价格从项目购买一个最低的发电量，以保证项目可以创造出足够的现金流量来满足项目贷款银行的要求。

(3) 项目必须有一个长期的燃料供应协议。从项目贷款银行的角度，如果燃料是进口的，通常会要求有关当局对外汇支付做出相应安排；如果燃料是由项目所在地政府部门或商业机构负责供应或安排，通常会要求政府对燃料供应做出具有供货或付款性质的承诺。

(4) 根据提供电力购买协议和燃料供应协议的机构的财务状况和背景，有时项目贷款银行会要求更高一级机构提供某种形式的财务担保或者意向性担保。

(5) 与项目有关的基础设施的安排，包括土地、与土地相连的公路、燃料传输及贮存系统、水资源供应、电网系统的连接等一系列与项目开发密切相关问题的处理及责任，必须要在项目文件中做出明确的规定。

(6) 与项目有关的政府批准，包括外汇资金、外汇利润汇出、汇率风险等问题，必须在动工前得到批准和做出相应的安排，否则很难吸引银行加入项目融资的贷款银团行列。有时，在BOT融资期间，贷款银团还可能要求对项目现金流量和外汇资金进行直接控制。

二、国家体育场“鸟巢”项目融资

1. 项目背景

(1) 项目概况。国家体育场“鸟巢”位于奥林匹克公园中心区的南部，为2008年第29届奥林匹克运动会的主体育场。项目的总占地面积21公顷，建筑面积25.8万平方米，场内观众坐席约有91 000个，其中临时坐席11 000个。体育场项目于2003年12月24日开工建设，2008年6月28日正式竣工。国家体育场工程按PPP模式建设，是由北京市国有资产经营有限责任公司与中国中信集团联合体共同组建的项目公司，主要负责国家体育场的投融资、建设、运营和管理。中信联合体出资42%，北京市国有资产经营有限责任公司代表政府给予58%的资金支持。中信联合体同时拥有赛后30年的特许经营权。国家体育场是我国第一个采用PPP模式的公益性项目，既弥补了资金不足，又利于分散风险，为我国基础设施投融资领域探索了一条新路，开拓了广阔的投融资空间。

（2）项目目标。首先，国家体育场代表了国家的形象。一方面，要借助奥运会的契机向全世界展示北京的新风貌和中国的新形象；另一方面，要借助项目影响力，进一步扩大奥林匹克运动的积极影响，推动北京在经济发展、城市建设、社会进步和人民生活质量方面的提高。其次，就体育场项目本身来说，不仅要满足举办奥运会的所有技术要求和标准，还要实现获得最大利润的目标。

由于PPP模式的特殊性，项目公司将独享项目的一切商业利润，但同时必须承担项目的一切损失。众所周知，PPP项目与其设计、融资、建造和运营密切相关，因此国家体育场的设计建造必须恰当考虑对后续运营潜在的影响。有鉴于此，在体育场的建设阶段，项目公司就积极与赛后对国家体育场的运营可能有兴趣的潜在公司进行必要的磋商和谈判。

（3）项目特点。国家体育场项目的特点表现为以下几方面：一是意义重大，国家体育场是北京市的标志性建筑，也是北京市最大的、具有国际先进水平的多功能体育场，代表了国家的形象。二是国家体育场是世界同类体育场中规模最大、结构最复杂、技术难度最高、工期和质量要求最严格的体育场，2005年被英国《建筑新闻》评为“世界十大令人惊讶的建筑”之一；三是公众项目，具有公益性，预期盈利低，运营难度大；四是工程涉及面大，需要整合国内外多方资源，包括融资、设计、施工、采购、运营管理、风险控制、保险、移交等多个方面。

2. 项目的合同结构

“鸟巢”项目的合同结构有三个关键的内容，即特许权协议、国家体育场协议以及联营体协议。

2003年8月9日，北京2008年奥运会主体育场——国家体育场举行项目签约仪式。中标人中国中信集团联合体分别与北京市人民政府、北京奥组委、北京市国有资产有限责任公司签署了《特许权协议》、《国家体育场协议》和《合作经营合同》三个合同协议。随后，联合体与代表北京市政府的国有资产经营管理有限公司共同组建了项目公司——国家体育场有限责任公司，该公司也如愿注册为中外合营企业，以享受相关税收优惠。项目的合同结构如图8—5所示。

3. 项目的资金结构

国家体育场项目的计划总投资额为31.4亿元人民币，北京市国有资产经营有限责任公司代表政府出资58%，即投资18.2亿元；中国中信集团联合体出资42%。在中信集团联合体42%的投资中，中信集团所占比例为65%、北京城建集团所占比例为30%、美国金州公司所占比例为5%。中信集团的投资又分为内资部分和外资部分，其中，内资部分占中信集团投资比例的90%，外资部分仅占10%。

从投资方对“鸟巢”项目单独投资的角度看，北京市国有资产经营有限责任公司的投资额约为182 062万元，占总投资的58%；中信集团的投资额约为85 695万元（内资约为77 125万元，外资约为8 570万元），占总投资的27.3%；北京城建集团的投资额约为39 551万元，占总投资的12.6%；美国金州公司的投资金额约为6 592万元，占总投资的2.1%，具体资金比例见表8—2。

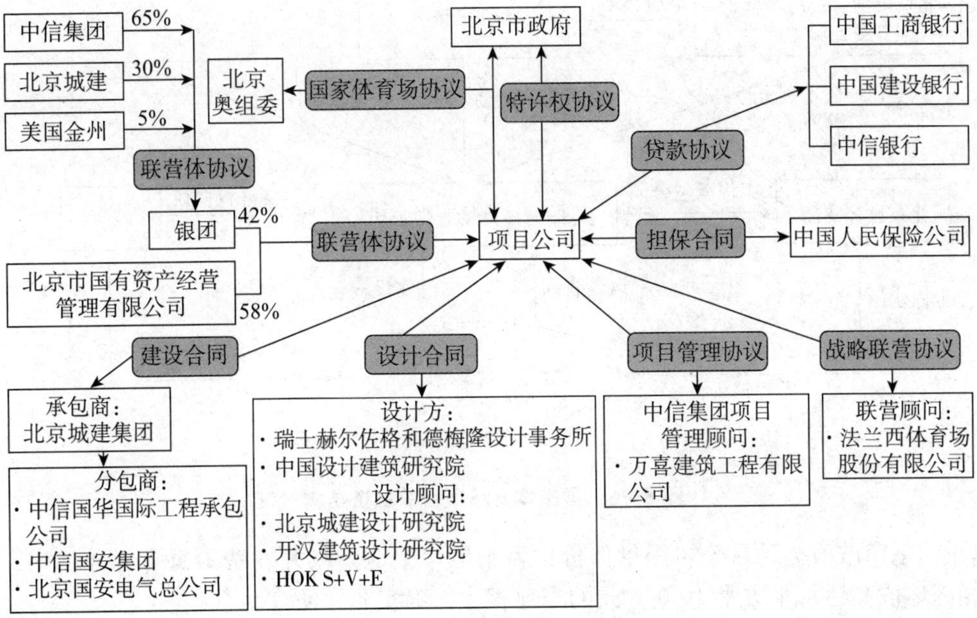

图 8—5　国家体育场项目的合同结构

表 8—2　　项目公司各方投入的资本额与比例

股东	联合体股份比例（%）	项目公司股份比例（%）	资本额（万元人民币）
北京市国资委		58	182 062
中信集团	65	27.3	85 695
北京城建集团	30	12.6	39 551
美国金州公司	5	2.1	6 592
总计	100	100	313 900

4. 项目的融资结构

国家体育场项目的融资结构不算复杂，分别由北京国资委和中信联合体直接安排项目融资，投资者按比例出资并用于项目的建设，项目投资者直接承担对应比例的责任与义务。项目资金不足的部分由国资委和联合体分别筹措，再根据工程进度分批注入。国家体育场正式运营后所得的商业收入，首先根据与贷款银行之间的现金流量管理协议进入贷款银行监控账户，然后按照优先顺序的原则进行分配，即先支付维持项目正常运作的成本开支和管理费用，然后按计划偿还债务，盈余资金按投资比例进行分配。“鸟巢”项目的融资结构如图 8—6 所示。

（1）该融资结构中四个重要的组成部分：

第一，政府的特许权协议。根据特许权协议的相关文件要求，北京市政府作为国家体育场项目的真正发起者和特许权合约结束后的项目拥有者，为了以 PPP 方式实施国家体育场项目的建设，提供了许多鼓励和支持措施：

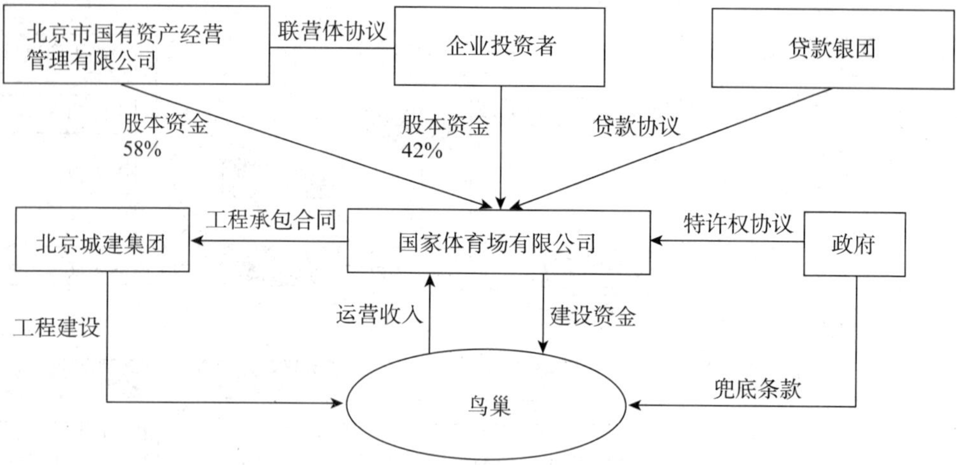

图 8—6　国家体育场项目的融资结构

1）北京市政府为项目公司提供低价项目土地（土地一级开发费为每平方米 1 040 元）。这与相邻地段高达每平方米 10 000 元的土地相比，确实非常便宜。

2）北京市政府提供 18.154 亿元的补贴（不要求回报），占总投资（31.3 亿元）的 58%。

3）北京市政府提供与施工场地相连的必要配套基础设施（水、电、路等），以及其他可以方便体育场建设和运营的帮助。例如，为了方便体育场的大型钢结构组件运输，北京市政府向项目公司签发了车辆特殊通行证。

4）在奥运会和测试赛期间，北京奥组委向项目公司支付体育场使用费用，北京市政府也会承担专门用于奥运会开/闭幕式但赛后不再使用的特殊装置的所有费用。

5）在特许经营期内，北京市政府承诺，限制在北京市区北部新建体育场或扩建已有体育场馆，以保护国家体育场的市场。如果确需建设新的体育场，则北京市政府将与项目公司协商，并按照特许权协议对项目公司进行补偿。

第二，联营体协议。本项目联合体由中国中信集团联合体和北京市国有资产管理有限公司合资成立，注册资本金 10.433 33 亿元。其中，由代表政府的北京市国有资产管理有限公司出资 6.051 33 亿元，占比 58%；中信集团牵头的中国中信联合体出资 4.382 0 亿元，占比 48%；由中信集团作为项目公司的法人代表。

第三，贷款协议。项目公司认为，对国家体育场表达了浓厚兴趣的国内商业银行都有很强的人民币和外币贷款能力，因此项目公司很有信心从国内商业银行获得贷款。投标前，项目公司得到了国内三家商业银行，即中国工商银行、中国建设银行和中信银行的贷款承诺函，银行贷款主要作为项目的非资本金投入。贷款主要是 16 年期限（包括 6 年宽限期）的优先债务，年利率 5.184%（按基准利率下浮 10%计），按季度付息。同时，银团为项目公司提供了 12 亿元的授信额度。

第四，兜底条款。北京市发展与改革委员会协调各部门帮助联合体取得利润。

（2）该项目的信用保证结构：

第一，政府的出资与担保，为项目建设提供了良好的投资环境，极大地提高了项目的经济强度和融资可行性。首先，在国家体育场项目中，政府无偿投入了项目的大部分建设资金，直接减少了企业投资者的融资金额和难度，为企业投资者缓解了相当大的资金压力；其次，根据特许权协议，企业投资者可以在该项目建成后的30年内获得国家体育场的经营管理权，并且独自取得经营的利润，政府不参与分红；此外，中信集团还与北京市政府签署了一个兜底条款，可以获得各个部门的帮助来取得利润，使项目的经营收入得到了一定的保障。

第二，参与融资的中信集团是一家国际化的跨国大型企业，其业务集中在金融、实业和其他服务业领域，目前在世界上拥有44家子公司。此前，中信集团参与的澳大利亚波特兰铝厂的项目融资方案已成为项目融资的经典案例。中信集团在国际上的知名度和偿债能力能够得到大多数贷款银行的认可，从而无形中也为项目提供了一种信用担保。

第三，中国人保和天安保险公司承担了该项目的一揽子保险，包括建筑工程一切险、安装工程一切险、雇主责任险以及货物运输险，保单总额高达23亿人民币。

第四，北京城建集团作为国家体育场建设项目的承包商，是北京建筑领域的龙头企业，具有房屋建筑工程总承包特级资质，也是国际225家大承包商之一，它为项目的完工提供了强有力的保证。

5. 项目的经验和教训

国家体育场这样的大型项目具有规模经济的特点，采用PPP模式有助于提高项目的总体规模，同时降低成本和风险。“鸟巢”的建设采取PPP模式的原因之一，就是政府部门意识到PPP模式对于降低整个项目建设运营成本、减轻财政压力和提高赛后运营效率等方面的优势，而中信集团一方也可以借助政府的优惠政策而具有调动社会资源的优势。但是，在项目的实际运作过程中，项目投资人需要对项目的经营成本和收益做出认真深入的分析。

在“鸟巢”的PPP模式合作方案中，中信集团由于不具有对“鸟巢”的最终拥有权，因而其收益全部依靠30年的特许经营。与北京市政府相比，漫长的期限使其收益不确定性进一步加大，承担的风险更高。中信集团愿意投资并接受30年的回报期，说明中信集团认为项目能够带来较高的回报，但“鸟巢”的巨大运营成本使中信集团的收益目标无法轻易完成，这可能导致中信集团有过度商业化开发的行为，从而影响了“鸟巢”的公益服务功能。根据设想，“鸟巢”的运营是要以大型文化和体育赛事为主，通过经营体育场内的商业设施、广告、场地出租以及冠名权来实现基本盈利，并且要规划包括酒店、餐饮、超市、俱乐部和精品卖场在内的综合商业区。但是，由于地理位置和人流量，这个设想一直未能实现。

2009年8月，北京市政府与中信联合体签署了第二份协议，对国家体育场进行股份制改造。调整中信联合体独立运营30年的原定管理体制，成立国家体育场运营维护协调小组，形成在北京市委、市政府主导下，由国家体育场公司负责运营，北京市各相关部门、属地政府全力配合的新体制。这意味着北京奥运会结束后仅仅一年，北京市政府便收回了“鸟巢”的经营权，北京市国有资产经营责任有限公司开始主导运营，中信集团联合体主动放弃了30年期限的特许经营权。

外界普遍认为，收支风险是中信集团联合体退出的主要原因之一。因此，最终“鸟巢”PPP模式的股份制变化也是各方理性选择的结果。但是，政府重新主导“鸟巢”的经营必然凸显“鸟巢”的公益性而弱化其投资回收和市场行为，其经营效率会大打折扣。这在很大程度上违背了PPP模式的初衷，有可能会对我国以后大型体育场馆采用PPP模式产生一定的负面影响。

不过，总的来说，国家体育场是我国第一个采用PPP模式进行融资建设的公益性项目，在项目的融资阶段，既有效地筹集了项目所需的资金，又利于分散风险，为我国基础设施投融资领域探索了一条新路，开拓了广阔的投融资空间。但与此同时，在国家体育场项目的融资实践中，由于只考虑了建设的速度性和对奥运会的服务性，但对赛后的运营未做出合理的规划以及相应的风险控制，最终导致赛后项目运营中的重大失误。国家体育场项目融资的经验对于我们今后学习和开展项目融资具有十分重要的启示和借鉴意义。

三、北京地铁四号线项目融资①

1. 项目的背景

北京地铁四号线共设 24 座车站，以丰台区的公益西桥为起点，终点到海淀区的安河桥北站，连接北京南站、西单、动物园、中关村等重要交通枢纽和商业圈，是北京南北交通的主动脉之一。全线于 2009 年 9 月 28 日正式通车运营。2010 年 12 月 30 日实现与当日开通的北京地铁大兴线贯通运营，4 号线列车可直接开行至大兴线终点站天宫院站。京港地铁公司拥有该线路的特许经营权，4 号线也成为中国内地首个公私合营的轨道交通线路。

城市轨道交通相比于地面公共交通，运量大、速度快，不占据宝贵的地面资源，而且可以有效缓解城市的交通拥堵问题，已经成为世界各大城市用来解决交通问题的主要途径。但是，地铁的造价高昂，地下线路平均要花费 5 亿元左右才能修建 1 公里，而地面公交由于无须额外修建道路，投入的成本要低得多。因此，面对地面公共交通的竞争压力，地铁的票价也不能定得太高。这样就会面对建造成本高而经营收入低的矛盾，因而地铁的运营很难赚到钱，很多都需要政府进行补贴。在这种背景下，北京市政府于 2003 年 10 月正式颁布实施了《北京市城市基础设施特许经营办法》；2003 年 12 月，北京市政府转发了北京市发展和改革委员会《关于本市深化城市基础设施投融资体制改革的实施意见》，明确提出了轨道交通项目可以按照政府与社会投资 7∶3 的比例，吸引社会投资参与建设。北京地铁四号线就是在这种背景下开发的。

由于北京地铁四号线预期的社会效益巨大，当时北京市政府计划通过北京市基础设施投资有限公司提供 70%的资金（约 107 亿元人民币），其余 30%的资金通过项目融资由私人开发商提供。北京市政府希望四号线项目要满足两个要求：一是要有效地利用政府的资金；二是要充分发挥私营公司的管理效率，避免政府对私营公司过多的行政干预。在这种情况下，普通的 BOT 模式难以直接应用，需要选择其他模式的融资方式。最终，北京地铁四号线选择用 PPP 模式进行项目融资，将项目分拆为 A、B 两个部分：A 部分包括隧道洞体、车站等土建工程的投资和建设，由政府或代表政府投资的公司来完成；B 部分包括车辆、信号等设备资产的投资，吸引社会投资组建的 PPP 项目公司来完成。两部分形成一个整体后，由项目公司负责运营和维护一定的年限，通过票价收入和非票价收入（如广告、零售、通信、地产等）回收投资和获取利润。北京地铁四号线项目建设过程中的重大事项如下：

（1）2003 年 11 月，北京市基础建设投资有限公司作为北京市基础建设投融资平台正式成立，成立之后便着手制订了北京地铁四号线市场化运作的初步方案，并开始与中国香港地铁等多家战略投资者进行接触，项目前期工作全面展开。

① 参见叶苏东：《项目融资——理论与案例》，北京，清华大学出版社、北京交通大学出版社，2008。

(2) 2004 年 4 月和 6 月，北京市发展和改革委员会分别组织召开了奥运会经济市场推介会，北京地铁四、五、九、十号线国际融资研讨会等一系列大型招商推介会，面向国内外投资者对以四号线为重点的北京地铁项目进行了广泛深入的招商活动。

(3) 2004 年 9 月，形成《北京地铁四号线特许经营实施方案》，北京市发展和改革委员会对方案进行了评审并上报北京市政府。同年 11 月，北京市政府批准了《北京地铁四号线特许经营实施方案》，北京地铁四号线特许经营项目取得实质性进展。

(4) 2004 年 11 月，北京市交通委员会牵头成立了北京地铁四号线特许经营项目政府谈判工作组，与“港铁—首创”联合体、“西门子—中铁工”联合体等社会投资者就《特许经营协议》的竞争性谈判正式开始。

(5) 2005 年 2 月初，政府谈判工作组与优先谈判对象“港铁—首创”联合体就《特许经营协议》达成一致意见。

(6) 2005 年 2 月 7 日，北京市交通委员会代表市政府与“港铁—首创”联合体草签了《北京地铁四号线特许经营协议》(以下简称《特许经营协议》)，特许经营期为 30 年。在特许经营期内，合资公司依法承租并获得在经营期内对地铁四号线 A 部分的经营、管理和维护权，票价仍由北京市政府统一制定；如果票价亏损较高，政府会适当给予补贴。期满后，合资公司将全部设施无偿移交北京市政府。

2. 项目的投资结构

北京地铁四号线是国内首条以特许经营模式运营的轨道交通线路。北京市政府投资 70%，主要负责轨道土建建设；由中国香港铁路有限公司（MTR Corporation Ltd.）、北京市基础设施投资有限公司（BIIC）、北京首都创业集团有限公司（BCG）三家公司合资的北京京港地铁有限公司的股份投资占 30%，负责车辆、信号、通信等主要设施和机电工程的建设，并在 30 年的特许经营期内掌管四号线的运营和管理权。在持股的这 3 家企业中，中国香港地铁公司积累了在中国香港地铁建设与运营方面超过 30 年的经验，可以为四号线引入中国香港地铁的运营经验和服务理念；北京市基础设施投资有限公司是由北京市人民政府国有资产监督管理委员会出资，并依照《中华人民共和国公司法》在原北京地铁集团公司基础上改组成立的国有独资有限责任公司，作为市一级基础设施投资融资平台，对轨道交通等基础设施项目进行市场化运作，属北京市政府所有，主要经营轨道交通基础设施的投资、融资和资本管理业务；北京首都创业集团是北京市直属企业，投资房地产、金融服务和基础设施。

在四号线地铁内的一些广播中，线路被称为京港地铁四号线（Beijing MTR Line 4）。不过，由于京港地铁公司并不享有四号线的永久运营权，在站内滚动字幕、京港地铁官方网站及与线路有关的各种协议文件中，四号线仍被称为北京地铁四号线。四号线与除机场线外的其他北京地铁线路共享一个收费区，乘客由其他地铁线换乘四号线并不需要另行购票。不过，四号线在运营管理的细节上与北京地铁存在诸多不同之处。

3. 项目的资金结构

北京地铁四号线项目的总投资为 153 亿元。其中，70%（约 107 亿元）由北京市政府出资；30%（约 46 亿元）由北京京港地铁有限公司（项目公司）负责筹资，该公司的注册资本约 15 亿元人民币（股本资金），其中大约三分之二的资金采用无追索权的银行贷款。在项目公司中，中国香港地铁公司和北京首都创业集团各投资约 7.35 亿元（各占 49%），北京市基础设施投资有限公司投资约 3 000 万元（占 2%）。

4. 项目的融资结构

北京地铁四号线的A部分由北京市基础设施投资有限公司作为项目法人，组建北京地铁四号线投资有限责任公司（以下简称“项目建设公司”），负责项目资金的筹集和项目的建设。北京地铁四号线的B部分由北京京港地铁有限公司（以下简称“项目运营公司”）负责建设。根据与北京市政府签订的《特许经营协议》，项目运营公司只负责地铁四号线B部分的融资、设计和建设，对于地铁四号线A部分的项目设施，则通过《资产租赁协议》，从项目建设公司获得使用权。项目运营公司在30年的特许经营期内，要负责运营和维护地铁四号线的项目设施（包括A部分的项目设施和B部分的项目设施），并按照相关的法律法规和《特许经营协议》的规定取得票款及其他收益。在特许经营期结束后，项目建设公司根据《特许经营协议》和《资产租赁协议》的规定，从项目运营公司那里收回地铁四号线A部分的项目设施（北京地铁四号线投资有限责任公司拥有A部分的项目设施所有权），同时地铁四号线B部分的项目设施由项目运营公司无偿地移交给市政府或其指定机构。北京地铁四号线的融资结构如图8—7所示。

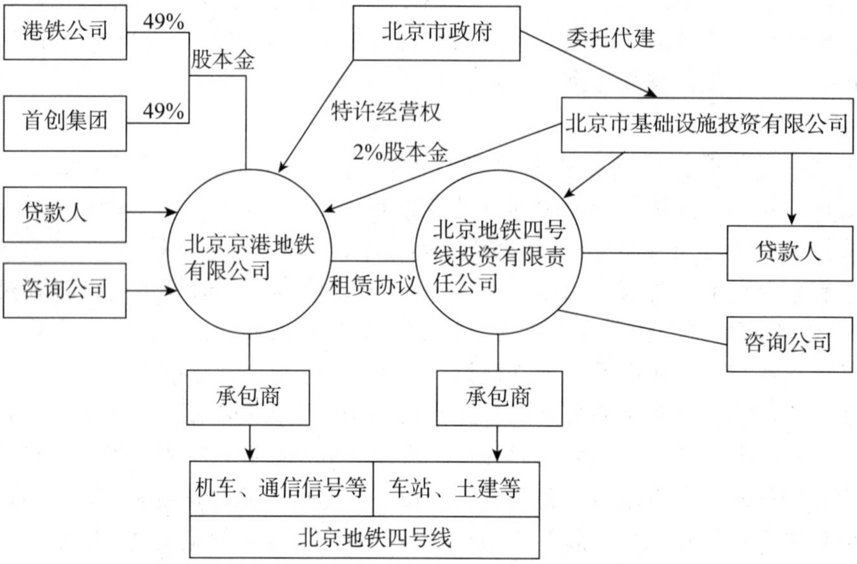

图8—7 北京地铁四号线项目的融资结构

在北京地铁四号线项目中，市政府根据《特许经营协议》中的有关规定，在项目的建设期内对项目建设公司的工作进行监督，以确保土建部分按时按质完工，并监督项目运营公司进行机电设备部分的建设。地铁四号线的运营票价根据政府的定价管理规定采用计程票制。在特许期内，市政府根据相关法律法规，本着同网同价的原则，制定并颁布了地铁四号线运营票价政策，并根据社会经济发展状况适时调整票价。运营期内按有关运营和安全标准对项目运营公司进行规制。在发生涉及公共安全等紧急事件时，市政府有权介入地铁四号线的管理，以保护公共利益。如果在特许经营期内，项目运营公司未能履行《特许经营协议》内规定的义务，市政府有权采取包括收回特许权在内的制裁措施。同时，市政府也要履行《特许经营协议》规定的义务并承担相应的责任。

在北京地铁四号线项目中，项目运营公司按照《特许经营协议》规定，负责筹集在特许期内设计和建设B部分项目设施及运营和维护地铁四号线设施所需的全部资金（包括注册资本金和贷款）。在建设期内，项目运营公司应确保其资本金比例符合法律和政府批准文件的要求，其主要义务还包括：①根据法律的规定，申请B部分建设工程建设所需要的许可；②负责B部分建设工程的设计工作；③按《特许经营协议》规定的关键工期、进度计划和建设标准完成B部分项目设施的建设，并承担相关的一切费用、责任和风险；④及时向项目建设公司提供B部分的初步设计文件及其变更文件（如有），并向项目建设公司提供与建设相关的信息、资料和文件（包括设计文件、招标文件、进度信息、性能指标等）；⑤按《特许经营协议》的规定，进行接口工程的中间验收；⑥按《特许经营协议》的规定，组织进行地铁四号线的试运行，与项目建设公司共同按照适用法律对地铁四号线进行竣工验收；⑦按《特许经营协议》的规定，接受北京市政府的监督和检查；⑧按《特许经营协议》的规定，在建设期为B部分建设工程的建设购买保险。

在项目运营期内，项目运营公司制定的票价要按照《特许经营协议》执行北京市政府的统一票价，并依此按年计算实际平均票价收入水平。如果实际平均票价收入水平低于协议中规定的调整后的平均票价收入水平，项目运营公司可以按照协议的规定，获得北京市政府给予的差额补偿。同时，如果实际平均票价收入水平高于协议中规定的调整后的平均票价收入水平，项目运营公司将按照协议规定，就其差额返还北京市政府，或经北京市政府同意，以项目运营公司增加租金的形式支付给项目建设公司。

为保证地铁四号线的正常运营和特许期结束时项目运营公司能够向市政府指定部门移交能够正常运营的地铁四号线项目设施，项目运营公司应根据更新手册对更新资金的来源进行合理安排。在特许期届满前36个月，北京市政府或其他指定机构和项目运营公司将共同成立一个移交委员会，由北京市政府或其他指定机构任命的3名代表和项目运营公司任命的3名代表组成，负责过渡期内有关特许期届满后项目移交的相关事宜。

5. 经验教训

北京地铁四号线项目的融资安排充分体现了PPP模式的特点——政府与私营部门合作经营，不仅减轻了政府和私营部门各自的资金压力，也降低了各自承受的风险。从政府角度来说，只需要出资70%，因而大大减轻了融资压力；从私营开发商的角度来说，能够获得以往难以得到的投资机会。

北京地铁四号线项目的开发模式可以推广成“建设—租赁—移交”（build-lease-transfer，BLT）与“租赁—开发—运营—移交”（lease-develop-operate-transfer，LDOT）的组合模式。这种组合模式具有许多优点：①针对项目建设公司和项目运营公司可以制定不同期限的特许经营期，增加了项目开发的灵活性。例如，由于地铁项目土建部分具有较长的使用寿命，可以授予项目建设公司较长的特许期，使之能够收回投资并获得合理利润，而单一的特许经营权模式很难做到这一点。②土建工程可以由政府负责建造，也可以由政府提供资助让私人部门建造。如果由政府建造土建工程，可以通过调整租金水平使项目运营公司获得合理收益；如果由政府提供资助并让私人部门建造，则可以通过控制资助的多少，使项目建设公司获得合理的回报，从而增加项目对私人资本的吸引力。③这种模式不仅适用于地铁项目，也可以推广至经济效益更好的项目。此时，租金的确定应保证项目建设公司能够收回投资并取得一定的利润。

相比BOT模式，北京地铁四号线采用的PPP模式具有更广泛的适用性，不但能应用于盈利性较好的基础设施项目，也能用于盈利能力不强的基础设施项目。特别是像地铁这种盈利能力不强的项目，由于难以收回投资，一般的私人企业不愿参与，而政府独自承担建设面临巨大的资金压力。在这种情况下，可以将项目分解为不盈利和盈利的两个部分，不盈利的部分由政府建造或政府支持建造，然后交由私人企业进行维护和运营，而盈利部分可以交由私人企业投资建设，从而大大减轻了政府资金筹集的压力。

此外，对于融资规模巨大的项目，这种组合策略也具有独特的优越性。一般来说，由于规模巨大的项目需要大量的资金，私人企业由于自身实力原因，很难独自承担，因而难以获得竞争性投标。将项目分解成相对独立的子项目，有利于降低融资难度和提高竞争性。例如，一个包含建造一座特大桥梁的公路项目，如果政府决定利用社会资本来融资，可以有两种融资方式来选择：一是采用典型的 BOT 模式，即把整个公路项目的特许经营权授予私人企业，而私人开发商在获得特许经营权后可以吸收桥梁专业公司组建项目公司或者将桥梁部分的施工外包给桥梁专业公司。也就是说，先授予项目公司整体工程的特许权，再由项目公司把项目分解后发包出去，即先发包再分解。二是采用像地铁四号线一样的组合策略模式，先把该桥梁从公路的整体中独立出来，分别将特许经营权授予桥梁专业公司和公路项目公司，在特许期满后，移交给政府，也就是“建造—租赁—移交”的模式，即先分解再发包。项目融资时采用何种形式更为适合，取决于多种因素。当全国采用统一收费标准时，含有特大桥梁的公路每千米的平均造价高于一般公路。如果不想延长特许期，可考虑采用组合策略，把桥梁独立出来。对于铁路项目而言，铁路项目可以把车站与铁路分离，车站之间又有不少桥梁和隧道，它们也可作为分段的分界点。鉴于多数基础设施项目可以分解为先后衔接或相对独立平行的子项目，组合策略是现实可行的。一般来说，如果组合策略得到合理运用，通常可以获得更好的融资效果。

【本章小结】

在本章介绍的项目融资案例中，既有项目融资在高速公路、电厂等传统基础设施建设中的应用，也有在娱乐设施和体育设施建设中的应用；既有成功的案例，也有在项目融资过程中存在问题的案例，对于我们学习、借鉴项目融资的相关知识和具体实践很有参考价值。需要注意的是，不同的项目由于类型不同和所在国家的法律、经济环境不同，都有各自的特点，吸取经验时要注意结合自身的需要，不能盲目照搬。本章简单列举了几个典型的案例，在现实生活中，还会有很多可资借鉴的项目融资案例，需要大家共同研讨。

【本章关键术语】

项目融资　　BOT　　案例

【本章思考题】

1. 试结合学习和实践举几个项目融资的案例。

第九章
项目融资在中国的实践

学习目标

◇了解项目融资在中国的发展与实践；
◇了解项目融资在中国面临的问题；
◇了解项目融资与相关的环境保护问题。

第一节　项目融资在中国的发展

一、项目融资在中国的发展背景

近年来，中国经济高速增长，令世人瞩目。据官方统计，2002 年我国国内生产总值（GDP）刚刚突破 10 万亿元，2011 年这一数字已逾 47 万亿元，十年来 GDP 增长近四倍，GDP 年均增长率达 10.7%。为了保持这种增长速度，政府必须加强电力、公路、铁路、航空、供水和电信设施等领域的建设，消除制约经济发展的“瓶颈”，这需要投入大量的资金，跟上经济发展的步伐。

众所周知，中国的一个基本国情就是国内资金不足，传统的招商引资方式和现有的金融机构以及融资渠道不能完全满足中国经济发展的资金需求，需要寻求更多的融资渠道。同时，与大多数发展中国家一样，中国存在部门效率低下、基础设施管理不善的问题。引进外资作为一种融资渠道，已经成为我国发展经济的一条重要途径，它一方面可以弥补资金缺口，另一方面可以促进国有部门提高效率。目前，我国利用外资的方式主要有对外借款、对外发行股票、对外发行债券、引进外国直接投资、项目融资等。这里主要分析后两种方式。

进入 20 世纪 90 年代，外国直接投资成为中国经济增长的一种重要推动力。2003 年下半年以来，受人民币升值预期的影响，外资流入明显增加。把这些资金引入国内最需要资金的部门，实现产业结构的协调发展和资金效率的最大化，是政府必须考虑的问题。根据国家计委、国家经贸委和外经贸部联合发布的《指导外商投资方向暂行规定》，鼓励类外商投资项目中的第一项就是：“属于农业新技术、农业综合开发和能源、交通、重要原材料工业建设的（项目）。”

过去，中国多采用股权融资方式，即采用兴办中外合资企业、外商独资企业等形式吸引外资。一方面，“超国民待遇”的优惠政策增加了筹资成本，破坏了公平竞争原则，国内同类企业承受了巨大的压力；另一方面，企业规模、项目的生产经营、外商的资金来源渠道过于单一等因素限制了外资引进的规模。近年来，中国政府开始注意利用项目融资引进外资的融资方式。项目融资方式的引入，丰富了我国利用外资的手段和方式，并在一定程度上改变了外商的投资方向，使得外资不再仅仅流向我国的加工工业，而是逐步转向我国亟须发展的基础产业。

项目融资从20世纪60年代产生到现在，已发展成一种独立的融资方式，是大型工程项目筹措资金的一种新形式。作为一种特殊的融资方式，从严格的意义来说，它不应与对外借款、对外发行股票、对外发行债券、引进外国直接投资这四种方式并列，因为在实践中，项目融资可以采取这四种方式的任何一种来实现。它们的不同之处主要在于融资观念的改变，前四种方式主要是以国家和企业为融资主体进行的，而项目融资的融资主体是项目公司。项目融资无追索权和有限追索权的安排，可以在分散风险的基础上筹集大规模资金，主要应用在能源开发、基础设施和制造业等工业上。

基本的逻辑是：二十多年来，中国经济实现了快速发展，为了给经济的增长奠定一个深厚的基础，实现可持续的稳定发展，我们要通过多种渠道融资，加快基础设施建设，消除经济发展的“瓶颈”制约。项目融资以其自身的特点，成为吸引外资和民间力量参与大量前景良好的投资项目的“桥梁”。这种方式的引入，丰富了我国利用外资的方式，并在一定程度上实现了资金流向的转变，有助于中国的产业升级。

具体来说，如果一个公司考虑采用项目融资的方式为项目开发进行融资，首先应该做的是广泛调查一下在不同工业部门（如石油工业、采矿业、有色金属工业等）已经成功采用过的融资结构和方法，对各种融资结构加以分析和比较。虽然在一个工业部门中应用过的结构不一定可以照搬到另一个工业部门，但至少可以启发思路、开阔视野，从而设计出符合投资者要求的新融资结构。

同理，虽然不同国家在政治、法律、税务、金融体系等方面存在差异，但在某国成功的融资结构对于设计在另一个国家的项目融资应有一定的启发作用。对于我国企业来说，采用项目融资作为一种筹集资金的手段，在掌握项目融资基本理论的基础上，必须认真研究目前国际上成功的项目融资案例。这样，在开展国内外的投资业务时，特别是在开发一些大型的、回收周期长的、资本密集的能源、基础设施项目时，就可以抓住问题的要害，根据自己的目标要求设计融资结构，从而有效地保护投资者的利益。

二、项目融资在中国的发展现状

20世纪80年代，我国在大型投资项目中引入了项目融资这种融资方式，如深圳沙角B电厂采用了类似BOT的建设方式，这标志着中国利用项目融资方式的开始。

出于加快能源、交通、通信等基础设施建设，改变过去基础设施建设单纯依靠国家财政投资的传统做法的考虑，政府在制定“八五”计划（1991—1995 年）时，国家计委首次正式提出了运用 BOT 方式加快基础工业发展和基础设施建设方面的新思路。1996 年，“九五”计划（1996—2000 年）再次把基础设施建设作为我国社会经济发展的重点之一。此后，我国在“十五”计划（2001—2005 年）期间进一步加速了城市化的进程，加大了对城市基础设施的投资。在此基础上，“十一五”（2006—2010 年）、“十二五”（2011—2015 年）的发展规划又将城镇化建设放在了重要的位置。重大项目的巨大投入完全依靠政府的公共财政是难以实现的，必须广开融资渠道，在这一方面，项目融资能够发挥巨大的作用。

为了使我国的项目融资尽快走上正轨，并按国际惯例进行运作，原国家对外贸易经济合作部于 1994 年发布了《关于以 BOT 方式吸收外商投资有关问题的通知》，国家发展计划委员会也于 1997 年 4 月发布了《境外进行项目融资管理暂行办法》，连同以前公布的《指导外商投资方向暂行规定》（1995 年）和《外商投资产业指导目录》一起，基本构成了中国 BOT 项目融资的法律框架。2005 年国务院颁布《关于鼓励支持和引导个体私营等非公有制经济发展的若干意见》，提出“要加快完善政府特许经营制度，规范招投标行为，支持非公有资本积极参与城镇供水、供气、供热、公共交通、污水垃圾处理等市政公用事业和基础设施的投资、建设与运营”。建设部也相继颁布了一系列诸如污水处理、供水、供热等特许经营协议示范文本，使 BOT 项目在特许经营协议谈判方面有所依据。此外，《中华人民共和国商业银行法》、《中华人民共和国保险法》、《中华人民共和国担保法》、《中华人民共和国证券法》、《中华人民共和国招标投标法》、《中华人民共和国信托法》等法律的颁布，都为开展项目融资提供了必要的法律保障。

进入 20 世纪 90 年代，我国出现了更多以类似 BOT 的方式进行建设的项目，如上海黄浦江延安东路隧道复线工程、广州至深圳高速公路、上海大场水处理厂、海南东线高速公路、三亚凤凰机场、重庆地铁、深圳地铁、北京京通高速公路、广西来宾 B 电厂、长沙电厂、成都自来水厂等。这些项目虽然相继采用 BOT 模式进行建设，但只有重庆地铁、深圳地铁、北京京通高速公路等项目被国家正式认定为采用 BOT 模式的基础设施项目；广西来宾 B 电厂 BOT 项目是经国家批准的第一个 BOT 试点项目，经过各方多年的努力，该项目已取得了全面成功，被国际上很有影响的金融杂志评为最佳项目融资案例，在国内被誉为来宾模式。

专栏 9—1

广西来宾 B 电厂项目融资

广西来宾 B 电厂是我国第一个正式获得国家批准的 BOT 试点项目，该项目位于广西壮族自治区的来宾县。来宾 B 电厂共有两台 36 万千瓦的发电机组，总装机容量为 72 万千瓦。项目的特许期为 18 年，其中项目建设期为 2 年 9 个月，项目运营期为 15 年 3 个月；特许期满后，项目将无偿移交给广西壮族自治区政府。为了保证项目的成功，广西政府组成了 BOT 项目领导小组并设立常设办公室，同时聘请了专业的投资咨询有限公司作为代理，负责代理广西政府处理有关 B 电厂的资格预审、招标、评标和谈判工作。

来宾 B 电厂的总投资额为 6.16 亿美元，股本和债务比为 25：75。也就是说，1.54 亿美元的股本资金由法国电力公司出资 60%、通用电气·阿尔斯通公司出资 40%来提供，其余 75%的部分通过有限追索的项目贷款方式筹集，由法国东方汇理银行、英国汇丰银行以及巴克莱银行组成的银团联合承销。

来宾B电厂的运作包括下列几个阶段：

1. 项目资格预审阶段

1995年8月8日，广西壮族自治区政府在《人民日报》、《中国日报》等报纸上刊登了资格预审通告，邀请国外投资者参加资格预审。截至1995年9月底，共有31家国际性的公司或公司联合体提交了资格预审文件。项目评审委员会经过对申请人的综合审查，确定了其中的12家公司可以单独作为联合体牵头人或单独参加投标，另外19家不能直接参加投标，但可以与前面12家中的一家或几家组成联合体参加投标。

2. 项目投标阶段

1995年12月，广西政府正式向申请人公布了资格预审结果，同时发出了投标邀请书。经过6个月的准备，至1996年5月7日投标截止日，共有6家著名公司或联合体递交了投标书，分别是中华电力联合体（由中国香港中华电力投资公司和德国西门子公司组成）、美国国际发电公司、东棉联合体（由日本东棉株式商社、新加坡国际能源公司和泰国企业联盟能源公司组成）、英国电力联合体（英国国家电力公司和日本三井物产商社组成）、法国电力联合体（法国电力公司和通用电气·阿尔斯通公司组成）和新世界联合体（中国香港新世界集团、ABB公司和美国国家电力公司组成）。

3. 项目评标阶段

1996年5月8日提交建议书截止并开标。广西政府在北京举行了来宾B电厂项目招标的开标仪式。随后，广西政府组织了由技术、法律、财务等专家组成的专家小组，进行了第一阶段的评估工作。经过评审，最后专家小组确定了法国电力联合体为投标人的第一名。

4. 项目合同谈判阶段

评标结束后，广西壮族自治区政府组成了谈判小组，开始与法国电力联合体进行合同谈判，并于1996年10月11日在北京草签了有关协议。草签的协议主要包括的内容有：总投资的25%属股本金投入，且作为项目公司的注册资本，剩余75%的资金由项目公司通过有限追索的贷款从境外获得。中央政府和地方政府以及中国的金融机构不对项目提供任何形式的担保。项目公司的项目贷款是由法国的东方汇理银行、英国的汇丰银行和巴特莱银行联合承销。贷款中的70%是由法国进出口信贷机构提供出口信贷保险。来宾B电厂的特许经营期为18年，特许期满后，电厂将无偿移交给广西政府。

1997年9月3日，广西壮族自治区政府与项目公司在北京正式签署了特许权协议，广西来宾B电厂项目融资正式生效。

来宾B电厂项目融资是我国成功利用外资的重要里程碑，意味着我国初步具有了利用外资的法律环境和管理能力，开启了利用外资进行项目融资的新时代。当时，来宾B电厂在国外也引起了很大反响。1996年12月，《亚洲融资》将来宾B电厂评为年度最佳项目融资。

资料来源：王薇、戴大双、王东波：《广西来宾B电厂BOT项目特许经营者选择研究》，载《科技与管理》，2011(3)，并结合其他资料改编。

在我国的实际运作中，为项目建设而专门设立的项目公司大多是按照《中华人民共和国公司法》注册的中外合资经营企业和中外合作经营企业，中、外两方的出资额占总投资的比例较小，项目建设资金的70%以上是对外融资，并且以国际银团贷款为主，与设备供应商所在国提供的出口信贷或国际金融机构的贷款一起构成项目的主要资金来源，其中还可能包括在国际金融市场上发行债券和利用融资租赁进行融资。通过这种方式将项目与其发起人的其他债务分开，是非常好的风险隔离机制。只要项目具有稳定的收益，并且能够将风险限制在一定的范围内，就可以考虑采用这种融资方式。

在实际工作中，由于投资环境及具体运作等因素的限制，我国项目融资方式的发展比较缓慢（其原因在下面将做详细分析），其大规模开展仍存在很大难度。

第二节　中国进行项目融资面临的问题

项目融资对有效利用外资、促进我国基础设施建设有很大的现实意义，目前它在中国的发展处于挑战与机遇并存的局面。本节主要分析在中国进行项目融资所面临的问题。

在中国，进行项目融资的实践主要受以下五方面因素的制约：①政府角色的缺失；②法律体系和金融体系方面的配套不够；③收入的保证问题与收费的批准问题；④审批体系存在问题；⑤专业机构和专业人员力量不足。

一、政府角色的缺失

（一）政府担保方面

在项目融资中，一国的政治风险是国外贷款人投资的一个主要制约因素。为了降低风险，他们一般会要求政府提供担保。目前，我国多采用银行担保的方法，中央政府一般不为企业贷款提供担保。这加大了项目融资的谈判成本和协调成本等，直接体现为项目进展的缓慢甚至延误。若政府能出面为一些重大项目提供担保或做出承诺，对项目融资将是一个很大的支持。

在西方，如美国、欧洲以及拉美国家，地方政府为融资项目提供信用担保或信用支持的情况非常普遍。随着我国地方政府财政独立性的增强，西方国家的这种地方项目的融资方式可以借鉴。地方政府一般使用间接的手段提供信用担保，比如指定某一资产实力雄厚的地方国有企业作为主要合同的担保人等。在中国，由原国家计委制定的新的 BOT 法将给贷款人在收入的保障性方面和外汇的可获得性方面提供额外的安慰，这种安慰在很大程度上取决于与项目有关省份的财力。

此外，项目投标的程序烦琐以及评标的不公开性将造成投标方、参与方以及可能提供支持的银行在前期不得不付出大量劳动，这往往导致项目承担非常高的投标费用，而政府的支持可以减少这方面的费用。

（二）政策方面

项目融资的本质是一种产权制度的创新，因而需要国家制定相关的政策进行规范和指导，但我国目前在项目融资方面的政策尚不完善，从而提高了项目融资的成本，增加了项目融资的风险。以 BOT 模式为例，尽管我国有许多部门都推出了关于 BOT 投资模式的规定，如外经贸部《关于以 BOT 方式吸引外商投资有关问题的通知》；原国家计委、原电力部、交通部《关于试办外商投资特许权项目审批管理有关问题的通知》；原国家计委、国家外汇管理局《关于借用长期国外贷款实行总量控制下的全口径管理的范围和办法》；原国家计委《外商投资特许权项目的暂行规定》等，但这些规定出自不同的部门，繁复冗杂，也缺乏系统性和规范性。此外，这些规定的最大缺陷在于，许多规定只对本系统生效，不同的部门对同一问题的看法和理解不尽相同，导致整个管理体制较为混乱。

尽管我国 1995 年出台了《指导外商投资方向暂行规定》，并于 2002 年正式出台了《指导外商投资方向规定》，用以指导和规范项目融资，但只是涉及比较宏观的层面，比如一些与项目融资有关的产业政策，而对于项目融资实施过程中的一些具体问题，比如项目融资涉及的税收待遇、行业限制、项目条件和审批程序、指导原则、项目收益分配原则、政府担保范围等具体问题，没有相应的政策来指导，也缺乏一个统一的管理机构。除此之外，随着改革开放和社会主义市场经济的不断发展，许多政策和规定已经明显过时。这种政策的不完善和难以预期，使外商投资者无所适从，必然会影响其投资的积极性。

二、法律体系和金融体系方面的配套不够

一般项目的融资要求有健全的法律体系和金融市场作保证。外国投资者在我国参与项目融资，关注焦点包括相关法律是否健全、人民币是否可以兑换成硬通货等。如果这些方面不具备条件，必然会影响投资者对项目可行性的评价，进而影响到他们的投资积极性。

（一）法律体系方面

从整体上看，目前我国关于项目融资方面的法律法规属于国务院下属部委制定的，法规的效力层次较低，难以对项目融资起到足够的规范作用。另外，大部分法律法规只是对项目公司的设立方式、项目审批程序以及政府的保证等方面进行了原则性的规定，而对于具体操作没有做出足够的说明，这就使得项目融资在实际操作过程中无法可依，客观上增加了项目融资的风险。

近年来，我国相继出台了诸如《中华人民共和国商业银行法》（1995 年）、《中华人民共和国保险法》（1995 年）、《中华人民共和国担保法》（1995 年）、《中华人民共和国证券法》（1999 年）、《中华人民共和国招标投标法》（1999 年）、《中华人民共和国信托法》（2001 年）等一系列法律，它们对引导、规范和促进我国市场经济的发展起到了积极的作用，为开展项目融资提供了必要的法律保障。然而，到目前为止，我国还没有一个专门针对项目融资的法律文件，项目融资实施过程中的一些具体问题还处于无法可依的状态，外国投资者有时会对中国法人实体的保证或担保的可强制性感到担忧，一般也不愿意接受由中国法律解释和在中国进行仲裁的合同。因此，借鉴国外的成功经验，在符合国情的基础上，尽快研究制定有关项目融资的法律法规，是一项紧迫的任务。

（二）金融体系方面

为了保证项目融资的顺利进行，并取得较好的经济效益，必须有完善的金融市场体系作为保障。金融市场体系的完备程度、金融产品的规模与多样性直接影响项目融资的开展。由

于我国目前实行高度集中的金融管理体制，在资金运用的规模和方向上没有或不能完全自主决策，从而直接限制了项目的融资，影响了项目融资的使用和效率。

另外，人民币在资本项目下仍不可自由兑换，基本建设项目的投资仍需经有关方面的严格审查批准。项目本身所得收益主要表现为当地货币（人民币）的形式，即其产品很少能出口创汇，而偿还融资贷款时必须用外汇，所以它必须将本国货币兑换成外汇汇出境外，汇率风险由此而来。因此，项目发起方仍会要求中方对可兑换性提供担保。2003 年 10 月 1 日起实施的《出口收汇核销管理办法》、《境内居民个人出境购汇限额的新规定》、《边境贸易外汇管理办法》，对中国的外汇管理都产生了重要影响，但它们只是中国资本项目放开所迈出的一小步，资本项目的完全放开遵循的是稳健原则。可以认为，货币的自由化在短期内不可能实现。

相比国际直接投资，项目融资对于汇率风险更加敏感。尽管汇率风险是投资者关注的主要问题之一，但中国金融市场现有的发展水平不足以提供套期保值的金融工具。汇率风险具体表现在：大部分基础设施建设项目只有人民币收入。如果投资者投入或借入的是美元，一旦人民币贬值，则其收入就不足以偿还对外债务。因此，贷款方常会要求用合同的形式将此类风险降低。例如，外方会要求电力购买合同中的买方（中方）同意根据人民币兑美元的汇率变化调整购买价格。

在实际运作中，我国有些公司没有能力接受此种风险，因为我国金融市场不够发达，目前尚无适合人民币套汇保值的金融产品，企业无法通过购买此类金融衍生产品（如期权等）来处理此类风险。

三、收入的保证问题与收费的批准问题

贷款银行总是希望在风险最小时收益一定，或者在风险一定时收益最大。我们可以探讨两个方面：收入的保证问题和收费的批准问题。

（一）收入的保证问题

为了降低市场风险，银行往往要求签订长期销售协议或保证最低收入的项目购买协议。该最低收入至少能够弥补项目的建设成本和融资成本。例如，在电站项目中，要求当地电力局保证最小的电力购买量，或者与电力局签订合同，该合同使电力局为电力的可获得性付费，而不是为真正获得的或实际供给的电力付费；在修建收费高速公路项目中，往往要求当地政府保证最小的交通量。但是，在实际操作中，可能会出现收入的最低标准难以兑现的问题。

（二）收费的批准问题

贷款银行要求项目收入的确定性，希望收费与有关的成本相关并且通过合同中的相关公式加以定义，这些有关成本包括当地的通货膨胀率、汇率、投入价格，这能使银行相信债务的偿还是有保证的。这样一来，项目产品和服务价格的确定机制及方法就成为贷款人关注的焦点之一。项目融资前期的工作时间长、花费大，最终这些成本都要摊到项目建成使用后的收费价格上，即由消费者来承担。产品和服务的价格水平能否被消费者接受，能否得到政府的批准支持，是项目成功的关键。在实际工作中，收费标准必须经过物价局一年一度的审核

批准。物价局的决定权将给项目贷款人带来重大的风险。

四、审批体系存在问题

目前，中国的基本建设项目审批体系是过去形成的，即所有项目由国家出资，因此其批准过程冗长，包括项目建议→项目可行性研究→最后批准，其中每一阶段都需要经过许多相关的中央和省级机构审批。在每一具体阶段，先要通过地方政府机构的批准，然后报国家发改委（原国家计委）审批。例如，总投资额在 1 000 万美元以下的小项目不需要经国家发改委批准，但需要经过省级机构的批准。对一些沿海省份来说，它们的审批权限可达到 3 000 万美元。这种审批体系要求项目的资金安排在可行性研究阶段就得到确认。因此，这意味着在项目建议阶段，项目发展商和潜在的资金提供者就必须投入可观的资金，这会妨碍这种融资方式的推广和应用。

在外资项目审批工作方面，自改革开放之后就已基本形成了相关的制度。一般来说，每个外资项目都必须取得以下几个关键批文：项目建设书、项目批文、可行性研究报告批复、合同和章程批文以及工商登记。按照项目融资正常的运作程序，应该是在相关的基本工作落实后，确定项目可行性研究报告的基本参数，进而申请可行性研究报告的审批；而我国的做法多是在最终可行性研究报告审批已确定了项目基本参数之后，一些关键的事项还需要经过审批，这就在原有的审批风险中增加了相当大的不确定因素。在审批级别方面，各省、自治区、直辖市和计划单列市对投资总额为 5 000 万美元以上、1 亿美元以下的项目，除非项目地点在特殊的省、直辖市或自治区，否则都必须报国家发改委和外经贸部审批；而 1 亿美元以上项目则必须报国务院审批。此外，在项目融资和对外担保等方面颁布的《境内机构对外担保管理办法》等法规，提出了新的审批要求，使项目投资者和贷款银行面临更多的不确定性。

五、专业机构和专业人员力量不足

项目融资是一个很复杂的系统工程，由于涉及面广、参与的部门多，因此有一个专门的机构进行协调管理，是可以考虑的政策取向。该机构的运作可以降低协调成本，缩短前期谈判时间，促进项目的尽快实施。

成功的项目融资结构需要对风险进行合理的安排和分担，而这些工作都是由人来完成的，所以这对人的素质提出了很高的要求。项目融资在我国属于新兴领域，这方面的专门人才比较缺乏。

我国引入主要是外资参与的项目融资的实际情况，对相关人才的培养很有好处：通过外资方将国际金融市场和金融机构的做法、规则及经验带到国内，使我国银行和其他金融机构的法律、工程和管理方面的人员有机会熟悉和掌握项目融资的具体方法及程序，在实践中提高综合素质，从而可以为完善项目融资的各种条件和环境做出贡献。

在正视项目融资面临很多问题的同时，还必须看到：中国经济的进一步发展，新的投资领域和投资机会的出现，都为项目融资的大发展提供了有利时机。我国将在“十二五”（2011—2015 年）期间加速城镇化的建设进程，根据“十二五”的规划纲要，“十二五”期间我国的“城镇化率提高 4 个百分点”。根据研究机构的测算，城镇化率的不断提高将带来巨大的投资需求，预计到2030年，中国的城镇化将带来近30万亿元的投资需求。面对如此巨大的投入，仅仅依靠政府的公共财政是不可能解决的。此外，中国各地正在加快城市公用事业的民营化进程：根据2005年出台的《北京市城市基础设施特许经营条例》，北京市城市基础设施项目不再由政府独家建设经营，允许吸收民间资本和外资，实行特许经营制度。项目融资已经在这一方面取得了许多显著的成果

项目融资的发展方向可重点考虑城市轨道交通、城市供水及污水处理等项目。目前，中国有33个城市正在规划建设地铁，其中已有28个城市获得批复。以北京为例，共有8条地铁线将在2013—2015年陆续建成通车，加上正在施工的8条地铁线路，目前北京正在建设中的地铁线路有16条，而未来我国大约有229个城市有发展轨道交通的潜力。可见，在中国发展项目融资的空间十分巨大。我们有理由相信，项目融资在中国将会有更广阔的发展前景！

第三节 环境保护问题

任何一个国家在发展过程中，都应该遵循可持续发展的战略。对发展中国家而言，经济建设往往是政府的工作重心，在其发展经济的过程中很可能忽略环境保护问题。

项目融资的范围集中在资源开发项目、基础设施建设项目和制造业项目，行业特点决定了这些项目从建设到使用常常是造福于子孙后代的事情，所以环境保护问题是其中不可缺少的关键一环。

从项目公司的角度看，环境保护问题就是项目的环境风险问题，即项目投资者可能因为严格的环境保护立法，导致项目生产效率的降低、生产成本的增加或者资本的额外大量投入，更严重的甚至会使项目承担无法继续生产下去的风险。

据世界银行的报告，中国伴随着工业化与经济成长，已成为世界上环境污染最严重的国家之一。环顾亚洲国家，环境保护在项目融资中所占的比重极微。

可以看出，在中国进行项目融资，环境保护问题是一个很容易被忽视的重要问题。

一、环境保护概述

工业经济的发展对自然环境以及人类生活环境的破坏，已经引起了世界广泛的关注。过去30年来，许多影响环境的基建与制造项目日益引起世界的关注。在欧美许多国家，有关环境保护的立法工作日臻完善。一些国家与机构更是明确规定：对于融资项目，必须评估该项目对环境所造成的影响，并以此评估结果作为审批的一个重要准则。因此，很多涉及项目融资的公司都由专家来分析及管理项目的环境风险。同时，他们还要与各级政府、各种环保组织等“绿色团体”进行密切沟通，以及时获知它们对项目环保的意见。

1. 有关环保的立法与日俱增

以往的立法工作成效不大，其原因在于：首先，虽有立法，但执法不严。拿中国来说，环保方面的立法已超过30年，但实际上，国内一些城市已成为世界上污染最严重的城市。

其次，政府缺乏对环境的监察。以越南为例，在其从计划经济向市场经济的转轨过程中，政府未能有效地进行监察，各种私营活动对环境的负面影响很大。最后，污染环境的成本很低，即缺乏足够严厉的惩罚机制。以中国香港为例，平均每宗违例的罚款仅为 6 000 港币。

近年来，环境问题对经济的影响已引起人们的重视。例如，中国的水源污染使数百万亩农田受损；在泰国曼谷，研究显示，年仅 7 岁的小孩平均丧失了四点或四点以上的智商，这与有毒金属在其体内长期积累有关。对于环境保护，不单是欧美等先进国家，一些亚非国家也逐渐重视环保的立法，积极建立各种制度，参加相关世界组织，以应对环境问题。

1979 年，我国正式颁布了试行的《中华人民共和国环境保护法》，这标志着我国环境保护工作步入了法治轨道。以此法为依据，而后又相继颁布了《中华人民共和国海洋环境保护法》、《中华人民共和国大气污染防治法》、《中华人民共和国水污染防治法》、《中华人民共和国噪声污染防治法》、《建设项目环境保护管理条例》、《环境影响评价技术导则》及相关的资源法、环保行政法规和许多部门规章及标准等。在三十多年中，我国已颁布了 6 部环境保护法律，9 部自然资源管理法律，30 多部环境保护与资源管理行政法规，30 多部与可持续发展相关的其他法律和行政法规，395 项各类国家环境标准，600 多项地方环境保护、资源管理法规，基本形成了具有中国特色的环境法律法规体系。

2. 环境风险成为金融机构审批放贷的准则之一

例如，世界银行与亚洲发展银行早已要求对申请其贷款的项目进行环境影响评估，相应地，它们向各国（地区）政府提供了环境风险评估步骤指南。亚洲发展银行更是积极地与一些国家合作，规定 50%的融资项目必须以改善环境或社会作为其目的之一，并帮助这些国家在经济发展中实现环保目标。

3. 环保成为国际竞争力的新标准

在西方国家，有很多公司用“绿色政策”管理公司，并且坚持以公开形式向股东公布这种政策的成效。一些跨国企业也采用国际标准政策，比如建造厂房时，以环保的最高标准作为基准，使其每一间厂房都符合世界上最严格的环保要求。

4. 各种环保组织等“绿色团体”的国际影响力增大

环保组织，如“绿色和平地球之友”，以各种形式进行的环保宣传成效很大，其行动主要集中于林业产品并希望各国全面制止热带雨林木材的进口。另外，它们也批评发达国家将有害废料转移到发展中国家的做法。

二、与环保相关的融资项目及环境风险对它们的具体影响

（一）受影响的融资项目

1. 土地密集发展项目

这是指一些需要大量土地的项目，特别是一些包括未被开发地区或热带雨林区的项目。1992 年，联合国的《生物多样性公约》就是针对这方面的项目出台的。

2. 土地重新发展项目

这是指过去曾遭受严重污染的工厂或带有有害废料的军事土地发展项目等。

3. 高度污染项目

这是指将会造成大量废气、废物或废料等污染，尤其是造成全球环境问题的项目。

4. 违反有关环境法规或标准的项目

这是指一些采用了有违环境法规或标准的产品或原材料的项目。例如，某个项目要使用对臭氧层有损害的化学物料，该项目很可能就会被禁止实施。

5. 大型水利项目

这是指一些大型水利工程，如中国长江三峡工程。因为这种项目往往涉及很复杂的因素，包括很多非商业因素，如大量移民等。

（二）环境风险的具体影响

1. 增加了项目的开支

这首先体现为提高了项目的成本。虽然有关环境保护的成本比较难以量化计算，但根据经济合作与发展组织的估计，为达到环境法规的要求，一座新的发电厂需额外付出高达成本40%的费用添置设备。例如1997年，在中国香港的一个有关海峡隧道的BOT项目中，在挖掘第三条海峡隧道的建设工地上，发现了“受污染的土地”，承担该项目的公司以及承建商不得不付出额外的开支，因为它们必须把受污染的土地转运到指定的地点，以避免周围的海洋生物环境受到污染。

如果没有考虑项目实施对环境的影响，不但会使现在的成本增加，而且会使未来的支出增加，这些支出用来清理以往因疏忽所造成的污染。例如在中国，政府部门会要求有关项目单位翻新或改善以往不符合环境保护标准的设备。

另外，缺乏环境评估有可能使公司损失重大。例如，印度联合碳化物公司意外造成大量有毒物料扩散，导致近4 000人死亡。该公司不仅赔偿了5亿美元，并且为此付出了巨大代价，包括法律费用、公关费用以及股价下跌等造成的损失。

2. 延迟项目竣工日期

进行环境评估往往使融资项目完工日期延迟。例如，菲律宾与亚行及日本进出口银行价值4亿美元的贷款协议，就是因为事先没有进行环境评估而使项目的完工日期延迟了3年之久。除此以外，季节性影响也很重要，农作物项目在不同季节所受的影响不同是评估委员会常常考虑的因素。

3. 有关环境改善的项目融资上升

除了以上介绍的对环境的不利影响外，环保意识的不断增强也给项目融资带来了机会。例如，中国台湾在20世纪末修建了22个固体废物处理厂，其总投资达40亿美元。

专栏9—2

三峡工程的环保问题

1996年，三峡工程首批14台水轮发电机组正式进行国际招标。当时，此举遭到银行界人士的广泛质疑，其原因在于：此前，美国出口信贷机构以环境保护的原因拒绝了对该项目的贷款，世界银行也以类似的理由拒绝了对该项目的贷款。而西欧电机生产公司能否成功地为三峡公司取得出口信贷，实现项目融资，不容乐观。

中国长江三峡工程开发总公司邀请外商竞投的首批14台机组，每台装机容量为700兆瓦，总共 9 800 兆瓦。前 12 台机组主要由外商负责生产，但外商必须与哈尔滨动力设备股份有限公司或上海东风机械（集团）有限公司组成合作联盟，把部分分包合约交给这两个公司负责，并转移有关技术。第 13 台机组及第 14 台机组要在中国生产。据悉，有兴趣参与此次竞投的公司包括德国西门子、俄罗斯的 Energomachexport 以及由日本日立、三菱及伊藤忠合组成的财团。

一位英资银行界人士说，近年环保组织在西方社会的势力日见抬头，不少国际银行在内部均设有环保部门，其职责是审核项目贷款是否有违环保，避免日后受到来自股东及社会各方的压力。他还说，最近一些英国大银行就被环保组织指控，谴责它们为第三世界国家提供贷款，间接从事了一些对环境保护不利的项目。

另一位欧资银行界人士指出，商业银行很难对三峡项目的可行性做出科学评估，其原因是该项目牵涉问题太复杂，同时又有不少非商业因素，如兴建期的人口迁移、水利安排、环保，甚至政治的考虑等。他认为，化整为零，对多个核心项目分别进行融资，有助于银行评审项目风险。该行将跟随客户入标的决定予以支持，但届时将视入标者的实力及能否取得政府的支持而定。

一位美资银行界人士认为，三峡工程以项目形式融资的可行性甚低，其原因是集资额太大、期限太长、不明朗因素太多。对商业银行而言，评估三峡工程的风险明显超越其能力范围，即使有国际性多边机构（如世界银行或亚洲发展银行）的支持，反应也未必热烈。

除了美国出口信贷机构及世界银行已明确表态不支持外，德国公司最终能否参与亦成疑问，原因是该国的环保意识甚至比美国更强。此外，当时中、德关系还存在某种敏感的问题。

但据外电引述西门子北京公司发言人罗尔夫·休伯（Rolf Huber）的话，意思是中、德两国之间个别敏感问题引起的争执，应该不会影响该公司竞投三峡工程的态度。休伯认为，此次竞投应与政治无关，中方关注的应是电机的质量、技术、售后服务及交付时间等。

三峡工程首台机组已于 2003 年 8 月投产。据《中国日报》（英文版）报道，前 12 台机组，至少有 25%的合约总值需交由国内电机生产商生产；最后 2 台，则要有 80%的合约总值由国内生产商生产。三峡左、右两坝共 26 台发电机，最后 12 台机组将由国内生产商自行竞投及生产。

最后，三峡工程筹集到的资金主要来自国家开发银行和三峡建设基金。

资料来源：《三峡工程的环保问题》，载《信报》，1996-06-26。

三、环境保护风险对策

要确实减低环境风险，可以考虑从以下四个方面努力：

1. 在项目设计中考虑环境因素

这意味着从源头将项目引导到环保的方向。例如，美国以“需求管理”政策来代替新建发电厂，政府将资源放在提供低耗灯具与引导消费者节约能源上；在亚洲，则以提高输电效率和减少输电时的能源损失代替新建发电厂。一方面，这减少了因新建发电厂而导致的环境风险；另一方面，节省了大量资金。另外，采用一些新的科技，如清洁科技，能提高效率并减少污染。又如，以天然气代替煤作为动力，以汽油作为发电的燃料，或大力倡导使用可循环的能源，如风力、地热及太阳能。

2. 针对污染采用相应的方法

在很多情况下，针对污染采用切实可行的方法是减低环境风险的唯一方法，因为在亚洲很多地区，项目融资在缺乏环保措施的情况下多半不会被批准。

以发电厂为例，防止空气污染的措施与设备有很多。采取不同的措施，采用不同的设备，其所导致的成本以及防止污染的程度也不相同。对于项目来说，在选择最适合的办法来防止污染时，必须在法规的要求与成本之间找到一个平衡点。一般认为，日本在亚洲地区采用的是最先进的防止污染的设备，而中国台湾则采用相对简单和便宜的方法。

3. 完善管理系统，减少不可预见风险

仅仅有针对污染的措施与设备是不够的，还要有一个完善的管理系统，包括硬件、软件等，这同样很重要。

当然，如果要防止发生一些严重意外（比如渗漏或爆炸），完善的管理系统还需要配合相应的措施及法规；同时，应该与当地有关人士及“绿色团体”密切协商，以建立良好的互信关系。这样，一旦发生事故，外界能宽容待之，环境风险所带来的经济损失有可能降低。

项目公司实际的保护环境举动在帮助项目取得正面印象方面作用很大。例如，马来西亚有的林业项目，不时邀请记者参观其管理系统，以证明其对环境风险的充分重视；印度尼西亚一些煤矿公司在弃置的煤矿种植新的植被，以表明保护环境的诚意。

4. 在合约中明确各方责任，降低环境风险

在很多项目融资中，合约签订阶段就明确将减低环境风险界定为合约的次要条款。例如，将承担因前土地业主所产生污染的责任界定为次要条款，能保障项目投资者在未违反主要条款时，只要采取适当的措施解决，便可使合约仍然生效。

需要指出的是，在合约中明确各方承担的风险，需要反映律师及其他专业人士的意见。在一些发展中国家，受法律环境的制约，在该领域存在许多疏漏。但是，确定风险并实现责任的合理分配，无疑是今后的努力方向。

另一种用合约来明确各方承担风险的方法是购买保险，但由于一般的保险公司不愿意将环境风险列入受保范围，所以实际工作中运用不多。

【本章小结】

项目融资对有效利用外资、促进我国基础设施建设有重要的现实意义。目前，项目融资在中国的发展还处于挑战与机遇并存的局面。本章首先介绍了项目融资在中国的发展背景以及现时的发展情况，然后分析了在中国发展项目融资应主要解决的五个方面的问题，主要涉及政府的责任、法律体系和金融体系、收入的保证与收费的批准、审批体系、相关机构和专业人员力量等方面。考虑到环境保护问题在实现一国可持续发展中的战略意义，本章还分析了项目融资中的环境风险问题。

尽管实际运作中存在许多不完善的地方，但随着中国经济的进一步发展以及新的投资领域和投资机会的出现，项目融资在中国应该会有一个广阔的发展前景。

【本章关键术语】

项目融资　审批体系　环境保护　环境风险

【本章思考题】

1. 结合项目融资在中国发展的背景和现实情况，试述对"项目融资在中国的发展正处于挑战与机遇并存的局面"这句话的理解。

2. 如果政府为一些重大项目提供担保或做出承诺，对项目融资会是很大的支持，中国在这方面的努力方向主要体现在哪些方面？

3. 试述目前在中国发展项目融资遇到的主要问题和可能采取的对策，尽量用数据和定量分析的方法加以说明。

4. 试述对项目融资中环境保护问题的认识和理解。

附录1　《境外进行项目融资管理暂行办法》

（国家计划委员会、国家外汇管理局　1997年4月16日）

根据国务院关于进一步加强借用国际商业贷款宏观管理的要求，为规范境外进行项目融资的行为，加强对我国外债的管理，更有效地利用国外资金，特制定本办法。

第一条　本办法所称项目融资是指以境内建设项目的名义在境外筹措外汇资金，并仅以项目自身预期收入和资产对外承担债务偿还责任的融资方式。它应具有以下性质：

（一）债权人对于建设项目以外的资产和收入没有追索权；

（二）境内机构不以建设项目以外的资产、权益和收入进行抵押、质押或偿债；

（三）境内机构不提供任何形式的融资担保。

第二条　项目融资主要适用于发电设施、高等级公路、桥梁、隧道、城市供水厂及污水处理厂等基础设施建设项目，以及其他投资规模大、且具有长期稳定预期收入的建设项目。

第三条　以项目融资方式筹措国外资金的建设项目（以下通称项目），主要投资者应具有足够的经济能力和履约能力，外方主要投资者还应有较强的国际融资能力和进行项目融资的业绩。

第四条　项目的融资、建设、经营等有关合同中，参与方应具备相应的资格和履约能力，依靠自身经济和技术能力依法履行合同，并根据项目风险性质和各方控制能力，合理分担项目的商业风险及其他风险。

项目的主要投资者不应成为可能产生重大项目风险和利益冲突的合同参与方。

第五条　境内机构为项目的建设、经营等合同的履行出具的支持文件，不得改变项目融资的性质；国内金融机构不得提供任何形式的保证，境内其他机构对外提供履约担保，须得到有关政府部门的批准。

第六条 项目的国外债权人，在债务受偿、资产和权益的抵押等方面，应与国内债权人享有同等的权利。

第七条 项目产品或服务价格的确定应符合我国有关价格管理规定，有助于形成稳定的预期收入，合理反映物价上涨和汇率变动的影响，充分考虑项目所在地的承受能力，并得到有关价格管理部门的批准。项目境内收费不得以外币计价。

第八条 项目（包括外商投资项目）的建议书和可行性研究报告须由所在地方或部门的计划部门提出，经行业主管部门初审后，报国家计委审批；重大项目由国家计委审查后，报国务院审批。

第九条 项目的可行性研究报告除国家规定的和利用外资项目应具备的一般内容外，还应包括以下方面：

（一）项目主要投资者和合同参与方的资格、风险分担的原则；

（二）外汇平衡方式及经营期外汇需求的数量；

（三）产品或服务的定价原则及调价公式；

（四）项目融资方案；

（五）国外信贷机构出具的贷款承诺意向；

（六）境内机构出具的各项支持文件；

（七）需经有关政府部门批准、不可更改的项目主要合同草案；

（八）其他必要文件。

第十条 项目在可行性研究报告经国家计委批准后，应在境内成立项目公司。项目公司负责融资相关的一切活动，并应在可行性研究报告批准后一年内完成项目融资。

第十一条 经国家计委批准的项目融资，其对外融资规模纳入国家借用国际商业贷款指导性计划；项目融资条件应具有竞争性，并需经国家外汇管理局审批或审核，其中地方上报的项目融资条件由当地外汇管理分局初审后，报国家外汇管理局审批或审核。

第十二条 项目融资条件报外汇管理部门审批或审核时，项目公司需提交以下文件：

（一）申请文件，包括项目融资的方式、金额、市场，以及贷款的期限、利率、各项费用等融资条件；

（二）国家计委批准的项目可行性研究报告或其他文件；

（三）项目融资纳入国家借用国际商业贷款指导性计划的证明文件；

（四）项目融资协议；

（五）与项目融资相关的具有保证性质的文件；

（六）其他必要文件。

第十三条 项目公司以项目融资方式筹措的外汇资金，应及时调入境内，按照国家计委批准的内容用于进口技术设备、材料及支付其他费用，其余部分根据国家外汇管理规定保留或结汇；未经国家外汇管理局批准，不得存放境外。

第十四条 项目公司应根据有关规定，在境内的外汇指定银行开立人民币或外汇还本付息专项账户。未经国家外汇管理局批准，项目公司不得为其境内收入设立境外账户。

第十五条 项目公司应按照国家规定及有关协议，将用于支付还本付息的项目收入存入专项账户。偿还对外债务本金不足部分外汇，项目公司可凭国家计委和国家外汇管理局批准的有关文件，经当地外汇管理部门核准，向外汇指定银行购买，存入专项账户。

还本付息专项账户的外汇，根据国家规定及有关协议，按期汇出。

第十六条 项目融资协议正式签署后，项目公司应向外汇管理部门办理外债登记，并于每年三月底之前向国家外汇管理局报送上年度资金使用、收入状况和债务偿还等情况，接受政府有关部门的检查和监督。

第十七条 凡违反本办法规定，未经批准擅自进行的项目融资，外汇指定银行不得为之开立还本付息账户，所需外汇不予兑换，偿还贷款的本金不得汇出。

第十八条 国家有关法律、法规对于特定项目进行项目融资另有规定的，从其规定。

第十九条 本办法由国家计委会同国家外汇管理局监督执行。

第二十条 本办法自发布之日起施行。

附录2　《北京市城市基础设施特许经营条例》

目　录

第一章　总　则

第一条 为了规范本市城市基础设施特许经营活动，扩大融资渠道，保障社会公共利益和公共安全，保证公共产品和服务的质量，保护特许经营者的合法权益，根据有关法律、法规，制定本条例。

第二条 本条例所称城市基础设施特许经营，是指中华人民共和国境内外的企业和其他经济组织依法取得政府授予的特许经营权，在一定期限和范围内经营城市基础设施，提供公共产品或者公共服务。

第三条 本市城市基础设施实施特许经营的，适用本条例。

下列城市基础设施项目可以实施特许经营：

（一）供水、供气、供热；

（二）污水和固体废物处理；

（三）城市轨道交通和其他公共交通；

（四）市人民政府确定的其他城市基础设施。

第四条 城市基础设施特许经营可以采取下列方式：

（一）在一定期限内，城市基础设施项目由特许经营者投资建设、运营，期限届满无偿移交回政府；

（二）在一定期限内，城市基础设施由政府移交特许经营者运营，期限届满无偿移交回政府；

（三）市人民政府同意的其他方式。

第五条 城市基础设施实施特许经营，应当遵循公平、诚信和公共利益优先原则。

第六条 市发展改革部门负责本市城市基础设施特许经营的总体规划、综合平衡、协调和监督。

市城市基础设施行业主管部门，区、县人民政府，以及市或者区、县人民政府指定的部门（以下统称实施机关）负责本市城市基础设施项目的具体实施和监督管理工作。

规划、土地、建设、环保、财政、审计、监察等相关行政部门在各自职责范围内依法履行监督管理职责。

第二章 特许经营权的授予

第七条 拟实施特许经营的城市基础设施项目，可以由市发展改革部门、市城市基础设施行业主管部门或者区、县人民政府提出。

第八条 城市基础设施特许经营项目应当符合本市经济和社会发展规划、城市总体规划、城市基础设施行业发展规划和城市发展需要。

市发展改革部门确定市级实施特许经营的城市基础设施项目。重大项目应当报市人民政府批准。

区、县人民政府在固定资产投资项目审批权限范围内确定本区、县实施特许经营的城市基础设施项目。

第九条 城市基础设施特许经营项目确定后，实施机关应当拟定实施方案。

城市基础设施特许经营项目实施方案应当包括下列内容：

（一）项目名称；

（二）项目的实施机关；

（三）特许经营者应当具备的条件及选择方式；

（四）项目基本经济技术指标；

（五）选址和其他规划条件；

（六）特许经营权条款及特许经营期限；

（七）投资回报和价格的测算；

（八）特许经营权使用费及其减免；

（九）保障措施；

（十）其他政府承诺。

第十条 市发展改革部门组织市规划、土地、建设、环保、财政等有关行政主管部门依照各自职责对市级城市基础设施特许经营项目的实施方案进行审查，有关行政主管部门应当分别出具审定意见。市发展改革部门会同实施机关将修改审定的实施方案报市人民政府批准。

区、县城市基础设施特许经营项目的实施方案由区、县人民政府确定。

重大的城市基础设施特许经营项目的实施方案，应当组织专家进行可行性论证。

第十一条 实施机关按照实施方案，通过招标等公平竞争方式确定特许经营者并与之签订特许经营协议。

第十二条 特许经营协议应当包括下列内容：

（一）项目名称、内容；

（二）特许经营方式、区域、范围、期限；

（三）是否成立项目公司以及项目公司的经营范围、注册资本、股东出资方式、出资比例、股权转让等；

（四）产品或者服务的数量、质量和标准；

（五）投融资期限和方式；

（六）投资回报方式以及确定、调整机制；

（七）特许经营权使用费及其减免；

（八）特许经营者的权利和义务；

（九）履约担保；

（十）特许经营期内的风险分担；

（十一）政府承诺和保障；

（十二）应急预案；

（十三）特许经营期满后，项目移交的方式、程序；

（十四）违约责任；

（十五）争议解决方式；

（十六）需要约定的其他事项。

特许经营协议内容应当符合城市基础设施特许经营项目实施方案。

第十三条 特许经营协议中约定的特许经营期限根据行业特点、经营规模、经营方式等因素确定，但最长不得超过三十年。

第十四条 依据特许经营协议需要成立项目公司的，特许经营者应当在规定的期限内注册成立项目公司，并由实施机关确认其承担特许经营者的权利和义务。

特许经营协议可以约定限制项目公司的股权变更。

第十五条 特许经营协议可以约定特许经营者通过下列方式取得回报：

（一）对提供的公共产品或者服务收费；

（二）政府授予与城市基础设施相关的其他开发经营权益；

（三）政府给予相应补贴；

（四）市人民政府同意的其他方式。

第十六条 对于微利或者享受财政补贴的项目，特许经营协议中可以约定减免特许经营权使用费。

第十七条 特许经营协议中政府承诺的内容可以涉及与特许经营项目有关的土地使用、相关城市基础设施的提供、防止不必要的重复性竞争项目建设、必要合理的补贴、产品或者服务的政府采购，但政府不承诺商业风险分担、固定投资回报率及法律、法规禁止的其他事项。

第十八条 特许经营协议签订后，特许经营者应当持特许经营协议和其他有关文件到有关行政主管部门办理相关手续。

有关行政主管部门在办理特许经营项目相关手续时，对已经出具审定意见的内容，不再作重复审查；对其他内容的审查结果不应当导致特许经营协议内容的实质性变更。

第三章 权利和义务

第十九条 实施机关应当按照特许经营协议履行相关义务。

有关行政主管部门按照各自职责范围履行特许经营协议中的相关政府承诺。

特许经营者应当按照特许经营协议提供安全、合格的产品和优质、持续、高效的服务。

第二十条 特许经营者应当按照规划，在特许经营协议约定的服务区域内向消费者普遍地、无歧视地提供公共产品或者服务。

特许经营者不得对新增用户连接特许经营的供水、供气、供热、污水处理等设施收取设施投资补偿费等接入费用。

第二十一条 按照市和区、县人民政府的决定或者特许经营协议约定由实施机关接管城市基础设施的，特许经营者应当在完成接管前善意履行看守职责，维持正常的经营服务。

第二十二条 特许经营期限届满一年前，特许经营者可以向实施机关申请延期，经实施机关组织评审并报本级人民政府批准后，可以延期。

第二十三条 特许经营者向公众提供产品或者服务的价格应当执行由价格主管部门制定的政府定价或者政府指导价。

第二十四条 特许经营者应当按照特许经营协议的约定缴纳特许经营权使用费。

第二十五条 未经实施机关同意，特许经营者不得擅自转让、出租、质押、抵押或者以其他方式处分特许经营权和特许经营项目资产。

在特许经营期限内，特许经营者不得将特许经营项目的设施及相关土地用于特许经营项目之外。

第二十六条 特许经营者应当对城市基础设施定期检修保养和更新改造，保证设施良好运转，并将运行情况报告实施机关。

第二十七条 特许经营者应当对城市基础设施建设、运营、维修、保养过程中的有关资料进行收集、归类、整理和归档，并按照协议约定的方式、程序和期限完整移交给实施机关。

第二十八条 特许经营者应当将年度经营报告、年度财务报告以及其他重大事项的报告，及时、完整地报送实施机关备案。

第二十九条 实施机关及其工作人员对在实施特许经营活动和监督管理工作中知悉的特许经营者的商业秘密、技术秘密负有保密义务。

第三十条 因政策调整损害特许经营者预期利益的，政府应当给予相应补偿。

第三十一条 特许经营期限内，特许经营协议的任何一方不得擅自变更或者解除原协议。一方认为需要变更或者解除协议的，应当与另一方进行协商。经双方协商一致的，可以变更或者解除协议；协商不一致产生争议的，可以按照协议约定的争议解决方式处理。

第三十二条 任何单位或者个人不得违反法律、法规以及本条例的规定收回或者限制特许经营者的特许经营权。

确因公共利益需要，政府可以收回特许经营权、终止特许经营协议、征用实施特许经营的城市基础设施、指令特许经营者提供公共产品或者服务，但是应当按照特许经营协议的约定给予相应补偿。

第三十三条 特许经营者对市和区、县人民政府及其有关行政主管部门作出的具体行政行为，认为侵犯其合法权益的，有陈述、申辩的权利，并可以依法申请行政复议或者提起行政诉讼。

第三十四条 实施机关与特许经营者应当制定应急预案，在突发自然灾害、战争灾害、事故灾害以及公共卫生、社会治安等公共事件时，最大限度保证城市基础设施的正常运转。

第四章 监督管理

第三十五条 特许经营期限内，有关行政主管部门应当按照各自职责对特许经营项目进行检查、评估、审计，对特许经营者违反法律、法规、规章规定的行为予以纠正并依法处理。

第三十六条 实施机关应当建立并保存城市基础设施特许经营项目档案。

实施机关应当及时监测、分析城市基础设施特许经营项目实施情况，并定期会同有关部门组织专业机构对项目实施情况进行综合评估。评估周期一般不短于两年，必要时可以实施年度评估。

监测、评估不得妨碍特许经营项目的正常经营活动。

第三十七条 政府价格主管部门制定的特许经营项目政府定价或者政府指导价应当遵循补偿成本、合理收益、节约资源和与社会承受力相适应的原则。与特许经营产品、服务无关的费用，不得列入特许经营成本。

第三十八条 价格主管部门应当建立定期审价制度，建立成本资料数据库，对产品或者服务价格进行有效的监督管理。

第三十九条 特许经营者应当将城市基础设施特许经营项目的质量、技术标准以及其他关系公共利益、公共安全的信息及时向社会公告。

第五章 法律责任

第四十条 特许经营者有下列情形之一的，由实施机关责令限期改正；拒不改正的，可以收回特许经营权、终止特许经营协议，并实施临时接管：

（一）违反法律、法规的规定或者特许经营协议的约定，情节严重的；

（二）不履行检修保养和更新改造义务，危害公共利益和公共安全的；

（三）擅自转让、出租、质押、抵押或者以其他方式擅自处分特许经营权或者特许经营项目资产的；

（四）擅自停业、歇业的；

（五）法律、法规规定或者特许经营协议约定的其他情形。

第四十一条 以欺骗、贿赂等不正当手段获得特许经营权的，实施机关应当撤销特许经营权，终止特许经营协议。

被撤销特许经营权的企业或者其他经济组织，三年内不得参与竞争本市城市基础设施特许经营权。

第四十二条 有关行政主管部门及其工作人员违反本条例规定，不履行法定职责、干预特许经营者正常经营活动、徇私舞弊、滥用职权的，由监察机关依法追究有关责任人员的行政责任；构成犯罪的，依法追究刑事责任。

第六章 附 则

第四十三条 本条例自 2006 年 3 月 1 日起施行。2003 年 8 月 28 日市人民政府公布的

《北京市城市基础设施特许经营办法》同时废止。

附录3 《建设项目环境保护管理条例》

第一章 总 则

第一条 为了防止建设项目产生新的污染、破坏生态环境，制定本条例。

第二条 在中华人民共和国领域和中华人民共和国管辖的其他海域内建设对环境有影响的建设项目，适用本条例。

第三条 建设产生污染的建设项目，必须遵守污染物排放的国家标准和地方标准；在实施重点污染物排放总量控制的区域内，还必须符合重点污染物排放总量控制的要求。

第四条 工业建设项目应当采用能耗物耗小、污染物产生量少的清洁生产工艺，合理利用自然资源，防止环境污染和生态破坏。

第五条 改建、扩建项目和技术改造项目必须采取措施，治理与该项目有关的原有环境污染和生态破坏。

第二章 环境影响评价

第六条 国家实行建设项目环境影响评价制度。

建设项目的环境影响评价工作，由取得相应资格证书的单位承担。

第七条 国家根据建设项目对环境的影响程度，按照下列规定对建设项目的环境保护实行分类管理：

（一）建设项目对环境可能造成重大影响的，应当编制环境影响报告书，对建设项目产生的污染和对环境的影响进行全面、详细的评价；

（二）建设项目对环境可能造成轻度影响的，应当编制环境影响报告表，对建设项目产生的污染和对环境的影响进行分析或者专项评价；

（三）建设项目对环境影响很小，不需要进行环境影响评价的，应当填报环境影响登记表。

建设项目环境保护分类管理名录，由国务院环境保护行政主管部门制订并公布。

第八条 建设项目环境影响报告书，应当包括下列内容：

（一）建设项目概况；

（二）建设项目周围环境现状；

（三）建设项目对环境可能造成影响的分析和预测；

（四）环境保护措施及其经济、技术论证；

（五）环境影响经济损益分析；

（六）对建设项目实施环境监测的建议；

（七）环境影响评价结论。

涉及水土保持的建设项目，还必须有经水行政主管部门审查同意的水土保持方案。

建设项目环境影响报告表、环境影响登记表的内容和格式，由国务院环境保护行政主管部门规定。

第九条 建设单位应当在建设项目可行性研究阶段报批建设项目环境影响报告书、环境影响报告表或者环境影响登记表；但是，铁路、交通等建设项目，经有审批权的环境保护行政主管部门同意，可以在初步设计完成前报批环境影响报告书或者环境影响报告表。

按照国家有关规定，不需要进行可行性研究的建设项目，建设单位应当在建设项目开工前报批建设项目环境影响报告书、环境影响报告表或者环境影响登记表；其中，需要办理营业执照的，建设单位应当在办理营业执照前报批建设项目环境影响报告书、环境影响报告表或者环境影响登记表。

第十条 建设项目环境影响报告书、环境影响报告表或者环境影响登记表，由建设单位报有审批权的环境保护行政主管部门审批；建设项目有行业主管部门的，其环境影响报告书或者环境影响报告表应当经行业主管部门预审后，报有审批权的环境保护行政主管部门审批。

海岸工程建设项目环境影响报告书或者环境影响报告表，经海洋行政主管部门审核并签署意见后，报环境保护行政主管部门审批。

环境保护行政主管部门应当自收到建设项目环境影响报告书之日起 60 日内、收到环境影响报告表之日起 30 日内、收到环境影响登记表之日起 15 日内，分别作出审批决定并书面通知建设单位。

预审、审核、审批建设项目环境影响报告书、环境影响报告表或者环境影响登记表，不得收取任何费用。

第十一条 国务院环境保护行政主管部门负责审批下列建设项目环境影响报告书、环境影响报告表或者环境影响登记表：

（一）核设施、绝密工程等特殊性质的建设项目；

（二）跨省、自治区、直辖市行政区域的建设项目；

（三）国务院审批的或者国务院授权有关部门审批的建设项目。

前款规定以外的建设项目环境影响报告书、环境影响报告表或者环境影响登记表的审批权限，由省、自治区、直辖市人民政府规定。

建设项目造成跨行政区域环境影响，有关环境保护行政主管部门对环境影响评价结论有争议的，其环境影响报告书或者环境影响报告表由共同上一级环境保护行政主管部门审批。

第十二条 建设项目环境影响报告书、环境影响报告表或者环境影响登记表经批准后，建设项目的性质、规模、地点或者采用的生产工艺发生重大变化的，建设单位应当重新报批建设项目环境影响报告书、环境影响报告表或者环境影响登记表。

建设项目环境影响报告书、环境影响报告表或者环境影响登记表自批准之日起满 5 年，建设项目方开工建设的，其环境影响报告书、环境影响报告表或者环境影响登记表应当报原审批机关重新审核。原审批机关应当自收到建设项目环境影响报告书、环境影响报告表或者环境影响登记表之日起 10 日内，将审核意见书面通知建设单位；逾期未通知的，视为审核同意。

第十三条 国家对从事建设项目环境影响评价工作的单位实行资格审查制度。

从事建设项目环境影响评价工作的单位，必须取得国务院环境保护行政主管部门颁发的资格证书，按照资格证书规定的等级和范围，从事建设项目环境影响评价工作，并对评价结论负责。

国务院环境保护行政主管部门对已经颁发资格证书的从事建设项目环境影响评价工作的

单位名单，应当定期予以公布。具体办法由国务院环境保护行政主管部门制定。

从事建设项目环境影响评价工作的单位，必须严格执行国家规定的收费标准。

第十四条 建设单位可以采取公开招标的方式，选择从事环境影响评价工作的单位，对建设项目进行环境影响评价。

任何行政机关不得为建设单位指定从事环境影响评价工作的单位，进行环境影响评价。

第十五条 建设单位编制环境影响报告书，应当依照有关法律规定，征求建设项目所在地有关单位和居民的意见。

第三章 环境保护设施建设

第十六条 建设项目需要配套建设的环境保护设施，必须与主体工程同时设计、同时施工、同时投产使用。

第十七条 建设项目的初步设计，应当按照环境保护设计规范的要求，编制环境保护篇章，并依据经批准的建设项目环境影响报告书或者环境影响报告表，在环境保护篇章中落实防治环境污染和生态破坏的措施以及环境保护设施投资概算。

第十八条 建设项目的主体工程完工后，需要进行试生产的，其配套建设的环境保护设施必须与主体工程同时投入试运行。

第十九条 建设项目试生产期间，建设单位应当对环境保护设施运行情况和建设项目对环境的影响进行监测。

第二十条 建设项目竣工后，建设单位应当向审批该建设项目环境影响报告书、环境影响报告表或者环境影响登记表的环境保护行政主管部门，申请该建设项目需要配套建设的环境保护设施竣工验收。

环境保护设施竣工验收，应当与主体工程竣工验收同时进行。需要进行试生产的建设项目，建设单位应当自建设项目投入试生产之日起3个月内，向审批该建设项目环境影响报告书、环境影响报告表或者环境影响登记表的环境保护行政主管部门，申请该建设项目需要配套建设的环境保护设施竣工验收。

第二十一条 分期建设、分期投入生产或者使用的建设项目，其相应的环境保护设施应当分期验收。

第二十二条 环境保护行政主管部门应当自收到环境保护设施竣工验收申请之日起30日内，完成验收。

第二十三条 建设项目需要配套建设的环境保护设施经验收合格，该建设项目方可正式投入生产或者使用。

第四章 法律责任

第二十四条 违反本条例规定，有下列行为之一的，由负责审批建设项目环境影响报告书、环境影响报告表或者环境影响登记表的环境保护行政主管部门责令限期补办手续；逾期不补办手续，擅自开工建设的，责令停止建设，可以处10万元以下的罚款：

（一）未报批建设项目环境影响报告书、环境影响报告表或者环境影响登记表的；

（二）建设项目的性质、规模、地点或者采用的生产工艺发生重大变化，未重新报批建设项目环境影响报告书、环境影响报告表或者环境影响登记表的；

（三）建设项目环境影响报告书、环境影响报告表或者环境影响登记表自批准之日起满

5 年，建设项目方开工建设，其环境影响报告书、环境影响报告表或者环境影响登记表未报原审批机关重新审核的。

第二十五条 建设项目环境影响报告书、环境影响报告表或者环境影响登记表未经批准或者未经原审批机关重新审核同意，擅自开工建设的，由负责审批该建设项目环境影响报告书、环境影响报告表或者环境影响登记表的环境保护行政主管部门责令停止建设，限期恢复原状，可以处 10 万元以下的罚款。

第二十六条 违反本条例规定，试生产建设项目配套建设的环境保护设施未与主体工程同时投入试运行的，由审批该建设项目环境影响报告书、环境影响报告表或者环境影响登记表的环境保护行政主管部门责令限期改正；逾期不改正的，责令停止试生产，可以处 5 万元以下的罚款。

第二十七条 违反本条例规定，建设项目投入试生产超过 3 个月，建设单位未申请环境保护设施竣工验收的，由审批该建设项目环境影响报告书、环境影响报告表或者环境影响登记表的环境保护行政主管部门责令限期办理环境保护设施竣工验收手续；逾期未办理的，责令停止试生产，可以处 5 万元以下的罚款。

第二十八条 违反本条例规定，建设项目需要配套建设的环境保护设施未建成、未经验收或者经验收不合格，主体工程正式投入生产或者使用的，由审批该建设项目环境影响报告书、环境影响报告表或者环境影响登记表的环境保护行政主管部门责令停止生产或者使用，可以处 10 万元以下的罚款。

第二十九条 从事建设项目环境影响评价工作的单位，在环境影响评价工作中弄虚作假的，由国务院环境保护行政主管部门吊销资格证书，并处所收费用 1 倍以上 3 倍以下的罚款。

第三十条 环境保护行政主管部门的工作人员徇私舞弊、滥用职权、玩忽职守，构成犯罪的，依法追究刑事责任；尚不构成犯罪的，依法给予行政处分。

第五章 附 则

第三十一条 流域开发、开发区建设、城市新区建设和旧区改建等区域性开发，编制建设规划时，应当进行环境影响评价。具体办法由国务院环境保护行政主管部门会同国务院有关部门另行规定。

第三十二条 海洋石油勘探开发建设项目的环境保护管理，按照国务院关于海洋石油勘探开发环境保护管理的规定执行。

第三十三条 军事设施建设项目的环境保护管理，按照中央军事委员会的有关规定执行。

第三十四条 本条例自发布之日起施行。

参考文献

1. 格伦·阿诺德．公司财务管理．3 版．北京：经济管理出版社，2008

2. 费尔·布瑞登，鲍尔·仁特，郑伏虎．项目融资和融资模型．北京：中信出版社，2003

3. 叶伟春．信托与租赁．上海：上海财经大学出版社，2008

4. 徐保满．金融信托与租赁．北京：科学出版社，2007

5. 闵绥艳．信托与租赁．北京：科学出版社，2008

6. 戴大双．项目融资．北京：机械工业出版社，2005

7. Bank Indosuez，"Project Finance-Banque Indosuez EuroDisneyland"，*Funding Techniques*，*A Supplement to Euromoney*，January 1990

8. Finnerty，*Project Finance*，Published by Wiley

9. 叶苏东．项目融资——理论与案例．北京：清华大学出版社、北京交通大学出版社，2008

10. Graham D. Vinter，*Project Finance*：*A Legal Guide*，London：Sweet & Maxwell，1995

11. John D. Finnerty，*Project Financing*：*Asset-based Financial Engineering*，New York：Wiley，1996c

12. 内维特．项目筹资．北京：中信出版社，1989

13. 孙黎．国际项目融资．北京：北京大学出版社，1999

14. 张极井．项目融资．北京：中信出版社，1997

15. Clifford Chance 法律公司．项目融资．北京：华夏出版社，1997

16. 卢家仪，卢有杰等．项目融资．北京：清华大学出版社，1998

17. 马丁·高顿，赫炬．项目融资指导与借鉴．北京：中国计划出版社，1998

18. 龚维新．国际融资．上海：立信会计出版社，1997

19. 蒋先玲．项目融资．北京：中国金融出版社，2001

20. 马秀岩．项目融资．北京：中国财政经济出版社，2002

21. 费尔·布瑞登等．项目融资和融资模型．北京：中信出版社，2003

图书在版编目（CIP）数据

项目融资 / 任淮秀主编．—2 版．—北京：中国人民大学出版社，2013.9
经济管理类课程教材·金融系列
ISBN 978-7-300-17514-0

Ⅰ.①项… Ⅱ.①任… Ⅲ.①项目融资-高等学校-教材 Ⅳ.①F830.45

中国版本图书馆 CIP 数据核字（2013）第 104647 号

经济管理类课程教材·金融系列
项目融资（第二版）
任淮秀　主编
Xiangmu Rongzi

出版发行	中国人民大学出版社		
社　　址	北京中关村大街 31 号	**邮政编码**	100080
电　　话	010－62511242（总编室）		010－62511770（质管部）
	010－82501766（邮购部）		010－62514148（门市部）
	010－62515195（发行公司）		010－62515275（盗版举报）
网　　址	http://www.crup.com.cn		
经　　销	新华书店		
印　　刷	北京东君印刷有限公司	**版　　次**	2004 年 11 月第 1 版
规　　格	185 mm×260 mm　16 开本		2013 年 9 月第 2 版
印　　张	16.75	**印　　次**	2020 年 7 月第 5 次印刷
字　　数	421 000	**定　　价**	32.00 元